KCA 한국상담학회 상담학 총서 ___ 06

진로상담 ^{2판}

Career Counseling

김봉환 · 강은희 · 강혜영 · 공윤정 · 김영빈 · 김희수 · 선혜연

손은령 · 송재홍 · 유현실 · 이제경 · 임은미 · 황매향 공저

학지사

[2판 발간사]

　2013년 상담학 총서가 출간된 후 어느덧 5년이라는 시간이 흘렀다. 1판 발간 당시에는 상담학 전체를 아우르는 상담학 총서 발간에 대한 필요성을 절감하며 한국상담학회 제6대 김성회 회장과 양명숙 학술위원장이 주축이 되어 학술위원회에서 13권의 총서를 발간하기로 하고 대표 저자 선생님들과 여러 간사의 헌신적인 노력으로 상담학 총서를 출간하였다. 이를 계기로 상담학 총서는 상담의 이론뿐 아니라 상담의 실제 그리고 반드시 알아야 할 상담학 연구 등 다양한 영역의 내용을 포괄하여 상담학이 독립된 학문으로 자리 잡을 수 있도록 기초를 다졌다. 이러한 첫걸음은 상담학에 대한 독자의 균형 있고 폭넓은 이해를 도와 상담학의 정체성을 확립하는 디딤돌이 되었다.

　이번에 발간되는 상담학 총서는 앞서 출간된『상담학 개론』『상담철학과 윤리』『상담이론과 실제』『집단상담』『부부 및 가족 상담』『진로상담』『학습상담』『인간발달과 상담』『성격의 이해와 상담』『정신건강과 상담』『심리검사와 상담』『상담연구방법론』『상담 수퍼비전의 이론과 실제』의 개정판과 이번에 새롭게 추가된『중독상담학 개론』『생애개발상담』으로 구성되어 있다. 이처럼 여러 영역을 아우르는 총서는 상담학을 접하는 다양한 수요자의 특성과 전문성에 맞추어 활용될 수 있다는 장점이 있다. 각각의 총서는 상담학을 처음 공부하는 학부생들에게는 상담의 이론적 기틀 정립에 도움을 주고 있으며, 대학원생들에게는 인간을 보다 깊이 이해하고 상담학의 체계적인 연구 방법을 배울 수 있도록 한다. 또한 전문 상담자들에게는 상담의 현장에서 부딪힐 수 있는 다양한 어려움과 문제점을 해결할 수 있도록 구체적인 방안을 제공하는 실용서로 자리매김하고 있다. 이처럼 상담학 총서의 발간은 상담학의 학문적 기틀 마련과 전문 상담자의 전문성 향상이라는 학문과 실용의 두 가지 역할을 포괄하고 있어 상담학의 발전에 크게 기여하였다고 자부한다.

최근 우리 사회는 말로 표현하기 힘든 여러 가지 사건과 사고로 심리적인 어려움을 겪었고, 소통과 치유의 필요성은 날로 커지고 있다. 이에 따라 상담자의 전문성 향상에 대한 목소리가 높아지고 있으나, 이러한 때에도 많은 상담자는 아직도 상담기법만 빨리 익히면 성숙한 상담자로 성장할 수 있을 것이라 생각하여 기법 배우기에만 치중하는 아쉬움이 있다. 오랜 시간과 정성으로 빚어 낸 전통 장의 깊은 맛을 손쉽게 사 먹을 수 있는 시중의 장맛이 따라갈 수 없듯이, 전문 상담자로서의 전문성을 갖추기 위해서는 힘든 상담자의 여정을 견뎌 내는 시간이 필요하다. 선배 상담자들의 진득한 구도자적 모습을 그리며 성숙한 상담자가 되기 위해 노력하는 많은 분께 상담학 총서가 든든한 버팀목이 되었으면 한다.

1판의 경우 시작이 있어야 발전이 있다는 책무성을 가지고 어려운 난관을 이겨 내며 2년여의 노력 끝에 출판하였지만 좀 더 다듬어야 할 필요성이 제기되고 있었다. 이에 쉽지 않은 일이지만 편집위원들과 다시 뜻을 모아 각각의 총서에서 시대적 요구를 반영하고 새롭게 다듬어야 할 부분을 수정하며 개정판을 준비하였다. 개정되는 상담학 총서는 기다림이 빚는 우리의 장맛처럼 깊이 있는 내용을 담기 위해 많은 정성과 애정으로 준비하였다. 그러나 아직 미흡한 점이 다소 있을 수 있음을 양해 바란다. 부디 이 책이 상담을 사랑하는 의욕적인 상담학도들의 지적·기술적 호기심을 채워 줄 뿐 아니라 고통에서 벗어나 치유를 이루어야 하는 모든 사람에게 하나의 빛이 되기를 기원한다.

바쁜 일정 중에서도 함께 참여해 주신 여러 편집위원과 간사님들 그리고 상담학 총서의 출판을 맡아 주시고 물심양면으로 지원해 주신 학지사 김진환 사장님과 최임배 부사장님을 비롯하여 더 좋은 책이 될 수 있도록 그 많은 저자에게 일일이 전화와 문자로 또는 이메일로 꼼꼼한 확인을 마다하지 않은 학지사 직원 여러분께도 진심으로 감사를 전한다.

2018년 7월
한국상담학회 제9대 회장 천성문

[1판 발간사]

　대화와 상호작용을 통해 도움을 주고받는 것이 상담이라고 정의한다면, 상담은 인류의 시작과 함께 시작되었다고 볼 수 있다. 그러나 우리나라에서 현대적 개념의 상담이 시작된 것은 1952년 미국 교육사절단이 정신위생이론을 소개한 이후부터라고 할 수 있을 것이다. 1953년 대한교육연합회 내부기관으로 중앙교육연구소가 설립되었고, 이 기관의 생활지도연구실을 중심으로 가이던스, 카운슬링, 심리검사가 소개되면서 상담에 대한 관심이 대단히 높아졌다.

　상담에 대한 이러한 관심은 주로 교육학과나 심리학과를 중심으로 시작되어 그 밖의 분야까지 확산되었다. 1961년 중·고등학교 교도교사 100여 명이 '전국 중·고등학교 카운슬러 연구회'를 창립하였고, 이 연구회가 발전하여 1963년의 '한국카운슬러협회' 창립으로 이어졌다. 그리고 심리학회에서 1964년에 창립한 임상심리분과회의 명칭을 1974년에 '임상 및 상담심리분과회'로 변경하면서 상담심리가 그 이름을 드러냈다. 상담학이 교육학이나 심리학 등 특정 학문의 하위 학문으로 머물러 있는 한 발전이 어렵다는 공감대 아래, 2000년에 그 당시 이미 학회 활동을 하고 있던 대학상담학회, 집단상담학회, 진로상담학회 등이 주축이 되어 상담학의 독립화와 전문화 및 대중화를 목표로 한국상담학회를 창립하게 되었다.

현재 한국상담학회의 회원만 1만 4,000명이 넘는 등 상담의 대중화는 급물살을 타고 있다. 이러한 추세와 더불어 많은 대학에서 상담학과를 신설하고 있고, 전문상담사를 모집하는 기관도 늘어나고 있다. 그러나 아직도 상담학을 독립된 학문으로 인정하지 않는 사람들이 많고, 전문상담사들이 수혜자들의 요구 수준을 완전히 충족시키지 못하고 있다는 지적이 있다. 이러한 문제에 대해 한국상담학회에서는 수련 시간을 늘리고 전문상담사의 전문적 수준을 높이는 등 전문상담사의 자격관리를 철저히 함은 물론 상담학의 이론적 틀을 확고히 하려는 노력을 여러 방면에서 계속해 왔다.

그 노력 중 하나가 상담학 총서 발간이다. 우리나라에 상담학이 도입된 지 60년이 넘었고, 최초의 상담 관련 학회인 한국카운슬러협회가 창립된 지 50년이 다 되었지만 어느 기관이나 학회에서도 상담학 전체를 아우르는 총서를 내지 못한 것에 대해 전문상담사들의 아쉬움이 컸다. 상담학 총서 발간에 대한 필요성은 제4대 회장인 김형태 한남대학교 총장께서 제의하였으나, 학회 내의 여러 사정상 그동안 이루어지지 못하고 있던 차에 본인이 회장직을 맡으면서 학술위원회에 상담학 총서의 발간을 적극적으로 요구했다.

이에 따라 양명숙 학술위원장이 주축이 되어 학술위원회에서 13권의 총서를 발간하기로 하고 운영위원회의 위임을 받아 준비에 들어갔다. 가급적 많은 회원이 참가할 수 있도록 하기 위해 자발적 참여자를 모집하였고, 이들이 중심이 되어 저서별로 대표 저자를 선정하고 그 대표 저자가 중심이 되어 집필진을 변경 또는 추가하여 최종 집필진을 완성한 후 약 2년간에 걸쳐 상담학 총서의 발간을 추진했다. 그 사이 13권 각각의 대표 저자들이 여러 번의 회의를 했고, 저자들이 교체되는 등의 많은 어려움도 있었다. 그러나 양명숙 학술위원장을 비롯하여 학술위원이자 총서 각 권의 대표 저자인 고홍월, 김규식, 김동민, 김봉환, 김현아, 유영권, 이동훈, 이수연, 이재규, 임은미, 정성란, 한재희 교수와 여러 간사의 헌신적인 노력으로 상담학 총서를 출간하게 되었다. 이에 관련된 모든 분께 감사드린다.

상담학 총서 중 일부는 이전에 같은 제목으로 출판되었던 것도 있지만 처음

출판되는 책들도 있다. 처음 시도된 분야도 있고, 다수의 저자가 참여하다 보니 일관성 등에서 부족함도 있을 것이다. 그러나 시작이 있어야 발전이 있기에 시작을 하였다. 이후 독자들의 조언을 통해 더 나은 책으로 거듭나기를 기대한다. 이번 상담학 총서 발간은 상담학의 발전을 위한 하나의 초석이 될 것으로 확신한다.

끝으로, 상담학 총서의 출판을 맡아 주시고 물심양면으로 지원해 주신 학지사 김진환 사장님과 최임배 전무님을 비롯하여, 더 좋은 책이 될 수 있도록 그 많은 저자에게 일일이 전화로 문자로 또는 메일을 통해 꼼꼼하게 확인하는 것을 마다하지 않은 학지사 직원 여러분께 진심으로 감사드린다.

2013년 2월
한국상담학회 제6대 회장 김성회

[2판 머리말]

상담학 총서 중의 하나로 선보인『진로상담』이 2013년에 출간된 이래 5년의 세월이 흘렀습니다. 그동안 기대 이상으로 큰 관심과 애정을 보여 주신 많은 독자 여러분께 깊은 감사를 드립니다.

초판이 출간된 이후 진로상담을 둘러싼 환경에 몇 가지 변화가 있었습니다. 먼저 2015년에「진로교육법」이 시행되면서 진로교육, 진로지도 그리고 진로상담과 관련된 다양한 활동이 보다 튼튼하게 설 수 있는 제도적 뒷받침이 생기게 되었습니다. 또한 학교장면에서 진로지도와 상담의 중요성을 깨닫게 해 주었던 '자유학기제'가 '자유학년제'로 확대·강화되고 있습니다. 아울러 공공부문에서는 'NCS기반 채용'으로 전환되면서 진로상담과 관련이 깊은 '직업기초능력'의 중요성이 점점 더 강조되고 있습니다. 최근에는 여러 분야에서 '4차 산업혁명'이 뜨거운 화두로 등장하면서 진로상담에 던지는 시사점이 무엇인지를 탐색하는 논의도 활발하게 진행되고 있습니다.

이번에 새롭게 출간되는『진로상담』(2판)에서 필자들은 몇 가지 개정판 집필 방향에 대해 합의하고, 각 장별로 이를 반영하도록 주어진 여건 내에서 최선의 노력을 경주하였습니다.

첫째,『진로상담』초판을 기획할 당시에 필자들이 여러 번 만나 의견을 나누면서 함께 마련한 전체 구성의 틀은 5년이 지난 지금 생각해 보아도 큰 무리가 없다고 판단하여 가능한 한 그대로 유지하기로 하였습니다.

둘째, 진로상담에서는 다양한 정보와 자료의 활용이 매우 중요한 만큼 시간의 흐름에 따라서 변화된 통계자료, 직업정보, 교육정보 그리고 변화된 제도적 측면의 내용 등을 최신 버전으로 수정하고 보완하였습니다.

셋째, 각 장의 내용과 관련하여 초판 출간 이후에 탐색된 새로운 이론적·경험적 연구들을 반영하였습니다. 특히 현장에서 진로상담을 실시할 때 활용 가능한 최근의 새로운 기법과 방법론을 최대한 반영하도록 노력하였습니다.

다양한 환경적 변화로 인해 진로상담의 필요성이 더욱 강조되고 있는 상황에서 새로운 모습으로 출간되는 이 책이 진로상담자로서의 역할을 보다 전문적으로 수행하고자 하는 분들에게 믿음직한 길잡이가 되기를 기원해 봅니다.

아울러 바쁜 일상의 업무에 시달리면서 연구 업적 측면이나 경제적 측면에서 개인적으로 거의 도움을 주지 못하는 상황에서도 좋은 의견을 개진해 주시고 건설적인 제안을 아끼지 않으셨던 집필진 한 분 한 분께 진심으로 깊은 감사를 드립니다.

『진로상담』(2판)이 세상에 나올 수 있도록 전체를 총괄하고 기획하시느라 수고해 주신 한국상담학회 학술위원장님, 이 책이 잘 집필될 수 있도록 지원해 주신 학지사 김진환 사장님과 『진로상담』(2판)을 편집 담당하신 박지영 선생님께도 진심 어린 감사의 말씀을 드립니다.

2018년 9월
대표 저자 김봉환

[1판 머리말]

한국상담학회에서 출간하는 상담학 총서의 하나로 『진로상담』이 새로운 모습으로 세상에 선보이게 된 것을 집필진 여러분과 더불어 매우 기쁘게 생각합니다.

현재 교육환경과 직업환경의 변화는 진로상담의 필요성을 더욱 부각시키고 있습니다. 교육환경의 경우 '진로와 직업'이라는 교과목이 중등학교에서 채택되고 있고, 직업체험이 활성화되고 있으며, 입학사정관전형도 자리를 잡아 가고 있습니다. 최근에는 '선취업 · 후진학'이라는 말도 점점 자연스러워지고 있습니다. 이러한 상황에서 전문가의 필요성이 대두되어 '진로진학상담교사'가 탄생하기에 이르렀습니다. 또한 모든 대학에 커리어센터가 설치되었으며, 그곳에서 취업지원관 및 진로상담 전문가가 왕성하게 활동하고 있습니다.

직업환경의 경우 여러 가지 상황에 따른 여건의 변화로 인해 한 직장에서 영구적으로 머물기 어렵게 되었고, 한번 습득한 지식으로 노동시장에서 계속 살아남는 일도 불가능하게 되었습니다. 누구나 언제든 실직자가 될 수 있고, 다시 재취업해야 하는 상황에 직면하게 되었습니다.

이제 진로상담은 초등학생의 진로인식 고취, 중등학생의 상급학교 진학, 학교졸업 후의 취업, 직업적응, 진로변경, 실직, 계속적인 직업능력 개발이라는 무거운 주제를 다루어야 하는 비중 있는 영역으로 자리 잡아 가고 있습니다.

이 책은 이러한 요구에 부응하기 위하여 여러 번의 집필진 회의를 거쳐서 내용을 구성하고 수정하여 현재의 모습으로 탄생하였습니다. 이 책에서는 그동안 여타 책에서 흔하게 볼 수 없던 주제를 다루고 있습니다. 진학상담, 구직상담, 직업적응상담, 진로전환상담, 특수영역 상담 등이 그 대표적인 예라고 할 수 있습니다.

이 책이 다양한 환경적 변화로 인해 진로상담의 필요성이 더욱 강조되고 있는 상황에서, 진로상담자로서의 역할을 보다 전문적으로 수행하고자 하는 분들에게 작은 길잡이가 되기를 기원해 봅니다.

그동안 상담학 총서 출간 작업을 총괄하신 양명숙 교수님의 헌신적인 노고에 깊은 감사를 드립니다. 방대한 작업을 큰 불편 없이 진행할 수 있었던 이면에는 양 교수님의 보이지 않는 리더십이 크게 작용했다고 생각합니다. 우리 『진로상담』 집필진 중 특히 김영빈 교수님께서 수고를 참 많이 해 주셨습니다. 어떤 경우에는 좀 부담스러운 역할도 마다하지 않으셨고, 다소 번거로운 역할 또한 잘 감내해 주셨습니다.

아울러 바쁜 일정 속에서도 불평 없이 먼 길을 달려 집필진 회의에 참석하시고 좋은 의견과 건설적인 제안을 아끼지 않으셨던 집필진 한 분 한 분께 마음으로부터 깊은 감사를 드립니다. 특히 생소한 주제가 많아서 참고할 자료가 별로 없는 상황임에도 일정을 지켜서 원고를 마무리하시느라 정말 수고 많으셨습니다.

초고를 수합하여 원고를 검토할 때 매우 꼼꼼하게 수정하면서 원고를 다듬어 준 숙명여자대학교 박사과정 한정연, 주수현 선생님의 노고도 빼놓을 수 없습니다. 아울러 상담학 총서 발간을 맡아 주신 학지사 김진환 사장님과 『진로상담』 편집 진행을 담당하신 김선영 선생님께도 진심 어린 감사의 말씀을 드립니다.

2013년 1월
대표 저자 김봉환

[차례]

제1장
진로상담의 기초

| 김봉환 |

이 장에서는 먼저 진로상담의 개념을 알아보고 진로상담과 성격상담의 관계를 살펴볼 것이다. 다음으로 진로상담이 역사적으로 어떻게 발전해 왔는가를 미국에서의 상황을 중심으로 살펴보고 우리의 현황을 공공부문에서의 진로상담을 중심으로 요약할 것이다. 아울러 진로상담의 공통적인 목표를 교육적이고 발달적인 측면에서 다섯 가지로 상정할 것이다. 다음으로 진로상담모델 중의 대표적인 것을 하나 예시해 보고, 진로상담자가 수행해야 할 중요한 역할 영역과 그러한 역할을 제대로 이행하기 위해서 상담자가 갖추어야 할 자질을 알아볼 것이다. 마지막으로 학교의 진로상담 환경의 변화를 「진로교육법」 제정과 자유학기제 · 학년제 실시의 두 가지 측면에서 살펴볼 것이다.

1. 진로상담의 개념

진로상담은 "상담자와 내담자가 서로 만나 대화를 통해 이루어지는 상호작

용"(Swanson, 1995)으로, 그 초점은 일이나 직업과 관련된 내용들에 있다. 진로
상담은 또한 보다 넓은 맥락에서 개인의 생애에 대한 진로문제의 중요성을 인
식하는 것을 강조하는 "직업인으로서의 역할이 다른 역할들과 어떻게 상호작용
하는지를 중심으로 생애진로발달 과정상에 있는 개인을 도와주는 활동"이라고
도 정의된다(National Career Development Association, 1997). 진로와 관련된 조력
서비스는 개인상담뿐만 아니라 학급이나 조직 그리고 워크숍과 같은 집단 단위
로 실시되기도 하고, 구조화된 프로그램으로 제공되기도 하며, 직접적인 접촉
없이 인터넷만을 이용한 활동을 포함하기도 한다.

진로상담과 성격상담은 서로 다른 역사적 전통을 가지고 서로 다른 전공에서
발전되어 왔기 때문에 이 둘은 종종 별개의 활동으로 간주되기도 하고, 또한 구
분이 어렵다는 주장도 있다. 예를 들어, 하버캠프와 무어(Haverkamp & Moore,
1993)는 "성격상담은 함축적 정의가 너무 광범위하여 진로와 직접적으로 연관
되지 않은 것이 없는 반면에 진로상담을 너무 좁은 의미로 정의함으로써 진로
선택 과정만을 강조하고 성인의 직업적응에 대해서는 간과했다."라고 지적하고
있다.

상담기관의 특성에 따라 상담은 진로상담이나 성격상담의 한 영역에서 시작
되지만, 실제로 많은 내담자는 진로상담과 성격상담의 두 가지 영역의 상담을
동시에 받기를 원한다는 주장도 있다(Krumboltz, 1993). 또한 진로문제를 가진
내담자들과 성격적인 문제를 가진 내담자들이 대체적으로 다르지 않다는 연구
결과도 있고(Gold & Scanlon, 1993), 내담자들은 심리적인 문제들이 다루어지지
않은 진로상담에 대해 덜 만족한다는 연구결과도 있다(Phillips, Friedlander, Kost,
Specterman, & Robbins, 1988).

어떤 연구 영역에서는 진로상담과 정신건강의 결과 사이의 연결고리를 강
조한다. 진로문제와 정신건강은 서로 관련이 있고, 성인의 직업적인 욕구는 매
우 복잡하다는 것에 대한 인식이 늘어나고 있다(Herr, 1989). 브라운과 브룩스
(Brown & Brooks, 1990)는 성인에 대한 진로상담의 경우, 스트레스 관리와 성격
상담으로 대체하는 것이 가능하다고 주장했다. 나아가 심리학자들이 진로상담

의 잠재성을 간과하고 있고, 상담자들이 심리적 증상의 근원이 심리내적 요소보다는 진로문제와 관련된 상황에 있다는 것을 인식해야 한다고 제안했다.

즉, 최근의 연구는 심리적인 문제를 진로상담에 통합하는 것을 장려하는 추세이다. 따라서 진로상담의 과정은 성격상담의 과정과 유사한 과정을 따르고 있고, 가장 중요한 것은 진로문제와 성격적 요소들이 어떻게 내담자의 삶에 얽혀 있는지를 인식하고 내담자가 겪고 있는 여러 문제를 정확하게 파악해야 한다는 것이다.

2. 진로상담의 역사적 전개 과정

1800년대 말기의 산업주의(industrialism)의 발흥은 작업환경과 생활여건을 크게 변화시켰다. 도시지역은 이주민들에 의해서 급속도로 성장하였다. 더구나 도시지역이 이처럼 급성장하고 산업의 중심지로 자리 잡게 되자, 일자리를 필요로 하는 많은 사람들의 관심을 끌게 되었다.

한편, 잉글랜드의 갈톤(Galton)은 1874년과 1883년에 인간능력의 기원에 대한 저서를 출간하였다. 1879년에 분트(Wundt)는 인간행동을 연구하기 위하여 독일의 라이프치히에 실험실을 창설하였다.

미국에서는 홀(Hall)이 1883년에 아동의 신체적, 정신적 특성을 측정하고 연구하기 위하여 실험실을 설립하였다. 1890년에 카텔(Cattell)은 개인차를 측정하는 하나의 도구로 지능검사를 언급하였다. 듀이(Dewey)는 일률적 방법의 교육으로부터 개인의 동기, 흥미, 발달 등에 보다 관심을 갖도록 촉구하는 교육으로의 개혁을 주창하였다.

1800년대 말의 사회개혁운동과 도시의 발달은 파슨스(Parsons)의 관심을 사로잡았다. 그는 사회개혁운동에 관한 단행본과 논문을 저술하였는데, 그 주제는 여성의 참정권, 세제개혁, 만인을 위한 교육 등에 관한 것이었다. 파슨스의 주요 업적인 『직업선택(Choosing a Vocation)』이라는 저서는 그가 세상을 떠난

뒤인 1909년 5월에 유작으로 출간되었다. 파슨스가 진로지도운동에 끼친 가장 큰 영향은 한 개인이 진로를 선택할 경우에 그를 도와주는 개념적 틀을 마련한 데 있다.

1913년 10월 미시간의 그랜드 라피드에서 국가직업지도연합회(National Vocational Guidance Association)가 창설되었다. 현재는 그 이름이 국가진로개발연합회(National Career Development Association: NCDA)로 변경되었는데, 진로지도운동의 발달에 가장 강력한 리더십을 발휘하고 있다.

측정운동과 진로지도운동은 그 발달과정에서 볼 때 여러 가지 측면에서 공통점이 많고, 상당 부분 같은 뿌리를 공유하고 있다. 독일의 분트 실험실에서 연구를 한 카텔은 개인차에 흥미를 갖게 되었다. 카텔은 미국으로 돌아와서 측정운동에 적극적으로 참여하게 되었고, 1890년에 쓴 논문에서 정신검사(mental test)라는 말을 최초로 사용하였다. 최초의 지능검사 제작은 프랑스의 비네와 시몽(Binet & Simon)에 의해 이루어졌다. 제1차 세계대전의 발발과 더불어 대규모 집단을 위한 능력검사에 대한 요구가 나타나기 시작하였다. 여케스(Yerkes)의 지도하에 최초의 집단지능검사가 만들어졌다. 군인들을 위하여 개발된 지능검사는 육군 알파검사 및 육군 베타검사로 알려져 있다. 검사에 대한 운동은 그 이후 20여 년 동안 급속하게 진전되었다.

1939년에 윌리엄슨(Williamson)이 출간한 『How to Counsel Students』라는 책은 진로지도운동에 중대한 영향을 미쳤다. 종합적인 성격을 지니고 있는 이 책은 여러 측면에서 파슨스가 제시한 원리를 확대한 것이라고 볼 수 있다. 1942년에 로저스(Rogers)는 『Counseling and Psychotherapy』라는 매우 영향력 있는 책을 저술하였다. 로저스는 치료자로서 정서적으로 고민거리가 있는 환자들을 치료해 왔지만, 그가 활용한 방법인 비지시적 상담 혹은 내담자중심 상담은 진로상담 분야에서 초기에 설정된 가정을 재검토하게 하는 계기를 마련해 주었다. 로저스 학파의 여러 개념이 후에 지시적 상담에 수용 내지 통합되었고, 이것은 결국 진로상담에서 인간발달과 생애경험의 광범위한 측면을 고려하도록 하는 계기를 마련해 주었다.

제2차 세계대전 이후의 응용심리학의 발달은 측정운동의 성장에 중요한 기여를 하였다. 산업심리학, 상담심리학, 교육심리학, 학교심리학 등과 같은 심리학의 분과는 여러 고등교육기관에서의 공식적인 훈련 프로그램에 통합되었다. 제2차 세계대전을 전후하여 검사와 관련된 서적이 상당히 많이 출판되었다. 또한 채점 과정을 신속하게 처리해 주는 기술의 발전 때문에 진로상담 전문가들은 검사에 보다 큰 매력을 느끼고 있다. 검사결과의 출력 및 해석방법 등이 컴퓨터로 처리됨에 따라 진로지도에 있어서 검사의 활용에 대한 유용성은 더욱 증대되고 있다.

1950년대 초기에 긴즈버그(Ginzberg), 로(Roe), 수퍼(Super) 등은 진로발달 및 직업선택이론을 발표하였는데, 이는 진로지도운동의 발전에 있어서 획기적인 업적이 되었다. 진로발달에 관한 이론적 관점은 발달단계 및 단계 간의 이동과 관련된 발달과업, 작업환경에 적합한 성격 유형의 확인, 의사결정기법 등에 통찰을 제공함으로써 진로지도 프로그램에 지대한 공헌을 하였다.

1960년대와 1970년대에는 인간의 삶 속에서 일의 의미와 역할을 주요 쟁점으로 보게 되었다. 여성운동, 노령인구에 대한 직업지도 등과 같은 여타의 쟁점들도 진로지도운동을 구체화하는 데 커다란 힘으로 작용하였다. 특히 1970년대 초에 이르자 관심의 초점은 상담자가 갖추어야 할 능력의 표준 및 상담전문직의 발전 등으로 옮겨졌다. 1984년에 NCDA는 진로상담자의 자격에 대한 사항을 보다 구체화하였다.

우리나라 진로상담의 발전 역시 앞에서 언급된 미국에서 이루어진 여러 가지 노력의 영향을 많이 받아 왔다. 현재 우리나라는 초등학교의 경우 일반교과의 일부 단원에서 진로와 관련된 사항들을 발달지향적인 측면에서 가르치고 있으며, 중등학교에서는 일반교과의 일부뿐만 아니라 '진로와 직업'이라는 독립된 교과를 통해서 자신의 진로를 탐색하고 성찰할 수 있는 기회를 제공하고 있다. 아울러 학교의 진로교육을 총괄하면서 진로교육과정의 운영계획을 수립 · 운영하고, 개인 맞춤형 진로지도와 진로상담을 전담하는 '진로전담교사'를 양성하여 초 · 중등학교에 배치하였다. 대학의 경우 대부분의 학교에 커리어센터가 설치되어 있으며 취업지원관 및 진로상담 전문가가 활발하게 활동하고 있다. 성인 진로상담의 경우 전국의 고용센터에서 직업상담원이 구직자의 취업지원 등을 위한 전문 직업상담 활동을 펼치고 있다.

3. 진로상담의 목표

진로상담의 목표는 개인상담의 경우, 일단은 내담자가 호소하는 문제를 해결해 주는 것이 될 것이다. 그러나 진로상담은 교육적이고 발달적인 측면이 강하기 때문에 대부분의 대상자들에게 어느 정도 공통된 목표를 상정해 볼 수 있다. 이러한 목표는 내담자를 진단하는 틀로 활용할 수도 있으며, 각각의 내담자에게 필요한 개입기법을 선택하는 데에도 유용한 길잡이가 될 수 있다. 이와 같은 관점에서 진로상담의 목표를 청소년에 초점을 두고 살펴보면 다음과 같다(김봉환, 정철영, 김병석, 2006).

1) 자신에 관한 보다 정확한 이해 증진

파슨스(1909)가 특성-요인이론을 제안한 이래 올바른 진로선택을 위한 첫 번째 요체로 상정되어 온 것이 자기 자신에 관한 올바른 이해이다. 여기에서 올바른 이해란 보다 정확한 이해, 객관적인 이해를 의미하는 것이다. 오늘날 청소년 진로상담이 제대로 대응하지 못하고 있는 문제점 중의 하나는 일과 직업세계에 관련된 올바른 자기인식 능력을 길러 주지 못하고 있다는 것이다.

현대 사회는 과학기술의 발전으로 인하여 산업이 고도로 분화되고 발전하였다. 이에 따라 직업의 종류도 수없이 많아지게 되었고, 계속해서 전문화되는 추세를 유지하고 있으며, 일의 내용도 더욱 복잡하게 되어 가고 있다. 이와 같이 복잡한 직업세계에서 자기에게 가장 적합한 직업을 선택하고, 성공적인 직업생활을 영위한다는 것은 결코 쉬운 일이 아니다. 직업의 종류에 따라 요구되는 능력과 적성, 기능, 역할이 다양하다. 따라서 자기에게 맞는 일과 직업을 선택하기 위해서는 무엇보다도 자기의 능력, 흥미, 적성, 성격, 가치관, 신체적 특성 등에 대하여 올바르게 이해하는 일이 필수적이다. 따라서 진로상담은 이러한 자기이해를 중요한 목표의 하나로 삼아야 할 것이다.

2) 직업세계에 대한 이해 증진

개인적 측면에서 진로상담의 또 다른 목적은 현대 사회에 존재하는 복잡하고 다양한 일과 직업의 종류 및 본질에 대한 객관적 이해가 절대적으로 요청되고 있다는 점에서 찾아볼 수 있다. 산업혁명 이래 직업의 전문화 및 고도화가 급속하게 진전되었다. 이제 선진국의 경우는 2~3만 종류의 직업이 존재하게 되었고, 우리나라의 경우도 앞으로 이에 버금가는 직업의 종류가 존재할 것으로 전망되고 있다. 그리고 일부 미래 학자들의 예측에 의하면, 2000년대 중반이 되기 이전에 현존하는 직업의 50% 정도는 없어지고, 새로운 직업이 생겨나며, 존속하는 직업의 경우도 일의 방법이 많이 바뀔 것으로 전망되고 있다.

이러한 상황에서 장래성 있는 그리고 자기에게 맞는 직업을 선택한다는 것은 결코 쉬운 일이 아니다. 일과 직업의 세계에 대한 객관적인 정보와 이에 대한 체계적인 탐구 없이 진로 혹은 직업을 선택한다는 것은 무모한 일이다. 그러나 상담 사례를 분석해 보면 청소년들은 일과 직업세계에 대해서 너무나 모르고 있으며, 설령 알고 있다고 해도 매우 피상적인 수준에서 단편적인 측면만을 숙지하고 있다는 사실을 확인할 수 있다. 따라서 일과 직업세계의 다양한 측면과 변화 양상 등을 올바르게 이해할 수 있도록 하는 일은 진로상담의 매우 중요한 목표가 된다.

3) 합리적인 의사결정 능력의 증진

진로상담의 최종 결과는 그것이 크든 작든 어떤 '결정'이라는 형태로 나타난다. 앞서 언급된 자신에 대한 정보, 직업세계에 대한 정보 등을 가지고 최종적으로 진로를 선택하게 되는 의사결정을 해야 한다. 이러한 의사결정을 합리적으로 잘하느냐 그렇지 않느냐에 따라 자기에게 적합한 진로를 선택할 수도 있고 그렇지 못할 수도 있다. 아무리 훌륭한 능력과 정보를 가지고 있어도 이를 적절히 활용해서 최선의 선택을 할 수 있는 의사결정기술을 갖추고 있지 않으면 올바른 진로결정을 하기가 어렵다.

진로를 결정하는 일은 개인의 일생을 통해서 성취해야 할 가장 중요한 과업 가운데 하나이다. 진로선택의 결과에 따라서 우리 생활의 대부분이 영향을 받고 있다. 즉, 능력발휘의 기회, 거주지, 친구 유형, 사회·경제적 지위, 정신 및 신체 건강, 가족 간의 관계 등 생활의 모든 측면에 영향을 받게 된다(Tolbert, 1980). 그러나 이렇게 중요한 결정이 매우 불합리한 과정을 거쳐서 내려지는 경우도 많다. 즉, 자신에 대한 이해 없이, 일의 세계에 대한 정확한 이해 없이, 편견에 의해서, 부모의 요구에 의해서, 친구의 권유에 의해서, 또 다른 외적인 욕구를 추구하다가 불합리한 결정을 내리는 경우가 많다. 이렇게 내린 결정의 결과에 대해서는 만족하기보다는 불만을 갖게 되고 아울러 많은 부작용을 낳게 된다. 따라서 청소년들에게 올바른 진로결정을 할 수 있도록 의사결정기술을 증진시키는 일은 무척 중요하다.

이와 관련하여 겔라트(Gelatt, 1962)는 진로상담의 중요한 목적 가운데 하나가 학생들로 하여금 훌륭한 결정을 내릴 수 있도록 돕는 것이라고 가정하고 결정은 결과만 가지고 평가할 것이 아니고 결정을 내리게 되는 과정에 의해서 평가되어야 한다고 주장한 바 있다. 따라서 진로상담은 청소년들의 진로에 관한 의사결정 과정에 초점을 두고 의사결정기술을 증진시키도록 조력하는 것을 중요한 목표로 삼아야 한다.

4) 정보탐색 및 활용능력의 함양

현대 사회를 일컬어 '지식 및 정보화 시대'라고 한다. 이는 일상생활에 있어서 지식과 정보가 그만큼 중요한 역할을 하고 있으며, 고부가가치를 창출한다는 의미이다. 따라서 이미 정보화 시대 속에 살고 있고, 앞으로 더욱 고도화된 정보화 시대를 살아갈 청소년들에게 정보를 탐색하고 활용하는 능력을 길러 주는 일은 결코 간과될 수 없는 것이다. 그 이유는 정보화 시대를 바람직하게 살아가는 모습 중의 하나는 자신에게 필요한 다양한 정보를 신속하게 수집·분석·가공하여 적절하게 활용하는 능력을 갖추는 것이기 때문이다.

진로상담에서는 '정보 제공'이 매우 큰 비중을 차지하고 있다. 그 이유는 내담자들로 하여금 직업세계에 대해서 정확히 알고 나서 선택을 하도록(informed choice) 도와주어야 하기 때문이다. 이때 상담자는 단순하게 내담자가 원하는 정보를 알려 주는 서비스를 제공해 주는 일도 해야 하지만, 내담자 스스로가 필요한 정보를 탐색하고 활용하도록 안내하는 역할을 하는 일도 무척 중요하다. 이는 학교상담의 경우 교사를 위해서도 도움이 된다. 교사 혼자서 그 많은 직업정보를 수집해서 학생이 원하는 상태로 가공하여 제공해 주기에는 분명히 한계가 있다. 따라서 학생들 스스로가 정보를 탐색할 수 있는 '방법'을 알려 주고 실행에 옮겨 보도록 안내하면, 학생들은 이러한 시도를 해 보는 가운데 자기가 필요한 정보를 스스로 수집해서 활용하는 능력을 체득하게 될 것이다. 이러한 능력은 단지 진로정보 탐색에만 국한되지 않고 결국 삶의 모든 영역에까지 확장될 것이다.

5) 일과 직업에 대한 올바른 가치관 및 태도 형성

진로상담의 중요한 목표 중의 하나는 학생들로 하여금 일과 직업에 대한 올바른 가치관 및 태도를 갖도록 하는 것이다. 이러한 가치관과 태도는 성장해 오는 동안에 이미 나름대로 어느 정도 형성되어 있겠지만 잘못되었거나 왜곡된 내용은 지도와 상담을 통해서 올바르게 수정해야 할 것이다. 현대 사회에서 일이란 부를 창조하는 원천이며, 직업은 생계의 수단으로서뿐만 아니라 사회봉사와 자아실현의 수단으로서 그 중요성이 더욱 증대되고 있다. 그러나 아직도 우리

사회는 일을 천시하거나 싫어하는 풍조를 추방하지 못하고 있다. 학교의 입시 경쟁이 치열하게 된 원인의 하나도 따지고 보면 직업을 사회봉사나 자아실현의 수단으로 보기보다는 돈과 권력 혹은 명예를 획득하는 수단으로 보려는 생각에서 비롯되었다고 보인다. 특히 전통적인 직업의식 중에서도 우리 사회에 만연되어 있는 지위 지향적 직업관, 직업에 대한 전통적 귀천 의식, 블루칼라직에 대한 천시 풍조, 화이트칼라직에 대한 지나친 선호 경향 등은 고쳐져야 할 가치관 또는 태도라고 판단된다.

당연히 일을 하는 것은 생계수단 이상의 의미를 갖는다. 일이 갖는 이러한 본래의 의미를 깨닫고 올바른 직업관과 직업의식을 갖도록 하는 것이 진로상담의 중요한 목표 중의 하나가 되어야 한다. 이와 관련하여 이재창(1997)은 청소년들로 하여금 올바른 직업관과 직업의식을 형성하도록 하기 위해서는 다음과 같은 고정관념에서 벗어나도록 해야 한고 주장한다. 첫째, 일 자체를 목적보다는 수단으로 여기는 생각에서 벗어나야 한다. 둘째, 직업 자체에 대한 편견을 버리도록 해야 한다. 셋째, 성역할에 대한 고정관념에서 벗어나도록 해야 한다. 학교에서는 진로상담을 통하여 이상과 같은 직업에 대한 잘못된 견해를 버리고 일과 직업에 대한 올바른 가치관과 태도를 형성하도록 부단히 노력해야 할 것이다.

4. 진로상담모델

많은 연구자가 진로상담모델을 개발하였다. 진로상담모델은 상담이 어떻게 시행되어야 하는지에 대한 윤곽을 그리는 것이 목적이다. 일반적으로 진로상담모델은 도입과 관계형성의 단계, 내담자의 진로 및 직업과 관련된 문제들에 대해 탐색하는 단계, 내담자가 문제의 해결을 향해 나아가는 단계와 같이 구조화된다.

이 책에서는 진로상담의 과정을 별도의 장으로 다루고 있기 때문에 대표적인 모델 중의 하나인 스포캔(Spokane, 1991)의 모델을 소개하고자 한다. 이 모델은

〈표 1-1〉에서 제시되는 바와 같이 도입, 활동, 완료의 세 가지 주요 단계로 구성된다.

도입단계는 시작하기, 고무하기, 완화하기의 세 가지 하위 단계를 포함한다. 시작하기에서는 앞으로의 상담을 위한 구조화를 하는데, 내담자와 상담자가 함께 문제를 찾아내는 것이 중요하다. 고무하기에서는 내담자가 그의 꿈과 열망들에 대해서 자세히 이야기한다. 진로상담자는 환상하기를 연습시키거나, 자신의 미래에 대해 상상을 하게 하거나, 단순히 내담자에게 무엇을 하고 싶은지 또는 꿈(장래희망)이 무엇인지 묻는 것 등 다양한 기법을 사용하여 내담자들이 탐색하고 싶어 하는 영역을 찾아낸다. 도입단계의 마지막 단계인 완화하기에서 상담자는 내담자의 현재 모습과 내담자가 되고자 하는 진로 사이의 불일치를 찾을 수 있도록 돕는다.

두 번째 단계인 활동단계에서 상담자는 내담자의 통찰을 증진하고 변화를 촉진한다. 활동단계도 평가하기, 질문하기, 합의하기의 세 가지 하위 단계로 이루어진다. 평가하기에서는 평가의 해석까지 포함한다. 상담자는 내담자의 관심영

ooo **표 1-1** 스포캔의 진로상담모델

주요 단계	도입단계			활동단계			완료단계	
하위 단계	시작하기	고무하기	완화하기	평가하기	질문하기	합의하기	실행하기	추후 점검하기
주요한 치료적 과제	치료적 맥락의 확립	내담자 열망에 대한 열거	불일치점에 대한 지각	인지구조에 대한 포착	구조적 행동의 동기화	불안 다루기	지속적인 추구	성과에 대한 강화
상담자 과정	자기기대	희망의 활성화	불일치의 정의	가설의 일반화	가설검증	가설공유	불일치의 해결	종결
상담자 기술	구조화, 수용	환상	반영, 명확화	검증, 해석	조사, 지도	자신감 찾기, 안심하기	강화	간헐적 접촉
내담자 태도	안도	흥분	불안	전진, 통찰	자기효능감, 통제, 탐색	타협	철수, 충성	만족, 확신

역과 내담자의 자기자각에 대한 가설을 발전시켜 나간다. 질문하기에서는 내담자와 상담자가 함께 인터뷰와 평가도구를 통해 정보를 모으고 가설들을 설정하기 시작한다. 활동단계의 마지막인 합의하기에서 내담자는 타협과정을 통해 대안을 선택한다.

진로상담의 마지막 단계는 완료단계이다. 완료단계는 실행하기와 추후 점검하기를 포함한다. 실행하기에서 내담자는 불일치를 해결하고 진로를 선택한다. 상담자는 내담자가 목표에 부합되는 적절한 행동을 할 수 있도록 강화한다. 상담자는 내담자를 위해 대변자로서의 역할을 하고 내담자가 이미 가지고 있는 지지체계를 자각하고 활용할 수 있도록 한다. 추후 점검하기에서는 내담자와의 상담을 끝내고 추수상담으로 넘어간다. 경우에 따라 상담자는 추수회기를 갖지 않기도 하고, 정기적으로 내담자의 상태를 점검하기도 한다.

5. 진로상담자의 역할과 자질

진로상담이 성공적으로 이루어지기 위해서는 무엇보다도 진로상담을 진행하는 상담자가 자신의 역할을 제대로 수행해야 하고, 이러한 역할을 잘 수행하는 데 요구되는 자질을 갖추고 있어야 한다.

1) 진로상담자의 역할

진로상담의 최근 경향은 인간의 삶과 전인적인 접근을 강조하고 있다는 것이다. 진로상담은 상담자가 협력적으로 내담자의 진로와 관련된 결정을 명확히 하고, 구체화하고, 시행하고, 적응하는 것을 전문적으로 돕는 과정이다. 따라서 진로상담은 직업과 삶의 다른 역할의 상호작용에 대하여 다루게 된다. NCDA에서는 진로상담자가 일반적으로 수행해야 하는 활동들의 방향을 다음과 같이 제시하고 있다(https://www.ncda.org).

- 진로상담자는 내담자가 자신의 특성(예: 가치, 흥미, 능력)을 이해할 수 있도록 표준화된 검사를 비롯한 다양한 검사를 실시하고 해석한다.
- 진로상담자는 내담자가 경험을 바탕으로 하는 탐색활동을 하도록 격려한다(예: 직업체험, 인턴십, 인터뷰).
- 진로상담자는 진로계획 시스템이나 진로정보 시스템을 활용하여 내담자들이 직업의 세계를 이해하도록 돕는다.
- 진로상담자는 내담자가 의사결정기술을 향상시킬 수 있는 기회를 제공한다.
- 진로상담자는 내담자가 자신의 진로계획을 설계해 보도록 돕는다.
- 진로상담자는 직업탐색 전략이나 면접기술, 이력서 작성방법 등을 가르친다.
- 진로상담자는 내담자의 대인관계기술을 향상시킴으로써 직장에서 겪게 될 갈등을 해결할 수 있도록 돕는다.
- 진로상담자는 내담자가 직업과 삶의 역할들을 통합하도록 돕는다.
- 진로상담자는 내담자가 직장 스트레스, 실업, 이직 등을 경험할 때 도움을 제공한다.

한편, 가이스버스, 헤프너와 존스톤(Gysbers, Heppner, & Johnston, 2003a)은 상담자와 내담자가 함께 겪어야 하는 진로상담 과정의 단계와 효과적인 상담 협력관계의 중요성에 비추어 볼 때, 내담자가 직장과 가족에서의 변화를 이해하고 이에 반응하도록 돕기 위해 상담자가 수행해야 할 중요한 역할로 다음과 같은 것을 제안하였다.

- 내담자가 그들의 삶과 가족, 직장이 가지는 연관성과 관계를 볼 수 있도록 하고 전체적으로 그들 자신과 상황, 문제를 볼 수 있도록 돕는다.
- 내담자가 서로 얽혀 있는 심리적 적응문제와 진로 적응문제를 이해하고 다룰 수 있도록 돕는다.

- 내담자가 직장에서의 다양성을 인정할 수 있도록 돕는다.
- 내담자가 직장에서의 성역할 변화를 인정할 수 있도록 돕는다.
- 장애를 가진 내담자에게 능력을 발휘할 힘을 북돋워 준다.
- 내담자가 삶의 변화단계를 이해하고 이를 헤쳐 갈 수 있도록 돕는다.
- 내담자의 직장이나 가족에서의 실패나 성공을 한 사람의 인간으로서의 자기 자신과 구분할 수 있도록 돕는다.
- 내담자가 직장과 가족에서의 스트레스와 긴장을 완화할 수 있는 지지기반을 개발하도록 돕는다.
- 내담자가 슬픔과 상실감을 느끼는 것이 변화에 대한 자연스러운 반응임을 알 수 있도록 돕는다.
- 내담자가 변화에 대한 저항을 다룰 수 있도록 돕는다.
- 내담자가 직장과 가족에서의 좌절과 분노에 들어가는 에너지를 긍정적인 해결방향으로 바꿀 수 있도록 돕는다.

2) 진로상담자의 자질

진로상담자가 갖추어야 할 자질이나 역량에 대해서는 관련 학회나 단체에서 출간한 직무분석 내용 혹은 자질이나 역량에 관한 보고서에 제안되어 있다. 먼저 NCDA는 진로상담에 필요한 중요한 역량들을 규정해 놓았는데, 그 내용은 다음과 같이 11가지 내용들로 구성되어 있다.

- **진로발달이론**: 진로발달이론에 대한 지식은 전문가들이 진로상담을 수행하는 데 기본적으로 요구되는 것이다.
- **개인 및 집단 상담기술**: 개인 및 집단 상담기술은 효과적인 진로상담을 위하여 기본적으로 필요한 것이다.
- **개인 및 집단 검사기술**: 개인 및 집단 검사기술은 전문가들이 진로상담을 하는 데 기본적으로 요구되는 것이다.

- 정보: 정보에 대한 지식은 전문가들이 진로상담을 하는 데 기본적으로 요구되는 것이다.
- 프로그램 개발 및 실행: 다양한 영역에서 진로발달 프로그램을 적용하기 위해서는 진로발달 프로그램을 개발하고 실행할 수 있는 기술이 필요하다.
- 코칭과 자문 및 능력 향상: 개인과 조직이 진로상담과 발달에 효과적으로 영향을 미치도록 하기 위해 코칭과 자문에 대한 지식과 기술이 필수적으로 필요하다.
- 다양한 사람: 다양한 사람에게 진로상담을 하기 위해서는 이들에 대한 지식 및 상담기술이 요구된다.
- 수퍼비전: 수퍼비전에 대한 지식과 기술은 상담자의 능력을 정확하게 평가하고, 전문적 기술을 유지하고 발전시키는 데 기본적으로 필요한 것이다.
- 윤리문제: 윤리문제에 대한 지식은 윤리적이고 합법적인 진로상담을 실시하는 데 필요하다.
- 연구 및 평가: 연구 및 평가에 대한 지식과 기술은 진로상담 관련 연구 및 평가를 실시하고 이해하는 데 필요하다.
- 과학기술: 내담자가 진로계획을 하는 데 과학기술을 활용하는 것이 필요하다.

NCDA에서 제안한 진로상담 역량은 진로상담자들이 반드시 갖추어야 하는 자질을 의미한다. 전문적 역량 보고서에는 특정한 직업이나 일을 특정한 분야에서 수행하는 데 필요로 하는 최소 역량들에 대한 지침을 제공하고 있다. 필요한 지식과 기술은 전문적인 진로상담자나 상담자 교육자들에 의해 개발된다. 진로상담 역량 보고서는 진로상담 교육 프로그램의 가이드로 사용될 수 있거나 혹은 진로상담 기술을 얻거나 강화하기를 원하는 사람들에게 점검표로 사용될 수도 있다. 이러한 목표를 달성하기 위해서는 NCDA의 진로상담 역량 및 수행지표를 활용하는 것이 도움이 된다. 이러한 역량들을 검토하면서, 자신이 각각의 역량들을 어느 정도 가지고 있는지 점수를 부여한다(1=약하다, 2=평균 정도다,

3=강하다). 그리고 상담자가 1이나 2로 체크한 역량들을 강화하기 위해서는 합리적인 계획을 세워야 하는데, 이때 수퍼바이저의 도움을 받는 것이 유용하다.

ACA와 NCDA의 윤리적 기준은 진로상담 전문가에게 오직 "도움에 요구되는 기술이나 자원을 가지고 있거나 필요한 기술이나 자원에 접근권을 가지고 있어 도움을 줄 수 있는 경우에만" 활동을 수행할 것을 요구하고 있다. 만일 진로상담자가 진로문제를 다루는 데 합당한 교육연수 경력이나 자원을 가지고 있지 않은 경우 적절한 위탁을 해야 한다. 즉, 훈련을 받지 않은 기술은 사용을 시도해서는 안 된다는 것이다. 효과적인 진로상담을 위한 중요한 요소로 강조되어야 할 것은 진로개입에 노출되는 것, 진로상담 이론을 실습으로 전환하는 것, 다문화적 능숙도를 갖추는 것, 윤리적 기준에 대한 지식과 의식을 갖추는 것이라고 요약할 수 있다.

6. 학교 진로상담 환경변화

진로교육의 활성화와 내실화를 위해 2015년 「진로교육법」이 제정되었다. 이는 중학교 자유학기제의 정착을 비롯하여 교육현장에서 진로교육을 안정적이고 내실 있게 추진할 수 있는 국가 및 시·도의 진로교육 지원 체제가 정립되었음을 의미한다. 이러한 진로정책의 변화는 학교의 진로교육 및 진로상담을 위한 여건을 개선하고 활성화하는 데 있어서 크게 영향을 미쳤다(교육부, 한국직업능력개발원, 2017). 따라서 「진로교육법」 제정과 자유학기제·학년제 실시의 두 가지 측면에서 학교의 진로상담 환경변화를 살펴볼 것이다.

1) 「진로교육법」 제정

「진로교육법」(법률 제13336호, 2015. 6. 22.)은 기본적으로 총 4장 23개조의 조항으로 구성되어 있다. 제1장에서는 '진로교육 총칙', 제2장에서는 '초·중등학

교의 진로교육', 제3장에서는 '대학의 진로교육' 그리고 제4장에서는 '진로교육
의 지원'과 관련된 교육적 협력에 대한 사항을 다루고 있다. 「진로교육법」 제정
은 일차적으로 국가의 교육개혁 최우선 과제인 '중학교 자유학기제' 정착을 위
한 입법적 조치의 성격이 강하다. 더불어 교육현장에서의 진로교육의 안정적이
고 내실 있는 추진과 국가 및 시·도의 진로교육 지원 체제의 정립을 위한 입법
의 특성을 지닌다. 다음은 「진로교육법」 조항을 통해 학교 진로상담의 환경에
미치는 내용을 구체적으로 요약하였다.

첫째, 「진로교육법」 제2조(정의)에서 진로상담을 학생에게 진로정보를 제공하
고 진로에 관한 조언과 지도 등을 하는 활동(온라인 상담 활동 포함)을 말한다고
정의하고 있다. 이 규정에 따라 국가진로교육센터 및 각 시·도교육청에서 진
로진학지원센터와 진로체험지원센터를 중심으로 학교 진로상담 환경을 확장해
온라인 진로상담을 상시 운영하고 있다.

둘째, 「진로교육법」 제4조(진로교육의 기본방향)에서는 "모든 학생이 발달단계
에 소질과 적성에 따라 진로교육을 받을 권리"에 대하여 명확하게 규정하고 있
다. 이는 진로교육 및 진로상담의 대상자를 학교 안팎의 특수교육, 다문화, 학
교 밖 청소년 등을 포괄적으로 규정한 것이다. 그 영향으로 각 시·도에 17개의
지역진로교육지원센터를 설치하고 시·군에는 진로직업체험지원센터 218개를
설치·운영(내꿈터, 2018)하여 대상자에게 적합한 진로체험과 맞춤형 진로상담
을 지원하고 있다.

셋째, 제9조(진로전담교사)에서는 단위학교 진로상담을 지원하기 위해 초·중
등학교에 학생의 진로교육을 전담하는 교사(이하 '진로전담교사'라 한다)를 둔다
고 규정하고 있다. 또한 제9조(진로전담교사) 제3항에서는 "진로전담교사는 해당
담당교사와 협의를 거쳐 수업시간에 진로상담을 제공할 수 있으며, 이 경우 진
로상담시간은 수업시간으로 본다."라고 규정하고 있다. 이는 학생이 희망할 경
우 수업시간에 진로상담을 받을 수 있는 법적 근거가 마련된 것이다. 즉, 학생이
진로상담을 원할 경우는 언제든지 상담을 지원할 수 있는 상시 진로상담 환경이
조성되었음을 의미한다.

2) 자유학기제 · 학년제 실시

자유학기제 · 학년제는 중학교 과정 중 한 학기 또는 한 학년을 학생들의 꿈과 끼를 키울 수 있도록 토론, 실습 등 학생 참여형으로 수업을 개선하고, 다양한 체험활동이 가능하도록 교육과정을 유연하게 운영하는 제도이다. 학교는 학생의 다양한 수요를 반영하여 170시간(자유학년제의 경우 활동을 연간 221시간 이상 운영) 이상을 자유학기 활동, 즉 진로탐색 활동, 주제선택 활동, 예술 · 체육활동, 동아리 활동 중에서 하나 이상에 중점을 두고 운영할 수 있다. 그런데 자유학기제 · 학년제를 시행하는 대부분의 학교들은 '진로탐색 활동'을 반영(장현진, 2013)하고 있으며, 이와 관련되어 학생과 학부모의 진로상담에 대한 요구가 증가하게 되었다.

교육부, 한국직업능력개발원(2017)의 연구에 따르면 자유학기제를 운영하는 학교의 월평균 진로상담 학생 수가 27.67명으로 자유학기제를 운영하지 않는 학교의 월평균 진로상담 학생 수 23.82명에 비해 상대적으로 많게 나타났다. 이는 자유학기제 운영으로 학생과 학부모들이 진로에 대한 관심이 증가하면서 다양한 체험활동과 진로상담의 수요가 점차적으로 증가하고 있음을 시사한다.

자유학기제 · 학년제의 실시에 따라 학교 진로상담의 환경에 미치는 영향을 몇 가지 특징으로 요약할 수 있다.

첫째, 자유학기제 · 학년제 실시에 따른 진로상담 및 진로활동 활성화를 위해 단위학교 여분의 교실이 발생할 경우 진로상담 및 진로활동실을 우선적으로 구축하도록 권장하고 있다(경기도교육청, 2017). 이는 진로상담 및 활동을 위한 물리적인 인프라가 정비되고 있음을 의미한다.

둘째, 자유학기제 · 학년제 실시 영향으로 진로전담교사의 진로상담 역량이 더욱 중요해지고 있다. 이에 교육부 및 교육청 차원에서 진로전담교사의 진로상담 역량을 제고할 수 있는 연수를 운영하고 있다.

셋째, 자유학기제 · 학년제로 인하여 일반교사와의 협력적 진로상담이 활성화되고 있다. 실질적으로 자유학기제 · 학년제 활동을 통해 담임교사-일반교사-진로전담교사 간의 협력과 협업이 필요하다. 이를 위해 일반교사와 진로전담교사 간의 진로상담모델「진로선택기 중학교 3학년 학생의 학교진로상담(지도) 유형 진단을 위한 진로길잡이」(교육부, 한국직업능력개발원, 2015)가 보급되는 등 현장에서 협력적 진로상담을 할 수 있는 매뉴얼이 제공되고 있다.

자유학기제·학년제를 경험한 학생들은 진로설계가 자유학기제·학년제를 경험하지 않은 학생들보다 구체적이고 자율적인 학습동기가 높으며, 삶의 전반적인 행복도도 높은 것으로 나타났다(교육부, 한국직업능력개발원, 2017). 그러므로 향후 자유학기제·학년제 운영은 진로교육, 체험 및 진로상담 등이 통합적으로 지원되어야 하며, 학교급 간 연계성이 있도록 장기적인 정책으로 추진되어야 할 것이다. 또한 현재의「진로교육법」체제에서 단위학교의 진로상담을 전담하는 실력 있는 진로전담교사를 양성하고 전문성 제고를 위한 장기적인 지원 체제를 구축하는 것이 중요하다(서유정, 2016).

제2장
진로선택이론

| 김봉환 |

　진로이론은 진로상담을 체계적이고 효과적으로 전개하는 기초가 되며, 대부분의 진로이론은 사람들이 왜 특정한 직업을 선택하게 되는지에 대한 설명을 제공한다. 진로이론들은 다양한 방식으로 분류되는데, 이 책에서는 여러 분류체계에서 공통적으로 다루어지는 이론들을 중심으로 선택적 관점과 발달적 관점으로 구분해 알아보고자 한다. 이 장에서는 특성-요인이론, 욕구이론, 성격이론, 직업적응이론, 사회학적 이론, 사회인지진로이론 등의 선택적 관점의 이론들을 살펴볼 것이다.

　진로상담과 관련된 초창기 이론인 특성-요인이론은 개인의 특성에 관한 과학적인 자료와 직업의 특성에 관한 자료를 제시해 주어 가장 합리적이고 현명한 선택과 결정을 하도록 조력하는 것을 중요시한다. 반면, 욕구이론은 직업분류 모델을 제시하고, 부모-자녀 관계에서 기인한 욕구의 차이가 직업선택에 중요한 영향을 미친다고 본다. 직업심리학과 진로상담 분야에서 가장 큰 영향력을 미치고 있는 이론으로 평가되는 성격이론은 직업흥미에 대한 설명이 곧 개인의 성격에 대한 설명이라고 가정한다. 직업적응이론은 성격이론, 직업환경이론,

직업적응이론 세 부분으로 개인의 직업적응에 대해 설명하며, 사회학적 이론은 가정, 학교, 지역사회 등의 사회적 요인들이 직업선택과 발달에 미치는 영향력을 강조한다. 마지막으로 살펴볼 사회인지진로이론은 개인의 행동(behavior)이 환경(environment)과 개인(person) 요인의 상호작용에 의해 결정된다는 반두라(Bandura)의 삼원 상호결정론(triadic reciprocal determinism)에 그 뿌리를 두고 흥미발달과 진로선택에 영향을 미치는 요인을 설명하고 있다.

1. 특성-요인이론

1) 이론의 개요

특성-요인이론은 진로상담과 관련된 초창기의 이론이다. 이 이론을 토대로 해서 이후에 많은 이론이 생겨나게 되었고, 진로상담 과정에서 활용되는 검사도구의 개발에도 큰 영향을 미쳤다. 또한 진로상담 프로그램 개발에 기초 이론이 되면서, 학문적으로나 실제적으로 커다란 성장을 하였다. 특성-요인이론은 개인의 특성과 직업 또는 직무를 구성하는 요인에 관심을 두었다. 따라서 파슨스(Parsons)는 개인분석, 직업분석, 과학적 조언을 통한 매칭(matching)을 주장하였다. 즉, 인간은 저마다 다른 특성을 지니고 있고, 모든 직업은 직업의 특성들 간의 특정한 조합을 필요로 한다고 하였다. 이는 자신의 강점과 약점을 포함한 개인적 성향을 충분히 이해하고, 주어진 직업에서의 성공조건 및 보상과 승진에 관한 정보를 알아야 하며, 입수한 정보를 바탕으로 선택과정에서 '진실한 추론'을 해 나가야 한다는 것이다. 이후의 연구자들은 파슨스의 개념을 더 확장시켰다. 특히 미네소타 대학교의 직업심리학자들은 다양한 특수적성검사, 인성검사 등의 도구를 개발함으로써 특성-요인이론의 기초를 다졌다. 이들은 또한 상담기법, 진단전략, 적재적소 배치에 관한 정보를 담은 책들도 펴냈으며, 이들의 연구결과를 토대로 1977년 미국에서는 『직업사전(DOT)』이 출판되기도 하였다. 파슨스는 특히 청소년들에게 관심을 많이 가졌고, 모든 고등학교가 학생들의 취업에 도움을 제공해야 한다고 주장하기도 하였다. 특성-요인이론 관점에서의 효과적 진로지도는 내담자가 지닌 특성과 해당 직업의 수행에 필요한 직무 요구사항을 적절하게 연결해 주는 것이 핵심이 된다.

2) 이론의 내용

특성-요인이론은 개인의 특성과 직업을 구성하는 요인에 관심을 두고 있다. 따라서 인생의 어느 특정한 시기에서 의사결정을 하려고 할 때에 도움을 줄 수 있는 이론이다. 대표적인 이론가는 이 이론을 제안한 파슨스를 비롯하여 윌리엄슨(Williamson), 헐(Hull) 등이 있다. 특성-요인이론은 고도로 개별적이고 과학적인 방법으로 개인과 직업을 연결시키는 것으로 과학적인 측정방법을 통해 개인의 특성을 식별하여 직업특성에 연결시키는 것을 핵심으로 하고 있다. 특성-요인이론의 기본적인 가설은 다음과 같이 요약할 수 있다(Klein & Wiener, 1977).

- 사람들은 신뢰성 있고 타당하게 측정될 수 있는 독특한 특성을 지니고 있다.
- 다양한 특성을 지닌 종사자들이 주어진 직무를 성공적으로 수행해 낸다 할지라도, 직업은 그 직업에서의 성공을 위한 매우 구체적인 특성을 지닐 것을 요구한다.
- 직업선택은 다소 직접적인 인지과정이므로 개인의 특성과 직업의 특성을 짝짓는 것이 가능하다.
- 개인의 특성과 직업의 요구사항이 서로 밀접한 관계를 맺을수록 직업적 성공의 가능성은 커진다.

특성-요인이론과 관련된 근원적인 쟁점은 특성이란 무엇이고, 특성은 직업

행동을 예측하는 데 관심이 있는 사람들에게 유용할 만큼 안정적이고 지속적인 것인가에 관한 쟁점과 특성을 효과적으로 측정할 수 있는가에 관한 쟁점이다. 특성-요인이론가들은 특성을 비교적 안정적인 것으로 가정하고 사람의 특성과 직업의 매칭이 가능하다고 주장하였다. 그러나 이 이론의 관심사가 이러한 매칭의 추론과 예언에만 국한된 것은 아니다. 이론에 대한 연구가 거듭되면서 구인타당도를 포함하게 되었고, 검사점수를 근거로 피검자를 추론하는 데까지 나아가고 있다. 예를 들어, 내담자에게 직업흥미검사를 실시할 때, 상담자는 그 질문지가 직업의 선택과 후속되는 만족을 어느 정도 예언할 수 있는지와 함께 내담자가 자신의 가치를 확인하고 일에 대한 선호와 의사결정방식 등은 어떠한지에 대해서도 관심을 갖게 할 수 있다. 구인타당도와 예언타당도 중 어느 쪽에 더 관심이 있는가는 검사결과를 어떻게 사용하느냐에 달려 있다. 선발과 배치 프로그램을 설계하는 산업상담자들은 아마도 예언타당도에 가장 큰 관심이 있을 것이고, 자기인식을 촉진하고자 하는 사람들은 구인타당도에 초점을 맞출 것이다.

파슨스는 개인의 이해, 직업세계의 이해, 이들 정보에 기초한 합리적인 선택의 세 가지 요소로 구성된 진로지도 모형을 제시하였는데, 이 모형은 개인의 특성에 대한 객관적 자료와 직업의 특성에 관한 자료를 중시하고 있다. 즉, 개인의 적성, 지능, 사회경제적 지위, 흥미, 가치관, 성격 등에 관한 과학적인 자료를 개인에게 제시해 주고, 보수, 취업기회, 장래전망 등의 직업특성에 관한 자료도 제시하여 이러한 정보들을 기초로 가장 합리적이고 현명한 선택과 결정을 하도록 조력하는 것을 중시하고 있다.

또한 특성-요인 진로상담의 기본은 변별진단(differential diagnosis)이다. 윌리엄슨(1939)은 진로의사결정에 나타나는 여러 문제를 진단하는 데 도움을 주기 위하여 다음과 같은 네 가지 범주를 제시하였다.

- **진로 무선택**: 공식적인 교육과 훈련을 끝마친 후에 어떤 직업을 갖고 싶으냐고 물었을 때, 내담자는 자신의 선택의사를 표현할 수 없고 또 자신이 무엇을 원하는지조차 모른다고 대답한다.

- **불확실한 선택**: 내담자는 직업을 선택했고 또 그것을 직업 명칭으로 말할 수도 있지만, 자신의 결정에 대하여 의심을 나타낸다.
- **현명하지 못한 선택**: 한편으로는 내담자의 능력과 흥미 간의 불일치, 또 한편으로는 내담자의 능력과 직업이 요구하는 것들 간의 불일치로 정의되며, 이 범주는 이러한 변인들의 가능한 모든 결합들을 포함한다. 그렇지만 현명하지 못한 선택은 내담자가 충분한 적성(능력)을 가지고 있지 않은 직업을 결정함을 의미한다.
- **흥미와 적성 간의 모순**: 흥미를 느끼는 직업이 있으나 그 직업을 가질 능력이 부족한 경우, 적성이 있는 직업에는 흥미가 적고 흥미가 있는 직업에는 적성이 낮은 경우 등이 여기에 속한다.

이 이론이 진단을 진로상담의 필수요건으로 한다는 것은 내담자의 진로선택 문제를 분류하고 식별하는 데에 상당한 확신이 있음을 의미한다. 특성-요인이론 관점을 채택하는 진로상담자들은 직업선택이 비교적 간단한 인지과정이라고 보았다. 그러나 윌리엄슨(1939)은 정서 불안이 직업선택을 불확실하게 할 수 있다고 보고, 이런 경우 개인이 자신의 생각을 명료화하도록 도와야 한다고 제언하였다.

3) 이론의 적용

특성-요인이론에 입각한 진로상담의 과정은 크게 3단계로 분류할 수 있다. 제1단계는 초기면담이라고 하며, 촉진적 관계의 형성이 중요하다. 제2단계는 주로 검사실시에 할당되고, 내담자를 이해하기 위한 면담을 병행하게 된다. 이때 내담자는 상세하고 종합적인 정신측정학적·인구통계학적 자료와 모아진 사례들에서 추론한 자료들을 기초로 해서 상담자의 진단을 받게 된다. 마지막 단계는 직업정보를 주는 단계이다.

윌리엄슨(1939)은 내담자를 도와주기 위한 상담의 과정을 분석, 종합, 진단, 처방, 상담, 추수지도 등 다음과 같은 6단계로 분류하였다.

① 분석: 여러 자료에서부터 태도, 흥미, 가족배경, 지식, 학교 성적 등에 대한 세부적인 자료들을 수집한다.
② 종합: 내담자의 독특성 또는 개별성을 탐지하기 위하여 사례연구나 검사결과에 의해서 자료를 수집하고 요약한다.
③ 진단: 내담자의 특성과 문제를 분류하고, 교육적 · 직업적 능력과 특성을 비교하여 문제의 원인을 찾아낸다.
④ 처방: 조정가능성 및 문제의 가능한 결과를 판단하고, 이를 통해 내담자가 고려해야 할 대안적 조치들과 조정 사항들을 찾는다.
⑤ 상담: 현재 또는 미래의 바람직한 적응을 위해 무엇을 해야 할지를 함께 상의한다.
⑥ 추수지도: 새로운 문제가 발생했을 때 내담자가 바람직한 행동계획을 수행할 수 있도록 계속적으로 돕는다.

특성-요인 접근법에서 진로상담의 과정은 합리적인 것이라고 특징지을 수 있다. 이 접근법은 잘 알려진 문제해결의 과학적 방법을 따르고 있다. 상담과정의 대부분에 있어서 상담자의 주도적 역할이 필요하고, 내담자에 대한 자료를 수집하고 분석하고 평가하는 데 있어서 상담자의 전문성을 요구한다.

4) 이론의 평가 및 시사점

직업선택 시 개인의 특성을 고려하도록 한 것이 이 이론의 가장 큰 공헌이다. 특히 특성-요인이론에 의해서 강조된 표준화 검사도구와 직업세계의 분석과정은 진로상담에 매우 유용하다는 것이 이 이론의 중요한 시사점이다.

그러나 특성-요인이론은 다음과 같은 몇 가지의 제한점을 내포하고 있다. 첫째, 특성-요인이론에서는 객관적인 절차, 특히 심리검사를 통해서 개인의 특성을 타당하고 신뢰성 있게 측정할 수 있다고 가정하는데, 이러한 검사도구에서 밝혀진 결과가 어떤 직업에서의 성공 여부를 정확하게 예언해 주지 못한다는 예언타당도의 문제가 제기되고 있다(Ghiselli, 1977). 둘째, 특성-요인이론은 직업선택을 일회적인 행위로 간주하여 장기간에 걸친 인간의 직업발달을 도외시하고 있으며, 개인이 소지하고 있는 제 특성 간의 역동성 및 개인이 그 많은 요인 중에서 어느 것을 우선적으로 고려하느냐에 따라 직업선택이 달라질 수 있다는 점을 고려하지 못하고 있다. 셋째, 특성-요인이론은 개인의 특성과 직업 간의 관계를 기술하지만, 개인의 특성이 어떻게 발달하였는가, 개인이 왜 그러한 특성을 가지게 되었는가에 대한 설명이 부족하다. 넷째, 특성-요인이론은 개념적인 단순함으로 인해 많은 상담자나 상담 프로그램에서 활용되고 있지만, 이론 자체적으로는 효율적인 진로상담을 위한 지침을 제공하고 있지 못하다.

2. 욕구이론

1) 이론의 개요

욕구이론의 대표적인 연구자인 로(Roe)는 예술가들의 창의성과 관련된 성격 요인에 관한 연구와 이후에 수행한 다양한 분야의 과학자들에 대한 연구를 통해서 직업심리학에 관심을 가지게 되었다. 욕구이론은 개인의 욕구가 직업선택에 큰 영향을 미친다고 전제하고 아동기에 가족 내에서의 상호작용 속에서 경험한 것이 직업선택에 많은 영향을 미친다고 보았다. 즉, 직업의 전 영역을 신체적·심리적 변인 및 경험 등에서의 개인차와 관련지어 고려하는 것을 목적으로 하였다. 따라서 로는 직업행동과 성격에 관한 연구를 다수 진행하였지만, 직업행동에서 성격이 유일하고 가장 중요한 변인이라고는 생각하지 않았다.

로는 직업과 기본욕구 만족의 관련성에 대한 논의가 매슬로(Maslow)의 욕구

위계론을 바탕으로 할 때 가장 효율적이라고 보고 성격이론 중 매슬로의 이론이 가장 유용한 접근법이라고 생각하였다. 매슬로의 욕구위계에서는 하위 욕구일수록 충족시키고자 하는 강도가 보다 강하다. 매슬로는 이러한 욕구들이 선천적이고 본능적이지만 생리적인 욕구를 제외한 나머지 욕구들은 조절 가능한 것이라고 생각했다. 따라서 로는 매슬로가 제시한 욕구의 단계를 기초로 하여 초기 인생경험과 직업선택과의 관계에 관한 가정을 발전시켰다. 즉, 개인이 가지고 있는 여러 가지 잠재적 특성의 발달에는 한계가 있고, 한계의 정도는 개인의 정도에 따라 다르다고 하였다. 개인의 유전적인 특성의 발달 정도와 발달 통로는 개인의 유일하고 특수한 경험에 영향을 받으며 또한 가정의 사회경제적 배경과 사회의 문화적 배경에 의해 영향을 받는다. 유전의 제약을 비교적 조금밖에 받지 않는 흥미와 태도 같은 변인들은 주로 개인의 경험에 따라 발달 유형이 결정된다. 심리적 에너지는 흥미를 결정하는 중요한 요소가 되고, 개인의 욕구와 만족 그리고 강도는 성취동기의 유발 정도에 따라 결정된다고 가정하였다(Roe & Lunneborg, 1990).

2) 이론의 내용

직업의 전 영역을 조사하려면 직업을 일목요연하게 분류하는 방법이 필요하다. 기존의 분류체계들과는 다르게 로는 새로운 분류체계를 개발하였다. 기존의 직업분류는 분류의 논리적인 원리를 따르지 않은 것으로 보았기 때문이다. 즉, 어떤 경우에는 단계(level)와 유형(type)이 혼동되어 활용되었고 또 다른 경우에는 많은 직업이 누락되었다고 보았다. 미국 『직업사전(DOT)』은 정교한 코딩 체계를 가졌지만 유목화(grouping)에서 일관성이 부족하며, 미네소타 직업평가 척도(Minnesota Occupational Rating Scales: MORS)를 제외하면 현존하는 분류체계들 중 어느 것도 심리학적인 기반을 갖지 못하고 있다고 평가하였다.

로는 MORS에서 힌트를 얻어 흥미에 대한 다양한 요인분석에 관심을 돌리게 되었다. 그는 흥미에 기초해서 직업을 여덟 개의 군집으로 나누고 각각의 군집에 알맞은 직업들의 목록을 작성하였다. 직업활동과 관련된 인간관계의 특성과 강도에 기초한 연속선상에 직업들이 배열될 수 있으며, 연속선상에서 가까이 위치한 군집들이 떨어진 군집보다 인간관계의 특성과 강도 면에서 더 유사하다.

그 후 각 직업에서의 곤란도와 책무성을 고려하여 여덟 개의 단계를 설정하여 8×8의 분류체계를 완성하였는데, 두 가지 단계를 탈락시키고 결국 8×6의 구조를 만들었다. 그가 제안한 여덟 가지 직업군은 다음과 같다(Roe & Lunneborg, 1990).

① 서비스직(service): 기본적으로 다른 사람의 욕구와 복지에 관심을 가지고 봉사하는 것에 관련된다. 사회사업, 가이던스 등이 이 군집에 속한다. 이 군집의 본질적인 요인은 다른 사람을 위해서 무엇인가를 하고 있는 환경이다.

② 비즈니스직(business contact): 일대일 만남을 통해 공산품, 투자상품, 부동산 등을 판매하는 것에 관련된다. 대인관계가 중요하나 타인을 도와주기보다는 어떤 행동을 취하도록 상대방을 설득하는 데 초점을 둔다.

③ 단체직(organization): 사업, 제조업, 행정에 종사하는 관리직 화이트칼라가 이 군집에 해당되며, 기업의 조직과 효율적인 기능에 주로 관련된 직업들이다. 인간관계의 질은 대개 형식화되어 있다.

④ 기술직(technology): 상품과 재화의 생산, 유지, 운송과 관련된 직업을 포함하는 군집이다. 운송과 정보통신에 관련된 직업뿐만 아니라 공학, 기능, 기계, 무역에 관계된 직업들도 이 영역에 속한다. 대인관계는 상대적으로 덜 중요하며 사물을 다루는 데 관심을 둔다.

⑤ 옥외활동직(outdoor): 농산물, 수산자원, 지하자원, 임산물, 기타의 천연자원을 개발, 보존, 수확하는 것과 축산업에 관련된 직업들을 말한다.

⑥ 과학직(science): 기술직과는 달리, 과학이론과 이론을 특정한 환경에 적용하는 것과 관련된다.

⑦ 일반문화직(general culture): 문화유산의 보존과 전수에 관련된다. 개인보다는 인류의 활동에 흥미가 있다. 교육, 언론, 법률, 성직, 언어학과 인문학이라 불리는 과목들에 관련된 직업들이 이 군집에 포함된다. 대부분의 초·중등학교 교사들은 이 군집에 속하나 고등교육기관의 경우 가르치는 교과에 따라 서로 다른 직업군에 포함된다.

⑧ 예능직(arts and entertainment): 창조적인 예술과 연예에 관련된 특별한 기술을 사용하는 것과 관련된다. 대부분의 경우 개인과 대중 또는 조직화된 한 집단과 대중 사이의 관계에 초점을 둔다.

각 군집은 다시 책임, 능력, 기술의 정도를 기준으로 하여 각각 여섯 단계로 나뉜다. 이러한 기준들 사이의 상관관계는 없으며, 책무성의 정도가 단계의 구분에 가장 결정적인 영향을 미친다. 책무성에는 결정을 내리는 횟수와 곤란도뿐만 아니라 다양한 문제를 어떻게 처리해야 하는지도 포함된다. 각각의 단계들은 본질적으로 책무성의 연속선상에 존재한다(Roe & Lunneborg, 1990).

① 고급 전문관리(professional and managerial 1): 중요한 사안에 대해 독립적인 책임을 지는 전문가들뿐만 아니라 개혁자, 창조자, 최고 경영관리자들을 포함한다. 이 단계의 직업들은 대체로 사회집단보다 더 높은 권위를 갖지는 않는다. 이 단계의 기준은 다음과 같다. 첫째, 중요하고 독립적이며 다양한 책임을 진다. 둘째, 정책을 만든다. 셋째, 박사나 이에 준하는 정도의 교육을 받는다.

② 중급 전문관리(professional and managerial 2): 고급단계와는 정도의 차이가 있다. 자율성이 있으나 고급단계보다 더 좁은 영역에 대한 덜 중요한 책임이 따른다. 단계 설정의 기준은 다음과 같다. 첫째, 중요도와 다양성의 측면에서 자신과 타인에 대한 중간 수준의 책임을 진다. 둘째, 정책을 해석한다. 셋째, 석사학위 이상, 박사와 그에 준하는 정도의 교육보다는 낮은 수준의 교육을 받는다.

③ 준전문관리(semiprofessional and small business): 단계 설정의 기준은 다음과 같다. 첫째, 타인에 대한 낮은 수준의 책임을 진다. 둘째, 정책을 적용하거나 오직 자신만을 위한 의사결정을 할 수 있다. 셋째, 고등학교나 기술학교 또는 그에 준하는 정도의 교육수준을 요구한다.

④ 숙련직(skilled): 이 단계와 5, 6단계의 구분은 고전적인 분류에 의한 것이다. 이 단계에서는 견습이나 다른 특수한 훈련과 경험을 필요로 한다.

⑤ 반숙련직(semiskilled): 약간의 훈련과 경험을 요구하지만 4단계에서보다는 매우 낮은 수준이다. 훨씬 더 적은 자율과 주도권이 주어진다.

⑥ 비숙련직(unskilled): 특수한 훈련이나 교육을 필요로 하지 않으며, 간단한 지시를 따르거나 단순한 반복활동에 종사하기 위해서 필요한 능력 이상을 요구하지 않는다.

3) 이론의 적용

아동기의 경험 중 부모-자녀 관계는 직업선택에 중요한 영향을 미치는 요인이 된다. 따라서 여러 가지 다른 직업에 종사하는 사람들은 각기 다른 욕구를 가지고 있고 이러한 욕구의 차이는 어린 시절 부모-자녀 관계에서 기인한다고 보았다. 가정의 정서적 분위기, 즉 부모와 자녀 간의 상호작용을 회피형, 정서집중형, 수용형 등 세 가지 유형으로 구분하였는데, 이러한 유형에 따른 개인차를 고려하여 진로상담에 적용할 수 있다. 이 세 가지 유형은 가정 내 분위기를 반영하여 다시 몇 개의 하위 유형으로 나눌 수 있다. 회피형은 거부형, 방임형으로, 정서집중형은 과보호형과 요구과잉형 그리고 수용형은 무관심형과 애정형으로 나누었다. 로의 이러한 유형별 접근은 내담자가 성장한 가정 내에서의 부모-자녀 관계가 직업군의 선택에 영향을 미친다고 보았다. 예를 들어, 따뜻한 부모-자녀 관계에서 성장한 사람은 어렸을 때부터 어떠한 요구나 욕구가 있을 때 사람들과의 접촉을 통해서 그것을 만족시키는 독특한 욕구충족 방식을 배우게 되는데, 이것이 결국 인간지향적인 성격을 형성하게 하며, 나아가서는 직업선택에 반영된다. 그 결과 그들은 인간지향적인 직업(서비스직, 비즈니스직, 단체직, 문화직, 예능직)을 선택하려 한다는 것이다. 반면에 차가운 부모-자녀 관계에서 성장한 사람은 어렸을 때부터 부모의 자상한 배려나 관심을 받지 못하고 자랐기 때문에 자신에게 어떤 문제가 있을 때, 부모나 주위 사람들에게 도움을 청하지 않고 사람들과의 접촉이 아닌 다른 수단을 통해서 해결하는 방법을 터득하게 된다. 그 결과 그들은 자연히 비인간지향적인 직업(기술직, 옥외활동직, 과학직)을 선택하게 된다는 것이다. 진로상담 과정에서는 이러한 개인의 욕구 만족의 차이에서 기인한 개인차를 고려하여 진로상담에 적용할 수 있다.

4) 이론의 평가 및 시사점

로의 이론은 성격과 직업분류를 통합하는 업적을 남겼고, 독특한 방식으로 직업을 분류하는 모델을 제시하였다. 그리고 부모-자녀 관계를 측정하는 알맞은 도구가 없다고 판단했기 때문에 부모-자녀 관계 질문지(Parent-Child Relations Questionnaire: PCR I)를 개발하기도 하였다.

그러나 로의 이론은 다음과 같은 문제점을 가지고 있다. 첫째, 실증적인 근거가 결여되어 있다는 것이다. 로 자신도 본인의 이론이 비록 상반되는 증거는 밝혀지지 않았으나 추리적인 것이므로, 그 이론의 가정에 대한 직접적인 증거가 거의 없음을 인정하고 있다. 둘째, 로의 이론은 검증하기가 매우 어렵다. 왜냐하면 부모-자녀 관계는 로의 이론처럼 획일적이거나 단순하지 않기 때문이다. 즉, 부모-자녀 관계는 자녀의 발달과정 동안 내내 동일하지 않을 뿐만 아니라 한 부모라 하더라도 자녀에 대한 아버지와 어머니의 태도가 각기 다를 수 있기 때문이다. 셋째, 진로상담을 위한 구체적인 절차를 제공하지 못하고 있다. 비록 로는 실제적인 적용에는 관심을 두지 않고 단지 이론만을 공식화하는 데 집중하였다고 하였지만, 실제적인 적용성의 결여로 인해 이론의 발달에 단점으로 작용하였다.

3. 성격이론

1) 이론의 개요

우리가 RIASEC 이론 혹은 홀랜드(Holland) 이론이라고 부르는 성격이론은 홀랜드(Holland, 1919~2008)에 의해 주창된 이론으로, 지금까지 직업심리학과 진로상담 분야에서 가장 큰 영향을 미친 이론으로 평가된다. 직업선택과 발달에 관한 홀랜드의 이론은 "직업적 흥미는 일반적으로 성격이라고 불리는 것의 일부분이기 때문에 개인의 직업적 흥미에 대한 설명은 곧 개인의 성격에 대한 설명이다."라는 가정을 기초로 하고 있다. 홀랜드는 제2차 세계대전 동안 군대에서 복무하면서 군인들의 직업특성을 몇 개의 유형으로 설명할 수 있다는 생각을 하였고, 그 후 연구를 통해 서로 다른 흥미(different interests)를 가진 대학생들은 서로 다른 성격적 특성(different personalities)을 갖는다는 확신을 하게 되었다. 지속적인 연구를 통해 홀랜드는 1959년 최초로 자신의 이론적 가설을 발표하였고, 개정 과정을 거치면서 1997년에 최종적으로 홀랜드 이론이 개정 출판되었다.

2) 이론의 내용

홀랜드 이론의 핵심은 네 가지의 기본 가정과 다섯 가지의 부가적인 가정이다.

(1) 홀랜드 성격이론의 기본 가정

첫째, 대부분의 사람들은 여섯 가지 유형[실재적(realistic), 탐구적(investigative), 예술적(artistic), 사회적(social), 설득적(enterprising), 관습적(conventional)] 중 하나로 분류될 수 있다.

둘째, 여섯 가지 종류의 환경(실재적, 탐구적, 예술적, 사회적, 설득적, 관습적)이 있다. 일반적으로 각 환경에는 그 성격 유형에 일치하는 사람들이 머물고 있다.

셋째, 사람들은 자신의 능력과 기술을 발휘하고 태도와 가치를 표현하고 자신에게 맞는 역할을 수행할 수 있는 환경을 찾는다.

넷째, 개인의 행동은 성격과 환경의 상호작용에 의해서 결정된다. 사람의 성격과 그 사람의 직업환경에 대한 지식은 진로선택, 직업변경, 직업성취 등에 관해서 중요한 결과를 예측할 수 있게 해 준다.

(2) 여섯 가지 성격 유형과 육각형 모형

홀랜드는 원래 사람이 여섯 가지 유형 중 단 하나에 속하는 것으로 특징지을 수 있다고 생각하였다. 그러나 이론을 수정할 때, 여섯 가지 유형 중의 하나가 사람을 우세하게 지배하지만 하위 유형 또는 성격 패턴이 있다고 제안하였다. 이것은 보다 완벽한 설명을 제공해 준다. 개인의 완전한 프로파일은 여섯 가지 유형의 특성을 모두 포함할 것이다. 그러나 하위 유형은 개인에게서 발견되는 아주 우세한 유형 세 개를 기초로 전개된다. 따라서 SAE라고 부르는 하위 유형은 순서대로 사회적·예술적·설득적 특성을 가진 사람을 기술한다.

각 유형에 관계되는 특성들에는 좋아하는 것뿐만 아니라 싫어하는 것들도 있다. 각 유형에 해당하는 사람들은 어떤 종류의 활동들은 선호하고 다른 종류의 활동들은 회피하는 경향이 있다. 여섯 가지 유형에 대해 간단히 설명하면 다음과 같다(Holland, 1992).

첫째, 실재적 유형은 기계, 도구, 동물에 관한 체계적인 조작활동을 좋아한다. 이 유형의 사람은 사회적 기술이 부족하다. 실재적인 유형에 속하는 전형적인 직업은 기술자이다.

둘째, 탐구적 유형은 분석적이고 호기심이 많고 조직적이며 정확하다. 그러나 이들은 흔히 리더십 기술이 부족하다. 대표적인 직업은 과학자이다.

셋째, 예술적 유형은 표현이 풍부하고 독창적이며 비순응적이다. 이들은 규범적인 기술이 부족하다. 음악가와 미술가는 예술적 유형이다.

넷째, 사회적 유형은 다른 사람과 함께 일하거나 다른 사람을 돕는 것을 즐기지만 도구와 기계를 포함하는 질서정연하고 조직적인 활동을 싫어한다. 사회적 유형은 기계적이고 과학적인 능력이 부족하다. 사회복지사, 교육자, 상담자는 사회적인 유형이다.

다섯째, 설득적 유형은 조직 목표나 경제적 목표를 달성하기 위해 타인을 조작하는 활동을 즐긴다. 그러나 상징적이고 체계적인 활동을 싫어하며 과학적 능력이 부족하다. 기업경영인, 정치가는 설득적 유형이다.

여섯째, 관습적 유형은 체계적으로 자료를 잘 처리하고 기록을 정리하거나 자료를 재생산하는 것을 좋아한다. 그 대신 심미적 활동은 피한다. 경리사원, 사서 등이 이에 속하는 유형이다.

[그림 2-1]은 홀랜드 이론에 있는 구성요인들 사이의 관계를 도표로 나타내고 있다. 제시된 순서대로 여섯 가지 유형 각각은 육각형의 한 지점을 차지하고 있다.

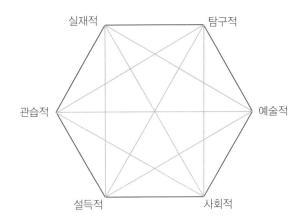

[그림 2-1] 홀랜드의 육각형 모형

(3) 홀랜드 성격이론의 부가적 가정

• 일관성(consistency): 성격 유형과 환경 모형 간의 관련 정도를 의미하는 것으로 육각형 모형상의 두 유형 간 근접성에 따라 설명된다. 실재적(R)이면

서 탐구적인(I) 성격 유형을 가진 사람은 관습적(C)이면서 예술적인(A) 성격 유형을 가진 사람보다 일관성이 높다. 높은 일관성 수준은 긍정적인 특징이며, 경력이나 진로결정의 방향 면에서 안정성을 가진다.

- 변별성(differentiation): 사람이나 환경이 얼마나 잘 구별되는지를 의미한다. 어떤 사람이나 환경은 한두 가지 유형의 특징을 뚜렷이 나타내는가 하면 어떤 사람이나 환경은 여섯 가지 유형의 특징을 고루 보이기도 한다. 직업적 흥미 특성이 얼마나 뚜렷하게 나타나는가를 나타낼 수 있는데 변별성이 높은 사람은 일에서 경쟁력이 높고, 만족도가 높을 것이며, 사회적이고 교육적인 행동에도 적절히 개입할 것이다.
- 정체성(identity): 자신에게 갖는 정체성 또는 환경에 대해 갖는 정체성이 얼마나 분명하고 안정되어 있는가를 평가한다. 개인의 정체성은 분명하고 안정된 인생의 목표, 흥미, 재능을 가짐으로써 얻어지고, 환경적 정체성은 환경이나 조직이 분명하고 통합된 목표, 일, 보상이 일관되게 주어질 때 생긴다.
- 일치성(congruence): 개인과 직업환경 간의 적합성 정도에 대한 것으로 사람의 직업적 흥미가 직업환경과 어느 정도 맞는지를 의미한다. 실재적인 (R) 성격 유형을 가진 사람은 실재적인(R) 환경에서 활발하게 활동하게 된다. 즉, 환경은 그 환경에 맞는 흥미 유형을 가진 사람들에게 더 많은 기회와 보상을 주기 때문에 서로 다른 흥미 유형을 가진 사람들은 각기 다른 환경을 필요로 한다.
- 계측성(calculus): 흥미 유형과 환경 유형 간의 관계가 육각형 모형에 따라 결정될 수 있으며, 육각형 모형에서의 흥미 유형 또는 환경 유형 간의 거리는 그들의 이론적 관계와 반비례한다는 것을 시사하며 계측성을 통해 육각형은 개인 흥미들에 대한 일관성의 정도를 나타내 주는 모형으로 활용될 수 있다.

3) 이론의 적용

홀랜드 이론은 우리나라에서도 매우 다양한 상담현장에서 활용되고 있다. 상담 및 진로지도 현장에서의 검사해석은 물론, 각종 진로집단 프로그램의 개발에서 기초 이론으로서 그 어떤 이론보다도 많이 활용되고 있다.

로젠버그와 스미스(Rosenberg & Smith, 1985)는 홀랜드 유형에 따른 진로상담 전략에 대해서 말했는데, 예를 들면 탐구형 내담자의 경우 상담자는 내담자로 하여금 컴퓨터를 이용한 안내시스템이나 워크북 같은 개입을 함으로써 그들의 진로문제 해결이나 의사결정을 도울 수 있다고 제안하였다(Reardon & Lenz, 1999).

상담 장면에서는 홀랜드 검사의 결과에 대한 해석도 중요하겠지만 검사에서 측정하고자 하는 바 혹은 이론에서 가정하는 바에 근거하여 내담자 자신의 이해를 돕고 진로발달을 촉진하는 개입이 더 중요하다. 즉, 어느 유형으로 나왔느냐와 같은 결과 중심적 접근보다는 흥미와 성격 특성을 중심으로 한 자신에 대한 이해(환경의 이해, 발달과정, 가치, 자기효능감 등)를 높이는 것이 더 중요하다.

4) 이론의 평가 및 시사점

홀랜드 이론의 강력하면서도 단순화되어 있는 육각형 모형은 흥미 측정에 있어서 조직, 구조, 단순화, 발전된 해석이 이루어지도록 하는 데 크게 영향을 미쳤다. 따라서 홀랜드의 육각형 모형은 복잡한 직업세계를 단순화하고 해석하는 데 매우 유용한 방식이라고 할 수 있다. 그 어떤 이론이나 형태도 지금까지 이론적 연구자들과 응용적 입장에 서 있는 현장의 상담자들에게 홀랜드보다 더 유용하게 기여하지 못했을 것이다(Campbell & Borgen, 1999).

또한 홀랜드는 Vocational Preference Iventory(VPI), Self-Directed Search(SDS), Vocational Exploration and Insight Kit(VEIK), My Vocational Situation(MVS) 등 매우 유용한 검사도구를 개발하였고, 미국『직업사전(DOT)』

을『홀랜드 직업코드사전』으로 번안하는 중요한 업적을 남겼다.

그러나 이 이론은 몇 가지 문제점을 가지고 있다(Amatea, 1984; Osipow, 1983; Osipow & Fitzgerald, 1996). 성격만이 편파적으로 강조되어 여러 가지 다른 중요한 개인적·환경적 요인이 도외시되고 있으며, 성격요인을 중요시하고 있으면서도 그 발달과정에 대한 설명이 결여되어 있다. 또한 사람들이 자신의 환경 및 자기 자신을 변화시키는 가능성이 있음에도 불구하고 이 점을 고려하지 않았다. 그리고 이 이론은 진로상담에 적용할 수 있는 구체적인 절차를 제공해 주지 못하고 있다. 특히 상담자가 내담자와의 대면관계에서 사용할 수 있는 과정과 기법에 관한 가이드가 없다.

4. 직업적응이론

1) 이론의 개요

직업적응이론(psychological theory of work adjustment)은 1964년 장애인들을 대상으로 한 미네소타 직업재활 연구의 일부로 처음 발표되었다. 이후 다위스와 롭퀴스트(Dawis & Lofquist, 1984)가 이론적으로 정교화하고 경험적인 연구들을 종합하여 책으로 발간하였다. 이 이론은 주로 미네소타 대학교에서 이론을 발표한 연구자 집단에 의해 연구되어 왔는데, 이후에 이론의 적용 대상을 확장해 개인-환경 조화이론(person-environment correspondence theory; Dawis, 2002; Lofquist & Dawis, 1991)으로 수정되었다. 직업적응이론은 개인의 직업행동을 설명하는 데에 한정되는 데 반해, 개인-환경 조화이론에서는 가족문제 등 다른 영역까지 확장하여 기본 개념들이 적용되고 있다. 직업적응이론의 핵심 개념들은 미국 노동부에서 운영하는 진로정보 제공 사이트인 O*NET에 반영되었고, 우리나라의 경우도 한국고용정보원에서 운영하는 진로정보 제공 사이트인 워크넷(Worknet)에 핵심 개념들이 반영되어 사용되고 있다. 직업적응이론의 개념적 틀은 크게 개인 성격의 구조와 양식을 설명하는 성격이론, 직업환경의 구조와 양식을 설명하는 직업환경이론, 개인과 환경과의 조화에 대해 설명하는 직업적응이론으로 나뉜다(Dawis, 2002; Dawis & Lofquist, 1984; Lofquist & Dawis, 1991).

2) 이론의 내용

직업은 개인이 조화를 이루려고 하는 가장 주된 환경이 된다. 개인과 환경이 서로가 원하는 것을 충족시켜 줄 때 조화롭다고 할 수 있는데, 개인은 환경이 원하는 기술(skill)을 가지고 있고 직업환경은 개인의 욕구를 충족시켜 줄 강화인(reinforcer)을 가지고 있을 때 조화로운 상태가 된다. 직업적응은 "개인이 직업환경과 조화를 이루어 만족하고 유지하도록 노력하는 계속적이고 역동적인 과정"이라고 정의된다(Lofquist & Dawis, 1969).

직업적응과 관련되는 두 가지 중요한 개념으로 만족(satisfaction)과 충족(satisfactoriness)이 있다. 만족은 조화의 내적 지표로, 직업환경이 개인의 욕구를 얼마나 채워 주고 있는지에 대한 개인의 평가를 뜻한다. 개인의 욕구에 대한 직업의 강화가 적절히 이루어질 때 만족이 높아진다고 가정된다. 이에 반해서 충족은 조화의 외적 지표로, 직업에서 요구하는 과제와 이를 수행할 수 있는 개인의 능력과 관련된 개념이다. 직업환경이 요구하는 과업을 수행할 수 있는 기술(능력)을 개인이 가지고 있을 때 직업의 요구가 충족된다고 볼 수 있다. 개인 욕구의 만족과 직업 요구의 충족은 개인이 직업환경과의 조화를 얼마나 성공적으로 이루고 있는가를 나타내는 두 가지 지표로 볼 수 있다.

직업적응을 개인과 환경이 조화를 이루려고 노력하는 역동적인 과정으로 보았을 때, 개인과 환경의 적응과정에는 각각의 성격뿐만 아니라 적응양식(adjustment style)이 영향을 주게 된다. 적응양식도 개인이 환경과 조화를 이루기 위해 사용하는 행동들인데, 개인이 비슷한 직업성격을 가지고 있다고 하더라도 적응양식에 따라 적응과정이 달라질 수 있다. 적응양식의 중요한 측면으로 유연성(flexibility), 적극성(activeness), 반응성(reactiveness), 인내(perseverance)를 들 수 있다.

직업적응이론은 개인의 직업적응양식 차원들의 관계를 설명하고 있다. 개인은 자신과 환경과의 부조화의 정도가 받아들일 수 있는 범위이면, 별다른 대처행동 없이 환경에 적응하게 된다. 개인-환경 간 부조화의 정도가 받아들일 수 없는 범위이면 적응행동을 통해 여기에 대처하게 되는데, 적극적 행동이나 반응적 행동을 통해 부조화를 줄이려는 노력을 하게 된다. 이러한 노력을 얼마나 오래 지속하느냐는 인내와 관련된다. 노력의 결과, 부조화의 정도가 받아들일 수 있는 범위로 줄어들면 개인-환경 간 적응이 이루어졌다고 볼 수 있다. 부조화가 개인의 적응행동을 통해 변화시킬 수 있는 범위, 즉 적응범위를 넘어서면 개인은 이직을 고려하게 될 것이다.

개인의 가치와 직업환경의 강화인 간의 조화는 미네소타 중요도질문지(Minnesota Importance Questionnaire: MIQ)에 나타난 개인의 가치 프로파일과 직업강화인패턴(ORP)의 조화 정도를 통해 측정된다. 직업의 요구와 개인의 능력과의 조화는 직업적성패턴(OAP)과 개인의 능력 프로파일과의 조화를 통해 평가할 수 있다. 직업적응은 미네소타 만족질문지(Minnesota Satisfaction Questionnaire: MSQ)와 미네소타 충족질문지(Minnesota Satisfactoriness Scale: MSS)를 통해 측정할 수 있다. 미네소타 만족질문지는 직업만족과 관련된 20개의 영역(예: 능력의 활용, 성취, 보상, 동료, 안정성 등)에서 만족 정도를 평가하며, 구체적인 영역별 만족과 함께 전반적인 직업만족을 평가하도록 되어 있다. 미네소타 충족질문지는 직장의 수퍼바이저가 개인의 충족 정도를 평가하는 형식으로 되어 있다. 수퍼바이저는 충족 정도를 일반적 충족(general satisfactoriness), 수행능력(performance), 직장적합도(conformance), 신뢰가능성(dependability), 개인적응(personal adjustment)의 다섯 측면에서 평가하게 된다.

개인의 가치-직업의 강화인 간의 조화 및 직업의 요구-개인의 능력 간의 조화를 측정할 때 두 프로파일 간의 조화를 어떻게 조직화하는지가 연구에서 중요한 관건이 된다. 두 개의 프로파일을 비교할 때 비교할 수 있는 정보는 크게 점수의 상승 정도(elevation), 분산 정도(scatter), 프로파일 모양(shape)의 세 가지이다(Rounds, Dawis, & Lofquist, 1987). 점수의 상승 정도는 두 개의 프로파일에서 척도의 평균점수를 비교하는 것이고, 분산 정도는 프로파일의 표준편차를, 프로파일의 모양은 척도의 상승 순위를 비교함으로써 프로파일 간의 조화 정도를 평가한다.

라운즈, 다위스와 롭퀴스트(Rounds et al., 1987)는 프로파일의 조화 정도를 측정하는 19개의 서로 다른 조화지수를 비교한 후, 두 프로파일의 모양을 비교하는 것이 만족도와의 상관이 가장 높다고 결론지었다. 이러한 방식은 이후의 진로상담의 실제에 반영되어, O*NET에서 개인의 가치-직업의 강화인 간의 매칭에서 프로파일의 모양에 따른 매칭을 적용하고 있고(McCloy, Campbell, Oswald, Lewis, & Rivkin, 1999), 고용노동부의 직업가치관검사(한국고용정보원, 2005)도 일부 이 접근을 따르고 있다. 직업의 요구-개인의 능력 간의 조화에서는 프로파일의 모양 및 두 프로파일 간의 거리가 함께 적용되어 매칭 정도가 평가된다(McCloy et al., 1999).

3) 이론의 적용

직업적응이론에서 전형적인 진로상담의 과정은 개인과 직업환경의 평가로 시작해 개인-환경의 조화 정도를 평가하고, 부조화를 해결하기 위한 대처전략을 수립하고 실행하는 순서로 진행된다. 내담자의 문제를 진단하기 위해서는 다음과 같은 평가가 이루어져야 한다.

- 욕구, 능력, 성격양식의 면에서 내담자의 자기이미지(self-image)의 평가
- 직업의 요구사항과 강화인을 중심으로 한 직업환경의 평가
- 개인-환경 간 부조화에 대한 내담자의 적응양식의 평가
- 개인-환경 간 충분한 조화가 있는데도 내담자의 만족이 낮다면 만족에 영향을 주는 가족, 또래, 다른 중요한 타인과의 관계 문제를 평가
- 개인-환경 간 조화에서 흥미도 평가할 수 있지만 이는 이차적으로 여겨짐

롭퀴스트와 다위스(1991)는 평가과정에서 주관적인 평가를 먼저 실시하고 검사도구를 통한 객관적인 평가를 이후에 실시할 것을 권유한다. 이는 내담자의 주관적인 잘못된 평가가 거짓 조화나 부조화를 낳는 데 기여하므로, 내담자의 주관적인 평가가 객관적인 평가와 일치하는지를 파악하기 위해서이다.

내담자의 가치를 충족시킬 수 있는 직업의 강화인에 대한 정보를 직접 얻기 위해서는 컴퓨터화된 진로검사를 사용하는 것이 도움이 된다. 한국고용정보원(2005)의 성인용 직업적성검사를 사용하면, 개인의 가치 프로파일과 유사한 강화인 프로파일을 가진 직업 목록을 얻을 수 있다. 이 검사는 15세 이상의 청년층과 성인을 대상으로 직업가치관을 파악하고, 이에 맞는 직업을 찾는 데 유용하게 활용될 수 있다. 개인의 능력의 평가 및 직업적성패턴에 대한 정보를 얻기 위해서는 성인용 직업적성검사(한국고용정보원, 2004)나 청소년용 직업적성검사(한국고용정보원, 2002b)를 이용할 수 있다.

내담자에 대한 평가를 통해 현재 문제에 대한 진단이 이루어지면, 변화를 위한 개입이 진행될 수 있다. 특히 개인-환경 간 부조화가 일어나고 있는 영역과 그 정도에 대한 평가를 기반으로 부조화를 줄일 수 있는 적응전략을 다루는 것이 중요하다. 부조화는 개인의 가치-직업 강화인 간의 부조화와 직업의 요구-개인의 능력의 부조화를 모두 고려해야 한다. 적응전략은 이론에서 제안하듯이 개인이 변화하거나 환경을 변화시키려고 노력하는 두 가지 측면에서 이루어질 수 있다.

4) 이론의 평가 및 시사점

직업적응이론은 진로상담의 실제에 반영되어, O*NET에서 개인의 가치와 직업의 강화인 간의 매칭을 보여 주고 이를 상담에 활용할 수 있다는 점에서 진로상담에 주는 시사점이 있다. 또한 한국의 고용노동부의 직업적성검사(한국고용정보원, 2005)도 이 이론을 반영하여 개발되었다. 이러한 노력에서 한발 더 나아가 향후 보완해야 할 점을 몇 가지 제시하면 다음과 같다.

첫째, 직업적응이론을 진로상담에서 보다 효과적으로 적용하기 위해서는 개인의 가치-직업의 강화인의 조화가 만족과 관련된다고 할 때 이 과정에서 가치의 평가 및 강화인의 평가가 중요하다. 특히 개인의 가치 발달과 관련해서 가치의 명료화 시기에 대한 경험적인 자료들이 축적될 필요가 있다. 둘째, 직업이 요구하는 과제가 다양할 때 개인이 특정한 요구를 충족시킴으로써 핵심 능력의 조화를 통해 이루어지는 것인지, 전체적인 능력-요구의 조화를 통해 이루어지는 것인지에 대한 탐색이 필요하다. 셋째, 개인의 가치-직업의 강화인 간의 조화와 직업 만족의 관계에서 둘 간의 관계를 중재하는 변인들에 관해서도 후속 연구에서 좀 더 탐색될 필요가 있다. 넷째, 상담 관련 연구들은 주로 욕구(가치), 능력 등 개인의 특성을 평가하고 적용하여 개인의 만족을 높이는 데에 집중하여 왔으나, 상대적으로 직업환경의 요구나 강화인을 평가하는 데에는 소홀한 편이었다. 직업적응이론이 진로상담에서 효과적으로 활용되기 위해서는 개인의 특성에 대한 이해뿐만 아니라 직업환경에 대한 구체적인 자료의 제공이 필수적이다. 직업환경의 강화인과 직업적성에 대한 이해는 그 범위가 넓고 사회경제적 환경의 변화에 따라 계속 변화하므로 지속적인 개정이 요구된다.

5. 사회학적 이론

1) 이론의 개요

개인을 둘러싼 사회·문화적 환경이 개인의 행동에 영향을 미친다는 사회학적 지식을 바탕으로 생성된 이론이 곧 사회학적 이론이다. 블라우(Blau, 1956), 밀러와 폼(Miller & Form, 1951) 등에 의해서 대표되고 있는 이 이론의 핵심은 가정, 학교, 지역사회 등의 사회적 요인이 직업선택과 발달에 영향을 미친다는 것이다. 물론 여타의 진로발달이론도 사회적 영향을 고려하기는 하지만 근본적인 강조점의 차이에 있다.

2) 이론의 내용

이 이론에 따르면 문화나 인종의 차이는 개인의 직업적 야망에 별로 큰 영향을 미치지 않는 데 반해, 개인이 속한 사회계층은 이에 지대한 영향을 미친다고 한다. 이러한 현상은 사회계층 그 자체에 의한 것이 아니라 사회계층에 따라 그 속에서 생활하고 있는 대다수 사람들의 사회적 반응, 교육받은 정도, 직업적 야망, 일반지능수준 등을 결정하는 독특한 심리적 환경을 조성하게 되는데, 이것이 결과적으로 직업선택 및 발달에 영향을 미치게 된다는 것이다.

그래서 저소득층 가정의 자녀들이 열망하는 직업과 그들이 실제로 가질 수 있으리라고 예상하는 직업 간에는 상당한 차이가 나타나게 된다는 것이다. 이러한 현상은 그들의 빈약한 교육수준이나 무능력에 기인하는 수도 있지만, 더욱 근본적인 이유는 자신이 원하는 직업에 접근하는 것을 주위 환경이 허용하지 않을 것이라는 생각에 기인한 것이다. 즉, 환경을 의식해서 자신의 열망을 추구해 보지도 않고 체념해 버리는 것인데, 이러한 경향 때문에 충분히 발전할 수 있는 능력이 있음에도 불구하고 자신의 능력에 비해 보잘것없는 일에 머물러 버리는 사람들이 있게 된다. 그렇다고 해서 모든 저소득층 가정의 자녀들이 다 그렇게 된다는 것은 아니다. 부모들이 어떠한 가정 분위기를 조성하느냐에 따라 자녀들의 직업적 야망의 성취 여부는 얼마든지 달라질 수 있다.

이 이론에서 강조되는 진로선택에 영향을 주는 사회적 요인들을 요약해서 제시해 보면 〈표 2-1〉과 같이 정리할 수 있다.

ⵔⵔⵔ **표 2-1 진로선택에 영향을 주는 사회적 요인**

가정	가정의 경제적 지위, 부모의 직업, 부모의 수입, 부모의 교육 정도, 주거지역, 주거양식, 가정의 종족적 배경, 가족규모, 부모의 기대, 형제의 영향, 출생 순서, 가정의 가치관, 가정에 대한 개인의 태도
학교	교사와의 관계, 동료와의 관계, 교사의 영향, 동료의 영향, 학교의 가치
지역사회	지역사회에서 주로 하는 일, 지역사회의 목적 및 가치관, 지역사회 내에 지역사회에서 특수한 경험을 할 수 있는 기회, 지역사회의 경제조건, 지역사회의 기술변화

이 이론에서는 특히 부모를 진로선택에 영향을 미치는 중요한 요인으로 간주하고 있다. 바소와 하우(Basow & Howe, 1979)는 대학교 4학년을 대상으로 한 연구에서 진로에 관해서는 부모가 가장 영향력이 있는 모델임을 밝혀냈다. 특히 워츠(Werts, 1968)는 대학교 신입생들의 진로결정 과정과 아버지의 직업을 비교한 결과, 의학, 물리학, 사회과학 등의 특정 직업군은 세대 간에 이어지는 것을 밝혀냈다. 이와는 반대로 아버지의 직업과 다른 직업을 가지려고 하는 경우도 상정할 수 있는데, 일반적으로 아동들은 아버지의 직업보다 높은 수준의 직업을 선호하고 있었다(Creason & Schilson, 1970). 또한 사회경제적 수준이 높은 아동들은 낮은 아동들보다 높은 수준의 직업을 그들의 목표로 선택하고 있었는데(MacKay & Miller, 1982), 그 이유는 높은 수준의 직업은 높은 수준의 교육을 요구하므로 사회경제적 수준의 가치관이 몸에 배었기 때문이라 할 수 있다.

이 이론에서 강조되는 요인은 공간과 시간에 따라 다르다. 즉, 가정, 지방, 국가, 사회계층에 따라 진로선택에 영향을 주는 요인은 다르다. 또한 시간에 따라 모든 상황이 다르므로 그 결과 진로선택에 영향을 주는 주된 요인도 달라지게 된다. 예를 들어, 학생들의 직업적 흥미에 대한 영향력을 조사한 결과(Hollander, 1972), 고등학생 시기에는 어머니의 영향력이 크며, 대학 시기에는 아버지의 영향력이 큰 것으로 나타났으며, 베이비붐이나 여성 해방과 같은 시대적 사건 또한 진로선택에 영향을 주는 중요한 요인이다.

3) 이론의 적용

사회계층에 따라 개인은 교육 정도, 직업포부 수준, 지능수준 등이 다르며, 이런 요인들이 진로발달에 영향을 미치므로 진로상담 시에는 이러한 사회적 요인들, 즉 가정의 사회경제적 지위, 가정의 영향력, 학업성취도, 지역사회의 조건, 압력집단의 유형, 역할지각 등의 요인을 개괄적으로 파악하여 고려해야 한다(Lipsett, 1962).

- 가정의 사회경제적 지위: 부모의 직업, 수입, 교육 정도, 주거지, 주거양식 및 윤리적 배경
- 가정의 영향력: 자녀에 대한 부모의 기대, 형제간의 영향, 가족의 가치관 및 내담자의 태도
- 학교: 학업성취도, 동료 및 교사와의 관계, 학교에 대한 태도
- 지역사회: 개인이 속한 지역사회에서 주로 하는 일, 그 지역사회 집단의 목적 및 가치관, 그 지역사회 내에서 특수한 경험을 할 수 있는 기회 또는 영향력
- 압력집단: 교사, 동료, 친지 등의 개인이나 부모가 내담자에게 특정 직업에 가치를 두도록 영향력을 지니고 있는 정도
- 역할지각: 자신의 다양한 역할 수행에 대한 개인의 지각 및 그 개인에 대한 타인의 지각과 일치하는 정도

밀러와 폼(1951)은 개인의 사회경제적 요인을 중시하면서 직업생애의 단계를 [그림 2-2]와 같이 제시하고 있다.

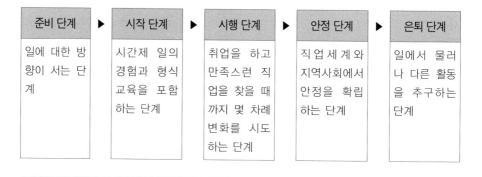

[그림 2-2] 밀러와 폼의 직업생애 단계

4) 이론의 평가 및 시사점

이 이론의 특징은 개인이 통제할 수 없는 요인들이 직업선택에 중요한 영향을 끼친다는 것이다. 즉, 개인이 가지고 있는 직업선택의 재량권은 다른 이론에서 가정되는 것보다 훨씬 적다(Osipow, 1983). 따라서 사회학적 이론을 고려하여 진로상담을 할 때에는 개인을 둘러싸고 있는 제반 상황을 파악하여 지도하여야 한다. 그런데 동일한 요인이라고 해도 개인에 따라 영향을 받는 정도가 다르므로 각각의 요인이 개인에게 주는 독특한 의미를 주의 깊게 파악해야 한다.

6. 사회인지진로이론

1) 이론의 개요

파슨스의 특성-요인이론, 홀랜드 이론과 같은 개인-환경 조화이론은 개인과 환경이 상대적으로 보편적이며 지속적인 특질을 지닌다는 가정에 기초한다. 이에 비해, 사회인지진로이론(Social Cognitive Career Theory: SCCT)은 개인과 환경의 역동적인 측면을 조명한다. 즉, 환경과 이에 영향을 미치는 개인의 상호작용에 따라 사람과 환경의 변화에 영향을 미칠 수 있는 행동(behavior)의 역할을 강조한다.

사회인지진로이론은 성역할 사회화, 맥락적 지지와 장벽 등의 환경적 요인과 자기효능감, 진로발달의 관계에 대한 관심으로부터 발전하였다(Hackett & Betz, 1981). 이들은 여성들의 진로대안이 제한적인 이유에 대해 자기효능감의 개념을 도입하여 설명하였다. 그 후, 여성뿐 아니라 남성들의 진로발달에 대해서도 자기효능감의 개념을 적용할 수 있다고 보아, 개인 특성과 환경적 요인은 물론 개인의 흥미발달, 진로선택, 진로 수행 등 진로발달과 선택을 설명하는 모형으로 확장하였다(Lent, Brown, & Hackett, 1994). 그 후, 진로 및 삶의 만족(Lent &

Brown, 2008), 진로 자기관리(Lent & Brown, 2013) 등의 모형이 추가되고 있는 비교적 최근의 이론이라 할 수 있다.

2) 이론의 내용

(1) 개인의 인지적 요인: 자기효능감, 결과기대, 목표

진로선택에 영향을 끼치는 개인의 인지적 요인은 자기효능감(self-efficacy), 결과기대(outcome expectation), 목표(goal)로 나뉜다. 이러한 개념들은 각각 영역 특수적 개념으로 명료화되고 세분화되어, 자신감이나 자존감과 같이 일반화된 개념과는 차이가 있다.

자기효능감이란 특정한 행동이나 활동을 수행할 수 있는 자신의 능력에 대한 개인적인 신념(Lent et al., 1994; Lent & Brown, 2013), 즉 지각된 능력을 의미한다. 예를 들어, "나는 다음 수학 시험에서 더 나은 점수를 받을 자신이 있어."와 같이 구체화될 수 있다. 자기효능감은 사회인지진로이론의 개인 인지적 요인의 핵심 요소로, 진로연구에서 가장 활발하게 연구된 개념의 하나이다(Choi et al., 2012; Lent et al., 1994).

결과기대란 특정한 적응적 진로행동에 대해 예상되는 결과에 대한 기대, 개인적 신념을 의미하며 가치와 관련된다. 사회인지진로이론에서는 사람들이 자기효능감이 낮을 때보다 높을 때, 바람직한 결과를 가져올 수 있을 것이라는 긍정적 결과기대 역시 더 커질 것으로 가정한다. 즉, 자기효능감은 결과기대에 정적인 영향을 줄 것으로 가정된다. 자신의 역량을 의심하거나 중립적 혹은 부정적 결과를 예상한다면, 사람들은 특정 행동 수행을 피하거나 미룰 수 있으며, 장애물에 부딪혔을 때 노력을 덜 기울이거나 비교적 빨리 포기한다(Lent & Brown, 2013).

마지막으로, 목표는 특정한 결과에 도움이 되는 행동에 전념하려는 의도나 계획으로 정의될 수 있다. 사회인지진로이론의 모형에서 목표는 행동의 자기조절에서 중요한 역할을 담당한다. 환경적 사건과 개인의 경험이 행동을 조형

할 때, 사람들은 이러한 결정적 힘에 대하여 단순한 기계적 반응 이상을 하게 되는데, 이러한 동인이 바로 목표 설정이다(Lent et al., 1994). 목표를 설정함으로써 사람들은 행동을 조직화하고 이끌도록 노력하며 외적인 강화가 없을 때조차도 오랜 기간 행동이 지속되도록 할 수 있으며, 바람직한 결과가 성취될 가능성을 높인다. 자기효능감과 결과기대는 목표를 직·간접적으로 증진시킨다. 사회인지진로이론에서는 사람들이 높은 자기효능감이 있으며 그 노력이 바람직한 결과를 가져올 수 있을 것이라고 믿을 때(긍정적 결과기대) 더 많은 시도(목표)를 하고 견뎌 낼 것이라고 가정한다. 따라서 사회인지진로이론에서 지각된 목표는 동기의 조절자이자, 자기효능감과 결과기대의 반영으로서 중요한 역할을 한다.

(2) 환경 맥락적 요인: 지지, 장벽

사회인지진로이론의 환경 맥락적 요인은 근접 맥락(proximal context)과 배경 맥락(distal context)으로 세분화된다. 근접 맥락은 진로선택의 시점과 비교적 근접한 시기에 직접적으로 영향을 줄 수 있는 사회적·재정적 지지 및 자원, 장벽을 의미한다. 이는 가족, 친구, 경제적 상황과 같이 개인에게 밀접한 환경과 관련이 있으며 객관적 환경은 물론 이에 대한 지각을 모두 포함한다. 배경 맥락 요인은 좀 더 거시적인 경제조건, 인종과 성, 사회경제적 지위와 교육의 질을 포함한다. 이러한 요인들은 개인의 진로발달 과정에서 자신이 속한 가족, 사회, 문화 속에서 사회적 기능을 익히고 내면화하는 학습경험을 통해 자기효능감과 결과기대 등을 통해 목표에 간접적으로 영향을 줄 수 있다.

(3) 사회인지진로이론의 진로선택모형

진로선택모형(Lent et al., 1994)은 사회인지진로이론의 몇 가지 모형 가운데 가장 널리 알려져 있다. 진로선택에서 흥미를 중요시한 홀랜드 이론을 계승하여 사회인지진로이론에서 직업흥미는 진로선택에 직·간접적으로 영향을 줄 수 있을 것으로 가정되는데, 이러한 흥미는 자기효능감과 결과기대를 통해 발달될 것으로 예측된다. 또한 진로선택의 선행요인으로서 자기효능감, 결과기대,

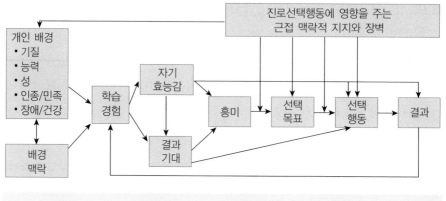

[그림 2-3] 사회인지진로이론의 진로선택모형

목표는 특정 분야 혹은 진로대안, 선택의 내용에 관한 것을 의미한다. 예를 들어, 공대에 들어간 학생이 전공에 필요한 수학과 물리학 과목의 이수에 어려움을 느낄 수 있다. 또한 엔지니어로서 근무조건과 보상이 처음에 기대했던 것만큼 좋지 않다는 것을 알게 될 수도 있다. 이러한 학습경험을 통하여 자기효능감과 결과기대에 변화가 생기면 흥미나 목표(예: 새로운 전공이나 진로선택) 역시 변화될 수 있다. 즉, 진로선택모형에서 자기효능감과 결과기대는 흥미에 영향을 미치며 이는 다시 어떤(what) 진로대안을 선택할 것인지의 목표에 영향을 주게 된다.

다음으로 근접 맥락 요인은 사람들의 선택목표나 행동에 직·간접적으로 영향을 미칠 수 있다고 가정한다. 예를 들어, 진로대안을 둘러싼 가족 혹은 중요한 타인의 경제적·심리적 지지 및 갈등, 진로선택 당시 특정 진로대안에 대한 사회적 선호도와 유용성, 차별과 같은 사회구조적 장벽은 직업의 선택에 영향을 미친다.

3) 이론의 적용

사회인지진로이론의 주요 개념인 개인의 인지적 요인과 환경 맥락 요인은 진로발달의 과정과 내용에서 차이를 가져올 수 있는 상담개입에서 중요한 표적으로 활용될 수 있다. 첫째, 사회인지진로이론이 주는 한 가지 암시는 비적응적 자기효능감과 결과기대로 잠재적인 진로대안을 거부할 수 있다는 것이다. 예를 들어, 어떤 직업에서 성공할 자신의 능력에 대한 확신이 부족하거나 노동조건이나 보상에 대한 잘못된 기대를 지닐 수 있다. 따라서 사회인지진로이론을 적용한 진로선택상담의 목적은 흥미, 자기효능감, 결과기대를 명료화하고 내담자의 선택 가능한 대안의 범주를 가능한 한 확장하는 것이다. 예를 들어, 직업카드 분류와 같은 도구를 활용하여 내담자가 포기한 대안을 재검토한다. 구체적으로 능력에 대한 확신(자기효능감)이 있다면 선택 가능한 직업, 내담자에게 가치 있는 결과를 제공(결과기대)한다면 선택 가능한 직업을 분류한다. 이를 통하여 자신이나 직업정보에 대한 잘못된 혹은 미숙한 가정에 도전할 수 있도록 격려하여 자기효능감과 결과기대의 재구축을 촉진한다.

둘째, 진로선택 과정에서 핵심적인 역할을 하는 현실적인 자기효능감과 결과기대의 촉진이다. 개인적 숙달 경험, 모델링, 사회적 지지의 제공과 생리적 각성 및 정서적 상태의 자각 등이 자기효능감의 조형을 위하여 사용될 수 있다. 또한 만족스러운 선택 대안에 대하여 현실적인 결과기대를 습득하도록 돕기 위하여 정확한 진로정보에 대한 노출을 촉진할 수 있는데, 예를 들어 온·오프라인을 통한 정보 인터뷰, 잡 섀도잉, 인턴십과 같은 경험이 이에 속한다.

셋째, 잠재적인 환경 맥락 장벽을 규명하고 대처하며 지지자원을 강화하기 위하여 진로상담에서 조력할 수 있다. 결정의 균형 시트와 같은 과정을 통하여 내담자가 진지하게 고려하는 각 대안의 긍정적·부정적 결과를 브레인스토밍하며, 실제로 조우할 가능성이 있는 장벽을 추정하고 이를 관리하기 위한 전략이 개발될 수 있다(Brown & Lent, 1996). 또한 선택 가능한 진로대안을 실현하기 위하여 어떠한 사회적·정서적·재정적 자원이 가능한지 탐색하여 현재의 지지체계를 활용하거나 멘토와 동료 등 새로운 지지자원을 개발하도록 격려할 수 있다.

4) 이론의 평가 및 시사점

사회인지진로이론의 시사점은 다음과 같다. 첫째, 환경 맥락을 이론적 모형 안에 포함하여 인지적 요인과의 상호작용을 강조하므로, 다양한 문화와 민족에서 흥미발달과 선택, 수행이 어떻게 다르고 유사한지를 검토할 때 유용한 이론적 틀을 제공한다. 실제로 다양한 문화권에서 사회인지진로이론의 적용가능성이 검토되고 있다. 둘째, 특성-요인이론, 홀랜드 이론 등에서 흥미, 능력 등 개인적 요인은 유전과 초기 학습경험에 의해 형성되는 비교적 안정적인 특성을 가지는 것으로 간주되는 반면, 사회인지진로이론에서 개인의 인지적 · 행동적 요인은 일반적이라기보다는 구체적이며 영역 특수적인 개념이다. 즉, 자존감과 같은 개인의 일반적 특징에 비하여 구체적인 특정 행동에 대한 인지적 측면을 강조하는 자기효능감, 결과기대, 목표 등은 학습이 훨씬 용이하므로 진로상담 과정에서 좋은 개입의 초점이 될 수 있다. 반면, 사회인지진로이론은 진로선택을 촉진하기 위한 상담과정에 초점을 두기보다 진로선택에 영향을 미치는 포괄적 요인을 설명하는 데 주로 초점을 두고 있다. 즉, 흥미발달을 통한 진로선택과 수행이라는 비교적 장기간에 걸친 과정을 모형화하여 진로상담 이론으로서 실제 진로선택 장면에서 활용될 수 있는 구체적인 상담절차와 같은 가이드는 부족한 편이다.

제3장
진로발달이론

| 유현실 |

　고등학교 1학년인 기영이는 학교에서 실시한 홀랜드(Holland) 흥미검사의 결과로 실재형과 관습형이 주요 유형인 것으로 나왔다. 그런데 두 유형의 검사점수가 다른 유형의 점수에 비해 그다지 높지 않았고, 육각형 모형도 작은 크기의 정육각형에 가까웠다. 또한 기영이는 실재형이나 관습형으로 추천되는 직업이 자신과 잘 맞을지도 잘 모르겠다. 기영이는 직업흥미검사를 받으면 뭔가 자신에 대해 좀더 분명한 것을 알 수 있을 것으로 기대했는데, 검사결과를 통해 어느 유형도 뚜렷하게 흥미가 나타나지 않다는 것을 확인했을 뿐이다.

　이 사례에서 직업흥미 유형을 탐색하는 것은 기영이를 돕는 데 한계가 있다. 왜냐하면 기영이는 직업흥미 자체가 아직 미발달인 상태이기 때문에 현재 검사를 통해 드러난 미약한 직업흥미 유형을 안다고 해서 이를 통해 기영이의 미래 직업의 성공을 효과적으로 예언할 수 없기 때문이다. 기영이와 같이 자신의 흥미나 성격에 대한 이해가 충분하지 않은 청소년을 돕기 위해서는 진로선택이나 진로의사결정이 단회에 이루어지지 않으며, 일련의 발달적 과정을 거치면서 변화하며 발달하게 된다는 관점을 취할 필요가 있다.

　진로발달이론은 이와 같이 직업과 개인 특성 간의 매칭이라는 진로지도의 기본 관점에 문제를 제기하면서 개인이 진로에 대하여 흥미를 가지고 구체적인 진로를 선택하고 진로에서의 성공을 위해 직업 분야에 몰입하는 과정을 일련의 발달적인 단계로 보았다. 이 장에서는 진로발달이론 분야에서 주요한 세 가지 이론인 긴즈버그(Ginzberg)의 진로선택발달이론, 수퍼(Super)의 생애진로발달이론 그리고 갓프레드슨(Gottfredson)의 제한타협이론에 대하여 소개하고자 한다.

1. 긴즈버그의 진로선택발달이론

　긴즈버그는 진로를 발달적인 측면에서 바라본 제1세대 진로학자라고 할 수 있다. 긴즈버그, 액설래드(Axelrad), 헐마(Herma)는 개인이 진로를 설계하는 과정을 일시적인 단회의 사건으로 보지 않았으며, 진로와 관련한 의사결정을 일련의 시간의 흐름에 따른 발달적인 현상으로 보았다. 그들에 따르면 진로의사결정은 일련의 과정이라는 것이다. 특히 그들은 진로의사결정 과정이 어릴 적부터 시작하여 20대 초반까지 계속된다고 보았다. 또한 그들은 진로의사결정 과정이란 한번 정해지면 되돌릴 수 없는 비가역적인 과정이며, 다음과 같은 3단계 과정을 거치면서 발달한다고 보았다.

1) 환상기

　환상기(fantasy phase)는 유아기부터 11세 정도까지 지속된다. 이 시기의 아동은 일의 세계와 관련된 다양한 상상적 역할놀이를 한다. 예를 들어, 경찰놀이나 의사놀이를 하는 상황을 생각해 보면 아동은 아주 어린 나이부터 놀이를 통해 직업세계를 경험해 본다. 이 시기의 아동은 어렴풋하게나마 자신이 미래에 어떤 직업을 수행하게 될 것인지에 대해서 생각하기 시작한다. 이 시기의 진로의사결정은 직업에 대한 객관적이고 합리적인 정보에 근거한 판단이라기보다는 직업에 대한 단편적이고 유아적인 환상에 근거한 판단이라고 볼 수 있다. 따라서 이 시기의 진로선택을 환상기라고 명명한다.

2) 잠정기

잠정기(tentative phase)는 11세부터 16세 정도까지 지속되는 시기로서, 아동기에서 청소년기를 거치면서 잠정적이나마 진로선택을 하기 시작하는 시기다. 이 시기에 청소년들은 다음의 세 가지 하위 단계를 거치면서 수집하는 정보에 근거하여 잠정적인 진로선택 행위를 하게 된다.

- 흥미(interest, 11~12세): 자신이 좋아하는 것과 싫어하는 것, 흥미 등에 대하여 보다 구체적인 결정을 하게 된다.
- 능력(ability, 13~14세): 자신이 미래에 하고 싶은 직업 분야에서 구체적으로 어떤 능력이 요구되는지 그리고 자신이 그 능력을 가지고 있는지에 대하여 보다 잘 이해하게 된다.
- 가치(value, 15~16세): 청소년들은 자신이 추구하는 개인적인 가치나 삶의 우선순위에 대하여 고려하면서 미래의 진로에 대하여 생각하게 된다. 특히 각 직업세계에 종사하는 사람들의 생활양식을 고려하게 되고, 그러한 직업인들의 생활양식과 가치관이 자신의 것과 잘 맞는지에 대해서도 숙고하게 된다.

3) 현실기

현실기(reaslistic phase)의 청소년들은 직업에 대한 흥미를 보다 구체화하기 시작한다. 또한 현실기는 다음의 세 가지 하위 단계를 거친다.

- 탐색(exploration): 자신이 이전 시기에 행했던 잠정적인 진로선택을 좁히기

위해 관심 직업들을 탐색하기 시작한다. 예를 들어, 장래희망을 과학자로 잠정 결정했던 이들은 이 시기에 과학 분야 내에서도 보다 구체적인 직업들을 탐색한다.

- **결정화(crystalization)**: 구체적인 진로 분야에 보다 헌신하면서 자신의 진로 결정과 관련된 내적 및 외적 요소를 종합한다.
- **구체화(specification)**: 자신의 진로결정을 보다 구체화하고 세밀한 계획을 세운다.

이상과 같이 긴즈버그(1984)는 개인의 진로결정이 20대 중반까지 일련의 단계를 거치면서 발달한다고 보았다. 특히 그의 이론의 가장 핵심적인 내용은 개인이 진로를 결정하는 과정에서 자신의 흥미와 가치를 기회나 재능 그리고 그러한 기회를 추구하는 데 소요되는 비용과 균형을 맞추는 과정이라는 것이다. 이후 긴즈버그는 진로선택이란 일생을 거쳐서 발달하는 과정이라고 수정 발언하였다.

2. 수퍼의 생애진로발달이론

수퍼의 이론은 지금까지 발표된 진로이론 중에서 가장 포괄적인 이론이다. 수퍼의 이론과 긴즈버그의 이론은 둘 다 발달적 관점에서 진로를 설명하려고 했다는 점은 비슷하다. 그러나 긴즈버그의 이론이 진로발달을 20대까지만 설명하였던 반면, 수퍼는 진로발달이 아동기부터 노년기까지 전생애에 걸쳐서 이루어진다고 보았다. 또한 수퍼가 자신의 이론을 발표하기 전까지 대부분의 진로이론은 진로발달(career development)이라기보다는 주로 직업선택(occupational choice)과 관련된 이론이다.[1] 그러나 수퍼는 진로발달과 직업선택을 구분하여

---

1) 가장 대표적인 예로 홀랜드(1973)의 직업흥미이론과 로(Roe, 1975)의 욕구이론 등은 일종의 직업선택에 관한 이론이라고 말할 수 있다(Super, 1980).

설명하였는데(Super, 1980), 진로발달에는 직업선택의 문제뿐만 아니라 일의 세계와 관련된 보다 다양한 삶의 영역과 역할을 포괄한다고 보았다. 이렇듯 수퍼의 이론은 이전 진로이론보다 훨씬 확장적인 이론이기는 하지만, ① 진로 자기개념, ② 전생애 이론, ③ 생애역할 이론[2] 등 세 가지 측면에 관한 이론이라고 압축적으로 말할 수 있다(Niles & Harris-Bowlsbey, 2002). 이하에서는 이러한 세 가지 측면을 중심으로 수퍼 이론의 주요한 이론적 개념들에 대하여 설명하겠다.

1) 진로 자기개념

수퍼 이론의 진로발달 개념을 이해하기 위해서는 수퍼가 말하고자 하는 진로발달이란 구체적으로 무엇의 발달인지를 이해할 필요가 있다. 결론부터 말하자면, 수퍼는 진로발달이란 진로에 관한 자기개념의 발달이라고 보았다(Super, 1990). 사람은 아동기부터 일의 세계에 관한 여러 경험을 하게 되면서 일과 관련된 자기개념을 형성한다. 놀이, 학습, 취미 등 개인이 삶에서 만나는 다양한 경험은 일에 관한 개인의 자기개념에 영향을 미치게 된다. 학교, 또래, 가정 등 한 개인이 마주하는 다양한 사회적 관계 속에서 개인은 끊임없이 자신의 능력과 흥미를 확인하게 되고, 일에 대한 가치, 흥미, 태도를 형성하게 된다. 또한 개인은 일생의 여러 단계를 거치면서 다양한 역할을 맡고 여러 가지 사회적 기대를 경험하게 된다. 이와 같이 개인의 역할과 지위, 개인이 처한 상황 속에서 '나는 무엇을 잘하는구나.' '우리 가족들은 내가 이것을 하길 바라는구나.' 등과 같이 개인은 자신에 대한 어떠한 개념을 갖게 된다.

---

2) 수퍼 이론을 영어로 표현하면 'life-span theory'와 'life-space theory'이며 이는 진로발달의 종단적 확장과 횡단적 확장 모두를 포괄하는 개념이라고 할 수 있다. 따라서 이를 원저서의 표현에 보다 충실하게 번역하면 '생애기간'과 '생애공간'으로 번역할 수 있다. 그러나 이 책에서는 이들 개념을 우리말에 보다 가깝게 표현하기 위해 생애기간은 아동기부터 노년기까지를 모두 아우르는 '전생애'로 그리고 생애공간은 삶의 다양한 역할을 모두 포괄한다는 의미에서 '생애역할'이라고 표현하였다.

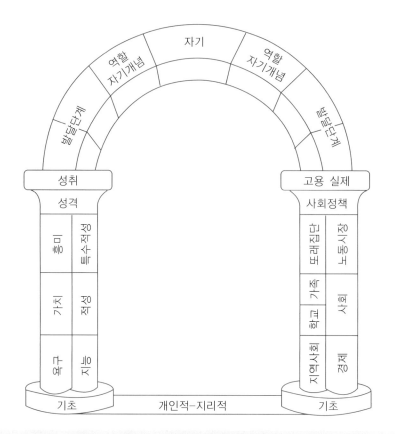

[그림 3-1] 수퍼의 아치웨이 모형

출처: Super (1990: 197-261).

또한 진로에 관한 자기개념을 보다 깊이 이해하기 위해서는 자기개념 형성에 어떠한 요인들이 영향을 미치는지를 이해할 필요가 있다. 수퍼는 [그림 3-1]과 같은 아치웨이 모형을 통해 자기개념 형성의 주요 영향 요인을 설명하고자 하였다. 수퍼(1980)에 따르면, 자기개념의 형성에는 다양한 개인적 요인과 환경적 요인이 복합적으로 작용한다. 개인적 요인들로는 개인의 적성, 능력, 흥미, 가치, 지능 등을 들 수 있으며, 환경적 요인들로는 가정, 학교, 또래집단, 사회적 상황, 경제 상황, 노동시장 등이 작용한다. 이러한 여러 영향 요인과 상호작용하면서 개인은 삶에서 경험하는 다양한 역할에 관한 자기개념을 형성한다.

또한 자기개념은 일종의 사회학습의 산물인 동시에 성장과 쇠퇴의 변화과정을 겪는다. 개인은 아동기부터 청소년기, 성인기, 중년기, 노년기를 거치면서 여러 가지 역할의 변화를 경험하고 그 과정에서 자기개념도 변화의 과정을 거치게 된다. 사회적 역할의 변화 속에서 개인의 흥미, 가치, 능력이 변하게 되고 사회적 상황과 기대가 변할 수 있다. 이렇듯 개인은 삶의 과정에서 요구되는 여러 발달과업을 수행해 나가면서 과거의 자신과 현재의 자신에 대한 개념이 고정되지 않았다는 것을 경험한다.

이러한 자기개념의 변화적 속성에는 주관적인 특성과 객관적인 특성이 동시에 내포되어 있다. 즉, 개인은 타인과 자신을 비교하기도 하지만, 과거의 자신과 현재의 자신을 비교하기도 하며 미래의 자신에 대한 새로운 기대를 만들어 간다. '나는 (다른 친구들보다) 춤에 소질이 있다.'와 같은 생각은 자신을 다른 사람과 비교함으로써 얻게 되는 자기이해라고 할 수 있다. 한편, '댄스 동아리 활동을 계속하면서 춤에 대한 열정이 점점 더 강해진다.'라는 생각은 삶의 과정 속에서 얻게 되는 자신의 고유함에 대한 확신이라고 할 수 있다. 이와 같은 객관적 및 주관적 자기이해를 통해 개인은 자신이 추구해야 할 진로목표를 점차 분명하게 깨닫게 된다.

또한 자기개념은 시간의 흐름에 따라 끊임없이 변화하며 개인은 자기개념에 바탕을 둔 의사결정을 하게 된다. 이때 의사결정은 생애의 어떠한 역할을 수행하는 것으로 표출되며 다시 자기개념의 재형성에 영향을 미치게 된다. 이렇듯 자기개념, 의사결정, 생애역할, 다시 자기개념으로 이어지는 순환적이면서도 연속적인 과정을 통해 자기개념은 생애과정에서 끊임없이 변화한다.

2) 전생애 이론

수퍼는 진로발달을 일종의 전생애적인 발달과정으로 보았다. 이는 시간의 흐름에 따라 필연적으로 이루어지는 생물학적인 발달과는 다르며, 다양한 사회적 환경과의 상호작용 속에서 이루어지는 일종의 심리사회적 발달이라고 볼 수 있다. 진로발달이 전생애적인 심리사회적 발달이라는 의미는 진로발달이 생의 어느 중간 시기에 완숙한다는 것을 의미하지 않는다. 오히려 아동기부터 노년기까지 전생애 동안 사회적 관계 속에서 어떠한 역할을 수행하는 한, 성장과 쇠퇴의 변화과정이 끊임없이 이어지는 지속적인 과정임을 의미한다.

또한 수퍼는 모든 사람들이 전생애 동안 진로에 관한 일련의 발달과업에 직면한다고 보았다. 수퍼의 진로발달과업 개념은 해비거스트(Havighurst, 1953)와 같은 당시 발달이론가들로부터 많은 영향을 받았다. 수퍼(1990)는 해비거스트의 발달과업 개념을 차용하여 "진로란 한 개인의 생애과정으로서, 개인은 일생 동안 일련의 발달과업에 직면하고 그 과정에서 자신이 원하는 모습의 사람이 되는 방식으로 발달과업을 수행하려 한다."라고 개념화하였다(Super, 1990: 225-226). 또한 연령에 따라 각기 다른 특성의 발달과업이 요구되듯이 진로발달을 다음과 같은 일련의 단계로 설명하고자 하였다.

(1) 성장기(growth stage)

주로 13세 이전의 아동기에 해당하다. 이 시기의 아동은 '나는 무엇을 잘한다.' '나는 어떤 일을 좋아한다.'와 같이 일과 관련된 기본적인 자기이해가 성장한다. 또한 이 시기는 다시 환상기, 흥미기, 능력기의 하위 단계로 구분된다. 처음은 환상기로 시작하는 데, 아동은 호기심을 통해 직업세계를 접하게 된다. 이때 아동이 만나게 되는 직업은 현실적인 직업이라기보다는 아동의 환상 속에 존재하는 직업이다. 환상기가 끝날 즈음에 흥미기가 나타나는데 이 시기의 아동은 관심 직업에 대한 보다 구체적인 정보를 수집하고 일의 세계와 관련된 자신의 이해는 한층 깊어진다. 일의 세계에 대한 흥미와 이해가 깊어지면서 아동은 일의 세계를 보다 현실적으로 지각하게 되고 능력기가 시작된다. 이때 아동은 관심 직업의 현실적인 정보를 보다 풍부하게 축적하면서 직업 성공의 요건으로 능력의 중요성을 인식하게 된다.

(2) 탐색기(exploration stage)

주로 14세부터 24세까지의 청소년기부터 초기 성인기에 해당한다. 십여 년에 걸친 이 시기는 아동-청소년-성인으로 이어지는, 즉 일생 동안 신체적 및 인지적인 면에서 가장 변화무상한 시기라고 할 수 있다. 이 시기의 진로발달과업은 진로에 대한 구체적인 탐색을 통해 상급학교나 구직을 위한 의사결정을 하는 것이다. 이러한 발달과업의 이행과 관련하여 탐색기는 다음의 세 가지 하위단계로 나뉜다. 진로교육의 측면에서 이 시기의 발달과업은 다른 어느 시기보다 중요하기 때문에 보다 구체적으로 설명하겠다.

- 결정화(crystalization): 이 시기는 마치 물속에 들어 있는 소금결정이 점차 커지고 굳어지듯이 성장기에 호기심에서 출발하여 쌓인 자신과 직업에 대한 정보가 축적되면서 진로에 대한 선호가 점차 분명하게 드러나는 시기다.

- 구체화(specification): 이 시기는 이전 결정화기에서 점차로 도드라져서 나타난 몇 가지 직업 선호들 중에서 특정한(specific) 직업선호로 구체화되는 시기다. 청소년기에 흔하게 나타나는 진로 고민은 몇 가지 진로 중에서 어떤 것으로 결정해야 할지의 문제인 경우가 많다. 때문에 특정 직업에 대한 선호로 좁혀지지 않을 경우에는 진로결정 시에 혼란을 경험할 수 있다. 따라서 구체화기의 중요한 발달과업은 진로선택과 관련된 의사결정 능력의 습득이라고 할 수 있다.

- 실행(implementation): 이 시기는 선택한 특정 직업에 대하여 노력을 기울이는 시기다. 이 시기는 대개 청소년 후기나 성인 초기에 나타나는데, 특정한 진로를 결정하고 이를 향하여 몰입한다. 예를 들어, 취업하고자 하는 직장을 결정하고 본격적인 취업준비를 하거나 진학하려는 학교와 학과를 결정하고 진학을 위해 구체적인 노력을 기울인다.

(3) 확립기(establishment stage)

주로 25세부터 45세까지의 청년기 및 장년기의 성인기에 해당한다. 이 시기에는 직업 역할 속에서 자기개념을 실행해 간다. 확립기의 목표는 개인의 내부와 외부 세계 간을 효과적으로 연결하는 것으로 이 시기의 성인은 직업세계에 처음 입문하고, 이후 직장 내에서 자신의 능력을 발휘하고, 또한 중요한 일꾼으로 자리매김한다. 이 시기는 다음과 같은 세 가지 하위 단계로 나뉜다.

- 정착(stabilizing): 이 시기의 발달과업은 조직문화에 적응하고 일과 관련된 의무들을 조직이 요구하는 수준으로 수행함으로써 자신의 직업지위를 안정화하는 것이다.
- 공고화(consolidating): 정착의 과업을 무사히 이행하고 나면 직업세계에서 자신의 능력을 인정받게 된다. 또한 일과 관련된 긍정적인 태도와 작업습관을 형성하고 직장 동료들과 좋은 관계를 이루어 가면서 직업인으로서의 자기정체감을 공고히 하게 된다.
- 발전(advancing): 정착과 공고화의 과정을 거치면서 개인은 직업 속에서 자신의 역할과 정체성을 확장하고 더욱 높은 수준의 직업적 책임감을 발전시킨다.

(4) 유지기(maintenance stage)

주로 45세 이후부터 65세 이전까지의 중년기에 해당한다. 확립기를 마친 후 현재까지의 직업을 지속한다면, 유지기에 진입하는 것이며, 다음과 같은 발달과업을 이행할 필요가 있다.

- 보유(holding): 지금까지 성취한 것들을 계속 유지해 나간다.
- 갱신(updating): 지금까지 익숙했던 직업 관련 기술과 지식을 새로운 내용으로 갱신한다.
- 혁신(innovating): 이전에 과제를 수행했던 방식과는 다르게 시도해 보고, 이

전과는 다른 종류와 수준의 과제를 수행하고, 새로운 도전적인 과제를 발견해 낸다.

(5) 쇠퇴기(disengagement stage)

이 시기의 발달과업은 지금까지 수행했던 일의 속도를 줄이고 은퇴 이후의 삶을 준비하며 은퇴 이후의 삶에 만족하는 것이다.

머피와 버크(Murphy & Burke, 1976)는 확립기와 유지기 사이에 또 다른 발달 단계가 있다고 보았다. 즉, 확립기를 마친 후에는 지금까지 몸담았던 자신의 직업을 지속할 것인가라는 질문에 봉착하게 된다는 것이다. 이 시기는 주로 35세에서 45세 사이에 나타나며, 일종의 중년기 위기 시기에 해당한다는 것이다. 이 시기에는 지금까지의 자기 진로에 적응하게 하고 직업 성공으로 이끌었던 자기개념에 대한 재평가가 이루어진다. 만약 지금까지의 직업을 더 이상 지속하지 않는다면, 유지기로 진입하기 전에 다시 탐색과 확립의 단계로 회귀하게 된다. 이러한 시기를 재탐색기(re-exploration), 재확립기(re-establishment)라고 명명한다.

수퍼(1990)는 이러한 재탐색 · 재확립의 과정은 확립기-유지기 사이뿐만 아니라 다른 시기에서도 나타날 수 있다고 보았다. 그는 대순환(maxi-cycle)이라고 말하는 전생애 기간의 진로발달 과정과 구분하여 대순환의 각 단계 사이에 나타날 수 있는 전환의 과정을 소순환(mini-cycle)이라고 불렀다. 또한 각 전환단계의 소순환 과정은 성장-탐색-확립-유지-쇠퇴의 과정을 재순환(recycling)하게 된다(Super, 1990). 예를 들어, 대순환 과정에서 탐색기를 마치고 확립기에 접어들 성인 초기의 전환과정에서 재순환이 일어날 수 있다. 이들은 성장의 과업으로 타인과의 관계 맺기를 학습하게 되고, 탐색의 과업으로 원하는 기회를 탐색하고(예: 취업하고자 하는 직장을 탐색함), 확립의 과업으로 적절한 직업적 지위에 안착하고(예: 희망 직장을 선택하여 취업을 시도함), 유지의 과업으로 직업적 지위를 안정화하고(예: 취업에 성공하여 입사함), 쇠퇴의 과업으로 운동이나 레저

참여를 줄이는 등(예: 직장에서 요구하는 의무를 이행하기 위해 이전의 여가활동을 줄임)의 과업을 수행하면서 대순환 과정의 확립기에 진입하게 된다.

3) 생애역할 이론

수퍼(1980)는 [그림 3-2]에 제시한 바와 같은 생애진로무지개 모형을 통해 전 생애 동안 이어지는 진로발달의 종단적 과정뿐만 아니라 특정한 시기의 횡단에 발생할 수 있는 여러 생애역할을 제시하였다. 한 개인은 일생의 어떤 특정한 시기에 사회적 관계 속에서 발생하는 다양한 생애역할을 수행한다. 수퍼는 일반적으로 개인의 삶에서 중요하게 다루어지는 여섯 가지의 주요한 생애역할을 제시하였다. 구체적으로는 자녀로서의 역할, 학생으로서의 역할, 여가인으로서의 역할, 시민으로서의 역할, 직업인으로서의 역할, 주부/배우자/부모로서의 역할이 이들에 해당한다.

전생애 발달과정에서 어떤 특정 시기에 몇 가지 생애역할들이 중요하게 부각되면서 개인은 역할 간의 갈등을 겪게 되고, 이로 인해 진로문제가 발생할 수 있

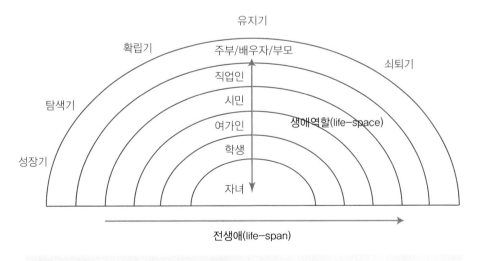

[그림 3-2] 수퍼의 생애진로무지개 모형

다. 예를 들어, 확립기의 기혼 여자 직장인의 경우에 학생으로서의 역할은 상대적으로 덜 중요해지지만, 직업인으로서의 역할과 주부 또는 부모로서의 역할이 중요해진다. 이 경우에 직장에서 자신의 지위를 공고히 하는 발달과업을 수행하는 직업인으로서의 역할이 중요하지만 동시에 결혼과 출산으로 인한 부모로서의 역할도 부각된다. 이와 같은 다중역할 갈등의 문제를 해결하기 위해 현재의 직장을 그만두거나 양육하기에 상대적으로 편한 직장으로 옮기려는 시도를 하는 등 역할 간의 갈등은 진로문제에 중대한 영향을 미치게 된다. 한편, 유지기에 이르면 여가인, 시민 등 이전에는 부각되지 않았던 생애역할들이 중요하게 드러난다. 또한 자녀로서의 역할이 이 시기에 다시 부각될 수 있는데, 유지기에 해당하는 중년기의 성인에게 자녀로서의 역할은 이전 성장기의 자녀 역할과는 다른 발달과업을 요구한다. 이 시기에는 연로해진 부모를 봉양하는 자녀로서의 역할이 새롭게 부각되면서 이 시기의 다른 역할들, 즉 직업인으로서의 역할, 배우자나 부모로서의 역할과 중첩될 수 있다.

이상의 주요한 생애역할은 한 개인을 둘러싼 주요한 사회적 환경과 관련된다. 역할은 한 개인이 처한 사회적 환경 속에서 그가 어떠한 행위를 하도록 요구한다. 생애역할과 관련하여 개인의 삶에서 중요한 환경은 가정, 학교, 지역사회, 직장 등이라고 할 수 있다. 한편, 이러한 여섯 가지 주요 역할 이외에도 개인에 따라 또 다른 새로운 역할(예: 종교인으로서의 역할)들이 중요하게 지각될 수 있다.

4) 진로성숙과 진로적응

수퍼(1955)는 비슷한 연령대 사람들의 진로행동을 비교함으로써 한 개인의 진로발달 정도를 평가하고자 하였으며, 이를 위하여 진로성숙(career maturity)이라는 개념을 도출하였다. 각 단계에서 주어지는 특정한 발달과업은 발달단계를 구분하는 준거가 된다. 이때 특정한 진로발달 단계에서 주어진 발달과업을 적절히 수행할 준비가 되어 있는가를 통해 개인의 진로발달 정도를 평가할 수 있다. 즉, 진로성숙은 특정 단계에서 당면한 진로발달과업에 성공적으로 대처하기 위해 개인이 보유하고 있는 심리적 자원이라고 정의할 수 있다.

초기에 수퍼와 오버스트리트(Super & Overstreet, 1960)는 청소년의 진로발달에 많은 관심을 가지고 연구를 수행하였다. 이들은 아동기에서부터 성인 초기에 이르는 동안 각 발달단계별로 학생들이 수행해야 할 발달과업을 구체적으로 제시하면서 학생들의 진로성숙도를 평가하고자 하였다. 이들은 청소년 진로성숙모형을 제안하면서 청소년기의 진로발달을 다섯 가지 차원에서 평가하고자 하였다. 첫 번째 차원은 직업선택에 대한 태도로서 직업선택에 관심이 있으며 진로의사결정을 수행하기 위하여 자신이 활용 가능한 자원을 효과적으로 사용하는가다. 두 번째 차원은 자신이 선호하는 직업에 대한 정보 수집 정도와 진로계획이 구체적인가다. 세 번째 차원은 선호직업의 수준이나 관심 분야가 일관적인가다. 진로성숙도가 높은 청소년은 탐색기의 발달과업인 결정화와 구체화 과정을 통해 자신의 진로목표를 점차로 좁혀 나간다. 반면, 진로선택이 일관되지 못할 경우 진로정보를 수집하는 과정이나 진로성공을 위한 개인의 노력과 자원이 분산되는 문제에 직면할 수 있다. 네 번째 차원은 흥미, 가치, 보상체계 등과 같은 개인의 특성이 분화와 통합을 적절히 이루었는가다. 직업흥미가 충분히 분화되어 있고, 자신이 지향하는 직업가치와 선호직업, 보상체계 등이 통합되어 있다면 진로선택이나 진로적응 과정이 보다 수월할 것이다. 다섯 번째 차원은 직업선호가 얼마나 현실적인가다. 자신의 적성이나 능력과 관심 직업이 일치하는지, 선호하는 직업이 자신의 사회경제적 지위에서 접근 가능한지 등이 이와 관련한 평가항목에 해당한다.

한편, 주로 아동과 청소년에 적용되는 진로성숙 개념이 성인의 진로발달을 설명하기에 적절한지를 검토할 필요가 있다. 성인 이전 시기에 대체로 비슷한 연령대의 아이들은 서로 유사한 진로발달 과정을 거친다. 같은 연령의 아이들은 학교에 입학하는 시기가 비슷하고 배우는 내용 수준도 비슷하다. 또한 일의 세계에 관심을 가지고 직업이나 진학에 대한 의사결정을 하게 되는 시기도 비슷하고 연령대별로 요구되는 발달과업과 수행해야 할 사회적 역할 또한 서로 비슷하다. 이렇듯 아동 및 청소년기에는 가정-학교-사회로 입문하는 과정이 서로 유사하기 때문에 진로 관련 발달과업의 이행 정도를 성숙이라는 단일한 잣대로 평가할 수 있다. 그러나 성인의 경우에는 각기 처한 사회적 상황이나 역할이 개인마다 매우 다양할 수 있다. 따라서 그에 상응하여 개인에게 주어지는 사회적 과업 또한 개인마다 일률적이지 않다. 따라서 아동 및 청소년기에 적용한 진로성숙이라는 선형적인 평가기준을 성인에게도 똑같이 적용하는 것은 부적절할 수 있다. 수퍼와 네이즐(Super & Knasel, 1981)은 성인기 진로발달을 설명하기 위해 청소년기의 진로성숙 개념과 대치되는 진로적응(career adaptability)이라는 개념을 제안하였으며, '끊임없이 변하는 일의 세계와 자신을 둘러싼 환경의 요구에 대처하는 준비도'라고 정의하였다.

최근에는 진로적응성 개념을 성인 진로발달의 주요 평가준거로 보는 관점을 넘어서 다시 청소년기의 진로발달에 대한 평가준거로 확장해야 한다고 주장하는 학자들이 늘어나고 있다(금명자 외, 2008; Gore, Kadish, & Aseltine, 2003; Hirschi, 2009; Skorikov, 2007). 사비카스(Savickas, 2005)는 진로적응성이란 다양한 생애역할과 자신을 둘러싼 직업환경의 변화에 대한 준비도라고 개념화하면서 이러한 진로 관련 내적 및 외적 변화에 대한 적응능력은 성인뿐만 아니라 아동 및 청소년에게도 마찬가지로 적용될 수 있다고 보았다.

5) 수퍼 이론의 적용과 평가

수퍼(1990)는 진로발달이론을 진로상담에 적용한 '진로발달 측정 및 상담 (Career-Development, Assessment and Counseling: C-DAC) 모형'을 제안하였다 (Super, 1983). C-DAC 모형은 내담자의 진로발달 수준의 평가와 그에 근거한 상담의 적용이라는 과정으로 구성된다. 나일스(Niles, 2001)에 따르면, C-DAC 모형은 다음과 같은 다섯 가지 평가 단계를 거친다. 첫 번째로 개인의 삶의 구조, 특히 개인이 현재 당면한 여러 가지 생애역할 중에서 중요하게 부각되는 역할을 면담을 통해 파악한다. 두 번째로는 현재 내담자는 생애진로발달 단계 중 어느 시기의 발달과업에 직면하고 있으며, 이의 이행 수준이 어느 정도인지를 파악한다. 세 번째로 내담자가 현재 활용 가능한 자원의 내용과 활용 가능성 정도를 평가한다. 네 번째로는 현재의 직업가치, 흥미, 직업정체감을 확립할 수 있는 능력 등을 평가한다. 다섯 번째로는 과거에서부터 현재까지의 삶에서 반복적으로 나타나며 미래의 진로행동을 예측하게 하는 진로와 관련된 패턴을 파악한다. 이러한 작업을 통해 내담자의 생애주제와 직업적 자기개념을 확인할 수 있다. 이와 같은 진로평가 과정을 완수함으로써 진로상담자는 내담자와 함께 그의 생애역할, 진로성숙 또는 진로적응, 직업적 자기효능감, 내담자의 진로정체감 등에 관한 자료들을 해석하고 재조직한다. 또한 이러한 자기개념의 재조직화와 통찰을 통해 내담자는 새로운 행동계획을 수립한다.

수퍼의 이론은 진로상담 분야에서 가장 영향력이 있는 이론 중 하나다. 1950년대 그의 이론이 처음 발표된 이후로 진로상담의 현장에 가장 많이 적용된 진로이론 중 하나이며, 수퍼의 이론 이후로 진로상담의 지평이 크게 확대되었다는 평가를 받고 있다. 특히 C-DAC 모형은 이론을 통해 도출된 많은 진로발달 관련 개념들을 실제 상담 장면에 적용하여 내담자의 진로발달 수준을 평가하고 내담자에 대한 체계적인 정보자료에 바탕을 둔 과학적인 진로상담이 이루어질 수 있는 토대를 마련하였다. 또한 진로발달 단계별로 완수해야 할 진로성숙의 과제들을 구체적으로 제시함으로써 아동 및 청소년의 진로발달을 촉진하는 다양한 진로교육 프로그램의 개발과 보급에 크게 기여하였다. 이렇듯 수퍼의 이론은 진로상담 및 진로교육의 발전에 지대한 영향을 끼친 것으로 평가할 만하다.

한편, 수퍼의 이론은 후대 진로학자들에 의해 수없이 검토되면서 수정과 보완의 필요성이 제기되기도 하였다. 그의 이론은 개인의 진로발달에 대한 전생애적 관점의 통찰을 촉진하기도 하였지만 이론 자체의 포괄성 때문에 홀랜드 이론과 같이 경험 연구를 통해 쉽게 검증되기 어렵다는 것이다(Osipow & Fitzerald, 1996). 또한 진로성숙이나 진로적응성과 같은 진로발달이론의 핵심 개념 또한 조작적 정의가 일관적이지 못하다는 것이다. 진로성숙과 같은 개념조차도 하위구인의 복잡성과 측정상의 어려움으로 인해 홀랜드 검사와 같은 단일한 검사를 통해 측정하기가 용이하지 않다는 것이다(Salamone, 1996). 또한 진로발달은 개인과 그를 둘러싼 환경과의 역동적인 상호작용을 통해 변화하는 과정으로 객관적인 검사로 개인 간 진로발달 정도를 상호 비교하는 것이 타당한가에 대한 문제를 제기할 수 있다. 특히 본드라섹과 포르펠리(Vondracek & Porfeli, 2002)는 개인마다 서로 다른 진로발달 과정을 거칠 수 있는데 수퍼의 이론은 지나치게 개인 간의 공통성을 찾고자 하면서 개인의 진로발달에 영향을 미치는 맥락성과 개별성을 간과했다고 비판하였다.

3. 갓프레드슨의 제한타협이론

갓프레드슨은 진로와 관련된 포부가 어떻게 형성되는지를 발달적 관점에서 보고자 하였다. 여성 진로학자인 갓프레드슨은 사회적 계급이나 인종에 관계없이 남녀 간에 직업적인 포부 수준이 다르게 나타나는 현상을 이론으로 정립하고자 하였다. 그런 의미에서 갓프레드슨의 진로이론은 진로에 대한 발달적 관점과 사회적 관점을 동시에 취하고 있다. 그녀는 개인이 진로에 관한 포부를 형성할 때 일련의 과정을 거치면서 스스로 포부 수준을 제한하고 타협하게 된다고 보았다. 이때 제한(circumscription)이란 성과 사회적 계급에 주로 근거하여 개인이 수용하기 어려운 직업적 대안들을 제거하는 과정을 의미한다. 한편, 타협(comprimise)이란 취업 가능성과 같은 제한요인에 근거하여 진로선택을 조정하는 과정을 의미한다(Gottfredson, 1981). 제한 단계와 타협 단계에 관한 설명은 주로 아동기와 청소년기에 진로포부가 어떻게 축소되고 조정되는지에 초점을 두고 있다. 갓프레드슨은 제한타협이론에서 진로포부가 어떻게 변화하는지를 다음과 같은 일련의 인지발달 단계를 통해 설명하고 있다.

1) 진로포부에 관한 제한타협이론

(1) 1단계(3~5세): 규모와 힘 지향

이 시기의 아동들은 인지발달적인 측면에서 대상영속성을 습득하게 된다. 이 때 아동들은 '크다' 또는 '작다'와 같이 개인을 단순한 용어로 분류하며, 자신과 성인의 차이를 크기로 규정하여 인식하게 된다. 이 시기에 어린 아동들은 성인의 역할을 통해 직업을 인식하게 된다.

(2) 2단계(6~8세): 성역할 지향

이 시기의 아동들은 '좋다-나쁘다' '부유하다-가난하다'와 같이 이분법으로 생각하는 경향이 있으며, 특히 관찰 가능하고 구체적인 특징에 근거하여 사람이나 직업을 단순한 수준에서 구분한다. 이 시기의 아동은 남자와 여자 간에 성역할이 다르다는 것을 매우 분명하게 인식하게 되고, 성별에 적합한 옷을 입고 행동을 하면서 성역할 고정관념을 형성하게 된다. 이 시기에는 성별과 관련된 자기개념과 불일치하는 것으로 보이는 직업을 배제하기 시작한다. 따라서 이 시기의 아동은 '수용 가능한 성 유형 경계선(tolerable sextype boundary)'을 형성하게 된다.

(3) 3단계(9~13세): 사회적 가치 지향

아동기에서 청소년기로 이행하는 단계로서 이 시기에는 사회적 지위에 대한 개념을 형성하게 된다. 이들은 자신의 능력수준을 벗어나는 직업을 배제하게 되고 사회적 준거집단에서 수용되지 않는 직업 또한 제외하기 시작한다. 사회적 계급과 능력이라는 요소는 '수용 가능한 수준의 경계선(tolerable-level boundary)'을 규정하게 되는데, 이는 이 시기의 아동·청소년들이 고려 대상으로 하는 직업 중의 하한선 수준이라고 할 수 있다. 또한 '노력 가능한 수준의 경계선(tolerable-effort level boundary)'이란 아동 및 청소년이 직업을 얻기 위해 기꺼이 헌신할 수 있고 위험을 감수할 수 있는 노력의 상한선 수준을 의미한다. 따라서 상한선과 하한선 수준 이내에 존재하는 직업들은 아동 및 청소년들이 수용 가능하다고 여기는 직업 영역을 나타낸다.

(4) 4단계(14세 이상): 내적이며 고유한 자기 경향

이전 1단계부터 3단계까지가 제한 단계였다면, 4단계는 타협 단계라고 할 수 있다. 이 시기의 청소년은 자기 자신을 보다 잘 이해하게 되고 내적인 반성능력이 향상된다. 인지발달적인 측면에서 이 시기의 청소년은 전 단계의 아동기에 비해 형식적 사고능력이 향상되며, 내적으로 형성된 삶의 목표와 자기개념을 규정하기 시작한다. 또한 그들은 현재 자신이 지각하고 있는 자기개념과 잘 호응하는 직업을 탐색하게 된다. 즉, 이전 단계에서 수용 불가능한 직업 대안들을 제거해 나갔다면, 이 단계에서는 가장 수용 가능한 직업선택지가 무엇인지를 구체화한다.

2) 제한타협이론의 적용

갓프레드슨은 진로발달을 촉진하는 일반적인 개입 프로그램들이 주로 진로와 관련한 자기개념을 결정화하고 구체화하는 시기에 도입된다는 점을 지적하면서, 보다 효과적으로 진로발달을 촉진하기 위해서는 진로가 결정화하고 구체화하는 시기 이전에 진로발달 개입 프로그램을 투입할 필요가 있다고 보았다. 즉, 청소년들이 사회적 지위나 성별 등에 의해 배제했던 진로포부들을 다시 점검하는 의식적인 과정이 필요하다고 보았다. 또한 진로상담 장면에서 내담자가 자신이 이전에 부적절하다고 제한하였던 진로선택지들을 검토할 수 있도록 다음의 다섯 가지 준거를 제안하였다.

- 내담자는 하나 이상의 진로선택지를 말할 수 있나?
- 내담자의 흥미와 능력은 선택한 직업에 적절한가?
- 내담자는 구체화한 진로대안에 만족하는가?

- 내담자는 자신의 진로대안을 부적절하게 제한하지 않는가?
- 내담자는 선택한 직업을 이행하는 과정에서 장애물에 대하여 현실적으로 인식하고 있는가?

내담자는 이와 같은 준거들을 상담자와 함께 탐색하는 과정에서 자신의 수용 가능한 진로포부의 하한선과 수용 가능한 노력의 상한선을 탐색하게 된다. 또한 발생 가능한 장벽과 맥락적 요인들에 대하여 현실적으로 인식하게 된다.

3) 갓프레드슨 이론에 대한 평가

제한타협이론은 다른 주요 진로이론에 비하면 현재까지 관련 연구물이 광범위하게 축적되어 있지 않다. 또한 관련 연구물들도 주로 사회적 지위, 성, 지능 등과 관련된 제한요인의 측면을 주로 다루고 있다. 제한타협이론에서 청소년의 진로포부를 제한하고 타협하게 하는 요인들과 이를 설명하는 원리들은 지나치게 일반적인 변인들이라는 비판이 일고 있다. 즉, 현재의 제한타협이론은 특정한 직업들이 배제되고 선택되는 과정에 대한 보다 구체적인 원리에 대해서는 충분히 설명하지 못한다는 비판을 받고 있다.

그럼에도 갓프레드슨의 이론은 진로포부의 형성을 진로선택의 하한선으로서의 경계 개념과 동기적 차원에서 노력의 상한선이라는 개념으로 설명하고자 하였다. 이렇듯 그의 이론은 진로포부의 발달과 변화과정을 다양한 흥미로운 개념으로 설명하고자 하였다.

제4장
진로이론의 최근 경향

| 황매향 |

19세기 말 미국에서는 급속하게 성장하는 도시로 몰려드는 이주민들의 요구에 부응할 수 있는 직업지도의 필요성이 대두되면서 진로이론이 처음으로 태동하게 된다(Savickas, 2009). 1909년 파슨스(Parsons)가 자신의 실무 경험을 토대로 체계적 직업지도의 방법을 기술한 『Choosing A Vocation』에 소개된 직업 선택의 원리가 최초의 진로이론으로 인정받고 있다. 이후 많은 진로이론이 소개되었고, 그 시기에 따라 전통이론과 신생이론으로 구분하기도 한다. 예를 들면, 오랜 역사를 통해 타당성이 입증된 특성-요인이론, 성격이론, 발달이론을 전통이론으로 분류하고, 직업적응이론, 사회학습이론, 사회인지진로이론, 구성주의 발달이론, 여성진로발달이론 등은 신생이론으로 분류한다(Hackett, Lent, & Greenhaus, 1991). 이 책에서는 파슨스의 특성-요인이론이 소개된 지 100주년을 맞은 2009년의 연구 동향을 정리하면서 그동안의 진로이론 발달시기를 네 시기로 구분한 기준(Hartung, 2010)을 따라 최근 이론을 선정하였다. 진로이론 발달의 첫 번째 시기는 20세기 초 직업지도운동으로 출발하여 개인차에 초점을 두면서 개인의 특성에 맞는 진로대안을 선택하는 시기(differential tradition)로, 이

책에서는 제2장 '진로선택이론'에서 주로 다루는 내용에 해당한다. 두 번째 시기는 20세기 중반 진로에 발달적 개념이 추가된 시기(developmental tradition)로, 이 책에서는 제3장 '진로발달이론'에서 다루는 내용이다. 세 번째 시기는 20세기 말로, 진로에 대한 사회인지적 행동 관점의 등장으로 일과 진로 관련 경험적 · 정신적 · 동기적 · 행동적 과정이 진로발달의 맥락에 통합되는 관점(social-cognitive tradition)을 제공한다. 가장 최근은 구성주의 접근으로, 생애주제, 관계, 이야기, 의미 형성 등을 강조하면서 진로에 대해 구성주의적이고 담화적인 접근을 하는 시기(constructivist-social constructivist tradition)이다. 진로이론의 최근 경향을 다루는 이 장에서는 세 번째 시기와 네 번째 시기에 소개된 이론들 중 사회학습진로이론, 사회인지진로이론, 구성주의 진로발달이론을 소개할 것이다. 보다 최근에는 진로무질서이론을 비롯한 여러 가지 대안이론이 제시되고 있다. 아직 관련 논의나 경험적 연구의 근거가 충분히 축적되지 않은 상태로 이 책에서는 다루지 못하고 있다. 그러나 상담자들은 이러한 새로운 이론과 관련된 논의와 연구에 대해 꾸준히 관심을 가져야 할 것이다.

1. 크럼볼츠 사회학습진로이론의 새로운 관점

진로상담에 대한 학습이론은 크럼볼츠(Krumboltz)가 1975년 제안한 진로의사결정에서의 사회학습이론(social learning theory of career decision making)에서 출발하여 2008년 우연학습이론(happenstance learning theory)에 이르고 있다. 반두라(Bandura)의 사회학습이론을 진로상담에 적용한 이론으로는 크럼볼츠의 진로상담에 관한 학습이론과 렌트, 브라운과 해켓(Lent, Brown, & Hackett, 1994)의 사회인지진로이론이 대표적이다. 사회학습진로이론은 사회학습이론의 상호결정론 부분을 진로상담에 적용하였고, 사회인지진로이론은 사회학습이론의 중심 개념인 자기효능감과 결과기대를 중심으로 진로의사결정 모형을 확립하였다. 이 절에서 크럼볼츠의 진로상담에 관한 학습이론에 대해 알아보고, 다음 절에서 사회인지진로이론에 대해 살펴볼 것이다.

크럼볼츠(1975)는 사회학습이론의 상호결정론을 진로의사결정에 적용하여, 진로상담에서 의사결정과 관련된 학습에 영향을 미치는 다양한 환경적 요인에 대해 설명하였다. 이후 그 내용을 확장해 가면서 진로상담에 관한 학습이론이라고 명명하였고(Mitchell & Krumboltz, 1984a, 1990, 1996), 사회학습진로이론으로 알려져 있다. 사회학습진로이론은 진로선택의 과정에서 개인과 환경이 상호작용하는 과정(학습)에 초점을 두고 있는데, 개인이 환경과의 상호작용을 통해 무엇을 학습했는가에 강조점을 둔다.

최근에는 '우연(happenstance)'이라는 개념을 진로에 추가하여 내담자가 가진 학습의 결과만이 아니라 적극적으로 학습해 나가는 과정을 조력하는 상담자의 역할을 강조하고 있다. 초기에는 계획된 우연이론(planned happenstance theory)이라고 명명하였다가, 최근에는 우연학습이론이라고 표현을 바꾸었다(Krumboltz, 2009; Krumboltz & Levin, 2004; Mitchell, Levin, & Krumboltz, 1999). 그러나 우리나라에서는 계획된 우연이론이라는 명칭을 주로 사용한다. 한 개인의 진로에 영향을 미치는 요인 중 개인이 통제하기 힘든 '운'이라는 요인이 있음을 인정하고, 개인이 이러한 '운'을 최대한 자신에게 이로운 기회로 만들도록 함으로써, 개인의 진로결정 과정에서 흥미, 타협, 자기효능감 등에 초점을 두고 합리적 측면을 강조하여 제시한 다른 이론들에 비해 상당히 현실적인 진로상담모델을 제시해 준다고 할 수 있다(김봉환 외, 2010).

이 절에서는 먼저 크럼볼츠가 사회학습진로이론에서 소개한 핵심 개념을 소개할 것이다. 그리고 진로상담에 대한 내용은 최근에 제안된 계획된 우연이론과 우연학습이론의 내용을 중심으로 살펴볼 것이다.

1) 진로결정 요인

크럼볼츠의 사회학습진로이론은 진로선택이 진로상담의 핵심이라는 가정에서 출발하고 있고, 내담자의 진로선택을 결정하는 것이 무엇인가를 파악할 수 있는 틀을 제공한다. "사람들은 어떻게 해서 현재의 직업(진로)을 선택하게 되었을까?"라는 질문과 관련해 유전적 재능, 환경적 조건과 사건, 학습경험, 과제접근 기술 등 네 가지 요인을 제안하고 있다(Mitchell & Krumboltz, 1996). 우연학습이론(Krumboltz, 2009)에서는 과제접근 기술이 제외되고 부모(양육자), 또래집단, 구조화된 교육환경, 불완전한 세상 등의 요인들이 추가되었다. 사회학습진로이론에서 제안하는 진로선택 결정 요인 네 가지의 구체적인 내용은 다음과 같다.

첫째, 개인의 타고난 유전적 재능으로, 어떤 특정한 능력이든 부모로부터 물려받은 것이 있다. 사회학습진로이론에서는 유전이 인간의 특성에 어느 정도 영향을 미치는가에 대해 정확하게 언급하고 있지 않지만, 능력의 개인차에 있어 유전이 작용할 가능성이 있다는 점을 인정한다. 특히 음악가, 예술가, 운동선수로서의 능력은 유전적 요인을 포함할 것이다. 학습경험이 타고난 능력과 상호작용하는 것은 분명하지만, 자신의 능력을 개발할 수 있거나 또는 그로 인한 장애를 극복할 수 있는 기회에서의 개인차도 간과할 수 없다고 본다.

둘째, 환경적 조건과 사건들이 진로에 영향을 미친다. 이러한 환경적 사건들은 때로 개인이 통제할 수 있는 것일 수도 있고 없는 것일 수도 있고, 계획된 것일 수도 있고 계획되지 않은 것일 수도 있다. 일의 기회, 소수민족 보호와 같은 사회정책, 직업에 제공되는 보상, 노동법, 물리적 여건, 자연환경, 기술의 발전, 사회조직의 변화, 가족 자원, 교육체제, 공동체 및 지역사회 영향 등의 환경적 조건의 범주가 제시되고 있다.

셋째, 학습경험은 사회학습진로이론에서 가장 중요하게 간주되는 요인이다. 도구적 학습과 연합적 학습을 모두 포함하는 학습경험이 이에 해당된다. 도구적 학습은 선행 사건, 행동, 후속 결과의 과정으로 이루어진다. 유전적 재능과 환경적 조건이 선행 사건에 속하고, 행동은 외현적 행동과 내면적 행동(예: 생각)을 모두 포함한다. 후속 결과는 당장의 결과만이 아니라 지연된 결과도 포함한다. 연합적 학습(고전적 조건화)은 두 가지 자극이 동시에 일어날 때 발생하는데, 예를 들면 경찰에 관한 영화를 재미있게 보고 나면 경찰과 '재미있다'는 감정이 연합되어 경찰이라는 직업에 대해 좋은 감정을 갖게 된다. 반대로 경찰이 주인공으로 등장하는 공포 영화를 보면 경찰을 무서운 직업으로 여기게 된다. 따라서 성장기 동안 노출되는 많은 양의 TV 프로그램, 영화, 책, 잡지, 신문, 광고, 역할모델이 진로발달에 영향을 미치게 되고, 가정의 사회경제적 지위는 이러한 교육자료의 특성과 양에 영향을 미친다(Krumboltz, 2009).

넷째, 과제접근 기술이 진로의사결정의 마지막 요인인데, 요인이면서 동시에 결과에도 포함된다. 과제접근 기술은 타고난 능력, 환경적 조건, 학습경험의 상호작용 결과로 습득된 것이다. 과제접근 기술이란 개인이 어떤 과제를 성취하기 위해 동원하는 기술로, 수행에 대한 기대, 업무 습관, 인지적 과정, 정서적 반응 등을 포함한다.

2) 진로결정 요인의 결과

지금까지 살펴본 네 가지 요인은 서로 영향을 주고받으며 결과적으로 일반화(일관된 반응경향성, 가설 또는 원리)에 이르게 되는데, 대표적으로 자기 자신에 대한 일반화와 세상에 대한 일반화를 형성한다. 먼저 자신에 대한 일반화는 자기 자신에 대한 관찰 결과 얻어진 것으로, 자기관찰 일반화(self-observation generalization)라고 부른다. 이것은 자신의 태도, 업무 습관, 가치관, 흥미, 능력 수준에 대한 일반화이다. 이러한 일반화는 겉으로 드러나기도 하고 내면과정에 머물기도 한다. 학습경험과 교호적 상호작용 관계를 갖는데, 즉 일반화는 학습경험의 산물이면서 동시에 학습경험에 영향을 미쳐 또다시 일반화에 영향을 미치게 된다. 예를 들면, 골을 여러 번 넣었거나 발이 빠른 학생은 이를 통해 자신이 축구를 잘한다고 일반화한다. 자신이 축구를 잘한다고 생각하면서 자신이 속한 축구 팀을 위해 최선을 다해 노력할 것이고, 노력은 실력 향상으로 이어져 또 다음 '나는 축구를 잘한다'는 일반화에 영향을 미치게 될 것이다.

다음으로, 학습경험은 세계를 바라보는 관점이나 신념을 형성하게 되는데 이를 세계관 일반화(world-view generalization)라고 부른다. 세계관 일반화란 자신의 환경에 대한 일반화로, 이를 통해 세상에 대해 이해하고 환경에서 나타날 결과를 예측한다. 예를 들면, 다양한 직업에 대해 일반화할 수 있는데 '상담이라는 직업은 타고난 천성이 따뜻하고 붙임성이 있는 사람에게 맞는다.'라고 생각할 수 있다(Mitchell & Krumboltz, 1996: 244).

3) 크럼볼츠 사회학습진로이론의 상담과정

사회학습진로이론은 '행동은 타고난 정신과정을 통해서가 아니라 학습경험을 통해 나타난 것으로 이해해야 한다.'라는 가정에 기초하고 있다. 또한 학습이론은 인간을 환경에 의해 수동적으로 통제당하는 존재라기보다는 스스로 환경을 통제하기 위해 분투하는 지적인 문제해결자라고 본다. 이러한 기초 아래 사회학습진로이론은 계획된 우연이론으로 발전하면서 상담과정을 어떻게 이끌 것인가에 대한 지침을 제공하는 데, 그 내용을 살펴보면 다음과 같다.

(1) 기본 가정

크럼볼츠는 인간이 살아가면서 만나게 되는 다양한 우연적 사건(happenstance)이 개인의 진로에 미치는 영향에 주목하고 있다. 한 개인의 진로발달 과정에는 예상하지 않았던 일들이 일어날 수밖에 없고, 이러한 우연은 진로에 긍정적으로 작용하기도 하고 부정적으로 작용하기도 한다(Mitchell et al., 1999). 이 우연히 발생한 일이 진로에 긍정적으로 작용하는 경우가 '계획된 우연(planned happenstance)'이고, 진로상담자는 이를 촉진해야 한다. 크럼볼츠(2009)가 제안한 진로상담의 기본 가정은 다음과 같다.

> **가정 1** 진로상담의 목표는 하나의 진로의사결정을 하도록 돕는 것이 아니라, 내담자가 보다 만족스러운 진로와 인생을 살아가기 위해 행동하는 것을 배우도록 돕는 것이다.

따라서 자신에게 가장 잘 맞는(이상적인) 일을 찾아 달라는 내담자의 요구에 대해 다음과 같이 답하라고 제안한다. "만약 내 주머니 속에 당신에게 꼭 맞는 일을 가지고 있다면 지금 바로 꺼내 주겠어요. 그런데 세상일이란 그렇지가 않아요. 당신이 가장 만족할 수 있는 삶을 살고 싶지요? 어떻게 해야 그렇게 할 수 있는지 제가 가르쳐 드릴게요"(Mitchell et al., 1999: 119).

그리고 진로상담자는 내담자가 삶에서 일어나는 우연한 일들을 자신의 진로에 유리하게 활용할 기술을 발달시키도록 도와야 하는데, 호기심(curiosity), 인내심(persistence), 융통성(flexibility), 낙관성(optimism), 위험감수(risk taking) 등을 기르도록 도울 수 있다(Mitchell et al., 1999).

- 호기심: 새로운 학습기회를 탐색하는 것
- 인내심: 좌절에도 불구하고 노력을 지속하는 것
- 융통성: 태도와 상황을 변화시키는 것
- 낙관성: 새로운 기회가 올 때 그것을 긍정적으로 보는 것
- 위험감수: 불확실한 결과 앞에서도 행동화하는 것

가정 2 개인적 특성에 맞는 직업을 찾기 위해서가 아니라 학습을 촉진하기 위해 진로 관련 심리검사를 활용한다.

사회학습이론의 관점을 가진 진로상담자는 심리검사를 이용하여 내담자에게 새로운 학습기회를 갖게 하고 새로운 학습기회를 발견할 수 있도록 해야 한다(Krumboltz & Jackson, 1993; Mitchell & Krumboltz, 1996). 즉, "심리검사는 미래의 학습에 대한 가능성을 찾는 도구로 보는 것이 바람직하다."(Krumboltz & Jackson, 1993: 394)라고 구체적 지침을 제공한다. 예를 들면, 흥미검사를 통해 지금의 흥미가 얼마나 다양한 직업과 맞는지 이야기할 수 있는데, 여기에서 나아가 앞으로 더 탐색해 볼 활동을 찾기 위해 흥미검사를 활용하는 것이 바람직하다. 예를 들면, "검사는 ○○ 씨의 현재 흥미와 유사한 흥미를 가진 사람들이 많이 종사하고 있는 직업명 몇 가지를 알려 줄 거예요. 여기에 포함되

지 않은 직업도 엄청 많고, 앞으로 ○○ 씨에게 새로운 흥미가 생길 수도 있어요."(Krumboltz, 2009: 143)라고 말할 수 있다. 뿐만 아니라 성격검사의 경우도 좀더 편안한 환경이 어떤 것인지에 대해 이야기할 근거가 되지만, 성격검사 결과를 통해 새롭게 배워야 할 대인관계기술을 찾고 다른 사람과 구별되는 자신만의 고유한 특성도 알게 될 것이다.

그리고 사회학습진로이론에서는 진로신념검사를 통해 내담자의 진로선택에 방해가 되는 생각들(자기관찰 일반화와 세계관 일반화)을 밝힐 것을 강조한다. 진로신념검사는 내담자의 진로발달 및 선택을 방해하는 생각이나 가정(비합리적 신념)을 명료화하여 이를 상담에서 구체적으로 다루기 위한 목적으로 개발되었다(Krumboltz, 1994).

> **가정 3** 탐색적 활동에 집중하면서 우연히 일어난 일을 유용하게 활용할 수 있다는 점을 알게 된다.

모든 진로에서 계획하지 않았던 일은 일상적으로 나타나고 피해 갈 수 없기 때문에 위험이 따를 수 있다. 한편, 실수라는 것은 어쩔 수 없지만 또 다른 학습기회가 되기도 한다. 따라서 크럼볼츠(2009)는 무엇이든 적극적으로 하라고 권하고 있고, 새로운 취미를 갖는 것, 인턴십에 지원하는 것, 공동작업에 참여하는 것, 새로운 사람을 만나기 위해 노력하는 것, 지도자에 자원하는 것 등의 활동을 하라고 권한다.

또한 크럼볼츠는 계획하지 않은 일을 잘 관리해 나가기 위해서는 다음의 세 가지 단계를 밟아야 한다고 제안하고 있다. 첫째, 예기치 않은 일이 일어나기 전에 먼저 그것을 경험할 수 있도록 미리 조치를 취한다. 둘째, 그 일이 일어나고 있는 동안은 가능한 기회가 무엇인지 찾는다. 셋째, 그 일이 지나고 나면 그것이 자신에게 유리하게 작용하도록 활동을 시작한다(Krumboltz, 2009: 144).

가정 4 상담의 성공 여부는 상담실 밖 현실에서 내담자가 무엇을 이루었는가에 달려 있다.

상담자들이 내담자의 감정과 생각을 이해하기 위해 적극적으로 경청하는 것은 결국 내담자들이 자신이 살고 있는 현실세계에서 보다 만족하는 궁극적 목적을 이루기 위한 것이다. 중요한 학습경험은 상담회기 내에서 일어나는 것이 아니라 내담자가 살아가고 있는 실제 생활에서 일어나는 것이다. 상담에서 해야 할 일은 내담자가 상담실 밖 자신의 일상에서 어떤 학습활동을 할 것인지에 대한 계획을 함께 세우는 것이다(Krumboltz, 2009).

상담회기를 마칠 때마다 다음 회기에 오기 전까지 실천해 볼 활동 하나를 정하고 꼭 해 보고 올 것을 약속해야 한다. 그리고 하기로 한 활동에 대해 다음 회기 전이라도 문자나 이메일로 언제까지 알리겠다는 약속을 할 수도 있다. 이렇게 약속을 한다고 해도 내담자들은 약속을 지키지 못할 수 있는데, 약속을 지킬 수 없었던 이유를 확인하고 다시 약속해야 한다. 예를 들면, 너무 목표가 높아서 할 수가 없었다면 목표를 낮춰 다시 약속하고, 내담자에게 별로 중요하지 않았기 때문이었다면 우선순위를 다시 정해야 할 것이며, 다른 피치 못할 사정이 있었다면 다시 그것을 할 날짜를 약속할 수 있다.

(2) 상담목표

진로상담을 찾는 내담자들은 새로운 직업을 찾거나, 직장에서의 대인관계를 개선하고 싶거나, 승진에서 탈락된 억울한 감정을 풀고 싶거나, 가사와 직장일을 병행할 수 있는 방안을 찾거나, 은퇴 이후를 준비하는 등의 문제를 도움받기 원한다(Krumboltz & Henderson, 2002). 진로상담에 관한 학습이론에서는 이러한 내담자들에게 바로 원하는 것을 알려 주기보다는 스스로의 학습과정을 통해 그 답을 발견할 수 있도록 돕는다.

크럼볼츠는 상담의 목표를 "끊임없이 변화하는 직업환경 속에서 내담자가 스스로 자신의 삶을 충족시키기 위해 필요한 기술, 흥미, 신념, 업무 습관, 개인적 자질 등을 학습할 수 있도록 촉진하는 것"(Krumboltz, 1996: 61)이라고 정의했다. 또한 진로상담자의 역할은 내담자의 학습을 증진시키는 것이라고 강조하고 있다. 여기에서 중요한 점은 변화하는 직업환경에 대처하기 위해서는 내담자가 계속 새로운 것을 배워 나가야 한다는 점이다. 10년 전에 성공했던 방식으로 지금 성공하기는 어렵다. 따라서 상담자는 이전 방식을 고수하려는 내담자에게 새로운 것을 배워 더 잘 적응할 수 있다는 점을 직면시키고 확인시켜야 한다.

(3) 상담과정

사회학습진로이론의 최근 논의는 계획된 우연이론 또는 우연학습이론으로 옮겨 오고 있다. 우연학습이론에 입각한 진로상담은 전통적인 진로상담과는 다소 차이를 보인다. 크럼볼츠(2009)는 다섯 가지 점에서 진로상담자가 해야 할 일이 다르다고 주장하고 있다. 첫째, 진로상담자는 내담자가 계획되지 않은 일들을 자연스러운 일로 받아들일 수 있도록 내담자의 기대를 이끌어야 한다. 둘째, 현재 내담자의 관심에서 출발하여 자신의 삶을 만족시켜 줄 것이 무엇인지를 찾도록 돕는다. 셋째, 우연히 일어났던 일이 도움이 되었던 내담자의 과거 경험을 활용하여 내담자를 격려한다. 넷째, 잠재된 기회들을 보다 잘 알아차릴 수 있는 내담자의 감수성을 키워 준다. 다섯째, 행동을 방해하는 비합리적인 신념들을 극복할 수 있도록 돕는다. 이러한 상담자의 역할을 수행하기 위해 다음과 같은 다섯 단계로 상담을 실시할 것을 추천하고 있다(Krumboltz, 2009). 그리고 이러한 단계가 실제 어떻게 적용될 수 있는지 사례(예: Krumboltz, Foley, & Cotter, 2013)도 소개되고 있으니 참고할 수 있다.

1단계　내담자의 기대에 대해 안내하기

첫 번째 단계는 상담에서 내담자가 어떤 것을 기대할 수 있는지를 안내하는 단계이다. 내담자의 기대에 대한 안내는 첫 상담회기에도 하지만, 새로운 이슈가 야기될 때마다 이루어지기도 한다. 이 단계의 목표는 계획하지 않았던 사건이 정상적이고 필요한 요소가 되는 상담과정에 대해 내담자를 준비시키는 것이다. 이를 위해 상담자는 다음과 같이 내담자에게 말할 수 있다.

- 미래를 계획하면서 경험하는 불안은 정상적인 것이고, 오히려 신나는 모험으로 생각할 수도 있어요.
- 상담의 목표는 ○○ 씨를 보다 만족시켜 줄 수 있는 삶을 만들어 내도록 돕는 것입니다.
- 만족스러운 삶은 일, 가족, 대인관계, 취미, 사회참여, 운동, 식사, 의미, 사랑, 오락, 음악, 예술 등 여러 가지 요소로 구성되지요.
- 진로란 평생 동안의 학습과정으로, 계획하지 않았던 수많은 사건을 만나게 되고, 그때마다 결정을 내려야 합니다.
- 아무도 미래를 예측할 수는 없기 때문에 모든 사람의 진로는 여러 가지 예기치 못한 일의 영향을 받습니다.
- 상담은 ○○ 씨의 학습과정을 촉진하여 미래에 계획되었거나 계획되지 않은 일을 동시에 만들어 내고 활용할 수 있도록 할 것입니다.
- 미래의 희망 직업을 정하는 것은 진로기회를 탐색하기 위한 하나의 가능한 출발점을 정하는 것입니다.

2단계 내담자의 관심을 출발점으로 확인하기

두 번째 단계의 목표는 내담자의 관심을 탐색함으로써 내담자의 삶을 보다 만족스럽게 만들어 주는 것이 무엇인지를 확인하는 것이다. 상담자는 다음과 같이 반응함으로써 이 목표를 성취할 수 있다.

- "지금 마음이 어떤지 얘기해 보세요."라고 말한다.
- 적극적으로 경청한다.
- 상담자가 내담자의 상황과 감정을 잘 이해하고 있다는 것을 내담자에게 확

신시킨다.

- "힘이 넘친다고 느껴지는 활동들은 어떤 것인가요?"라고 질문한다.
- "이런 힘이 넘치는 활동들을 어떻게 발견하게 되었나요?"라고 질문한다.

3단계 계획하지 않은 일이 현재의 기반이 된 내담자의 성공경험 활용하기

세 번째 단계의 목표는 과거의 성공이 현재의 행동에 교훈을 준다는 것을 내담자가 알아차릴 수 있게 함으로써 주인의식을 갖게 하는 것이다. 과거의 계획하지 않은 일이 어떻게 내담자의 삶이나 진로에 영향을 미쳤는지에 대해 이야기해 달라고 하고, 다음과 같은 질문을 통해 더 탐색해 나간다.

- 그 일이 ○○ 씨에게 긍정적으로 영향을 미칠 수 있도록 하기 위해 무엇을 했나요?
- 그 기회를 어떻게 알아차렸나요?
- 그 일이 일어난 다음, 그것을 최대한 활용하기 위해 어떻게 했나요?
- 새롭게 배워야 했던 기술은 무엇이었나요?
- 그 당시 중요한 사람들과는 어떻게 연결될 수 있었나요?
- 다른 사람들이 ○○ 씨의 능력과 흥미에 대해 어떻게 알게 되었나요?
- 그때와 비슷하게 지금 할 수 있는 행동이나 활동이 있나요?

4단계 잠재적인 기회를 알아차릴 수 있는 내담자의 감수성 키우기

네 번째 단계는 예기치 않았던 사건들을 기회로 활용하는 방법을 배울 수 있도록 돕는 단계이다. 상담자는 다음과 같은 말을 통해 이 과정을 촉진할 수 있다.

- ○○ 씨에게 어떤 기회가 왔으면 하는지 얘기해 보세요.
- 그 기회가 일어날 가능성을 높이기 위해 지금 어떻게 해 볼 수 있을까요?

- 그렇게 행동한다면 ○○ 씨의 삶이 어떻게 변화될까요?
- 아무것도 하지 않았다면 ○○ 씨의 삶이 어떻게 변화될까요?

5단계 장애요인 극복하기

마지막 단계의 목표는 건설적인 행동을 방해하는 역기능적인 신념들을 극복할 수 있도록 내담자를 돕는 것이다. 상담자는 다음과 유사한 질문들을 내담자에게 할 수 있다.

- ○○ 씨가 정말 하고 싶은 것을 하지 못하도록 막는 것이 무엇이라고 생각하세요?
- ○○ 씨가 원하는 것에 다가가기 위해 제일 먼저 할 수 있는 것이 무엇이라고 생각하세요?
- 이 첫 시도를 못하도록 막는 것이 무엇이라고 생각하세요?
- 만약 ○○ 씨가 적절한 행동을 취한다면 ○○ 씨의 인생이 얼마나 더 만족스러워질까요?
- 우리가 다음에 만나기 전까지 무엇을 한번 시도해 볼 수 있을까요?
- 몇 월, 며칠, 몇 시까지 행동에 옮겨 보았다고 저한테 이메일을 보낼 수 있겠어요?

2. 맥락적 관점을 강조하는 사회인지진로이론

사회인지진로이론(Social Cognitive Career Theory: SCCT)은 진로의사결정 과정과 관련된 사안들에 대해 개인 내적 요인에만 초점을 두었던 이론들의 한계점을 지적하면서 맥락을 중요하게 고려하는 관점을 취하고 있다. 사회인지진로이론이 처음 관심을 가졌던 대상이 사회적 소수자인 여성이었던 것에서 알 수 있듯이, 성, 인종, 사회계층과 같이 개인이 선택할 수 없는 인구학적 특성을 포함하는 개인 특성과 이런 인구학적 특성에 의해 개인에게 이익과 불이익을 주는 환경적 배경이 개인의 진로발달 및 선택에 어떤 영향을 미치는지를 설명하기 위해 이론적 범위를 확장하여 왔다(김봉환 외, 2010). 사회인지진로이론은 1981년에 처음 소개되었고(Hackett & Betz, 1981), 1994년에 이론모형이 제안되었으며(Lent et al., 1994), 1996년에 진로상담으로 확장되었다(Brown & Lent, 1996). 이후 많은 경험적 연구를 통해 1994년 제안된 이론의 기본 가정과 구조적 모형이 검증되었고, 그 연구들에 대한 메타분석까지 이루어지고 있다(예: Brown, Lent, Telandera, & Tramaynea, 2011; Brown et al., 2008; Rottinghaus, Larson, & Borgen, 2003; Sheu et al., 2010). 즉, 1994년 제안된 사회인지진로이론의 개념과 모형이 큰 변화 없이 지금까지 계속 진로상담 현장에 적용되고 있다. 따라서 여기에서는 1994년에 제안된 사회인지진로이론의 내용과 1996년에 확장된 진로상담에 대한 논의를 알아보고자 한다.

1) 주요 개념

사회인지진로이론은 앞서 살펴본 사회학습진로이론과 마찬가지로 반두라(Bandura, 1986)의 사회학습이론을 직업심리학에 적용하여, 직업흥미가 어떻게 발달하는지, 진로선택이 어떻게 이루어지는지, 수행수준이 어떻게 결정되는지 등을 설명하고 있다. 즉, 사회인지진로이론은 자기효능감(self-efficacy), 결과기대(outcome expectations), 목표(goal)의 세 가지 사회인지적 개념을 중심으로 이론을 구성하고 있다. 또한 사회인지진로이론의 주창자들은 새로운 이론을 제안하면서 전통적 진로이론들을 통합하고자 하였기 때문에 반두라가 사회인지이론에서 제안한 개념들 외에도 다양한 개인변인과 환경변인을 포함하고 있다(김봉환 외, 2010). 그중에서도 환경변인에 대한 내용들은 진로상담을 통해 변화시켜야 할 대상으로서 새롭게 소개되었고, 여성이나 소수자의 진로발달 및 선택을 설명하는 진로장벽의 개념이 강조되면서 이 분야의 연구가 촉진되었다. 여기서는 사회인지진로이론을 구성하는 핵심인 자기효능감, 결과기대, 목표의 세 가지 개념을 살펴본 다음, 환경변인으로 강조된 진로장벽의 개념을 함께 살펴볼 것이다.

(1) 자기효능감

반두라의 사회학습이론에서는 어떤 과제를 수행해 내는 것에 대한 자신감(자기효능감)이 실제 알고 있는 것과 실제 행하는 것을 매개하고, 어떤 것을 성취했을 때 얻을 수 있는 것에 대한 신념(결과기대)이 실제 실행할 행동을 결정한다고 가정하고 있다. 여기에서 자기효능감은 "어떤 정해진 수행을 해내기 위해 필요한 활동들을 조직화하고 실행해 낼 수 있는 자신의 능력에 대한 개인의 판단"(Bandura, 1986: 391)으로 정의된다. 자기효능감은 개인의 이전 수행성취도, 타인 관찰을 통한 대리 경험, 언어적 설득, 생리적 반응에 기인한다.

반두라의 사회학습이론을 진로의사결정 과정에 적용한 사회인지진로이론(Hackett & Betz, 1981)은 진로선택에서의 자기효능감의 역할을 강조한다. 특히 여성의 전통적인 진로선택을 설명하기 위해 자기효능감이론을 적용하고, 여성들은 낮은 자기효능감 때문에 자신의 진로선택 범위를 축소시킬 수 있다고 제안한다. 자기효능감은 객관적으로 측정되는 능력과 다를 수 있어서, 실제 능력과 수행을 매개하는 역할을 하게 되는 경우가 많다(예: Hackett & Betz, 1981; Lent, Brown, & Larkin, 1986). 즉, 복잡하고 어려운 과제를 잘 수행하기 위해서는 그에 맞는 우수한 능력과 함께 자신의 자원을 효과적으로 펼쳐 낼 수 있는 자신감도 필요한데, 여성들의 경우 자신감이 부족하기 때문에 수행 결과가 좋지 못하거나 아예 시도조차 하지 않는다. 따라서 사회인지진로이론에서는 자기효능감이 장애와 맞설 때 얼마나 노력하고, 밀고 나가고, 생각하고, 느끼는지를 결정할 뿐만 아니라, 개인이 어떤 활동과 환경을 선택할 것인가를 결정한다고 가정한다. 그 밖에 여러 가지 진로 관련 행동에서의 자기효능감에 대한 연구가 1981년 이후 지속적으로 수행되었고, 이후 자기효능감과 결과기대의 개념이 진로의사결정과 관련된 이론적 틀에 포함되었다(Lent et al., 1994).

(2) 결과기대

결과기대란 행동의 결과로 얻게 될 어떤 것에 대한 기대를 말한다. 반두라
는 "결과기대는 자기효능감과 구분되어야 하는 데, 어떤 행동이 어떤 결과를
가져올 것이라는 것을 알고 있으면서도 스스로 그 행동을 성공적으로 해낼 수
있을 것인지에 대해 확신하지 못하면 그 기대에 따라 행동하지 않기 때문이
다."(Bandura, 1986: 132)라고 자기효능감과 결과기대를 구분하고 있다. 반두라
이외에도 결과기대가 진로선택을 비롯한 개인의 행동에 중요한 영향을 미친다
는 주장이 있어 왔다. 예를 들면, 선택 행동은 어떤 행위가 어떤 결과를 가져올
것에 대한 주관적인 판단에 기인한다고 보는 의사결정 모형(Vroom, 1964)이나
여러 진로대안을 비교할 때 각 대안으로 결정했을 때의 결과를 비교해 보는 진
로상담 기법(Mitchell & Krumboltz, 1984b)이 여기에 속한다.

자기효능감과 결과기대는 모두 현실에 대한 개인의 지각내용이다. 따라서 그
내용은 실제와는 다를 수 있다. 무엇보다 중요한 것은 의사결정 과정에서 현실
에 대한 개인의 지각이 객관적 현실보다 행동을 더 크게 결정하게 된다는 사실
이다. 자기효능감과 결과기대 중 무엇이 실제 수행을 더 크게 예언하는가에 대
해서는 그 활동의 특성에 따라 달라진다는 논의가 있다. 수행의 질이 결과를 보
장해 주는 상황에서는 자기효능감이 주된 원인이 되고 결과기대는 부분적인 설
명력만 가지게 되는 데 비해, 결과가 수행의 질과 밀접하게 관련되지 않는 경우
에는 결과기대가 동기와 행동에 독립적인 기여를 한다(Bandura, 1986). 진로발
달과 관련된 상황에서는 이렇게 결과기대가 자기효능감과 독립적으로 역할을
하게 되는 경우가 주를 이룬다(Lent et al., 1994).

(3) 목표

목표는 어떤 특정한 활동에 열중하거나 어떤 미래의 결과를 이루겠다는 것
에 대한 결심이라고 정의된다(Bandura, 1986). 목표는 자기조절 행동에서 중요
한 역할을 하는데, 개인은 환경과 과거의 역사라는 결정요인에 기계적으로 대응
하는 것이 아니라, 목표설정을 함으로써 자신의 행동을 조직하고 이끌어 가고,

외적인 강화가 없는 상황에서도 그 행동을 지속하고, 원하는 결과를 얻을 가능성을 높여 간다. 진로에서 목표는 진로선택과 의사결정이론에서 두루 사용되고 있는데, 진로계획, 의사결정, 진로포부, 진로선택 등이 모두 목표에 해당된다고 할 수 있다(Lent et al., 1994).

(4) 진로장벽

사회인지진로이론은 환경변인을 크게 근접 맥락(proximal context)과 배경 맥락(societal context)으로 나누어 개념화하고 있다(Lent et al., 1994). 개인의 내면세계는 가족, 친구, 경제적 상황과 같은 가까운 환경에 둘러싸여 있고, 다음으로 제도화된 인종차별, 거시적 경제조건과 같은 보다 큰 사회적 맥락으로 둘러싸여 있다. 이를 각각 배경 맥락과 근접 맥락으로 명명한다. 배경 맥락의 요인들은 개인이 진로발달의 과정에서 자신이 속한 가족, 사회, 문화에 의해 사회적 기능을 익히고 역할을 내면화할 때 스며들어 자기효능감과 결과기대에 영향을 미치고, 궁극적으로는 직업적 흥미를 형성한다. 이에 비해 근접 맥락의 요인은 비교적 진로선택의 시점에 직접적으로 작용하게 된다. 사회인지진로이론에서 흥미가 진로목표나 실천으로 이어지기 어렵게 만드는 근접 맥락을 설명하면서 강조한 개념 중 하나가 진로장벽(career barriers)이다. 진로장벽이란 진로를 선택하고 실행하는 과정에서 개인의 진로목표 실현을 방해하거나 가로막는 내적 · 외적 요인들로 정의된다(Swanson & Tokar, 1991). 진로장벽에 관한 연구는 여성의 진로선택 과정과 선택한 진로의 실행 과정에서 독특한 요인이 존재한다는 것을 확인하면서 시작되었다(Betz & Fitzgerald, 1987; Fitzgerald & Crites, 1980). 여성의 진로발달에서 나타나는 장벽에 대한 초기의 논의(예: Matthews & Tiedeman, 1964)는 여성이 자신의 능력을 충분히 발휘하지 못하고 있고, 그 결과 성취가 부족하거나 능력 이하의 성취를 하고 있다는 점에서 출발했는데, 연구자들은 진로장벽을 여성의 능력과 성취 간의 차이를 설명하는 요소로 가정했다. 사회인지진로이론에서는 주로 환경요인 중에서도 근접 맥락에서의 방해요인으로 진로장벽을 거론하고 있고, 진로상담을 통해 변화시킬 수 있는 중요한 요인으로 다루고 있다.

2) 사회인지진로이론의 진로행동 모형

사회인지진로이론은 진로 관련 행동을 설명하고 예언하는 틀로서 지금까지 살펴본 핵심 개념들의 관계를 설정한 모형을 제안하고 있다. 흥미, 선택, 수행의 세 가지 영역에 대한 사회인지진로이론의 이론모형을 각각 살펴보면 다음과 같다.

(1) 흥미모형

[그림 4-1]은 직업적 흥미가 자기효능감과 결과기대에 의해 예측된다는 흥미모형을 나타내고 있다. 자기효능감과 결과기대는 함께 흥미를 예언하고, 흥미는 목표를 예언하고, 목표는 활동의 선택 및 실행을 가져오고, 나아가 수행 결과로 이어진다. 흥미모형과 관련하여 사회인지진로이론(Lent et al., 1994)에서는 다음과 같은 예측을 하고 있다.

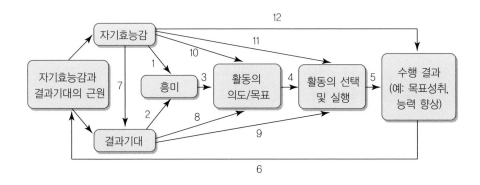

[그림 4-1] 사회인지진로이론에서 흥미발달

출처: Lent et al. (1994: 88).

가정 1 어느 시기의 개인의 직업적 흥미나 학업적 흥미는 그 시점의 자기효능감과 결과기대를 반영한다.

가정 2 개인의 직업적 흥미는 또한 그 직업과 관련된 능력을 얼마나 가지고 있는 가에 영향을 받지만, 이 둘의 관계는 자기효능감에 의해 매개된다.

(2) 선택모형

사회인지진로이론에서는 진로와 학업과 관련된 선택과정에 대해 [그림 4-2]와 같은 모형을 제안하고 있다. 선택모형은 흥미모형의 인과관계 고리를 가지고 오면서, 활동목표와 선택변인이 구체적인 진로/학업과 관련된 선택목표와 실행이라는 점에서 차이가 있다. 진로선택 장면은 여러 가지 진로 관련 흥미 가운데 주된 하나의 목표를 선택하여 표현하는 것, 선택한 것을 실현하기 위한 활동(예: 어떤 직업훈련이나 전공에 등록하기), 거기에서 성취를 이루어 내는 것(예: 학업 실패, 합격)의 세 가지로 나눌 수 있고, 이것이 다시 피드백되면서 미래 진로행동을 형성해 나간다(Lent et al., 1994). 선택모형과 관련하여 사회인지진로이론(Lent et al., 1994)에서는 다음과 같은 예측을 하고 있다.

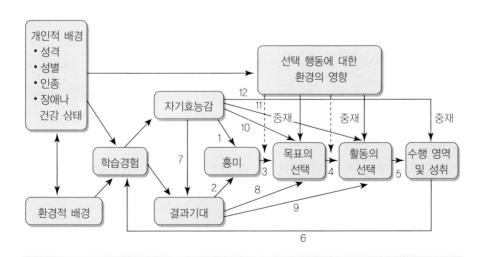

[그림 4-2] 사회인지진로이론에서 진로선택

출처: Lent et al. (1994: 93).

> **가정 3** 자기효능감은 선택할 목표와 활동에 직접적으로도 영향을 미치고 간접적으로도 영향을 미친다.

> **가정 4** 결과기대는 선택할 목표와 활동에 직접적으로도 영향을 미치고 간접적으로도 영향을 미친다.

> **가정 5** 자신에게 가장 흥미로운 영역의 직업이나 학문 영역에 들어가고 싶어 할 것이다(즉, 그 영역에서 목표를 선택한다).

> **가정 6** 만약 목표를 정하고, 목표를 명확한 용어로 말하고, 실제 진입할 수 있는 지점에 근접한다면, 자신이 선택한 목표와 일치하는 영역의 직업이나 학문 영역에 들어가려고 시도할 것이다.

> **가정 7** 흥미는 목표를 선택하는 것에 영향을 미치는 것을 통해 진입 행동(활동)에 간접적으로 영향을 미친다.

(3) 수행모형

사회인지진로이론에서는 마지막으로 개인이 그 목표를 추구함에 있어 어느 정도 지속할 것이고, 어떤 정도 수준의 수행을 해낼 것인지 예측하는 수행모형([그림 4-3])을 제안하고 있다. 이전 수행성취도는 자기효능감과 결과기대에 영향을 미치고, 이것이 수행목표에 영향을 미치고, 최종적으로 수행수준을 이끈다. 다시 말하면, 과거의 수행이 미래 행동의 결과에 대한 기대와 자기효능감에 영향을 미친다는 것이다. 사회인지진로이론에서는 흥미모형, 선택모형, 수행모형을 구분 짓고 있는데, 선택모형과 흥미모형에서는 개인이 일하고 싶어 하는 영역이나 구체적인 직업과 같은 진로선택의 내용을 포함하지만, 수행모형에서는 개인이 이미 선택한 영역에서 추구하는 수행의 수준을 예측한다. 수행모형과 관련하여 사회인지진로이론(Lent et al., 1994)에서는 다음과 같은 예측을 하고 있다.

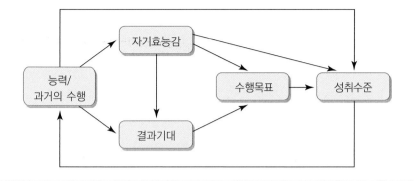

[그림 4-3] 사회인지진로이론에서 과제수행

출처: Lent et al. (1994: 99).

가정 8 자기효능감은 수행목표를 통해 진로와 학업수행에 직 · 간접적으로 모두 영향을 미친다.

가정 9 능력(또는 적성)은 자기효능감을 통해 진로와 학업수행에 직 · 간접적으로 모두 영향을 미친다.

3) 사회인지진로이론이 제안하는 진로상담 전략

사회인지이론 관점의 진로상담모델은 내담자가 부적절한 자기효능감을 발견하고, 잘못된 진로결정을 하게 만들 수 있는 결과에 대한 비현실적인 기대를 확인하도록 도와주는 것이다. 사회인지진로이론의 상담모형은 다음과 같은 세 가지 기본 지침을 제안하고 있다(Brown & Lent, 1996). 첫째, 내담자가 비현실적이라고 느꼈거나 혹은 부적절한 자기효능감이나 결과기대 때문에 제외한 진로대안들에 대해서 확인하는 것, 둘째, 내담자가 가능한 진로를 너무 일찍 제외해 버리게 한 진로장벽에 대해 확인하고 평가하는 것, 셋째, 내담자의 잘못된 직업정보와 부적절한 자기효능감을 수정하는 것이다. 즉, 사회인지진로이론에서는 낮은 자기효능감과 낮은 결과기대가 진로 미결정의 주요한 원인으로 보고, 자기효능감과 결과기대를 현실화하여 보다 확장된 진로대안 안에서 진로선택을 하도록 돕는다. 낮은 자기효능감은 주로 자신의 능력에 대한 이해 부족이 원인인 경우가 많고, 낮은 결과기대는 잘못된 직업정보에 기인한다고 보는데, 그중에서도 진로장벽의 지각내용에서 그 원인을 찾을 수 있다고 본다. 따라서 진로상담의 개입과정에서는 정확한 자기이해를 통한 자기효능감 증진과 객관적인 직업정보 습득을 통한 결과기대의 현실화에 초점을 두고 있다.

사회인지진로이론에서 제안하는 상담모형의 가장 중요한 목표는 다른 진로상담에서와 마찬가지로 내담자가 "그들의 직업성격의 중요한 측면과 일치하는" 진로선택을 하도록 도와주는 것이다(Brown & Lent, 1996: 357). 즉, 사회인지적 진로상담의 최종 목표는 내담자의 흥미, 가치, 능력과 일치하는 진로를 발견하도록 돕는 것이다. 기존의 상담모형과의 차이점은 내담자가 자신의 낮은 자기효능감이나 잘못된 결과기대로 인해 고려 대상에서 제외했던 진로대안들까지 탐색의 범위를 확장하여 내담자와 잘 어울릴 수 있는 가능성들을 탐색해 본다는 점이다. 이러한 상담목표를 성취하기 위해 사회인지진로이론에서는 제외된 진로대안의 확인, 진로장벽 지각에 대한 분석, 자기효능감 변화 촉진 등의 주요 과정을 거친다. 각 과정의 구체적인 내용을 살펴보면 다음과 같다.

(1) 제외된 진로대안의 확인

사회인지진로이론의 상담자는 내담자가 고려 대상에서 제외했던 진로를 탐색하고, 고려할 가능성들을 확장하는 것에 초점을 맞춘다. 이를 위한 개입방법은 자기효능감과 확인된 능력 사이의 차이와 결과기대와 직업정보 사이의 차이를 평가하는 것이다. 그러나 각 직업이 요구하는 능력에 대한 자기효능감을 평가할 수 있는 도구가 마련되어 있지 않기 때문에 이 방법을 바로 적용하기는 어렵다. 따라서 사회인지진로이론에서는 표준화검사와 변형된 직업카드 분류법을 활용하여 자기효능감과 능력 사이의 편차와 잘못된 결과기대를 발견하고, 제외된 진로대안을 확장시켜 나가는 방법을 소개하고 있다(Brown & Lent, 1996: 358-361). 그 내용을 살펴보면 다음과 같고, 구체적인 절차는 실제 상담에 적용한 사례(예: Brown & Lent, 1996; Swanson & Fouad, 2005)를 참고하기 바란다.

먼저 표준화검사의 결과를 이용하는 방법에서는 직업흥미검사의 결과와 적성이나 능력 점수의 편차를 통해 부정확한 자기효능감을 판단할 수 있다. 예를 들면, 직업가치관검사의 결과와 직업흥미검사의 결과의 편차를 통해 잘못된 결과기대를 평가할 수 있다. 즉, 제외된 진로대안을 확인하기 위해 직업흥미검사, 직업가치관검사, 적성검사 등의 표준화검사를 실시하고, 각 검사결과에서 추천하는 직업들을 비교해 본 다음, 직업흥미검사에서는 추천되지 않았지만 다른 검사에서는 추천된 직업들을 '제외된 진로대안'으로 파악할 수 있다.

제외된 선택을 확인하는 두 번째 방법은 변형된 직업카드 분류법을 사용하는 것이다. 전통적인 직업카드 분류법(Gysbers, Heppner, & Johnston, 1998, 2003a)과 마찬가지로, 상담자는 내담자에게 각 장마다 직업 이름이 적혀 있는 카드 묶음을 주고 그것을 선택하고 싶은 직업(might choose), 선택하지 않을 직업(would not choose), 잘 모르는 직업(in question)의 세 가지로 분류하라고 한다. 모든 직업카드를 세 가지로 분류한 후, 전통적인 직업카드 분류법의 과정과 달리 '선택하지 않을 직업'과 '잘 모르는 직업'에 초점을 두고 진행한다. 이들 가운데 만약 그 일을 잘할 수 있는 능력이 있다면 선택할 직업(자기효능감 측면), 성공을 확신할 수 있다면 선택할 직업(결과기대 측면), 어떤 경우에도 선택하지 않을 직업(흥미가 없는 직업)으로 다시 분류해 보라고 한다. 그리고 다음 단계에서 내담자가 실제 능력이나 기술이 부족하다면 기술을 더 향상할 수 있는 직업이나, 자신의 능력 또는 기술에 대해 잘못된 판단을 가지고 있다면 자기효능감을 변화시킬 직업에 대해 탐색한다. '성공을 확신할 수 있다면 선택할 직업'에서는 "여기에 있는 직업들에서 성공할 가능성이 얼마나 되나요? 성공가능성에 대한 당신의 예상이 얼마나 정확하다고 생각하세요?"라고 질문할 수 있다. 만약 해당 직업에서의 성공가능성에 대해 잘 모르고 있거나 정확하게 모르고 있다면 관련 정보를 더 탐색해 볼 것을 권한다.

(2) 진로장벽 지각에 대한 분석

사회인지진로이론의 상담모형에서는 지각된 진로장벽이 흥미와 목표 선택 및 활동목표를 중재한다는 가정에 입각하여, 진로대안을 실행하는 데 있어 장애가 되는 것이 무엇인지 확인할 수 있도록 돕는다. 즉, 진로장벽을 확인하고, 진로장벽에 대한 지각의 현실성을 평가하고, 이러한 장벽을 만나게 될 가능성을 평가할 수 있도록 돕는다. 이를 위한 한 가지 전략으로 내담자와 함께 현재 고려하고 있는 진로대안에 대한 의사결정 대조표(Janis & Mann, 1977)를 작성할 것을 제안하고 있다(Brown & Lent, 1996: 362). 그 절차는 내담자가 지각하고 있는 진로장벽을 확인하기 위해 선호하는 진로대안들에 대한 대차대조표를 작성하는 것에서 시작된다. 다음으로 그 내용 중 부정적인 결과 예상 내용에 초점을 두는데, 그 내용이 내담자가 지각하고 있는 진로장벽의 내용이 될 수 있기 때문이다. 상담자는 각 진로장벽들을 만나게 될 가능성이 얼마나 되는지 내담자에게 예측해 보게 하고, 당면할 가능성이 가장 높은 진로장벽을 예방하거나 극복할 수 있는 전략을 세우도록 돕는다. 이 과정에서 진로장벽에 대한 내담자의 지각이 비현실적이라면 이 부분부터 다룬다.

(3) 자기효능감 변화 촉진

사회인지진로이론의 상담모형에서는 가능한 진로대안의 고려를 막고 있는 내담자가 가진 낮은 자기효능감을 스스로 변화시킬 수 있도록 도와야 한다. 능력을 가지고 있다는 증거가 있음에도 불구하고 낮은 효능감을 가진 내담자에게 효능감을 향상할 수 있는 전략을 소개하고 있는데, 새로운 성공경험을 하게 하거나, 과거의 경험을 재해석하거나, 재귀인에 도움이 되는 구체적 자료를 수집하거나 제시하는 것 등이다(Brown & Lent, 1996: 363). 이 가운데 성공경험을 통한 자기효능감 향상에서 중요한 점은 성공한 것을 내담자 스스로 성공경험으로 지각해야 한다는 것이다. 이것은 새로운 성공경험이나 과거의 경험에 대한 재해석 과정 모두에 해당한다. 상담자는 내담자가 발달적으로 적합한 수행을 해낸 것에 대해 다시 인식하고, '얼마나 잘했는가'보다는 '얼마나 나아졌는가'라는 발달적 진전을 이루어 낸 것에 대해 스스로 강화할 수 있도록 도와야 한다. 또한 성공의 원인을 '과제가 쉬워서' 또는 '노력을 했기 때문'이라고 귀인하는 것이 아니라 자신의 능력에 제대로 귀인할 수 있도록 도와야 한다. 즉, 자기효능감의 증진을 위해 지금까지의 수행 결과들을 성공경험으로 재해석하고 성공경험을 스스로의 능력과 노력으로 이루어 냈다고 내면화할 수 있도록 도와 내담자의 자기효능감을 향상시킬 수 있다.

3. 구성주의 진로이론

진로에 대한 구성주의적 접근은 구성주의 진로이론(career construction theory)과 담화적 상담(narrative counseling)으로 대별되는데, 코크란(Cochran, 1997)의 일곱 일화 상담기법과 사비카스(Savickas, 2002, 2005, 2011, 2012)의 구성주의 진로이론이 대표적이다(Sharf, 2013). 이 중 사비카스의 구성주의 진로이론이 진로에 관한 구성주의적 접근의 중심으로 자리 잡아 가고 있다. 사비카스의 구성주의 진로이론은 수퍼(Super)의 진로발달이론을 현대적으로 확장한 것으로, 2000년대에 들면서 소개되어 2005년에 완성된 이론적 모습을 갖추게 되었다(Savickas, 2002, 2005). 최근에는 다양한 국제적 논의들을 통합하여 생애설계(life designing)라는 새로운 패러다임으로 제시되었다(Savickas, 2012; Savickas et al., 2009). 최근 제안된 생애설계 패러다임은 보다 분명하게 이론의 구성요소와 진로상담의 개입전략들을 정리하고 있다.

1) 기본 가정

이 이론의 주창자인 사비카스는 구성주의 진로이론이 수퍼의 최초 이론(Super, 1957)에서 출발하고 있음을 밝히고, 사회구성주의를 메타이론으로 삼아 진로발달이론의 주요 개념을 재개념화함으로써 수퍼의 아이디어를 현대적 시각의 진로에 통합하고 있다고 기술하고 있다(Savickas, 2005: 42). 즉, 인식론적 구성주의에 기초함으로써 실재의 표상을 구성하는 것이 아니라 우리 스스로 실재를 구성해 나간다는 입장을 취하고 있고, 유기체적 세계관에서 맥락주의적 세계관으로 이행하여 발달은 내적 구조의 성숙보다는 환경(context)에의 적응과정을 통해 이루어지는 것이라고 본다. 사회적 요구에 부응하는 과정으로서의 진로를 강조하여, 진로를 사회적 과업에 반응하는 것으로 표현하기도 한다. 무엇보다 환경이 개인을 형성하지만 개인도 환경을 만들어 간다는 입장에서, 발달의 가소성 및 발달의 주체로서의 개인에 대한 인식 향상을 상담의 중요한 목표로 삼는다. 이러한 구성주의 진로이론의 속성은 16가지 가정을 통해 보다 구체적으로 표현되고 있는데, 다음은 이 16가지 가정을 요약하여 정리한 것이다.

구성주의 진로이론의 가정

- 사회는 사회적 역할을 통해 개인의 삶의 과정을 구성한다.
- 직업은 핵심적인 역할을 부여하고 성격조직의 중심이 된다.
- 개인의 진로유형(직업지위, 직업의 순서, 지속기간, 변경 빈도 등)은 부모의 사회경제적 지위와 교육수준, 능력, 성격, 자기개념, 기회에 대한 적응능력에 달려 있다.
- 능력, 성격, 자기개념 등 직업 관련 특성에는 개인차가 존재한다.
- 각 직업이 요구하는 직업 관련 특성도 서로 다르다.
- 사람들은 다양한 직업을 가질 자질을 가지고 있다.
- 일에서의 역할이 자신의 탁월한 직업 관련 특성과 맞는 정도가 직업적 성공을 좌우한다.
- 만족감은 직업적 자기개념의 실현가능성에 비례한다.
- 진로구성 과정이란 직업적 자기개념의 발달 및 실현의 과정이다.
- 자기개념과 직업적 선호는 계속 변한다.
- 진로는 성장, 탐색, 확립, 유지, 쇠퇴의 과정을 순환한다.
- 전환기에는 성장, 탐색, 확립, 유지, 쇠퇴의 5단계가 반복된다.

- 진로성숙도란 발달과업의 수행 정도로 정의할 수 있다.
- 진로적응도란 발달과업을 수행할 수 있는 준비도와 자원이다(태도, 신념, 능력).
- 진로구성은 진로발달과업에 의해 시작되고 발달과업에 대한 반응으로 완성된다.
- 발달과업을 설명하는 대화, 적응력 훈련, 자기개념을 명료화하는 활동으로 촉진할 수 있다.

구성주의 진로이론에서는 개인이 자신의 진로 관련 행동과 직업적 경험에 의미를 부여하면서 스스로의 진로를 구성해 간다고 본다. 그렇기에 개인은 이미 존재하는 어떤 사실을 발견하는 것이 아니라 적극적으로 의미화하는 과정을 통해 진로행동을 이끌고 조절하고 유지할 수 있다. 따라서 상담자는 내담자가 자신에게 의미 있는 경험을 찾아내도록 촉진하고, 이를 통해 내담자 자신만의 진로이론(career theory)을 만들어 갈 수 있도록 돕는다. 그리고 이 진로이론 속에서 내담자의 직업적 성격(vocational personality), 진로적응도(career adaptability), 생애주제(life theme)를 찾아 간다.

2) 주요 개념

(1) 직업적 성격

직업적 성격(vocational personality)이란 진로와 관련된 각 개인의 능력, 욕구, 가치, 흥미 등을 의미한다. 그리고 이러한 개인차를 반영한 진로선택의 전통을 구성주의 진로이론에서도 그대로 수용한다. 진로와 관련된 개인의 특성은 서로 다르고, 이러한 개인의 특성에 맞는 진로를 선택할 수 있도록 내담자를 돕는 과정이 진로상담의 과정이 된다는 것에는 동일한 입장이라고 할 수 있다. 그러나 구성주의 진로이론은 개인차를 바라보는 관점과 그 개인차에 맞는 진로대안을 찾아가는 과정에서 차이를 보인다. 구성주의 진로이론의 관점을 취하는 상

담자도 개인차를 확인하기 위해 표준화된 직업흥미검사를 사용하는데, 그 결과
를 내담자의 '진짜' 흥미라고 해석하지는 않고, 하나의 가능성으로 보고 가설을
만드는 데 활용한다는 점이 다르다(Savickas, 2005). 그리고 이 과정에서 홀랜드
(Holland)의 RIASEC 모형은 내담자의 특성과 직업세계의 특성을 간결하게 표현
하는 어휘로서의 역할을 하게 된다.

그리고 이러한 개인의 특성이 선험적으로 존재하는 것이 아니라는 점에 주목
하는데, 자기개념이란 이미 존재하고 있는 자신의 고유한 특성에 대한 기술이
아니라, 자기개념을 구성하기 위해 자신을 표현한 것이라는 관점이다. 어떤 사
람이 자신의 이야기를 하면 그것이 그 사람이 되는 것이고 이 자기구성이 삶의
과제가 되는 것이기 때문에, 구성주의 진로이론에서는 이야기가 핵심적인 요소
가 되고 이야기 만들기가 자기 자신만의 주관적 진로를 정립하는 가장 효과적인
방법이다(Savickas, 2012).

(2) 진로적응도

구성주의 진로이론에서는 발달과정을 내부 구조의 성숙으로 보기보다는 환
경에의 적응과정으로 개념화한다. 진로적응도란 현재 당면한 진로발달과업, 직
업전환, 마음의 상처 등을 극복하는 데 필요한 개인의 준비도와 자원을 의미하
는 심리적 구인이다(Savickas, 2005: 51). 적응력은 개인이 사회와 접촉하고 그 사
회가 부과하는 과제들을 처리하기 위해 스스로의 진로 관련 행동들을 조절하는
데 필요한 능력이면서, 동시에 자신을 환경으로 확장해 나가는 과정에서 형성
되기도 한다. 즉, 진로적응도를 통해 개인은 자신의 자기개념을 직업적 역할 속
에서 실현해 내고(수퍼 발달이론의 핵심 요소), 그것이 바로 자신의 진로를 새롭게
만드는 과정이 된다.

사비카스는 진로적응도가 발휘되는 장면에 필요한 진로적응도의 자원과 전
략에 따라 네 가지 차원을 구분하고, 이를 각각 관심(concern), 통제(control), 호
기심(curiosity), 자신감(confidence)이라고 명명하며 〈표 4-1〉과 같은 모형을 제
시하고 있다. 즉, '적응 자원'의 내용에서 제시하는 진로적응도가 높은 사람은

ⓞⓞⓞ **표 4-1** 진로적응도의 차원

질문	진로문제	적응 차원	태도와 신념	역량	대처행동	관계 측면	개입
미래가 있는가?	무관심	관심	계획적인	계획 하기	알아차리는 관여하는 준비하는	의존적	방향성을 잡는 활동
누가 내 미래의 주인인가?	미결정	통제	결정적인	결정 하기	주장적인 훈육된 의도적인	독립적	의사결정 연습
미래에 대해 원하는 것이 무엇인가?	비현실성	호기심	궁금해 하는	탐색 하기	실험적인 위험을 감수하는 질문하는	의존적	정보탐색 활동
할 수 있을까?	억제	자신감	효과 있는	문제 해결	지속하는 노력하는 근면한	동등한	자기존중감 향상

출처: Savickas (2005: 53).

자신의 미래에 대해 관심을 가지고, 자신의 직업적 미래에 대해 통제력을 갖고, 가능한 자신의 모습과 미래의 일에 대해 호기심을 갖고, 자신의 포부를 추구함에 있어 자신감을 키워 나가는 사람이다. 〈표 4-1〉의 각 항목을 살펴보면, '질문' 항목은 사회가 개인에게 촉진하는 질문으로, 이 질문에 잘 대처하지 못했을 때 '문제' 항목의 어려움을 각각 경험하게 된다. 그리고 태도(attitudes), 신념(beliefs), 역량(competencies)을 진로적응도를 구성하는 요소로 제시하고, '진로적응도의 ABC'로 줄여 부르기도 한다. 이 ABC가 바로 발달과업 성취, 직업전환 수행, 마음의 상처 해결 등을 위한 구체적 대처행동을 생산해 내는 것이다. 여기에서 '태도'는 대처행동을 할 때 느끼는 감정(정서)적 측면을, '신념'은 행동을 이끌어 가는 능동성 측면을 그리고 '역량'은 이해력과 문제해결력을 포함하는 인지적 능력으로 진로 관련 선택과 그 수행에 필요한 자원을 의미한다. '대처행동'은 문제를 극복하고 적응을 촉진하는 행동의 특성을, 관계 측면은 각 적응의 사회적 관계성을 나타낸다. 마지막 '개입'은 문제를 극복하고 적응적 상태로 나아가기 위해 어떤 방향으로 조력해야 하는지를 제시한다.

(3) 생애주제

생애주제(life theme)는 직업적 선호를 표현하는 과정에서 개인은 자신이 어떤 사람이라고 생각하는지를 직업적 용어를 써서 나타내고, 어떤 직업에 들어가서는 자신의 자기개념을 구현해 내려고 노력하고, 그 직업에서 안정을 찾은 후에는 자신의 잠재력을 실현하고 자기존중감을 유지하려고 한다는 수퍼(1951)의 가정에 근거하고 있다(Savickas, 2005: 44). 즉, 직업선택을 통해 자기개념을 구체화하고, 일을 통해 자신을 드러내는 진로 관련 행동의 이유가 바로 생애주제이다. 각 개인은 저마다의 생애주제를 가지고 있고, 자신만의 고유한 생애주제를 활용하여 의미 있는 선택을 하고 직업인으로서의 역할에도 적응해 나간다. 이런 생애주제를 담은 개인의 진로 관련 경험담을 진로이야기(career stories)라고 명명하는데, 내담자의 여러 진로이야기를 통합하여 생애주제를 찾아가는 과정이 바로 상담과정이 된다.

3) 진로상담의 실제

구성주의 진로이론에서는 생애설계 상담(life-design counseling; Savickas, 2012; Savickas et al., 2009)이라는 진로상담에 대한 새로운 패러다임을 제안하는데, 다음과 같은 다섯 가지 관점의 변화가 필수적이라고 소개하고 있다. 특성과 상태라는 관점이 아니라 맥락의 관점, 처방이 아닌 과정의 관점, 선형적 인과관계가 아닌 비선형적 역동성의 관점, 과학적 사실이 아닌 내러티브적 실재의 관점, 기술하는 관점이 아닌 관찰하면서 배우는 관점 등이다(Savickas et al., 2009: 242-244). 즉, 생애설계 상담은 전생애적이고, 포괄적이고, 맥락적이고, 예방적인 접근이라고 할 수 있고, 개인의 적응력, 내러티브 역량, 적극성, 의도성의 향상 등을 목표로 한다. 궁극적으로 진로와 관련된 행동에 스스로 의미를 부여함으로써 자신의 진로를 만들어 가는 주체가 되도록 조력한다.

이것을 위해 대표적으로 활용되는 상담전략은 바로 '이야기하기(storytelling)'로, 전통적인 진로상담에서 주로 사용하는 표준화검사의 사용이나 검사결과의 해석을 최소화한다. 2005년에 제안된 구성주의 진로발달이론의 실제에서는 직업적 성격의 파악, 직업적응도 프로파일의 확인과 개입전략, 생애주제 확인, 성격 유형과 생애주제의 비교 등의 측면에서 어떤 전략을 활용할 것인가가 소개되어 있고, 사례를 통해 구체적인 활용 지침까지 제공하고 있다. 그중 가장 대표적인 개입전략인 진로유형면접의 내용은 다음과 같다.

구성주의 진로이론에서 제안하는 상담과정에서는 내담자의 진로이야기를 이끌어 내는 방법으로 진로유형면접(career style interview; Savickas, 1989; Taber, Hartung, Briddick, Briddick, & Rehfuss, 2011)을 주로 활용한다. 진로유형면접은 일종의 구조화된 면접으로, 상담자는 8개의 질문을 내담자에게 하게 된다. 첫 번째 질문은 상담에 대한 내담자의 준비도를 파악하고 상담의 목표설정을 하기 위한 질문(opening question)이고, 나머지 7개의 질문은 역할모델, 잡지/TV 프로그램, 책/영화, 여가와 취미, 명언, 교과목, 생애 초기 기억 등으로 진로와 관련된 경험을 탐색한다. 각 영역의 의미와 전형적인 질문 형태를 정리하면 〈표 4-2〉와 같다.

진로유형면접에서 얻은 자료를 통해 상담자는 내담자의 생애주제를 이끌어 낼 수 있고, 이와 함께 직업적 성격과 진로적응도도 파악할 수 있다. 또한 내담자는 진로유형면접의 질문들에 답해 나가면서 자신의 진로이야기를 만들어 나가게 되고, 이 이야기를 통해 진로나 교육과 관련된 당면한 선택을 하면서 더욱 자신의 삶의 의미를 더하게 된다. 즉, 이야기하기는 내담자로 하여금 자신에 대해 가지고 있던 생각을 보다 명확하게 알아차리도록 돕는데, 상담자는 내담자가 자신의 이야기를 하면서 발견한 시사점을 이해할 수 있도록 조력해야 한다. 이 과정에서 내담자의 이야기에 드러난 생애주제를 호소문제에 연결시키는 노력이 상담자에게 필요하다.

ooo **표 4-2** 진로유형면접에서 사용하는 질문

영역	질문	의미
준비도	• ○○ 씨의 진로를 만들어 나가는 데 있어 저와 만나는 시간을 어떻게 활용할 수 있을까요?	• 상담의 출발점을 제시한다.

역할모델	• 자라면서 가장 존경했던 사람은 누구인가요? 어떤 사람의 삶을 따라서 살고 싶은가요?
	• 세 사람의 역할모델을 얘기해 보세요.
	  – 이 사람들의 어떤 면을 특히 존경하나요?
	  – 이 사람들을 각각 얼마나 좋아하나요?
	  – ○○ 씨는 이 사람들과 어떻게 다른가요?
		• 이상적 자아를 나타낸다.
		• 질문의 초점은 누구를 존경했는가가 아니라 어떤 점을 존경했는가이다.

잡지/TV 프로그램	• 정기적으로 구독하는 잡지가 있나요? • 그 잡지의 어떤 점이 좋은가요? • 정말 좋아하는 TV 프로그램은 무엇인가요? 그 이유는?	• 개인의 생활양식에 맞는 환경에 대한 선호를 나타낸다.
책/영화	• 좋아하는 책이나 영화에 대해 얘기해 주세요.	• 동일한 문제에 당면해 있는 주인공을 드러내고, 이 주인공이 어떻게 그 문제를 다루어 나가는지를 보여 준다.
여가와 취미	• 여가시간을 어떻게 보내고 싶은가요? • 취미는 무엇인가요? • 취미생활의 어떤 점이 좋은가요?	• 자기표현(self-expression)을 다루고 겉으로 드러난 흥미가 무엇인지 나타낸다.
명언	• 좋아하는 명언이나 좌우명이 있나요? • 기억하고 있는 명언이 있으면 얘기해 주세요.	• 생애사(life story)의 제목을 제공한다.
교과목	• 중학교 때와 고등학교 때 좋아하는 과목이 무엇이었나요? 그 이유는? • 싫어했던 과목은 무엇이었나요? 그 이유는?	• 선호하는 직무와 근로환경을 나타낸다.
생애 초기 기억	• 가장 어릴 적 기억은 어떤 것인가요? • 3~6세 시기에 ○○ 씨에게 일어났던 일 중 기억에 남는 일 세 가지를 듣고 싶습니다.	• 무엇에 몰두하여 노력을 기울이고 있는지를 드러낸다.

출처: Taber et al. (2011: 276).

제5장
진로상담의 과정

| 손은령 |

이 장에서는 진로상담이 전반적으로 어떠한 단계들을 거쳐 진행되는지를 살펴본다. 이를 위하여 진로상담이 심리상담과 어떤 면에서 구별되는지 그 특징을 먼저 살펴본다. 진로상담은 심리상담과 공통점도 있지만 그 목적이나 실제 상담방법 면에서 몇 가지 차이점이 있다. 진로상담은 사회경제적인 현실을 고려하고 불확실한 미래에 대한 준비를 목적으로 하기 때문에 단순히 심리적인 특성에 대한 이해나 직무분석을 통한 의사결정 과정 이상의 것을 요하므로, 상담자는 이러한 차이점을 분명히 인식하고 진로상담에 임할 필요가 있다.

진로상담의 전반적인 과정은 심리상담과 비슷하게 진행된다. 대략적으로 접수면접, 관계 수립 및 내담자 분류, 문제 평가 및 목표 설정, 행동계획 수립 및 행동 실행을 위한 조력, 종결 및 추수지도라는 다섯 단계로 진행되며 각 단계별 유의사항과 실제 상담과정에서 나타날 수 있는 몇 가지 문제점을 제시한다.

1. 진로상담 과정의 특징

일반적으로 진로상담과 심리상담이 확실하게 구분된다고 오해하는 경우가 있다. 그러나 실제 상담 장면에서는 진로상담과 심리상담을 엄밀하게 구분하는 것이 쉽지 않다. 전통적으로 진로상담은 파슨스(Parsons) 모델을 기초로 하고 있기 때문에 내담자의 특성 이해, 직업세계의 분석, 이 둘 간의 합리적 매칭이라는 세 단계를 적용하는 경우가 많다. 그리고 심리상담에 비해 진로상담은 내담자가 놓인 사회경제적 환경의 영향력을 더 많이 고려해야 한다. 하지만 상담을 진행해 보면 내담자가 단순히 진로문제만 갖고 있는 경우는 드물다. 오히려 내담자의 심리적인 특성과 진로문제가 얽혀 있는 경우가 많다. 현실적인 어려움으로 인해 진로상담을 진행했지만 진로문제들이 어느 정도 해결된 이후에 심리상담으로 주제를 전환하기도 하고, 반대로 심리적인 문제를 다루다가 심리적인 갈등이나 어려움이 어느 정도 극복된 이후에는 다시 현실적인 문제라 할 수 있는 진로문제들이 대두되기도 한다.

이렇게 진로상담과 심리상담 간에 공통분모가 있고, 상호 얽혀 있는 경우가 많지만, 진로상담은 심리상담과 다음의 몇 가지 측면에서 차이를 보인다. 첫째, 진로상담은 문제를 이해하고 그에 대한 목표를 수립하는 과정보다는 의사결정이나 행동화하기 위한 전략의 구상 그리고 행동화를 위한 조력과정을 심리상담에 비해 더욱 중요시한다. 직업을 선택하거나 진로를 결정하는 것만이 진로상담의 목표가 아니며, 직업세계로의 입문, 직업의 유지 및 직업에의 적응도 상당히 중요한 진로상담의 영역이다. 인지적 통찰이나 결정 이외에 행동 차원에서의 실행능력 배양 및 기술 함양을 더욱 중시하기도 한다.

둘째, 진로상담, 특히 진학상담은 전문가보다는 비전문가라 할 수 있는 교사 등에 의해 주도되기 때문에 진로 및 직업에 대한 상담자의 가치관과 직업세계에 대한 사회문화적 고정관념과 선입견의 영향을 배제하기 어려울 수 있다. 이 과정에서 내담자와 직접 대면하는 진로상담자 또는 교사의 영향이 심리상담에 비해 더 크게 나타날 수 있다. 비교적 가치 중립적으로 내담자 문제에 접근하려고 노력하는 심리상담에 비해 진로상담자의 명시적 또는 암시적 영향력이 더 커질 수 있다. 따라서 상담자는 자신의 고정관념이나 선입견 등이 내담자에게 일종의 진로장벽이 되어 내담자의 진로행동을 가로막을 가능성을 충분히 고려하고 상담에 임해야 한다.

셋째, 내담자가 놓인 경제 현실 및 진로 상황에 따라 개인의 진로선택 및 의사결정은 상당히 변화될 수 있다. 그러므로 진로상담자는 개인의 심리적 특성 분석만을 토대로 진로선택이나 의사결정을 하는 '심리적 환원주의'의 오류를 벗어나야 한다. 진로상담자는 미래를 예측해서 가능성을 판단하는 전문가가 아니다. 검사 등을 통해 개인을 분석하고 이해한다고 해서 직업선택이나 적응가능성을 장담할 수 없다는 사실도 분명히 해야 한다. 진로상담자는 내담자에게 보다 유연한 태도로 직업세계에 입문하고 적응할 수 있도록 도와주는 역할을 감당해야 한다. 실제 개인의 진로선택에는 계획성과 함께 상당한 정도의 우연 혹은 기회의 영향이 나타날 수 있으므로(손은령, 2010, 2017), 손익계산을 통해 직업을 선택하려는 태도나 정보 수집을 많이 하면 진로선택이 합리적이 될 수 있다는 맹신의 자세에서 벗어나야 한다. 또한 내담자들에게 미래에 대한 확신을 구하기보다는 불확실성에 대한 긍정적인 태도를 갖고 미래에 대한 능동적인 준비도를 높이고, 변화의 폭을 확장하고, 가능성을 높이도록 노력하는 자세가 필요하다는 사실을 인식시켜야 한다.

진로상담의 과정에 대해 가장 초기에 언급한 학자는 윌리엄슨(Williamson, 1939)이다. 그는 상담자가 내담자에 대한 여러 가지 자료를 분석하고, 이를 요약하는 과정을 거쳐, 문제 진단과 가능성 예측, 실제 상담과 추수지도라는 진로상담의 기본적인 단계들을 제시한 바 있다. 그가 제안한 틀과 심리상담의 일반적인 과정은 거의 유사하다. 일반적인 심리상담의 과정을 보면 내담자와 라포(rapport)를 형성한 이후에 내담자가 제시한 문제를 듣고, 그 문제를 구체적으로 정의한 후, 문제를 해결하기 위한 목표를 수립하여 상담자와 함께 그에 대한 행동전략을 수립하고 실행하는 과정을 거친다. 진로상담 과정도 다음의 다섯 가지 단계로 진행된다. 즉, 접수면접, 관계 수립 및 내담자 분류, 문제 평가 및 목표 설정, 행동계획 수립 및 행동 실행을 위한 조력, 종결 및 추수지도의 단계를 거친다. 이후의 절에서는 단계별로 어떤 내용이 포함되는지, 상담자가 유의해야 할 사항과 주요 과제는 무엇인지를 살펴본다.

2. 접수면접

진로상담의 첫 번째 단계는 접수면접이다. 접수면접은 실제 상담 이전에 호소문제가 무엇인지, 상담기관에서 다룰 수 있는 문제 영역인지를 확인하고, 실제 상담자와 연결 짓기 위한 기본 정보를 수집하기 위한 대화가 이루어지는 장이다. 내담자들이 상담을 가장 처음에 접하는 장이기 때문에 접수면접에 대한 인상이 곧 상담에 대한 인상을 결정하므로 매우 중요하다. 이 단계에서는 상담자와 내담자 간의 협력적 관계가 수립될 수 있는 기본 토대가 마련되어야 한다. 내담자가 호소하는 문제의 영역과 정도에 대한 기본적인 관찰과 평가를 통해 본 상담에 필요한 기초적인 정보들도 수집되어야 한다. 경우에 따라서는 접수면접 없이 곧바로 상담에 들어가는 경우도 있으나, 이 절에서는 상담의 첫 시작 단계를 접수면접으로 보고 그 과정에서 접수면접자가 해야 할 일과 자세 그리고 접수면접 시 유의해야 할 내용을 살펴본다.

접수면접 단계에서 상담자가 해야 할 중요한 과제는 상담을 신청한 내담자의 주된 문제가 진로문제인지, 아니면 심리적인 문제인지를 감별하는 것이다. 내담자가 호소하는 문제가 한 가지 영역이 아닌 경우도 많기 때문에, 상담자들은 이 내담자의 경우 과연 진로문제를 주 호소 영역으로 보아야 하는지, 아니면 심리적인 문제를 주 호소 영역으로 보아야 하는지 감별해야 한다. 내담자의 심리적 상태를 고려할 때 진로문제를 호소한다고 하여도 심리적인 문제를 먼저 다루어야 한다고 판단될 경우도 있기 때문에 접수면접 과정에서 진로상담의 대상자인지를 감별하는 것은 중요한 과제다. 이 단계에서 진로문제가 주 호소 영역으로 판단될 경우, 다음 단계인 상담자와 내담자의 관계 수립 및 문제 평가 단계로 이동할 수 있다.

진로상담을 위한 접수면접과 일반 상담에서의 접수면접 간에 큰 차이는 없다. 일반 상담에서는 접수면접 단계에서 내담자의 문제 영역과 문제의 정도를 파악하고, 설문지 등을 통해 내담자가 제시하는 문제를 보다 구체적으로 파악하기 위한 작업을 실시한다. 진로상담을 위한 접수면접 과정에서도 접수면접자 또는 상담자가 내담자의 행동 특성을 잘 관찰하여 이를 기록하여야 한다. 이때 내담자를 평가할 수 있는 항목을 미리 작성하여 그 항목에 따라 체크하게 되면 본 상담이 시작되었을 때 상담자가 내담자를 이해하는 데 상당히 유용한 정보가 된다. 이러한 평가항목에는 내담자의 기본적인 인적 사항 외에 진로문제에 대한 평가항목들이 포함될 수 있다. 이러한 평가항목에 포함될 수 있는 영역은 브라운과 브룩스(Brown & Brooks, 1990), 브렘스(Brems, 2001), 코마이어와 뉴리어스(Cormier & Nurius, 2003)가 제안한 접수면접 개요에 잘 제시되어 있다. 이들이 제시한 항목은 다음과 같다.

- 정보의 수집: 이름, 주소, 연령, 성별, 결혼 상태, 직업, 대학, 학력, 경력
- 현재 문제: 내담자가 상담에 온 이유
- 현재 상태에 대한 정보: 정서 상태, 분위기, 태도
- 건강 및 의학 정보: 약물남용 포함
- 가족정보: 현재의 가족과 가족력
- 사회적/발달적 역사: 문화적 배경, 종교적 배경, 사회관계, 과거 문제의 기술
- 생애역할
- 진로선택을 방해할 수 있는 문제들: 능력수준, 학업적 성취나 유능감 부족, 특정한 흥미 패턴의 부족, 낮은 자아개념과 자아인식과 관련된 정서 상태, 직업적 정체감, 정보처리 기술, 정보 혹은 훈련의 부족, 진로성숙도, 장애들 (예: 우유부단, 사고상의 오류, 제약, 맥락적 영향 등)
- 진로발달을 방해하는 문제들: 직업 부적응을 이끄는 행동들, 일과 관련된 병

리, 일과 관련된 역기능들, 잘못된 인지들, 생활 속의 문제들

- **문제 진술의 명료화**: 내담자와 상담자의 협조관계, 문제를 명확하고 구체적으로 진술하는 정도
- **내담자 목표의 확인**: 목표의 실행 가능성 결정, 하위 목표 설정, 목표에 대한 몰입도 평가

접수면접의 주된 목적은 내담자의 욕구를 파악하고 후속적으로 이어질 진로 상담의 방향을 결정하기 위한 것이다. 실제 상담에 들어가기 위한 워밍업 과정으로 이해되기 때문에 너무 많은 정보를 수집하게 되면 실제 상담이 진행될 때는 이전에 했던 얘기를 반복하고 있다는 느낌을 줄 수 있다. 그러므로 기초 자료를 수집하기 위한 질문들 외에는 자제할 필요가 있다. 이 단계에서는 용기를 내서 상담자를 찾아온 내담자들에게 자신의 얘기가 존중받고 있으며, 문제를 해결할 수 있다는 희망을 고취해 주는 한편, 실제 상담에 대한 긍정적인 동기를 높여줄 수 있도록 진행해야 한다.

접수면접을 통해 진로상담 사례개념화가 가능해진다. 사례개념화란 상담자가 내담자를 이해하고 이에 접근하는 하나의 청사진과 같은 것이다. 일반 상담에서처럼 진로상담에서도 내담자가 호소하는 문제의 정도와 영역에 대한 밑그림이 명확해져야 한다. 이는 중간중간 상담자와 내담자가 자신이 현재 놓인 위치를 확인하고, 나아가야 할 방향과 노력의 정도를 가늠할 수 있는 일종의 로드맵이 된다. 구체적인 사례개념화의 항목은 정해지지 않았기 때문에 진로상담의 이론에 따라 그리고 상담자의 상담방식에 따라 다양하게 작성 및 보완될 수 있다. 이하에서는 사례개념화의 예로 활용할 수 있는 두 학자의 제안을 제시하였다.

사례개념화는 상담의 목표가 무엇인지를 정확하게 파악하는 작업에서 시작한다. 상담의 목표가 분명해지면 진로상담의 출발점을 어디로 잡아야 하는지를 상담자가 명확하게 알게 됨으로써 불필요하게 상담시간이 낭비되는 것을 줄일 수 있다. 내담자도 막연하게 알던 자신의 문제들이 보다 분명하게 드러남으

로써 상담에 대한 동기수준이 높아질 수 있다. 필립스(Phillips, 1992)는 진로상담의 다섯 가지 주제 영역을 제시하고 있다. 그 영역에 따라 상담문제를 분류해 보면 이는 쉽게 상담목표로 전환될 수 있으며, 그에 따른 사례개념화도 가능해질 수 있다. 그가 제시한 다섯 가지 주제 영역은 자기 탐색과 발견, 선택의 준비도, 의사결정 과정, 선택과 결정, 실천이다. 내담자가 제시하는 문제들이 진로선택과 결정을 위한 자기 탐색과 발견의 단계에 속하는 것인지, 선택은 했는데 아직 준비가 미흡하여 그 선택에 대한 준비도를 높이는 문제인지, 의사결정상의 합리성을 고려해야 하는 상황인지, 선택과 결정상의 어려움을 도와주어야 하는 문제인지, 아니면 앞서의 단계들을 다 거쳐 왔지만 실제 행동화 단계에서 겪게 되는 실질적인 고민들인지를 확인한 후 그에 따라 사례에 대한 접근법을 달리해야 한다.

필립스(1992)의 분류가 진로선택과 준비 단계에 있는 내담자들에게 적용할 수 있는 사례개념화의 틀이라면, 웨스트우드, 애먼슨과 보겐(Westwood, Amundson, & Borgen, 1994)의 취업 로드맵은 진로선택 이후의 진로문제까지 포함한다는 점에서 진로 경로의 전체 단계를 아우르는 사례개념화 틀로 활용할 수 있다. [그림 5-1]에 제시된 바와 같이 그들은 HRDC(캐나다 인적자원개발)가 제안한 4개의 영역을 취업 로드맵으로 제시하고, 호소문제에 따라 개입방법을 제안하고 있다. 그들이 제안한 4개 영역은 진로탐색과 의사결정, 직업기술 연마, 일자리 찾기 기법들, 일자리 유지 기술들이다. 이러한 로드맵은 내담자에게는 자신이 지금 어떤 상태인지를 가시적으로 파악하는 데 도움을 줄 뿐만 아니라, 상담자에게는 각 단계에 따라 적합한 기법들을 적용해 볼 수 있는 하나의 청사진으로 작용하여 불필요한 노력과 시간을 줄여 준다는 점에서 유용하다.

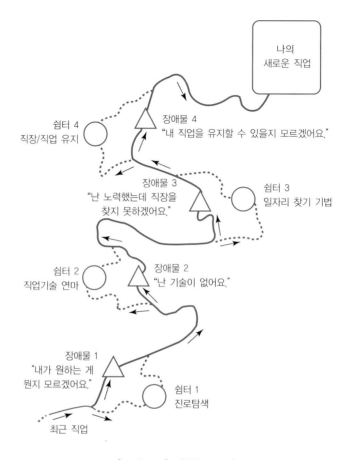

나의
새로운 직업

쉼터 4
직장/직업 유지

장애물 4
"내 직업을 유지할 수 있을지 모르겠어요."

장애물 3
"난 노력했는데 직장을
찾지 못하겠어요."

쉼터 3
일자리 찾기 기법

쉼터 2
직업기술 연마

장애물 2
"난 기술이 없어요."

장애물 1
"내가 원하는 게
뭔지 모르겠어요."

쉼터 1
진로탐색

최근 직업

[그림 5-1] 취업 로드맵

출처: Westwood et al. (1994).

3. 관계 수립 및 내담자 분류

내담자와 상담자 사이에 우호적인 분위기가 형성되지 않으면 이후의 상담 진행이 어려워진다. 즉, 내담자가 상담의 결과 혹은 성과에 대해 긍정적인 기대를 갖고 있어야만 상담에 적극적으로 임할 수 있으며, 상담에 대한 동기도 높아진다. 따라서 상담자들은 관계 수립의 중요성을 명심할 필요가 있다. 이 절에서는 관계 수립상의 유의점과 내담자 분류의 틀 그리고 문제 평가를 위한 고려사항들을 중심으로 설명한다.

1) 관계 수립

상담의 토대는 내담자와의 긍정적이고 협력적인 관계 수립이다. 아무리 좋은 상담전략과 기법이 제시되더라도 내담자가 상담자에 대해 호의를 갖고 희망적으로 상담에 임하지 않으면 상담의 목표는 달성되기 어렵다. 이러한 중요성 때문에 일반 상담에서는 상담자와 내담자의 관계를 일종의 동맹관계로 보고, 치료적 동맹 또는 작업 동맹이란 용어로 상담자와 내담자 간의 유대, 협조, 목적의식의 공유 등을 구성요소로 본다. 진로상담에서도 작업 동맹과 비슷하게 편들기(mattering) 개념이 제시되고 있다(Schlossberg, Lynch, & Chickering, 1989). 편들기란 '내가 잘하고 있든 못하고 있든 간에 중요한 사람으로 인식되며, 주목받고 있고, 배려받으며, 인정받고 있다는 믿음'이다. 일반 상담에서 볼 때 무조건적 존중 또는 수용과 유사하다고 볼 수 있다. 편들기에도 여러 가지 수준이 있다. 시작은 주목하기(visibility) 단계이며, 중요시(sense of real importance) 단계로 진전되고, 도움 주고받기(offer help) 단계를 거쳐, 마지막으로 개인적/전문적 관계 맺기(personal & professional relationship) 단계로 이어진다. 이러한 과정을 거치게 되면 내담자는 상담자를 믿게 되며, 이러한 기본적인 토양 위에서 이후 상담을 진행해 나갈 수 있는 힘을 얻게 된다. 진로결정이나 직업선택, 취업준비 및 직업적응 행동을 해야 하는 사람은 상담자가 아닌 내담자다. 따라서 상담자는 내담자로 하여금 행동화에 대한 동기와 의지를 높여 주어야 한다. 내담자가 안정감과 동반자가 있다는 든든함을 느끼게 되면 문제해결력 또는 실행력은 부수적으로 높아지게 마련이다.

작업 동맹이라 불리든, 편들기로 지칭되든 간에 진로상담자가 내담자와 좋은 관계를 형성하려면 다음의 몇 가지 사항을 고려해야 한다. 첫째, 상담을 하러 온 내담자들은 불안한 상태에서 상담실에 온다. 그들이 자신의 현재 상태를 부정적으로 파악하고 미래를 비관적으로 보는 것은 당연하다 할 수 있다. 상담자는 내담자의 불안수준을 낮춤과 동시에 현실을 보다 정확하게 인식할 수 있도록 현실검증 능력을 높여 주고, 미래를 희망적으로 바라볼 수 있도록 안목을 교정해야 한다. 일단 내담자가 자신의 미래에 대해 가능성을 보게 되고 낙관적으로 기대하게 되면, 상담에 대한 동기수준이 높아지며 결과적으로 원하는 상담 성과를 얻어 갈 가능성도 높아진다.

둘째, 상담자는 자신의 문제를 해결하기 위해 그동안 행해 왔던 내담자의 노력을 인정하고 이를 격려해야 한다. 내담자가 무기력하게 아무것도 행하지 않은 채 상담자를 찾아온 것은 아니다. 그동안의 노력이 성과를 못 만들었을 뿐, 내담자는 나름대로 최선을 다해서 자신의 문제를 해결하려고 노력한 끝에 상담자를 찾게 된 것이다. 많은 내담자가 상담자를 찾는 자신의 행동을 무능의 징표로 이해한다. 하지만 내담자들로 하여금 그들이 상담자를 찾는 것은 스스로 최선을 다한 결과임을 알려 주고, 적극적으로 문제를 해결하고자 하는 그들의 의지를 지지함으로써 내담자들의 능동성을 강화할 필요가 있다.

셋째, 상담자는 내담자와 전문적이면서 개인적인 관계를 형성해야 한다. 이러한 관계는 내담자로 하여금 상담자가 자신을 중요한 사람으로 인식하고 있고, 상담자가 자신을 적극적으로 조력할 자세가 되어 있음을 확인함으로써 형성된다. 상담자가 온전히 자신에게 집중함을 느끼고 자신이 인정받고 있음을 내담자가 감지할 때, 문제해결을 위한 건설적인 관계를 상담자와 형성하게 된다. 누군가 자신을 보아 주는 사람이 있을 때 역경 극복의 의지가 생기고 힘이 샘솟게 되므로 이러한 역할을 상담자가 해 주어야 한다.

넷째, 상담자들은 내담자의 바람과 욕구를 파악하는 한편, 왜 이 시점에서 내담자가 상담자를 찾아왔는지를 확인할 필요가 있다. 이 과정에서는 일반적인 상담기법—경청, 무조건적인 긍정적 존중, 공감적 이해, 질문, 요약 등—이 활용될 수 있다. 상담자는 내담자의 문제를 단정 짓거나 특정한 관점에서 해석하기보다는 중립적인 관점에서 이해하려 노력해야 한다.

다섯째, 관계 수립과 동시에 상담자는 진로상담에 대한 구조화 작업을 해야 한다. 상담자들은 내담자에게 진로상담의 목표, 예상되는 기간, 상담절차나 사용하게 될 도구, 상담의 한계 및 위험요소 등에 대해 알릴 책임이 있다. 더불어 상담자의 책임 범위가 어디까지인지를 밝히고, 또한 상담자가 내담자에게 어떤 부분을 기대하고 있는지를 토의함으로써, 내담자도 상담에 대해 책임을 가져야 함을 인식시켜 상담에 대한 준비도를 높여야 한다. 이러한 구조화 작업은 일종의 사례개념화라 할 수 있는데, 이에 대해서는 앞의 접수면접 부분에서 제시하였다.

2) 내담자 분류

진로문제를 호소하는 내담자들은 각기 다른 배경과 어려움을 호소하고 있기 때문에 이를 적절한 기준에 근거하여 분류해야 한다. 그러면 보다 효과적으로 상담전략을 구안하고 적용하게 되어 상담의 효율성을 높일 수 있게 된다. '차별적 진단과 차별적 처치'(김봉환, 1997)의 토대는 내담자 분류체계의 적합성과 연관된다. 이러한 중요성으로 인해 다양한 내담자 분류방식이 상담 실제에 적용되는데, 여기에서는 의사결정 정도에 따른 샘슨, 피터슨, 렌즈와 리어든(Sampson, Peterson, Lenz, & Reardon, 1992)의 분류, 문제의 원인을 중심으로 분류한 보딘(Bordin, 1946)의 분류 그리고 호소 영역별로 본 청소년대화의광장(1998)의 분류를 살펴본다. 샘슨 등(Sampson et al., 1992)은 진로의사결정 정도에 따라 내담자를 진로 결정자, 진로 미결정자, 진로 무결정자로 구분한 바 있다. 그들의 내담자 분류방식과 내담자의 특징은 〈표 5-1〉과 같다.

진로욕구에 근거한 분류와는 달리 진로문제의 원인을 중심으로 한 보딘(1946)의 분류도 진로문제의 원인을 파악할 수 있다는 측면에서 유용한 분류기준이 될 수 있다. 그에 의하면 내담자 문제는 다음의 다섯 가지 원인에 기인한다.

ㅇㅇㅇ 표 5-1 진로의사결정 정도에 따른 내담자 분류

분류	특징
진로 결정자 (the decided)	• 자신의 선택이 잘되었음을 명료화하길 원하는 내담자 • 자신의 선택을 이행하기 위해 도움이 필요한 내담자 • 진로를 결정한 것처럼 보이지만 실제로는 결정을 못하는 내담자
진로 미결정자 (the undecided)	• 자신의 모습, 직업 혹은 의사결정을 위한 지식이 부족한 내담자 • 다양한 능력으로 진로결정이 어려운 내담자 • 진로결정은 어려워하지만 성격적인 문제는 없는 내담자
진로 무결정자 (the indecisive)	• 생활 전반에 걸쳐 불안을 동반한 내담자 • 일반적으로 문제해결 과정에서 부적응적인 성격을 지니고 있는 내담자

- 의존성: 내담자가 문제해결이나 의사결정을 위해 적극적인 노력을 못하도록 방해하는 의존성으로 인해 갈등하는 경우
- 정보의 부족: 체험의 폭 제한, 체험의 부적절성, 필요한 기술을 습득할 기회의 부족
- 내적 갈등: 내부의 심리적 요소 간의 갈등이나 자아개념과 환경 자극 간의 차이에서 비롯됨
- 선택에 대한 불안: 여러 가지 대안 중에 결정을 내리지 못하고 불안한 느낌
- 확신 결여: 직업적 대안 선택에도 불구하고 확신을 갖지 못하고 타인으로부터 구하려고 하는 경우

청소년대화의광장(1998)의 분류는 청소년들이 호소한 내용들을 중심으로 한다. 이러한 분류방식은 청소년들의 현실을 반영하고 있고, 그들의 입장에서 제시한 실제적인 어려움을 반영하고 있다는 점에서 주목할 필요가 있다. 청소년들이 주로 호소한 진로문제들을 간단하게 항목별로 제시하면 다음과 같다. 장래에 대한 무계획/인생관 부재, 적성과 소질에 대한 인식 부족, 진로에 대한 정보 부족, 희망과 현실의 괴리, 진로에 대한 두려움이나 압박, 진로선택에 따른 갈등, 자격증 취득 때문에 생기는 스트레스, 결혼에 대한 고민, 병역에 대한 고

민이다.

진로상담자들은 자신이 처한 상담환경에 따라 문제 분류의 틀을 갖고 있어야 한다. 그 틀에 따라 상담에서의 개입전략이 달라지기 때문이다. 하지만 지나치게 내담자 문제를 한 가지 유형으로 분류하려고 노력할 필요는 없다. 내담자 분류기준은 어디까지나 잠정적인 것이며, 내담자의 문제는 여러 영역에 복합적으로 걸쳐 있는 경우도 많기 때문이다. 접수면접이나 상담 시점에서 파악된 문제들이 상담이 진행되면서 다르게 인식되는 경우도 있고, 내담자가 다른 영역의 문제를 제시하는 경우도 있다. 진로 결정자로 분류된 내담자라 할지라도 결정자 집단 내부에 존재하는 다양한 양상의 스펙트럼 중 한 곳에 위치할 수도 있다(고홍월, 2007). 따라서 한 가지 분류체계를 활용할지라도 그것을 맹신하여 적용하거나 과잉일반화하여 내담자의 고유한 특성이나 호소문제를 놓쳐서는 안 된다.

이상의 문제중심 분류와는 달리 이론에 따라 내담자의 문제를 다르게 분류할 수도 있다. 진로상담이론마다 진로문제를 설명하는 독특한 방식이 있기 때문에, 상담자가 지향하는 이론에 따라 내담자의 문제도 다르게 이해된다. 진로상담이론들은 대개 네 가지 유형으로 범주화할 수 있다. 첫 번째는 매칭이론이다. 이 이론들은 내담자의 문제를 자기이해, 직업세계에 대한 이해, 합리적인 매칭 중 한 영역의 문제로 분류하고 전략을 구안하게 된다. 두 번째 범주는 진로발달 또는 성숙에 대한 이론이다. 이들 이론에서는 내담자의 문제를 발달과정 또는 성숙의 과정으로 파악하고 진로문제를 겪는 내담자의 성숙도를 높이려는 방향에서 해결방안을 마련하고자 한다. 세 번째는 진로의사결정 이론들로서, 진로문제를 진로결정의 합리성 부족 또는 의사결정 경험 부족으로 보고 내담자의 진로의사결정 능력 또는 학습능력을 함양하는 것에 상담의 초점을 두고 있다. 네 번째는 진로문제를 심리적 문제로 보기보다는 개인을 둘러싼 사회구조적인 문제의 하나로 이해하려는 이론들로서 사회학적 관점의 이론이라 할 수 있다. 이들 이론에서는 내담자 진로문제를 단순히 심리적인 측면에서 이해하기보다는 다양한 사회적 맥락과의 연관성을 고려해서 파악해야 한다는 점을 강조한다.

따라서 동일한 문제라 하더라도 자기이해의 문제로 이해되거나 진로 미성숙의 문제, 진로기술의 학습문제 등으로 해석될 수 있으며, 그에 따라 다른 접근법으로 내담자 문제에 개입하게 된다.

이상의 내담자 분류방식 외에도 다양한 측면에서 내담자를 분류하려는 시도들이 있다. 그 대표적인 것이 진로 관련 인지와 행동상의 불일치를 중심으로 한 이차원적 유형화(김봉환, 1997)이다. 진로인지와 행동 간의 불일치를 토대로 네 가지 유형(이상적인 유형, 진지하지 못한 유형, 행동 지향적인 유형, 미성숙한 유형)이 분류되었으며, 각 유형의 특징적인 행동방식과 그에 따른 접근법들이 모색되었다. 최근의 연구에서는 진로에 대한 개인의 내적 자신감과 외적 환경에 대한 평가 간의 불일치를 토대로 이차원적 유형화(김연중, 2011)가 시도되었다. 다양한 진로문제를 단순화할 수 있다는 점에 주의할 필요는 있지만, 내담자들의 여러 특성을 범주화함으로써 상담자들의 불필요한 노력을 줄일 수 있다는 측면에서는 긍정적으로 이해할 필요가 있다.

4. 문제 평가 및 목표 설정

1) 문제 평가

내담자가 호소하는 문제의 내용과 심각도 그리고 내담자 상태를 파악하는 것은 상담자가 해야 할 가장 중요한 과제다. 상담자는 내담자의 호소문제를 확인하는 한편, 호소문제가 왜 발생하였고, 내담자는 이 문제를 어떻게 이해하고 있는지를 파악해야 한다. 상담자가 어떤 이론적 관점을 지향하고 있는가에 따라 호소문제의 인식과 개입방략에 차이가 나타나게 된다. 하지만 대개의 경우는 내담자의 발달수준과 진로 관련 문제의 영역에 따라 정보들이 평가될 필요가 있다.

브라운과 브룩스(1990)는 수퍼의 생애 아치웨이에 제시된 항목들(제3장의 2. 수퍼의 생애진로발달이론의 '[그림 3-1] 수퍼의 아치웨이 모형' 참조)을 중심으로 내담자

문제를 평가하자고 제안하였다. [그림 3-1]을 보면 진로상담자가 알아야 할 내적 변인은 내담자의 지능, 욕구, 가치, 적성, 흥미, 성격과 같은 기본적인 정보들이며, 외적 변인에는 경제, 지역사회, 사회, 노동시장, 또래집단, 사회정책과 같은 것들이 속한다. 이 두 가지 토대 위에 내담자 자신의 발달단계와 역할 개념 및 자기 등에 대한 정보가 수집되어야 할 것이다.

한편, 김봉환, 정철영, 김병석(2006)은 이를 보다 구체적인 내용으로 제시하면서 내담자 문제를 평가하기 위한 정보를 크게 세 가지 항목으로 구분하고 있다(〈표 5-2〉 참조). 일반적인 정보, 진로계획과 관련된 정보, 진로발달에 관한 정보가 그 내용에 해당된다.

ㅇㅇㅇ **표 5-2** 내담자 문제 평가를 위한 정보

분류	필요한 정보
일반적인 정보	학업성적, 지능, 적성, 흥미, 직업가치관, 직업정체감 수준, 내담자가 진술하는 직업적 · 교육적 · 개인적 · 사회적 영역의 문제, 불안의 정도, 자신감의 정도, 정서 상태 등에 대한 정보
진로계획과 관련된 정보	진로문제 해결능력, 진로신화 혹은 편견, 진로결정에 대한 압력 여부, 학업능력에 대한 자신감 정도, 일의 세계에 대한 지식 정도, 내담자가 지각하는 진로 방해요소
진로발달에 관한 정보	내담자가 경험한 일의 종류들, 내담자의 교육 경험 또는 관심사, 여가시간을 보내는 형태(주로 하는 활동, 교우관계 등), 내담자의 생활양식(의존성과 독립성의 정도, 의사결정 양식, 안정된 일에 대한 선호 등), 내담자의 강점이나 자원을 탐색하고 극복해야 할 장애요소

출처: 김봉환, 정철영, 김병석(2006).

내담자 평가가 진로상담에서 필수적인 과정이기는 하다. 그렇지만 단순히 평가만을 중시하거나 심리적 변인에만 지나치게 초점을 맞추어서는 안 된다. 내담자의 문제를 정상적인 발달단계에서 나타날 수 있는 문제로 보지 않고 치료의 과제로 생각하거나 혹은 내담자 문제를 모두 비슷하다고 단정하고 내담자의 욕구를 부정확하게 평가할 가능성도 고려할 필요가 있다(Sampson et al., 1992). 내

담자 문제를 평가하는 데 있어서 내담자가 갖고 있는 어려움에만 초점을 맞추면 진로상담을 통해 내담자가 위축되거나 자기 문제를 과대평가할 가능성이 있다. 직업의 선택과 수행 과정에서 중요시될 것은 내담자의 단점이 아닌 강점이라는 사실을 진로상담자는 항상 명심해야 한다. 진로선택은 자신의 장점을 살릴 수 있는 영역을 찾기 위한 노력의 일환이므로, 내담자가 어떤 강점을 갖고 있는지 상담 중에 수시로 확인하는 작업은 내담자의 기를 살리는 작업임과 동시에 현명하고 현실적으로 진로를 선택하기 위한 시도이다.

2) 목표 설정

문제가 파악되면 내담자와 더불어 진로상담의 목표를 설정해야 한다. 상담자 입장에서 보면 내담자보다 자신이 상담의 전문가이기 때문에 목표를 자신이 설정하고 싶은 욕구가 있다. 하지만 문제를 안고 있는 사람은 내담자이다. 내담자가 해결의 전문가는 아니지만 문제의 전문가이기 때문에 반드시 내담자와 합의하여 목표를 설정해야 한다. 전문가의 입장에서 내담자에게 목표를 부여하게 되면 내담자의 참여도나 동기가 저하될 뿐만 아니라 주어진 과제의 실행력이 낮아지게 된다. 내담자들이 진로상담을 하는 이유와 방향을 인식하고 적극적으로 목표 달성을 위해 노력하도록 촉진하려면 다소 시간이 걸리더라도 목표 수립과정에 내담자를 적극 참여시켜야 한다.

진로상담의 목표를 수립할 때는 앞서 제시한 내담자 분류 유형을 활용하는 것이 좋다. 진로의사결정의 정도에 따라 내담자를 분류하였다면 진로 결정자의 경우에는 결정된 진로를 준비하게 하거나 합리적인 과정으로 진로를 결정하였는지를 확인하는 것이 목표가 될 수 있다. 진로 미결정자의 경우에는 여러 가지 직업정보를 활용하고 자신의 능력을 파악한 후에 의사결정을 하는 것이 목표가 될 수 있다. 진로 무결정자로 내담자를 분류한 경우에는 이러한 진로목표보다는 불안이나 우울감의 감소, 긍정적인 자아개념의 확립, 자아정체감의 형성과 같은 목표가 설정되어야 하며, 그에 따른 개입전략이 구안되어야 할 것이다.

내담자와 합의하여 목표를 수립할 때 상담자들이 고려해야 할 사항이 있다. 크럼볼츠(Krumboltz, 1966)와 가이스버스와 무어(Gysbers & Moore, 1987)는 목표 설정에 유용한 준거들을 제공하였다. 목표는 구체적이고, 관찰 가능한 형태로 진술되어야 하며, 현실적이고, 성취 가능한 것이기도 해야 한다. 내담자 중에는 자신이 원하는 바가 분명하지 않거나 지나치게 거창한 목표를 설정하는 경우가 많다. 지금까지 꿈은 높고 크게 가져야 한다는 암묵적 인식이 우리 사회에 만연되어 있었기 때문에, 내담자들은 목표를 낮게 혹은 작게 잡으면 안 되는 것으로 알고 있다. 하지만 실현가능성을 고려하여 단계적으로 목표를 설정하고, 이를 달성해 가는 과정을 통해서 내담자들의 성공경험이 확대되고, 그 결과 긍정적인 자아정체감이 형성될 수 있다는 점을 중시해야 한다. 개인의 진전 정도를 파악할 수 있는 근거가 마련되지 않으면 상담자나 내담자 모두 자신들이 얼마만큼 변화하였고, 어디로 가야 하는지 그 방향성을 상실할 수 있다. 따라서 상담을 통해 내담자들이 가능한 한 구체적이며 내담자의 현재 역량을 토대로 실현 가능한 작은 목표를 수립할 수 있도록 돕는 것이 중요하다.

5. 행동계획 수립 및 행동 실행을 위한 조력

목표 수립은 행동계획의 수립과 자연스럽게 연결된다. 앞의 단계에서 목표가 현실적으로 실현 가능하게 수립되고 또 구체적이고 명확하게 진술되었다면, 행동계획을 보다 수월하게 세울 수 있다. 하지만 한번 세운 목표가 최종적인 것은 아니며 내담자의 상태변화에 따라 변화될 수 있기 때문에 행동계획도 변경이 가능하다는 사실을 염두에 두어야 한다. 행동계획을 세울 때 상담자들이 귀담아들어야 할 사항들을 가이스버스, 헤프너와 존스톤(Gysbers, Heppner, & Johnston, 1998)은 다음과 같이 제시하고 있다.

• 내담자로 하여금 현실적인 성과로 기대할 수 있는 것이 무엇인지를 알게

한 후 빨리 그리고 자주 목표와 행동계획의 실행을 위한 기대와 욕구를 정하여야 한다.

- 내담자들의 이전 경험은 합리적으로 계획을 세우는 데 도움이 되지 못하므로, 목표를 세우는 과정을 연습시키고, 목표와 계획을 재검토하고, 비판하게 하며, 목표와 계획을 정교화할 수 있도록 도와주어야 한다.
- 목표뿐만 아니라 계획도 객관적이고 유의미한 준거에 의해 평가될 수 있는지 확인해야 하며, 상담자와 내담자 모두 그러한 진전을 관찰하고 기록할 수 있어야 한다.
- 행동화하는 것보다 계획을 세우는 것이 훨씬 쉽기 때문에 목표를 달성하기 위하여 내담자에게 목표와 계획을 말하고, 쓰고, 연습하고, 시각화하는 기회를 주어야 한다. 내담자들이 의미 있는 타인과 이러한 아이디어를 공개적으로 나누도록 격려하여야 하며, 행동계획을 적절하게 조절하도록 돕고, 행동계획을 수행하고 목표에 도달하는 진전을 인식하고 축하하도록 도와야 한다. 이러한 강화는 내담자의 목표 달성에 핵심적인 요소다.
- 내담자의 욕구와 스타일에 따라 행동계획 과정을 개별화할 필요가 있으며, 일이 계획대로 안 될 때는 그동안 들인 내담자와 자신의 노력을 평가 절하하지 말아야 한다. 내담자는 실패하지 않는 법을 배우는 것이 아니라 실패에도 불구하고 노력하는 태도를 배우는 것이며, 실패에도 굴하지 않는 자신을 바라보면서 긍정적인 자아정체감을 형성하는 것이다.

이상의 제안들은 결국 진로문제를 호소하는 내담자와 상담할 때 진로상담자는 어떤 자세로 임해야 할 것인가 그리고 진로상담자의 역할은 어디까지여야 하는가에 대한 질문과 맞닿아 있다. 상담자가 전문적으로 도움을 주는 자(helper)이지 해결사가 아니라는 사실을 인식해 보면, 상담자는 단순히 진로문제의 해법이나 취업기술을 학습시키는 기술자를 넘어서야 한다. 각종 프로그램이나 검사도구, 매체 활용을 통해서도 그러한 기술들은 학습될 수 있다.

진로상담자는 내담자가 자신이 가진 역량을 최대한 이끌어 낼 수 있도록 격려자, 강화자, 지원자의 역할을 담당해야 한다. 내담자는 긴 시간 진로 경로를 밟아 가는 과정에서 여러 번의 성공과 실패 과정을 경험하게 되는데, 그 과정을 잘 지나가기 위해 가장 중요한 것은 자아개념이다. 굳이 수퍼의 이론을 나열하지 않더라도, 어떤 상황에서건 자기 자신의 가능성과 잠재력을 바라보고 불확실한 미래를 긍정적으로 바라볼 수 있는 안목을 형성하는 것이 진로상담의 중요한 내용이 되어야 한다. 상담자는 행동계획을 실행해 가도록 내담자를 조력하는 과정에서 자신이 살이(living)의 측면에만 지나치게 초점을 맞추고 있는지를 확인하고, 지속적으로 내담자의 기를 살리고(encouragement) 있는지를 확인해야 한다(손은령, 2010).

내담자와 상담하는 과정에서 상담자들은 다양한 저항현상을 경험하게 된다(Blustein & Spengler, 1995). 일반 상담에서처럼 진로상담에서도 다양한 형태의 내담자 저항을 만나게 된다. 상담은 내담자의 변화를 필수적으로 요구한다. 변화는 어려우며 힘든 작업이기 때문에 저항이 나타난다. 내담자들은 변하기보다 지금의 상태를 유지하거나 그에 안주하고픈 욕구가 있고, 그러한 욕구들은 상담에 대한 일종의 저항 행동으로 나타난다. 월본(Walborn, 1996)은 저항을 변화에 대한 두려움으로 정의한 바 있다. 그는 습관을 포기하기 힘들기 때문에 변화를 두려워하며, 변화에 따른 위험을 수용하기보다는 차라리 자신의 문제 행동에 안주하고 싶어 하는 현상이 저항으로 표출된다고 설명하고 있다. 캐버나(Cavanagh, 1982)는 성장이 고통스럽고, 문제 행동이 가지는 이차적인 효과가 있으며, 변화하지 않아도 되는 이유를 만들고 싶어 하기 때문에 내담자들이 변화에 저항한다고도 설명한다.

내담자의 저항을 제대로 다루어 가기 위해서는 상담자 스스로 내담자의 저항을 잘 식별해 내어야 한다. 내담자의 저항을 적극적으로 발견하고 그에 대처하지 않으면, 상담자는 내담자가 표출하는 행동이나 감정들을 잘못 해석하고 이해하게 된다. 그러므로 문제가 해결되지 않는 이유를 자신의 탓으로 돌리거나 내담자를 탓하게 되며 원하는 성과를 얻지 못하게 된다.

내담자들은 진로상담이 진행되는 과정 어디에서나 저항을 보일 수 있다. 결국 저항이란 "내담자들이 상담의 각 단계에서 수행해야 하는 과업에 실패한 것" 이기 때문이다(Yost & Corbishley, 1987). 가이스버스 등(1998)은 상담자들이 인식 해야 할 저항의 예들을 제시하고 있는데, 여기에서는 그중 세 가지 유형만 간단 하게 살펴본다.

- 상담에 대한 두려움: 내담자들이 보이는 두려움은 크게 세 가지 형태로 나타 난다. 첫 번째 형태는 상담자에 대한 두려움으로, 상담자가 자신이 원하는 기대를 충족시키지 못할 것에 대한 두려움이다. 두 번째 형태는 상담과정 에 대한 두려움으로, 상담자와의 권력 차이로 인해서 충분히 자유롭게 자 신을 드러내지 못하는 것에 대한 두려움이다. 세 번째 형태는 '노출'에 대한 두려움으로, 자신이 바라지 않던 통찰을 하게 되는 것에 대한 두려움이다.
- 책임지기에 대한 두려움: 내담자뿐만 아니라 모든 인간은 의사결정에 뒤따르 는 책임을 지기 어려워한다. 따라서 내담자들은 여러 가지 반응을 보이면 서 인생의 중요한 과업을 회피하거나 이를 지연시키려 노력하게 된다. 내 담자들은 의도하지는 않지만 무의식적으로 자신의 행동에 대한 변명거리 를 만들거나 이를 방어기제를 통해 나타내기도 한다. 불완전한 의사소통 방식을 취함으로써 책임을 거부하는 경우도 있다.
- 비합리적 신념: 내담자들은 직업선택이나 진로행동과 관련된 다양한 비합리 적 신념을 내면화하고 있으며, 이러한 신념으로 인해서 행동 실행에 어려 움을 겪기도 한다. 비합리적인 신념은 진로신화와 같은 다양한 용어로 지 칭되고 있는데, '내게 맞는 적합한 직업이 반드시 있다.' '정보 수집을 더 많 이 할수록 직업선택을 잘할 수 있다.' 등이 그 예라 할 수 있다.

이렇게 저항적인 내담자들을 만날 때 상담자들은 무력감을 느낄 수도 있다. 저항을 반드시 없애야 한다고 생각하기보다, 기본적으로 이러한 저항이 담고 있 는 의미를 이해하고 상담자와 내담자 간의 협력관계 형성, 동참, 은유법의 사용, 직면, 명목화, 재구조화 등의 전략을 활용하여 저항을 완화하려는 노력을 기울여야 할 것이다(Gysbers et al., 1998). 방어적이지 않게 개방적인 자세로 내담자를 대하고, 공감을 적극적으로 표현하며, 지속적으로 관심을 보이라는 애먼슨과 보겐(Amundson & Borgen, 2000)의 조언도 명심할 필요가 있다.

한편, 내담자뿐만 아니라 상담자도 상담 장면에서 다양한 형태의 저항 행동을 무의식적으로 드러낸다. 캐버나(1982)는 상담자에게서 일어날 수 있는 저항을 10가지로 제시했다.

- 상담을 취소하거나 늦게 오기
- 내담자와 이야기하거나 경청하는 대신 일방적으로 내담자에게 이야기하기
- 공상(딴생각)하기 혹은 졸기
- 상담에 참여한 사람 대신 자기 자신에 대해 늘어놓기
- 내담자에 관한 적절한 정보를 잊어버리기
- 불가능한 요구사항을 설정하기
- 갑자기 내담자가 '특정한 문제'를 가지고 있음을 발견해 내어 그 문제를 잘 다루는 전문가에게 내담자를 의뢰하려고 하기
- 내담자가 중요하다고 인식하는 부분을 중요하게 고려하지 않으려 하기
- 냉소적이거나 내담자에게 '이보게, 친구' 하면서 쉽게 대하려 하기
- 내담자에게 도움이 되지 않는 상담자 자신의 관심 영역만을 이야기하기

상담자들도 상담 중에 나타나는 자신의 정서적 반응과 행동상의 변화들을 민감하게 알아차리고 그 원인을 탐색함으로써 자신이 저항 반응을 보이고 있는지를 확인할 필요가 있다. 이 과정이 쉽지 않으므로 그것을 극복하기 위해서는 수퍼비전과 같은 전문적인 활동에 적극적으로 참여할 필요가 있다.

6. 종결 및 추수지도

모든 상담은 종결이라는 지향점을 갖고 출발한다. 하지만 때때로 상담자와 내담자 모두 종결을 의식하지 않고 상담을 진행하다가 여러 가지 이유로 조기 종결하거나, 종결에 대한 대비가 부족한 채로 종결을 하게 되는 경우가 있다. 상담과정의 시작 초기부터 종결을 염두에 두고 상담을 진행하게 되면 내담자의 상담 참여도가 높아지고, 종결에 따른 정서적인 어려움도 줄어들 수 있다. 따라서 진로상담자는 상담의 시작 단계에서부터 지속적으로 종결을 고려해야 하며, 내담자에게도 이를 밝힐 필요가 있다.

종결은 내담자의 진전을 평가해야 할 명백한 시점이다. 이 종결의 과정을 잘 다루게 되면 상담관계를 순조롭게 마무리할 수 있으며, 내담자가 이룬 성과를 강화하게 되고, 내담자가 앞으로 겪게 될 여러 어려움도 확인할 수 있다. 종결 회기의 기간이나 방법은 그동안 발전시켜 온 상담 협력관계의 수준 및 목표 달성 정도에 따라 상당히 달라지지만, 효과적으로 종결하기 위해서는 일곱 가지의 공통된 요인들을 되짚어 볼 필요가 있다.

- 진로상담 과정에서 다루어진 내용들을 살펴본다.
- 진로상담이 진행되어 온 과정들을 점검해 본다.
- 진로문제를 다루는 내담자의 능력과 강점을 확인하고 강조한다.
- 내담자의 변화(잘된 점과 안 된 점)에 대해 평가한다.
- 남아 있는 문제들에 대해 예측하고 논의한다.
- 상담관계의 종결에 대한 내담자의 다양한 정서를 다룬다.
- 목표 달성의 정도를 평가하며, 다음 단계에 해야 할 일들을 검토한다.

종결 회기는 전체 상담과정 중에서 가장 어려우면서도 중요한 시간이다. 이 과정에서 상담의 효과가 측정될 수 있으며, 미진한 사항들을 논의할 수도 있고,

내담자의 장점이 확인되고 격려될 수도 있다. 또한 내담자는 스스로 문제들을 해결해 나갈 수 있다는 자신감과 함께 앞으로 어떻게 해야 할지에 대한 명확한 밑그림을 갖고 상담실을 떠날 수 있게 된다.

내담자가 마련한 밑그림에 제대로 채색을 하고 있는지를 확인하는 작업이 추수지도라 할 수 있다. 추수지도는 상담 후에 내담자가 효과적인 진로행동들을 취하고 있는지, 만족감을 유지하고 있으며 적응을 잘하고 있는지를 확인하고, 필요한 경우 그것이 지속되도록 지도해 주기 위해 마련한 시간을 의미한다. 추수지도를 통해 내담자의 어려움이 확인되면, 상담자는 이를 보완해 주는 추수상담을 진행할 수 있다. 이 추수상담을 통해 내담자는 어려움이 있어도 도와줄 누군가가 있다는 안도감을 가질 수 있으며, 상담자 없이 자신이 해 온 그동안의 성과를 상담자에게 확인받고 격려받는 기회를 갖게 된다.

제6장
진로상담의 기법

| 강은희 |

　진로상담 기법은 여러 가지 기준으로 설명할 수 있다. 주요한 진로상담 이론에 따라 기법을 살펴볼 수 있고, 진로상담 목표에 따라 혹은 진로상담 과정에 따라 기법을 설명할 수 있다. 진로상담 이론은 제2, 3, 4장에서 다루고 있으므로 이 장에서는 중복을 피하기 위하여 진로상담 이론에 따라 기법을 설명하기보다는 진로상담 과정에 따라 사용할 수 있는 유용한 진로상담 기법들을 살펴보고자 한다.

　진로상담 과정에 따라 진로상담 기법을 설명하고자 하나, 상담과정도 진로상담 이론에 따라 각기 다르다. 그러므로 이 장에서는 대부분의 진로상담 이론에서 공통적으로 포함하고 있는 상담단계, 즉 상담목표 단계, 내담자 특성 파악 단계 그리고 의사결정 단계에 따라 진로상담 기법을 설명하고자 한다.

　이 장에서 진로상담의 과정에 따라, 즉 진로상담의 기법을 진로상담의 목표, 진로상담의 내담자 특성 파악 그리고 진로의사결정 순으로 살펴보고자 하는 이유를 여행에 비유하여 설명하여 보면 다음과 같다.

　첫째, 목적지는 지도보다 중요하다. 상담이론을 가리켜 흔히 지도와 같은 역할을 한다고 한다. 훌륭한 진로상담 이론은 마치 자세하고 이해하기 쉽고 목적에 맞는 지도와 같아서 목적지를 잘 안내하는 역할을 할 것이다. 그러나 우리 손에 아무리 훌륭한 지도를 가지고 있다 하더라도 우리가 가고자 하는 목적지가 없다면, 또는 가고자 하는 목적지를 알지 못한다면 지도는 무용지물이 될 것이고 관심을 받지 못할 것이다. 그러므로 먼저 목표를 잘 세우는 기법을 살펴볼 것이다.

둘째, 여행자의 상태를 아는 것은 목적지를 가기 위해 매우 중요하다. 우리가 도착하고자 목적지를 알고 있고, 목적지까지 잘 안내해 줄 지도를 갖고 있다고 상상해 보자. 이것만으로 저절로 목적지에 도달할 수 있는 것은 아니다. 목적지에 잘 도착하기 위해서는 여행자의 특성을 잘 파악할 필요가 있다. 여행자가 좋아하는 길은 어떤 길인지, 체력은 어떤지, 어떤 가치를 위해 여행을 하는지, 무엇을 위해 목적지에 가고자 하는지 여행자마다 각기 다른 특성을 가지고 있으므로 이를 아는 것은 성공적인 여행이 되기 위해 매우 중요하다.

셋째, 여행자는 목적지에 도착하기 위해 많은 결정의 순간을 만난다. 여행자는 목적지에 가기 위해 여러 갈래의 길을 만나게 되며 이런 순간마다 결정을 해야 한다. 여행자가 자신의 목적지에 잘 도착하기 위해서 결정하는 법을 터득해야 함은 두말할 나위 없이 중요한 요소이다. 이러한 이유로 이 장에서는 진로상담의 목표를 수립하는 기법, 내담자 특성을 파악하는 기법, 의사결정을 조력하는 기법을 중심으로 살펴볼 것이다.

모든 상담과정에서 상담자와 내담자의 라포 관계 형성을 포함하고 있으나 이러한 상담기법은 진로상담 이론서가 아니더라도 일반 상담 이론서에 많이 소개되어 있으므로 생략할 것이다. 물론 진로상담 과정에서 이 단계가 중요함은 백번 강조하여도 지나치지 않다. 상담자와 내담자의 관계는 튼튼한 집을 짓기 위한 기초공사와 같은 것이므로 진로상담 과정에서도 매우 중요하다는 것을 거듭 밝혀 둔다.

1. 목표 수립을 위한 진로상담 기법

상담목표를 정하는 것은 내담자와 상담자의 노력의 방향을 정하는 것이며, 여행에서 가고자 하는 목적지를 정하는 것과 같다. 상담목표는 내담자의 필요에 의해 정해지나, 내담자가 자신의 목표를 정하지 못하거나 자신의 욕구를 알지 못할 경우, 상담자는 목표의 설정을 위해 조력해야 한다. 즉, 목표 설정은 상담자와 내담자의 협력에 의해 내담자의 특정 상황과 현재 상황을 고려하여 정하게 되는 협력의 과정이다.

초기 면담에서 내담자의 욕구 파악이 되면 상담목표가 정해진다. 그러나 첫번째 회기에서 완벽한 목표를 세울 만큼 내담자의 욕구와 특성을 정확하게 파악하는 것은 어렵다. 그러므로 초기 면담을 통해 세워진 목표는 잠정적이고, 변경이 가능하다. 뿐만 아니라 상담회기가 거듭되면서 내담자의 새로운 정보나 특성 또는 욕구가 발생할 경우 목표는 변경될 수도 있고 새로운 목표가 추가될 수도 있다. 이러한 목표 설정은 세 가지 중요한 기능이 있다. 첫째, 상담자와 내담자의 노력의 방향을 제공한다. 둘째, 상담자에게 적절한 조력방법을 선택하는 자료를 제공한다. 셋째, 상담자와 내담자의 노력의 결과를 평가하는 기준을 제공한다. 상담자는 내담자의 목표 설정을 조력하기 위해서는 다음의 방법들을 활용할 수 있다.

1) 목표 설정을 위한 기법: 면담 리드

많은 사람이 삶에서 목표를 정하는 것이 필요하다는 것에는 쉽게 동의를 하지만, 실제로 목표를 설정하고 삶을 살아가는 사람은 많지 않다. 목표를 설정하지 않는 주요한 이유 중 하나는 사람들이 목표를 어떻게 설정하는지 잘 모르기 때문이다. 이와 마찬가지로 내담자가 진로상담 장면에서 자신이 원하는 목표나 자신의 문제를 정확하게 진술하지 못하는 경우가 허다하다. 이러한 경우 사용할 수 있는 긴요한 방법이 면담 리드(interview leads)이다(Gysbers & Moore, 2005).

면담 리드란 상담자가 적절한 질문을 통해 내담자의 욕구나 가치 정보를 표현하도록 돕는 기법이다. 내담자의 초기 진술은 매우 중요하므로 상담자가 적절히 목표를 이끌어 내기 위한 면담 리드 기술 또한 매우 중요하다. 목표 설정을 위한 면담 리드 기술은 다음과 같은 질문으로 시작할 수 있다.

- 당신은 진로상담의 결과가 무엇이기를 원하십니까?
- 진로상담 후 당신이 달성하고자 하는 것은 무엇입니까?
- 진로상담이 종결되었을 경우를 상상해 보십시오.
- 당신이 원하는 모습은 어떤 모습입니까?
- 현재의 상황이 어떻게 달라지기를 원하십니까?

이러한 질문은 자신이 원하는 모습을 구체적으로 떠올리며 목표 설정을 도울 수 있다. 그러나 이러한 질문으로 원하는 것을 떠올리지 못하거나 하고 싶은 것이 없는 내담자의 경우 다음과 같은 질문으로 유도할 수 있다.

- 당신이 하고 싶지 않은 일은 무엇입니까?
- 당신이 진로와 관련하여 불안하거나 걱정되는 것은 무엇입니까?
- 진로상담이 종결되었을 경우, 만족스럽지 못한 것은 무엇인지 상상해 보십시오.
- 진로 단어를 떠올리면 연관되어 떠오르는 단어는 무엇입니까?
- 진로 단어를 떠올리면 떠오르는 사람은 누구입니까?

이와 같이 다양한 면담으로 직접적인 진로목표를 설정하는 것을 도울 수 있고, 심리적인 문제가 있는지 탐색해 볼 수 있다. 만약 심리적인 문제로 인해 진로결정에 어려움이 있는 경우는 심리적인 문제를 해결하는 것 역시 목표 설정에 중요한 요소로 다루어져야 한다.

2) 진로목표 설정의 준거

오늘날 많은 사람의 관심과 찬사를 받고 있는 유명한 스포츠 스타인 피겨스케이팅 선수 김연아, 축구선수 박지성, 야구선수 박찬호 등을 관찰해 보면 그들은 뚜렷한 목표를 가지고 있었다는 것을 알 수 있다. 그들은 자신의 목표를 달성할 수 있다고 믿고, 목표를 성취했을 때 받게 될 결과를 상상하면서 노력하고 자신의 목표를 구체화하고 표현했다.

이들의 성공을 보면서 사람들은 큰 꿈을 가지는 것이 성공할 가능성이 높다고 믿는다. 하지만 구체적인 목표와 실천이 따르지 않는다면 아무리 큰 꿈을 가슴에 간직해도 성취해 내기 어렵다. 이와 마찬가지로 진로상담에서 만족스러운 결과를 도출하기 위해 진로목표 설정 시 다음의 것들이 중요하다.

(1) 목표는 가능한 구체적으로 표현하라

목표와 계획이 얼마나 구체적인가를 파악하는 것은 상담자의 역할이다. 상담자가 상담목표 구체화에 주목하는 것은 내담자가 '내가 원하는 것은 새로운 직업' '넉넉한 돈' '새로운 전공' 등과 같이 모호한 진술을 하는 것을 방지해 준다. 상담자는 내담자들로 하여금 직업의 종류나 돈의 액수, 특정한 전공에 대해서 언급하도록 하는 것이 도움이 될 것이다. 내담자들은 목표에 대해 막연한 경향이 있다(김봉환, 2007). 상담자는 내담자가 자신의 목표를 구체적으로 탐색할 수 있고 표현할 수 있도록 조력하고, 연습을 통해 내담자와 함께 상담의 목표를 구체적으로 다듬어 가야 한다.

(2) 목표를 관찰 가능한 방식으로 표현하라

목표는 구체적이고 관찰 가능해야 한다. 예를 들어, 내담자가 목표를 "나는 상담 대학원에 진학할 것이다." "나는 학생상담센터 연구원으로 일하고 싶다." 또는 "진로상담 전문가 자격증을 취득할 것이다." 등과 같이 구체적이고 관찰 가능하게 표현할 때 도움이 된다. 내담자는 이와 같이 관찰 가능한 방식으로 표현하는 것을 어려워할 수 있고 필요를 느끼지 않을 수도 있다. 그러나 상담자는 내담자가 이렇듯 구체적이고 관찰 가능한 방식으로 표현할 수 있도록 조력해야 한다.

(3) 목표의 달성 시점을 지정하라

목표를 구체적이고 관찰 가능한 방식으로 설정하는 것 못지않게 중요한 것은 목표의 달성 시점을 정하는 것이다. 예를 들어, "진로상담 전문가 자격증을 올해 9월까지 취득할 것이다."라고 정할 수 있다. 그러나 진로상담 전문가 자격시험은 1년에 1회 시행되는 것으로 매년 10월에 시험이 실시된다면 이 목표는 수정되어야 할 것이다. 이와 같이 목표의 달성 시점을 정하는 것은 목표 달성 가능성을 높이는 역할을 할 뿐만 아니라 내담자의 목표 달성 동기를 부여하는 역할을 한다.

(4) 달성 가능한 목표를 설정하라

상담자는 내담자가 목표를 정하는 데 있어서 자신의 상황과 능력을 고려하지 않고 과도하게 높게 설정하거나, 오히려 낮게 설정하는 경우 적절하게 자신의 능력과 상황을 고려하여 달성 가능한 목표를 설정하도록 도와야 한다. 이때 주의할 것은 내담자의 열정을 손상하지 않으면서 합리적인 요소를 고려하는 것이다.

(5) 실천 행동을 계획하라

목표를 현실에서 가능하게 하는 것이 계획이다. 하나의 목표가 정해지면, 하나의 목표를 달성하기 위한 하위 목표를 확인함으로써 목표를 보다 구체화할 수 있다. 상담자는 자주 내담자의 마음속에 지도를 그려 보지만, 그들의 계획을 내담자와 공유하는 데 실패한다. 이러한 경우, 내담자에게 용기를 잃게 할 수도 있고, 바라던 결과를 성취하는 것을 방해할 수 있다(Bandura, 1969).

모든 목표가 하위 목표로 나누어질 수는 없고 그럴 필요도 없다. 그러나 몇 가지는 복잡성(가장 쉬운 것부터 가장 어려운 것까지), 순서(이것은 첫 번째, 저것은 두 번째) 또는 두 가지 모두에 따라서 계층적으로 배열될 수 있는 일련의 과제를 포함한다(Cormier & Cormier, 1985). 예를 들면, 다음과 같이 하위 목표를 확인하는 데 유용할 수 있다. '이런 일이 생기게 하려면 당신은 정확히 무엇을 해야 하는가?'

당신이 지금 있는 곳에서 있기를 원하는 곳으로 가기 위하여 취해야 할 조치를 생각해 보자. 그것들을 당신에게 가장 쉬워 보이는 것부터 가장 어려워 보이는 것까지 순서대로 배열하라. 당신의 목표에 도달하는 데 있어 당신의 성공을 최대화하기 위해서 이 단계들을 어떻게 배열할 것인가?(Cormier & Cormier, 1985)

3) 현실치료의 WDEP 기법 활용

윌리엄 글래서(William Glasser)의 현실치료에서는 인간을 긍정적이며 자신의 행동과 정서에 대해 책임을 지는 반 결정론적인 존재로 보며 인간은 자신이 결정함으로써만 책임을 다할 수 있고 성공적이며 만족스러운 삶을 살 수 있다고 보았다. 현실치료의 윌리엄 글래서의 W-D-E-P 기법을 활용해서 진로상담의 목표를 설정할 수 있다.

W(Want) 질문

- 무엇을 원하는가?
- 어떤 직업을 갖기를 원하는가?
- 당신의 삶이 어떻게 되기를 원하는가?
- 현재의 상태에서 변화를 원하는 것은 무엇인가?
- 당신의 부모가(상담자가) 어떻게 해 주었으면 하는가?

D(Doing) 질문

- 당신은 지금 원하는 직업을 얻기 위해 무엇을 하고 있는가?
- 직업에서 보람을 느꼈을 때는 어떤 행동을 했었는가?
- 일과(학업) 관련해서 재미있었을 때 어디에서 누구와 무엇을 하고 있었는가?

E(Evaluation) 질문

- 현재 당신은 직업을 얻기 위해 적절한 행동을 하고 있는가?
- 그런 행동을 계속하면 어디로 갈 것 같은가?
- 그런 행동을 계속하면 원하는 것을 얻는 데 도움이 되는가?

P(Plan) 질문

- 무엇을 언제부터 하면 당신이 원하는 것을 얻게 되는가?
- 지금 바로 실천할 수 있는 것이 무엇이 있는지 찾아보겠는가?

2. 내담자 특성 파악을 위한 진로상담 기법

진로상담의 중요한 과제는 내담자의 특성을 파악하는 일이다. 내담자 특성 파악은 상담목표를 확인하고 목표를 명료화하는 데 도움을 주며, 문제해결 및 개입방법에 중요한 기초 자료가 된다. 또한 진로상담에서는 자기 자신을 이해하는 것이 진로상담의 목표가 되기도 하므로 다른 개인상담에서 보다 더욱 중요한 과정이다.

내담자가 추구하는 가치는 무엇인가? 내담자가 자신의 문제로 인식하는 것은 무엇인가? 내담자의 가족 내의 위치와 가족환경은 어떠한가? 내담자의 성격 특성과 주변 인물들의 성격 특성은 어떠한가? 내담자의 능력은 어떠한가? 이러한 내담자의 특성을 파악하기 위한 질문들의 해답을 찾아가는 과정에서 내담자의 목표 달성을 위한 해결의 실마리를 찾을 수 있다. 예를 들어, 어떤 직업이 내담자의 욕구를 충족시킬 수 있는지, 내담자의 성격에 부합하는지, 내담자의 능력을 발휘하게 할 수 있는지 이해하기 위해 내담자의 정보는 중요하게 활용된다. 내담자 정보를 파악하기 위한 기법으로는 다음과 같은 것들이 있다.

1) 생애진로사정

(1) 생애진로사정이란

생애진로사정(Life Career Assessment: LCA)은 아들러(Adler)의 개인심리학에 기초하여, 상담자가 내담자의 다양한 정보를 체계적으로 수집하고 내담자는 자신에 대해 체계적으로 이야기를 해 나가면서 자신의 경험에 대해 정리하고 자신에 대한 이해를 깊게 하고 자신의 일과 사람에 대한 관계, 즉 자신의 삶의 방식을 알아 가는 과정이다(Dinkmeyer, Pew & Dinkmeyer, 1979).

아들러는 생애진로사정을 세상과 개인에 대해 일, 사회(사회적 관계), 성(우정)이라는 세 가지 생활 영역으로 나누었는데, 이 세 영역은 하나의 변화는 다른 것의 변화를 수반하는 식으로 얽혀 있어서 서로 분리해서 다룰 수 없다고 보았다. 개인의 일, 진로문제에만 국한한 것이 아니라 생애 전반에 걸친 사건과 밀접한 연관을 맺고 있는 생애사건을 함께 다루고 있다는 점에서 생애진로사정의 중요성이 있다.

생애진로사정은 내담자의 정보를 수집하는 단계에서 사용될 수 있는 구조화된 면접기법이다. 생애진로사정은 구조화된 면접기법으로 매우 탄력적으로 활용할 수 있다. 면접을 30분 정도 짧게 할 수도 있으나 필요에 따라서는 몇 회기에 걸쳐 심도 있는 면접을 할 수도 있다.

생애진로사정은 개인의 역할을 포함한 다양한 생활 영역의 역할에서의 내담자의 기능수준뿐만 아니라 그들이 환경을 어떻게 극복할 것인가에 대한 정보까지 산출할 수 있다. 또한 생애진로사정은 상담자와 내담자의 긍정적인 라포 형성에 도움을 준다. 공감, 존중, 수용의 분위기를 통해 생애진로사정을 비판단적 · 비위협적 · 온정적 분위기로 만들 수 있다(Gysbers & Moore, 2005).

(2) 생애진로사정의 구조

생애진로사정는 크게 진로사정, 일상적인 하루, 강점과 장애, 요약의 네 부분으로 구성된다. 그렇지만 이 형식을 꼭 따라야 하는 것은 아니며, 내담자의 반응에 따라 유연하게 변화시킴으로써 기계적인 답변을 방지하는 것이 바람직하다.

① 진로사정 부분

생애진로사정의 진로사정 부분은 직업경험, 교육과 훈련 그리고 여가활동 세 가지 부분으로 되어 있다.

먼저 직업경험 부분에서는 내담자에게 그동안 경험했던 이전의 직업과 현재의 직업에 대해 말하게 한다. 직업은 시간제, 종일제, 유급, 무급일을 모두 포함하여 설명할 것을 요청한다. 직업에 종사하면서 그 직업에 대해 가장 좋았던 점과 가장 싫었던 점을 말하게 한다. 좋았던 점과 싫었던 점에 대해 이야기하면서 어떤 주제들이 일관성 있게 반복되는지 잘 탐색해 나가야 한다. 교육과 훈련에 관해서는 내담자 자신이 받은 교육과 훈련 경험 전반에 대해 이야기하고 평가해 보도록 한다. 내담자는 어떤 교육 경험이 좋았고, 어떤 교육 경험이 싫었는지 설명할 것을 요청한다. 교육 경험에 대한 이야기를 하면서 좋아하는 것과 싫어하는 것에 대해 일관성 있게 반복되는 주제에 주목해야 한다. 여가활동에 관해서는 내담자가 어떻게 여가시간을 보내는지를 물어보아야 한다. 이때 언급하는 가치관의 주제들(이념이나 신념, 태도 등)이 앞서 직업과 교육 부분에서 내담자가 언급한 것과 일관성이 있는지를 파악하는 것이 중요하다.

② 일상적인 하루 부분

내담자가 일상생활을 어떻게 조직하는가를 밝히는 것이 주목적이다. 일상적인 하루를 어떻게 조직하는지 탐색함으로 성격요인 중 의존적-독립적, 체계적-임의적 요인에 대해 탐색할 수 있다. 내담자에게 자신의 일상적인 하루를 차근차근 설명하도록 함으로써 알아 갈 수 있는데, 의존적-독립적 차원은 다음과 같은 질문, 예를 들어 "당신은 아침에 스스로 일어납니까? 당신은 혼자서 일을 해 나갑니까?" 또는 "혼자서 일을 결정하십니까? 항상 다른 사람과 함께 결정하십니까?" 등을 통해 탐색할 수 있다. 체계적-임의적 요인에 대해서도 체계적인 사람은 꽤 일관성이 있는 일상, 예를 들어 매일 아침 시리얼 먹기와 같은 반복적인 경향이 있는 반면, 임의적인 사람은 좀처럼 반복적인 일상을 반복하지 않는 경향을 보인다. 따라서 다음과 같은 질문을 사용할 수 있다. "당신은 아침에 무엇을 먹습니까?" "어제의 아침메뉴와 오늘의 아침메뉴는 어떠합니까?"

③ 강점과 장애 부분

강점과 장애 부분에서는 내담자가 스스로 생각하는 세 가지 주요 강점과 주요 장애에 대해서 질문한다. 이 부분에서 내담자가 직면하고 있는 문제들, 내담자에게 있을 법한 환경적 장애들, 내담자가 갖고 있는 대처자원 등에 관한 정보를 얻을 수 있다. 세 가지 강점을 말한 후에는 이러한 강점들이 그들에게 어떤 영향을 주는지에 대해서 물어볼 수 있다.

어떤 내담자의 경우 세 가지 강점이나 세 가지 장애 부분에 대해 응답하지 않는 경우가 있다. 이런 경우 상담자는 내담자에게 하나의 강점에 대해 논의한 후 다음 강점에 대해 논의하는 방식으로 차근차근 접근할 수 있다. 상담자의 "강점이 무엇인가요?"란 질문에 "전 일을 잘해요."라는 식으로 대답할 수도 있다. 이런 경우, 정보를 얻기 위해 "당신이 일을 잘한다는 것은 어떤 의미인가요?"라는 방식으로 다시 질문을 이어 갈 수 있다.

④ 요약 부분

요약 부분은 생애진로사정의 마지막 부분이다. 요약을 하는 데는 두 가지 이유가 있다. 하나는 면접 동안에 얻은 정보들을 강조하는 것이다. 모든 정보를 강조할 수는 없으나, 생애진로주제, 강점, 장애는 반드시 강조해야 한다. 하나의 활용 방법으로 내담자로 하여금 먼저 이 회기를 통해 깨달은 것을 요약하도록 부탁하는 것이다. 내담자가 스스로 표현할 기회를 제공하는 것이 정보의 효과를 높이고, 이를 통해 상담자 역시 내담자가 무엇을 얻었으며 무엇을 놓쳤는지 알 수 있게 된다. 그리고 여기에서 상담자와 내담자가 생애진로주제에 관하여 의견 일치에 도달하는 것이 매우 중요하다. 요약의 두 번째 이유는 상담목표를 달성하기 위해 그동안 수집된 정보를 관련짓는 것이다. 수집된 정보들을 상담목표와 관련지어 탐색된 생애진로주제들을 극복하고 강점으로 발전시킬 수 있는 요소들을 제시해 줄 수 있다.

생애진로사정을 활용할 경우 대화를 나누듯이 부드러운 목소리 톤을 유지하며, 하나의 주제에서 다음 주제로 넘어갈 경우 주제의 전환을 알리는 말을 사용하는 것이 효과적이다. 예를 들어, "당신은 직장에서 사람과 친밀하게 지내는 것을 중요한 가치라고 생각하고 있군요. 학교에서 생활은 어떠했나요?"와 같이 주제의 전환을 알리는 말을 사용함으로써 내담자에게 지금 이루어지고 있는 이야기 주제가 바뀔 것이며, 새로운 주제는 무엇이라는 것을 알려 줄 수 있다.

2) 진로가계도

진로가계도(career genogram)는 보웬(Bowen)의 가계도를 응용한 개념으로 진로상담에서 활용할 수 있다. 진로상담의 정보 수집 단계에서 가계도에 '진로'라는 단어를 첨가함으로써 내담자의 진로정보 탐색이 여러 가지 방법으로 가능하게 된다(Brown & Brooks, 1990; Dagley, 1984; Gysbers & Moore, 1987; Isaacson & Brown, 1997; Okiishi, 1987).

내담자에 대한 정보를 수집하는 질적 평가방법 중 하나로, 3세대에 걸친 내담자 가족이 어떠한 진로를 선택해 왔는지 그리고 그것이 내담자에게 어떠한 영향을 주었는지 등을 살펴봄으로써 진로선택과 관련하여 내담자를 더 깊이 이해할 수 있는 통로가 된다.

진로가계도는 총 세 가지 단계로 진행되는데 1단계는 진로가계도의 목적을 내담자와 공유하는 것으로, 진로가계도 작성 활동을 왜 하는지, 어떤 목적에서 하는지에 대하여 이해하도록 하는 것이다. 2단계는 내담자가 자신의 진로가계도를 그릴 수 있도록 방법에 대해 설명하는 것으로, 3세대 가족을 그릴 수 있게 하며 가족의 형태에 맞게 알맞은 기호를 사용하도록 도와주어야 한다. 또한 내담자들이 이러한 가족을 드러내는 데 있어 심리적 부담을 느끼지 않도록 배려하여야 한다. 이 단계에서 중요하게 다루어야 할 부분은 원가족과 확대가족의 이전의 직업과 현재의 직업을 구체적으로 작성하도록 유도하는 것이다. 3단계는 진로가계도 그리는 것이 끝났다면, 내용에 대해 구체적으로 살펴보면서 내담자 진로에 영향 미친 것들에 대해 탐색하는 과정이다. 진로가계도는 상담자의 능력과 필요에 따라 내담자를 이해하기 위해 다양하고 융통성 있게 활용할 수 있다.

"진로상담 과정에서 가계도는 상담자와 내담자에게 가족 중 내담자의 진로기대 형성에 중요한 역할을 한 사람이 누구인지를 결정하는 데 도움이 될 수 있다. 또한 상담자는 내담자의 직업세계를 더 잘 이해할 수 있다. 아울러 중요한 타인에 의해 형성되었거나, 내담자 자신이 한계라고 지각하는 진로장벽을 밝힐 수 있으며, 성역할 편견을 알아낼 수 있다. 진로가계도는 특히 자신의 감정을 이해하고 개방하는 데 어려움을 겪는 방어적인 내담자에게 활용도가 높다."(Okiishi, 1987: 139)

3) 직업카드 분류법

직업카드 분류란 직업카드를 개발하고 이를 분류하는 활동을 통해서 직업흥미를 탐색하는 방법 또는 질적 도구를 말한다. 이 도구는 처음 미국심리학회(APA) 심리상담분과에서 연설을 한 타일러(Tyler, 1961b)에 의해 제안되었다.

직업카드를 이용한 직업흥미검사는 다양한 방법과 흥미로운 활동으로 내담자의 연령에 따라 알맞은 카드를 선정하여 사용할 수 있다. 현재 시중에는 초등학생용, 대학생 및 성인용(빈 카드 포함 94장), 학과카드 등이 판매되고 있다. 또 한국고용정보원에서 발행한 60장의 청소년 직업카드와 150장의 일반 직업카드가 있다(황매향, 김연진, 이승주, 전방연, 2011).

직업카드 분류는 진로상담에서 내담자들에게는 자신들이 원하는 것이 있으며, 그것에 관해 이야기할 필요가 있다는 가정에서 출발한다.

카드 분류방법은 내담자들의 흥미, 욕구, 가치, 능력, 선입견, 직업선호 등을 분류하거나 우선순위를 매기는 비표준화된 접근법이다. 직업카드 분류는 상담자의 상담목적과 내담자의 특성에 따라 여러 가지 방법으로 활용할 수 있다. 즉, 상담자의 아이디어에 따라 여러 가지 방법으로 활용할 수 있다. 그중 하나의 카드 분류 활용 방법을 소개하면 다음과 같다. 직업 제목들이 적힌 카드를 내담자에게 주고 3개의 파일로 분류하도록 한다. 1단계는 좋아하는 직업카드, 무관심한 직업카드, 싫어하는 직업카드로 분류한다. 2단계는 내담자가 앞의 세 가지 파일 중 하나를 선택하여 더 작은 파일로 나누게 한다. 예를 들면, 숫자와 관련이 있는 직업을 기준으로 나누거나, 명성, 돈, 지위, 봉사, 인간관계 등 여러 가지 기준으로 나누게 할 수 있다. 나누는 주제는 상담자가 제시하기도 하고, 내담자가 제안하는 주제를 활용할 수 있다.

이 카드 분류방법의 강점은 내담자가 능동적으로 직업 분류과정에 참여하도록 한다는 점이다. 기존의 표준화된 심리검사에서는 내담자가 검사결과를 통보받는 수동적인 입장으로 참여하도록 하는 것에 반해, 직업카드는 내담자가 직접 카드 분류활동을 함으로써 능동적 주체로 참여가 가능하다. 또한 표준화된 심리검사는 규준집단이 다를 경우에 사용의 제한이 있을 수 있는 등의 제약이 있을 수 있으나, 직업카드의 경우는 그에 비해 다양한 집단에 사용할 수 있으며, 또한 상담자가 목적에 맞게 변형하여 활용할 수 있다는 점 등에서 유연성이 높다고 할 수 있다.

4) 표준화된 검사 활용

검사를 통해 내담자가 자신에 대해 보다 잘 이해하고, 특정한 환경에 적합한지의 여부를 확인함으로써 상담의 진행과정을 증진할 수 있다는 증거는 여러 장면에서 확인되고 있다(Holland, 1979). 검사는 진로상담의 과정과 결과를 증진할 뿐만 아니라 보다 과학적인 상담을 가능하게 해 준다. 내담자들은 상담자들이 그들의 직업탐색 과정을 도와줄 수 있는 가장 좋은 도구들을 사용하기를 원한다. 적절한 도구의 선택은 상담자와 내담자가 함께 해야 한다. 표준화된 검사의 구체적인 활용은 제9장 '진로상담에서 심리검사의 활용'을 참고하기 바란다.

3. 의사결정 조력을 위한 진로상담 기법

사소한 일에서부터 중요한 일에 이르기까지 인간의 거의 모든 행동에는 의사결정이 선행된다. 주말에 어떤 TV 프로그램을 볼 것인가와 같은 사소한 일에서부터, 졸업 후 일반 기업에 취업할 것인가 아니면 시험을 통해 공직에 진출할 것인가와 같은 진로에 관한 중요한 선택에 이르기까지 인생은 의사결정의 연속이라고 할 수 있다. 의사결정이란 어떤 결정을 위해 여러 대안을 검토하고 그중 최선의 대안을 선택하여 실행하는 것이라고 할 수 있다(장철현, 2001: 21). 예를 들어, 배가 고픈 문제를 해결하기 위해서는 여러 대안, 즉 첫 번째, 빵을 먹는다, 두 번째, 밥을 먹는다, 세 번째, 라면을 먹는다, 네 번째, 간단히 우유를 마신다 등의 대안을 선택할 수 있고, 시간과 금전 그리고 배고픈 정도를 고려하여 최선의 대안이라고 판단되는 우유를 사 먹는 것을 선택하여 실행에 옮기는 것이다.

이와 같이 우리는 살아가는 동안 의사결정을 요구받고 있다. 그중 진로를 결정하는 일은 개인의 일생을 통해서 성취해야 할 가장 중요한 과업 가운데 하나이다. 진로선택의 결과에 따라서 우리 생활의 대부분이 영향을 받고 있다. 즉, 능력발휘의 기회, 거주지, 친구유형, 사회경제적 지위, 정신 및 신체 건강, 가족 간의 관계 등 생활의 모든 측면에 영향을 받게 된다(Tolbert, 1980). 그러나 어떻게 하는 것이 가장 최선의 의사결정인지 잘 알지 못하며 의사결정 후에도 확신을 가지지 못하는 경우도 있고 후회하는 경우도 있다. 진로 및 직업선택과 관련하여 활용할 수 있는 의사결정 조력 기법들을 소개하면 다음과 같다.

1) 의사결정 유형검사 활용

겔라트(Gelatt, 1962)는 진로지도의 중요한 목적 가운데 하나가 학생들로 하여 금 훌륭한 결정을 내릴 수 있도록 돕는 것이라고 가정하고 결정은 결과만 가지 고 평가할 것이 아니고 결정을 내리게 되는 과정에 의해서 평가되어야 한다고 주장한 바 있다. 따라서 진로지도는 청소년들의 진로에 관한 의사결정 과정에 초점을 두고 의사결정기술을 증진시키도록 조력하는 것을 중요한 목표로 삼아 야 한다.

상담자는 내담자의 의사결정 능력을 향상시키기 위해 자신의 의사결정 유형 을 탐색할 기회를 제공할 수 있다.

의사결정 유형검사 도구는 하렌(Harren, 1984)이 개발한 진로의사결정 검사척 도(Assessment of Career Decision Making: ACDM)에 포함되어 있는 의사결정 유형 검사가 있는데, '예' '아니요' 형식의 30개 문항으로 되어 있다. 유형으로는 합리 적 양식(rational style), 직관적 양식(intuitive style), 의존적 양식(dependent style) 이 있다. 각 유형은 다음과 같다.

첫째, 합리적 양식은 의사결정 과업에 대해서 논리적이고 체계적으로 접근하 는 것을 의미한다. 또한 결정에 대한 책임을 수용하고 이후의 결정들을 위해서 이전 결정들의 결과를 평가할 수 있는 능력을 소유하고 있고, 미래의 의사결정 필요성을 예견하고 자신 및 기대되는 상황에 대한 정보를 수집하는 등의 준비를 한다. 따라서 결정은 매우 신중하고 논리적으로 행해지는 것이 특징이다.

둘째, 직관적 양식은 의사결정에 있어서 개인 내적인 감정적 상태(internal affective states)에 의존하는 것을 나타낸다. 결정에 대한 책임은 수용하지만 미래 에 대해서 예견을 거의 하지 않고 정보 수집을 위한 활동도 별로 없으며, 사실에 대해서 논리적인 비중을 거의 두지 않는다. 오히려 환상을 활용하고 현재의 느낌 에 주의를 기울이는 것으로 특징지을 수 있다. 이 양식을 채택하는 사람들은 결 정 과정에 대한 각 단계의 선택과 수용이 비교적 빨리 이루어지며, 종종 어떻게 결정에 도달하였는가를 명백하게 진술하지 못하는 경향이 있다.

셋째, 의존적 양식은 결정에 대한 자신의 책임을 거부하며, 그 책임을 자신 이외의 가족이나 친구 그리고 동료 등에게 전가하는 특징이 있다. 이와 같은 양식을 활용하는 사람들은 타인들의 기대에 크게 영향을 받고, 수동적이고 복종적이며, 사회적인 승인에 대한 욕구가 높고, 환경에 대해 제한된 선택을 제공하는 것으로 지각한다.

합리적 의사결정 절차

- 1단계: 문제 상황을 명확히 하는 단계

개인이나 집단이 부딪히고 있는 해결해야 할 문제 상황을 분명하게 이해하는 단계이다. 상황에 대한 정확한 이해를 위해서는 상황과 관련시켜 개인이 추구하는 가치와 목표를 명료화할 필요가 있다.

- 2단계: 대안을 탐색하는 단계

문제해결, 즉 원하는 결과를 성취할 수 있는 다양한 방안 또는 대안을 찾아보는 과정이다. 이를 위해서는 과거의 비슷한 상황에서 어떻게 했는가, 다른 사람들은 이와 유사한 문제에 부딪쳤을 때 어떻게 했는가 등에 대한 진지한 검토가 필요하다. 가능하면 많은 대안을 찾도록 노력해야 한다.

- 3단계: 기준을 확인하는 단계

앞에서 탐색한 다양한 대안에 대해서 평가할 기준을 마련하는 것이 이 단계의 과업이다. 즉, 문제해결이나 원하는 결과를 받아들이기 위해 충족되어야 할 최소한의 기준을 말한다.

- 4단계: 대안을 평가하고 결정을 내리는 단계

다양하게 탐색된 대안을 앞 단계에서 설정한 기준을 가지고 하나씩 평가하고, 판단하는 과정이다. 이 과정에서 각 대안의 적절성, 가능성, 위험성 등을 판단하고, 결정하게 된다. 만약 대안에 대한 평가 결과, 만족스러운 대안이 없다면 2단계로 다시 돌아가 새로운 대안을 찾는 노력을 해야 한다. 물론 경우에 따라서는 3단계의 기준을 변경시켜야 하는 경우도 있을 수 있다. 그러나 어느 것을 선택하든 간에 중요한 것은 초기의 문제해결이라는 목표를 얼마나 달성할 수 있는가이다.

• 5단계: 계획을 수립하고 실행하는 단계

선택한 대안을 수행하기 위한 계획을 수립하고, 실천하는 단계이다. 계획을 수립하고 실천하는 과정에서 새로운 정보를 얻을 수도 있다. 이러한 경우에는 기존의 계획을 재검토할 필요가 있으며, 심지어는 계획 자체를 바꿀 수도 있다.

2) 진로자서전 쓰기

내담자가 과거에 진로와 관련하여 어떻게 의사결정을 했는지 알아보기 위해 학교 선택, 고등학교 졸업 후의 직업훈련, 시간제 일을 통한 경험, 고등학교에서 배운 지식과 기술들, 중요한 타인들에 대해 내담자 스스로 기술하게 한다. 학교에 대한 내용의 경우 다음의 내용들을 중심으로 작성할 수 있다.

• 학교생활 중에서 가장 기억에 남는 선생님은 누구인가? 그 이유는 무엇인가? 그 선생님이 나에게 미친 영향은 무엇인가?
• 학교에서 나는 어떤 부류의 사람인가?
• 학교에서 친구들과의 관계는 어떠한가? 친구들이 나에게 미치는 영향에는 어떤 것이 있는가?
• 학업적인 면에서 가장 좋아하는 과목은 무엇이며, 그 이유는 무엇인가? 싫어하는 과목이 있다면 무엇이며, 그 이유는 무엇인가? 이를 통해서 볼 때 나는 어떤 부분에 만족을 느끼며, 어떤 것을 어려워하는 사람인가?
• 학교생활 중에서 가장 즐거웠던 기억은 무엇인가? 그리고 가장 좌절감을 경험했던 기억은 무엇인가? 이를 통해 볼 때 나는 무엇을 통해 즐거움을 느끼며, 어떤 때에 좌절감을 느끼는가?
• 재량 시간에 선택한 활동은 무엇인가?

3) 주관적 기대효용 활용

주관적 기대효용(Subjective Expected Utility: SEU) 최적화(maximization)란 선택에 있어 개인은 다른 사람이나 사회가 아닌 당신 개인의 행복감이나 즐거움, 만족에 대한 감정 충족을 기준으로 선택을 한다는 것이다.

모든 의사결정은 다음 세 가지 과정을 거친다. 첫째, 목표를 정하고, 둘째, 마음에 드는 항목을 결정하며, 셋째, 선택 항목 중에서 한 가지를 택한다. 아무리 사소한 선택을 한다고 해도 모두가 이 과정을 거친다. 예를 들어, 짜증이 날 정도로 무더운 날, 당신이 심한 갈증을 느끼고 있다고 가정하자. 아마 시원한 레모네이드 생각이 절로 날 것이다. 그러면 당신은 편의점에 들어가 냉장고에서 레모네이드 한 병을 꺼낸 후 점원에게 값을 지불할 것이다. 당신은 별생각 없이 자연스럽게 이러한 행동을 하겠지만 앞의 세 가지 과정을 통해 의사를 결정한 것이다. 즉, 1단계, 당신은 갈증을 풀겠다는 목표를 정하고, 2단계, 갈증을 풀기 위한 수단으로 무엇을 마실 것인지 몇 가지 음료를 선택하며, 3단계, 선택 항목 중에서 레모네이드를 선정해 구입한다. 이번에는 의사결정 과정이 달라지는 상황을 살펴보자. 편의점에 들어갔는데 레모네이드가 다 떨어지고 없다. 하지만 갈증을 해소하고자 하는 당신의 목표는 변함이 없을 것이다. 당신은 냉장고 안의 다양한 음료를 살피게 된다. 각각의 음료를 보면서 짧은 순간 그것들을 마셨을 때의 기분을 상상하게 된다. 그리고 당신이 좋아하지 않는 음료들을 선택 범위에서 제외한다. 남은 선택 항목 중에서 포도 주스가 가장 맛있을 것 같다. 그런데 포도 주스는 대형 사이즈만 있다. 반면, 오렌지 주스는 작은 병이 있다. 그 순간 당신이 생각하기에 오렌지 주스도 맛이 있을 것 같다. 결국 당신은 오렌지 주스를 고른다.

대부분의 사람은 이런 경험을 해 보았을 것이다. 하지만 이처럼 사소한 일에 '특별한 결정과정'을 거쳤다는 사실을 의식하는 사람은 별로 없다. 당신이 오렌지 주스를 선택한 의사결정은 '주관적 기대효용 최적화'를 추구하는 전형적인 방법이다. 따라서 당신에게 주관적 기대효용 최적화를 부여한 것은 가격과 맛을 동시에 만족시킨 오렌지 주스이다.

지금부터 설명할 여덟 가지 단계는 앞서 설명한 의사결정 과정, 즉 목표를 정하고, 선택 범위를 정하고, 그것들 중 최종 선택을 하는 세 가지 단계를 실행하는 데 도움을 주는 지침이다. 그러면 의사결정을 하기 위해 어떤 단계들을 거쳐야 하는지 자세히 살펴보기로 하자.

(1) 목표를 파악하라

의사결정을 위해 맨 처음 해야 할 일은 자신의 목적이 무엇인지를 우선 파악하는 것이다. 중요한 일일수록 의사결정과 관련된 요소(선택 항목)의 가격과 이점이 미칠 영향을 고려하고, 차선책을 결정해 놓아야 한다.

(2) 선택 가능한 것들을 사전에 조사하라

기말시험에서 전 과목 A학점을 받는 것이 목표라고 가정하면 공부를 열심히 해야 할 것이다. 그렇다면 공부를 열심히 하기 위한 '방법'이 선택 항목이 된다. 그것은 철저한 복습을 하거나, 모의시험 문제를 만들거나, 스터디 그룹을 구성하는 것이다. 나아가 이 모든 것들을 병행하는 방법도 있을 것이다. 한편, 부정행위도 생각해 볼 수 있을 것이다.

(3) 숨겨진 가치를 파악하라

쉽거나 하찮은 일의 의사결정에는 목적을 질문해 볼 필요가 없다. 목이 말라 음료수를 마시고 싶을 때, '내가 갈증 해소를 원하는 이유는 무엇인가?'라고 질문하려면 편의점이 아니라 티베트 산중으로 들어가야 한다. 그러나 기말시험은 많은 이해관계가 내포되어 있기 때문에 중요한 일이다. 따라서 '왜 A학점을 받아야 하는가?'라고 자신에게 물어볼 수 있다. 이는 진학이나 취업, 나아가서는 부를 향한 기회로서의 가치가 담겨 있기 때문이다. 그런데 당신은 천성도 착하고, 정직을 교육받은 사람이므로 부정행위를 한다면 죄책감을 느끼고 자존심이 상하게 될 것이다. 자존심과 관련된 의사결정은 인생 전체에 큰 영향을 미치며,

다른 중요한 의사결정에도 영향을 미치게 된다.

(4) 의사결정의 중요성을 평가하라

자신의 의사결정에 얼마나 많은 투자가 필요한지를 알기 위해서는 해당 의사결정의 중요성을 평가해야 하고, 그것을 위해서는 상황의 전후관계를 따져 보아야 한다. 예를 들어, 파티에 참석했을 때, 누군가 당신에게 술을 한잔 권했다고 가정해 보자. 보통의 경우에 이것은 중요한 결정이 아니므로 한잔하는 것도 좋을 것이다. 그러나 당신이 간질환을 앓고 있거나 음주를 금하는 종교를 갖고 있다거나 하는 상황에 놓여 있다면 이 의사결정은 중요하다.

(5) 시간과 노력에 대한 계획을 짜라

일단 선택 항목과 숨은 가치를 발견하게 되면, 시간과 노력과 돈을 얼마나 들여서 의사결정을 해야 하는지 판단해야 한다. 중요한 의사결정에는 이러한 것들이 더 많이 투자될 것이다. 예를 들어, 집을 살 경우에 구입비용 등의 지출금액과 자금 조달방법, 이사 날짜 등을 정해야 한다. 그리고 그 결정이 신속해야 한다.

(6) 전략을 선택하라

의사결정을 위한 전략은 하나의 행동계획으로서 어떤 전략은 유익한 반면, 어떤 전략은 그렇지 않을 수 있다. 따라서 전략은 최종 결정에 큰 영향을 끼치기 때문에 잘못된 전략은 피해야 한다. 만약 당신이 저녁식사를 위해 레스토랑에 갔다면, 어떤 요리를 먹을 것인지를 결정하게 된다. 선택한 요리에 어울리는 와인도 결정해야 한다. 이때 스스로 결정할 것인지, 웨이터의 추천을 받을 것인지 아니면 일행의 의견을 물을 것인지 등의 방법이 전략이 된다. 즉, 어떤 전략을 선택했느냐에 따라 맛과 가격에 대한 만족도가 달라지는 것이다.

(7) 선택 가능한 것들을 파악하라

우리는 대개 선택 항목을 정할 때, 면밀히 조사하지 않았다가 나중에 후회하곤 한다. 시장에는 늘 새로운 매물이 쏟아져 나오고 사라지기 때문에 점점 파악하기도 어려워진다. 이처럼 선택 항목에 대한 지식을 갖추고 있지 않다면 그것에 대한 정확한 정보를 줄 대상의 도움을 받아야 한다. 즉, 선택 항목을 고르기 위한 방법도 함께 선택해야 한다. 그 분야에 대한 전문적인 지식을 가진 사람이나 자료에서 도움을 얻어야 후회하지 않는다.

(8) 적절한 시기에 계획한 대로 선택하라

어떤 사람들은 선택 항목에 대한 모든 정보를 갖고 있는데도 선택을 미루는 경우가 있다. 이는 잘못된 선택으로 인해 발생될 결과를 미리부터 두려워하기 때문이다. 만약 의사결정 과정을 잘 세웠다면, 잘못 선택할 위험성은 적다. 또한 대부분의 사람은 어떤 선택일지라도 선택하지 않은 다른 것에 대한 여운을 갖는다. 그러나 이미 결정한 결과에 얽매일 필요는 없다.

이와 같은 의사결정 단계를 철저하게 따르게 되면, 그동안 의식하지 못했던 것들과 자신에게 장애가 될 만한 것들에 대해 신중히 생각하게 될 것이다. 살아가면서 자신이 원하는 것이 무엇인지 더욱 잘 알수록 자신이 소중하게 여기는 것을 보다 분명히 이해하게 된다. 그래서 고통스러운 것이든 아니든 의사결정을 내리는 것이 수월해진다. 중요한 의사결정을 위해 자신을 인식하는 것은 매우 중요하다(Welch, 2004).

4) 근거 없는 믿음 확인하기

엘리스(Ellis, 1977)의 현실치료의 A-B-C-D-E 모델을 활용한 것으로 진로와 관련된 근거 없는 믿음에 대해 합리적으로 생각하게 하는 것이 진로의사결정 과정에 활용될 수 있다. 이러한 방법은 내담자의 특성을 파악하는 효과도 있고 근거 없는 믿음을 확인하고 받아들임으로써 합리적인 결정에 조력할 수 있다.

진로상담 과정에서 루이스와 길하우젠(Lewis & Gilhousen, 1981)이 언급한 진로신화란 주요한 근거 없는 믿음에 바탕을 둔 진로발달 과정에 대한 내담자의 사고에서 나타난 것이라고 한다. 예를 들면, 다음과 같은 것이다(Lewis & Gilhousen, 1981: 297).

> "나는 앞으로 이런 종류의 일을 하고 싶지 않을 것이라고 믿어요."
> "나는 앞으로 반년간은 신용을 잃어 직업을 바꾸는 일이 없을 것을 확신합니다."
> "여생을 위해 결정했다면 더 좋았을 것이라고 생각합니다."

이러한 진로신화에 대한 내용들은 "어떤 일을 해 보지도 않고 그렇게 될 것이라는 것을 확신"하는 그런 유형의 것이다(Lewis & Gilhousen, 1981: 297).

이러한 잘못된 믿음을 갖고 있는 사람들에게는 그들이 얽매어 있는 믿음이 근거 없다는 것을 알게 하는 것이 중요하다. 그러한 믿음과 노력이 잘못됐다는 것을 알게 되면서 새로운 대안을 찾게 된다. 좀 더 이성적인 신념을 갖게 되는 것이다.

내담자가 집에서, 학교에서, 또는 직업에서 삶의 길잡이로 근거 없는 믿음을 이용한다면 A-B-C-D-E 모델을 활용하여 다룰 수 있다. 엘리스(1977)가 제시한 호세의 사례는 이러한 과정을 이용한 예다.

> 호세는 첫 번째로 노동시장에 입직하려 했다. 그는 18세로서 고등학교의 자동화기계학과를 졸업했다. 그의 모국어는 스페인어다. 그의 영어 발음은 적당했으나 작문 표현은 빈약했다. 또한 다른 기능도 역시 약한 편이다. 그는 직업을 절대 가질 수 없는 이유로 우울하다고 썼으며 직업면접 시험에서 계속 거절당했었다고 말했다.

• **활성화된 경험(A):** 직업면접 시험 동안 잘 대응하지 못했고 다음으로 직업을

제공받지 못했다.

- 신념(B)
  - 합리적 신념(rB): 그 직업을 좋아했다. 거절되지 말아야 한다. 거절되면 매우 귀찮은 일이다. 면접을 그렇게 못 보았다면 불행한 것이다. 기대에 어긋나지 않게 열심히 구해 보겠다.
  - 비합리적인 신념(iB): 거절된다면 무서운 일이다. 거절되면 견딜 수 없다. 거절되는 것은 무가치한 사람이라는 것을 의미한다. 원하는 직업을 절대 얻지 못할 것이다. 직업면접 시험은 항상 잘 못 본다.
- 신념의 결과(C): 우울하고 가치 없고 희망이 없다.
- 근거 없는 믿음에 대한 논쟁(D): (질문 형태의 진술) 직업을 갖지 못한다면 무엇이 그렇게 두려운가? 거절되는 것을 견디지 못한다면 어떤 일이 일이 있겠는가? 직업면접 시험이 어떻게 거절되어 무가치한 사람으로 되었는가? 원하는 직업을 절대 가질 수 없다는 것을 어떻게 알았는가? 왜 직업면접 시험은 항상 못 보아야 하는가?
- 논쟁의 효과(cE): 거절되었다고 무서운 것은 아무것도 없다. 모든 사람이 바로 그 직업을 갖는 것은 불가능하다. 거절은 견딜 수 있다. 거절당한다는 것은 단지 그 특별한 직업을 가질 수 없다는 것을 뜻하며 무가치한 사람이 되는 것은 아니다. 좋아하는 직업을 절대 갖지 못할 건지 아닌지 이야기하는 것은 너무 빠르며 18세가 되었다는 것은 시간을 가질 수 있다는 것을 암시하는 것이다. 곧 기다릴 수 있고 더 많이 노력할 수 있다.
- 정서적 효과(eE): 실망하지만 우울해하지 않는다.
- 행동적 효과(bB): 직업면접 시험에 더 많이 응할 것이다. 면접 시험 동안 어떻게 행동할지 상담자로부터 지도를 받고, 그리고 나서 동료와 부모와 함께 연습한다. 고용 관련 사무소에 등록하고 연령에 맞는 지역사회 고용 관련 프로그램에 등록한다.
- 요약: 호세는 자아비난 상태를 조절했다. 이러한 상황을 알기 시작했으며 이는 곧 그를 도울 수 있다는 것을 뜻한다. 또한 직업을 찾을 기회를 가질

수 있다는 것이다. 한때 실망을 느꼈으나 우울하진 않는다. 그는 직업을 다시 발견하려고 정서적 힘을 다시 얻었다(Gysbers & Moore, 2005).

지금까지 진로상담에 있어서 방어적이거나 종잡을 수 없고 근거 없는 믿음과 왜곡된 사고를 갖고 있는 내담자를 다루는 방법에 대해서 알아보았다. 이것은 기존의 틀에 박힌 관점으로 이해하고 해석하는 것이 아니라 좀 더 효과적으로 이해하고 해석하기 위한 것이다(Blocher, 1980).

5) 은유로 저항감 다루기

진로상담에서 전혀 동기화되지 않거나 저항감을 나타내는 내담자를 만나게 되는 경우가 있다. 내담자의 저항 뒤에는 책임감에 대한 두려움이 숨어 있는 경우가 많다. 우리가 살아가면서 자기가 내린 결정에 책임을 가져야 한다는 사실은 가장 어려운 것이다. 책임의 두려움을 극복하고 수용하는 기법도 의사결정을 돕는 하나의 방법이 된다.

상담자가 내담자에게 잠재적인 책임감을 갖게 하는 위협 등을 식별하고 인식하고 은유를 사용하는 것은 내담자의 저항을 줄이고 의사결정을 도울 수 있다.

진로상담에서 은유를 사용하는 것은 은유의 단순하고 솔직한 측면에 강조를 둔다는 뜻이다. 은유를 통해서 해결책을 찾아낼 수 있는데 해결책에는 여러 가지 방법이 있다. 은유를 통해 유사한 환경에서 타인에게 해결책이 되었다면 내담자의 경우에도 문제해결의 한 방법이 된다. 이러한 은유의 소재에 있어 근원은 시, 소설, 동화, 우화, 비유, 노래, 영화, 농담, TV 광고 등 여러 가지가 있을 수 있다.

고든(Gordon, 1978)은 은유란 경험의 한 가지 방법이라고 진술했다. 은유를 들은 사람들은 자신과 유사한 경험을 이야기 속에서 찾아낸다. 그러면서 그러한 이야기들을 자신의 관심과 연결시켜 통찰해 본다. 이러한 상황이 내담자의 현재의 상황을 이해하도록 상담자나 내담자에게 도움을 주게 된다.

상담자는 내담자와 비슷한 문제를 갖고 그것을 해결했던 다른 내담자의 경험을 은유적으로 들려준다. 여기에 인용된 경험자는 내담자의 문제해결에 도움을 주는 사람이다. 상담자가 들려주는 경험자의 문제가 내담자의 문제와 반드시 일치하지 않더라도 내담자는 어떤 희망을 얻고 문제해결 방법을 모색할 수도 있다. 은유와 경험이 비슷할수록 내담자가 더 많은 문제해결 탐색을 시도할 수 있을 것이다.

잘 알려진 기존의 동화에서 활용할 수 있는 은유의 예는 많으며, 하나를 소개하면 다음과 같다.

꽃들에게 희망을

– 트리나 폴러스(Trina Paulus)

"어떻게 나비가 될 수 있지?"
하고 그는 생각에 잠겨 물었습니다.

"한 마리 애벌레의 상태를 기꺼이 포기할 수 있을 만큼
절실히 날기를 원할 때 가능한 일이란다."
"목숨을 버리라는 말이니?"
하고 노랑 애벌레가 물었습니다.
하늘로부터 떨어진 그 세 마리의 애벌레가 생각났습니다.

"그렇기도 하고 그렇지 않기도 하단다.
너의 '겉모습'은 죽어 없어질 것이지만
너의 '참모습'은 여전히 살아 있을 것이란다.
삶에 변화가 온 것이지,
목숨을 빼앗긴 것이 아니야.
나비가 되어 보지도 못하고 죽어 버린 그 애벌레들과는 전혀 다른 것이지."

제7장
집단 진로상담

| 선혜연 |

집단 진로상담이란 대상자인 내담자들의 진로발달을 조력하기 위한 집단상담을 일컫는다. 우리나라에서 진로상담은 주로 학교상담 현장에서 청소년 학생들을 대상으로 실시되어 왔다. 이런 까닭에 진로상담은 개인상담의 형태보다는 집단상담의 형태로 더욱 많이 실시되어 왔다.

이 장에서는 집단 진로상담이 기존의 개인 진로상담이나 일반적인 집단상담과 비교해 볼 때 가지고 있는 유사점과 차이점을 살펴보고, 이러한 집단 진로상담을 진행하기 위해 집단을 계획하고 준비하는 데 고려해야 할 사항에 대해 알아보며, 집단을 진행함에 있어 염두에 두어야 할 진로집단의 발달단계에 대해 살펴보고자 한다. 마지막으로, 일반적인 집단상담과는 다르게 집단상담자가 진로집단을 운영할 때 보다 초점을 두고 진행해야 하는 집단활동 및 진행상의 유의점에 대해 살펴보고자 한다.

1. 집단 진로상담의 개요

1) 집단상담과 진로상담

집단 진로상담이란 진로상담의 목표와 내용을 공유하면서 동시에 집단상담의 형태를 띠고 진행되는 진로상담의 한 형태라고 할 수 있다. 따라서 집단 진로상담을 이해하기 위해서는 우선 집단상담의 특성과 진로상담의 특성을 이해할 필요가 있다. 집단상담에 대한 정의는 학자들마다 다르지만 보통 다음과 같은 특징을 포함하여 집단상담을 정의한다(노안영, 2011).

- 집단상담자는 전문적 훈련을 받은 사람이다.
- 집단상담 활동의 공동 주체는 집단상담자와 집단 구성원들이다.
- 집단에 참여한 구성원들은 조력을 필요로 하는 사람들이다.
- 집단상담은 집단 구성원들의 자기자각 확장을 이루도록 조력하는 활동이다.
- 집단상담은 집단 구성원들의 문제 예방, 발달과 성장, 문제해결을 달성하기 위한 것이다.
- 집단상담은 집단 구성원들의 삶의 질을 향상하기 위해 노력하는 활동이다.
- 집단상담은 집단 역동의 이해 및 적용에 근거한 집단과정이다.

집단 진로상담도 집단상담의 형태를 띠고 있기 때문에 이러한 일곱 가지 특성을 공유하고 있다. 다만, 집단 구성원들의 문제 예방, 발달과 성장, 문제해결을 달성하는 목표에 있어서 주된 내용이 진로상담의 궁극적인 목표인 진로발달 및 진로선택에 초점을 두고 있다는 특징이 있다. 진로(career)라는 말은 한 개인이 생애 동안 일과 관련해서 경험하고 거쳐 가는 모든 체험을 의미하고, 진로상담(career counseling)은 개인의 진로발달을 촉진하거나 진로계획, 진로 및 직업선택과 결정, 실천, 직업적응, 진로변경 등의 과정을 돕기 위한 활동을 의미한다. 즉, 진로상담은 진로선택과 의사결정을 핵심 주제로 하여 다양한 정보의 수집 및 평가, 잠정적인 의사결정, 최종적인 의사결정과 선택 등을 포함하는 복잡한 과정인 동시에, 진로발달 문제를 안고 있는 개인들을 돕기 위한 체계적인 과정이다. 진로상담에서 다루는 문제는 진로결정의 우유부단함, 업무 수행, 스트레스와 적응, 대인관계와 업무환경에의 부적응, 다양한 생애역할(예: 부모, 친구, 시민)과의 부조화 문제 등을 포함하지만 이에만 국한되는 것은 아니다(김봉환, 정철영, 김병석, 2006). 집단 진로상담 역시 집단상담의 형태로 진행되는 진로상담이므로 이러한 진로상담의 문제를 중점적으로 다룰 수 있다. 진로상담에 관한 선행 연구에서는 진로상담에 포함되어야 할 내용으로 크게 다음 네 가지를 제시하고 있다(예: 김동일, 강혜영, 2002; 김봉환, 1997).

- 자기 자신에 대한 이해: 자기를 이해한다는 것은 자기의 심신에 관한 여러 가지 상태, 대인관계의 질과 양, 가치관 및 이와 관련된 자기 행동 등에 관하여 현실적으로 이해하는 것을 말한다. 진로를 선택함에 있어서 자기를 이해한다는 것은 구체적으로 자신이 누구인지, 자신의 가치관이 무엇인지, 자신의 적성, 흥미, 성격, 신체적 조건은 어떠한지, 자신의 심리적 특성이 무엇인지 등에 대한 지식이 있어야 함을 의미한다.
- 직업세계에 대한 이해 및 정보 수집: 진로상담을 통해서 학생들에게 직업 분류, 직업 종류, 직업정보 탐색에 필요한 자료와 방법을 교육하고, 직업세계에 대한 이해뿐만 아니라 자신의 직업가치관을 확인하여 학생들 스스로 진로선택 시 이러한 정보를 고려할 수 있도록 도와야 할 필요가 있다. 또한 일과 직업에 대한 올바른 의미 이해와 바람직한 태도를 형성하고 나아가서는 일을 통해서 개인이 행복감을 가지는 것이 중요하다는 사실도 알려 줄 필요가 있다.
- 진로의사결정 과정: 의사결정이란 주어진 상황에서 성취하고자 하는 목표의 실현을 위한 행동의 선택을 의미한다. 즉, 진로에 대한 다양한 대안 가운데

가장 합리적이고 타당하며 실현 가능한 진로의 우선순위를 결정하는 것을 진로의사결정이라고 한다. 이러한 진로의사결정은 개인의 진로발달에서 중요한 역할을 한다.

- 행동계획 및 실행: 진로상담의 내용 중에서 그동안 소홀히 다루어져 왔던 요소가 행동계획 및 실행의 차원이다. 김봉환(1997)은 진로결정 수준과 진로준비 행동을 준거로 학생들을 유형화한 그의 연구결과에서 진로결정 수준이 높은 학생들이 반드시 진로준비 행동 수준이 높은 것은 아니며, 또 반대로 진로결정 수준이 낮은 학생들이 반드시 진로준비 행동 수준이 낮은 것은 아님을 보여 주었다. 이는 인지적 차원에서의 진로결정이 진로준비 행동으로 이어지지 않을 수 있음을 보여 주며, 집단 진로상담을 실시할 때 진로준비 행동을 위한 활동이 더욱 강화될 필요가 있음을 보여 주는 결과라 할 수 있다.

집단 진로상담은 집단원들의 문제를 보다 명료화하고, 다른 집단원들의 경험을 공유하며, 진로정보를 확장한다는 목적이 있다. 또한 현재 상황에 집착하여 갖게 된 자신의 미래에 대한 제한적인 시각을 극복하고, 진로문제를 해결하려는 등의 목적을 지닌다. 집단 진로상담의 목표는 다음과 같이 크게 네 가지로 나누어 볼 수 있다.

- 합리적인 자기평가: 자기 자신을 객관적으로 이해하는 것을 의미한다. 이를 위해서는 전문가 면담, 자기관찰, 심리검사 활용 등이 요구된다.
- 가능한 진로대안 창출: 선택 가능한 진로에 관하여 여러 대안을 만들어 내는 것을 의미한다. 이를 위해서는 먼저 많은 대안을 만들어 내고, 일정한 기준에 따라 대안을 줄여 나가는 활동이 필요하다.
- 기술 연습: 정보 수집이나 취업면접에 필요한 기술, 합리적 의사결정 방법 등을 직접 연습하는 것을 포함한다. 집단지도자의 시범과 일정한 모델링에 의해서 반복적인 역할 연습을 실시한다.

- 정보 수집: 선택의 대상이 되는 학교, 학과, 직업 등에 대한 정보를 수집하는 것을 의미한다. 이를 위해서는 공신력 있는 정보의 원천을 알아야 하고, 그곳에서 수집한 정보를 목적에 맞도록 가공하여 활용하여야 한다.

2) 집단 진로상담의 특징

집단 진로상담은 집단상담과 개인 진로상담의 특징을 함께 지니고 있는 동시에 개인 진로상담이나 일반 집단상담에 비해 독특한 집단 진로상담만의 특성을 지니고 있다. 이영덕과 정원식(1984)은 다음과 같은 다섯 가지 집단 진로상담의 특징을 제시하였다.

- 집단활동은 자기이해의 기회가 되며 학생들은 자신의 직업적 적합성을 보다 객관적이고 현실적으로 이해할 수 있다.
- 학생들이 공통적으로 필요로 하는 각종 직업정보를 효율적으로 제공할 수 있는 기회가 된다.
- 학생들에게 직업계획의 중요성과 직업세계에 대한 전반적인 오리엔테이션의 기회가 된다.
- 집단상담 중 개인상담이 필요한 학생을 찾아내는 기회가 된다.
- 학생들로 하여금 자신의 진로계획을 검토하게 하는 기회를 제공한다.

집단 진로상담은 집단상담의 형태를 띠면서 개인 진로상담의 내용과 목표를 공유하고 있지만 여타의 다른 집단상담과는 달리 치료적 측면보다는 집단교육적인 요소를 많이 포함하고 있다(노성호, 2006). 또한 정의적·인지적 측면의 정신건강 교육과 진로교육, 진로인식, 진로지도, 진로발달, 진로탐색의 다양한 주제에 대한 정보를 제공하는 구조화된 활동으로 구현하기 용이한 면이 있다. 이러한 이유로 우리나라 청소년들을 위한 집단 진로상담은 대부분 절차와 방법이 매뉴얼화되어 있는 집단 프로그램의 형태로 진행되는 경우가 많다(선혜연, 이명희, 박광택, 엄성혁, 2009). 이정근(1988)은 진로상담을 효과적으로 실시하는 방법 중의 하나는 목적에 맞는 적합한 집단 프로그램을 개발하여 실시하는 것이라고 하였다. 예를 들어, 학생들이 진로를 결정하거나 혹은 앞으로 어떻게 삶을 살아갈 것인가에 관한 내용은 대부분의 학생이 공통적으로 갖고 있는 고민이기 때문에 조직적인 집단 진로상담 프로그램을 구안하여 적용하는 것이 보다 효율적일 수 있다. 또한 김봉환(2004)은 집단 진로상담 프로그램의 유용성을 다음과 같이 세 가지 측면에서 제시하였다.

- 진로문제는 모든 학생이 당면하는 문제이며, 거의 모든 학생에게 예외 없이 적절한 도움이 필요하다. 따라서 진로상담을 필요로 하는 많은 학생을 효율적으로 돕기 위해서는 상담교사가 부족한 학교 현실을 고려하여 개인상담보다는 집단상담이나 집단지도가 더욱 효율적일 수 있을 것이다.
- 진로지도 및 상담을 집단으로 작업하기 어려운 경우도 있지만 집단 프로그램은 개인상담이 제공할 수 없는 많은 이점이 있다. 집단과정에서 집단원들은 자기 점검을 통한 자기이해와 함께 의사결정이나 정보 수집에 대한 기술들을 훈련하는 과정에서 피드백을 주고받는 상호작용을 통해 서로에게서 배울 수 있다.
- 특히 집단상담인 경우에는 정서적인 지지를 주고받음으로써 힘을 얻고 동료애를 키울 수 있다. 이러한 효과로 인해 앞으로는 진로상담 분야에서 개인상담에 대한 요구보다 집단상담에 대한 요구가 더 높아질 가능성이 있으며, 이에 진로상담자는 집단상담, 집단진로 프로그램 등 다양한 집단 작업에서도 유능해져야 할 필요가 있다.

노안영(2011)은 기존의 다양한 선행 연구를 고찰하여 집단상담이 개인상담에 비해 갖는 이점으로 ① 다양한 인구학적 배경을 가진 구성원들로 진행되는 집단상담에서는 실생활에 가까운 상호작용이 이루어진다는 점, ② 개인상담에 비해 동시에 여러 명의 내담자에게 서비스를 제공할 수 있다는 점, ③ 집단 구성원들이 관찰을 통해 유사한 문제를 해결한 다른 구성원을 자신과 비교해 봄으로써 대리적 학습이 이루어진다는 점, ④ 모든 집단 구성원으로부터 풍부한 피드백을 받을 수 있다는 점, ⑤ 지지와 이해를 통한 격려를 받을 수 있다는 점, ⑥ 집단 구성원들은 정보를 공유하고 문제를 해결하고 공감대를 형성하는 과정에서 더 많은 관점과 자원을 제공받을 수 있다는 점, ⑦ 집단은 안전하게 역할 연기를 연습할 수 있는 기회를 제공해 준다는 점을 들고 있다. 이러한 집단상담의 유용성 때문에 진로상담 역시 집단상담의 형태를 통해 진행되는 것으로 볼 수 있다. 특히 진로상담이 개인상담이 아닌 집단상담의 형식으로 진행될 경우 더욱 유용한 측면은 앞의 ③, ④, ⑤, ⑥에서 찾을 수 있다. 진로 미결정 및 부적응에서 비롯된 불안정한 정서와 낮은 자기효능감을 갖고 있는 집단원이 자신과 비슷한 진로 문제를 공유하고 있는 다른 구성원들로부터 정서적으로는 공감과 지지를 받고, 자신의 문제가 자신만의 문제라기보다는 발달적으로 있을 수 있는 보편적인 문제라는 통찰을 얻음으로써 문제해결을 위한 동기를 높일 수 있고, 구체적인 진로정보의 교환 및 피드백을 통해 보다 실질적인 문제해결을 위한 도움을 주고받을 수 있다는 측면에서 집단 진로상담은 개인상담에 비해 보다 효과적으로 활용될 수 있다.

3) 집단 진로상담자

일반적으로 상담자의 자질 및 역할에 대한 논의를 할 때는 크게 인간적 자질과 전문가로서의 전문적 역할을 구분하여 언급한다. 보통 집단 리더로 불리는 집단상담자 역시 상담자이므로 인간적 자질과 전문적 역할이 요구된다. 코리, 코리와 코리(Corey, Corey, & Corey, 2010)는 효과적인 집단상담자의 개인적 특성으로 ① 용기, ② 현재에 존재하기, ③ 집단과정에 대한 믿음, ④ 비판에 대해 방어적으로 대처하지 않기, ⑤ 내담자의 고통을 확인할 능력, ⑥ 활력, ⑦ 자기자각, ⑧ 창의성, ⑨ 본보기를 기꺼이 보이려는 의지, ⑩ 진솔성과 배려, ⑪ 유머감각 등을 들고 있다. 집단 진로상담자 역시 이러한 집단상담자의 인간적 자질을 갖출 필요가 있다. 이 중 상대적으로 집단 진로상담자에게 더욱 강조되는 자질을 구체적으로 살펴보면 다음과 같다.

(1) 집단 진로상담자의 자질

① 용기

효율적인 집단상담자의 중요한 인간적 특성 중의 하나인 용기란 상담자가 두려움을 느끼지 않는다는 것을 의미한다기보다는 오히려 자신에게 있는 두려움을 인식하고 그것을 잘 다루고 있음을 의미한다(Corey et al., 2010). 집단 진로상담에 오게 되는 내담자는 매우 다양하지만, 일반적으로 자신의 미래에 대한 막연한 두려움과 미결정에 대한 불안, 진로 미결정의 원인이 되고 있는 상황에 대한 분노로 어려움을 지닌 내담자들이 주를 이룬다. 이러한 집단원들의 심리적인 어려움에 대해 상담자가 용기를 갖고 그러한 어려움에 직면하려는 모습은 그 자체로 집단원들에게 치료적일 수 있다.

② 기꺼이 모범을 보임

집단 진로상담은 대부분 구조화된 집단상담의 형태를 취하는 경우가 많은데, 이러한 구조화된 집단상담 프로그램은 대부분 구조화된 활동으로 진행된다. 구조화된 활동을 진행하면서 집단상담자 혹은 보조상담자(co-leader)는 적절한 대안 행동을 교육하기 위해 자신이 직접 행동의 예시를 모범적으로 보여 줄 수 있는데, 이렇게 기꺼이 모범을 보이려는 집단상담자의 태도는 집단 진로상담을 진행하는 데 필요조건이라 볼 수 있다.

③ 개방성과 기꺼이 새로운 경험을 찾는 태도

개방성이란 자신과 다른 집단원, 혹은 새로운 경험, 자신과는 다른 생활양식이나 가치들에 대해 수용적인 태도를 취하는 것이다. 집단상담자가 자신을 개방하는 것은 상담의 효율성에 도움을 준다. 예컨대, 집단 진로상담자가 자신의 진로발달에 대한 적절한 개방과 다양한 집단원의 진로발달상의 개인차에 대한 개방성을 보여 주는 것은 집단원들에게 다양한 진로발달에 대한 인식의 폭을 확장해 주는 데 도움을 줄 수 있다. 더불어 기꺼이 새로운 경험을 찾는 태도는 집단상담자가 직접 경험하지 못했던 문화적으로 다양한 집단, 예컨대 비행청소년 집단원들, 실직자 집단원들 등을 만남에 있어서도 그들과 효율적으로 작업하는 데 도움이 되는 집단상담자의 자질이다.

④ 활력과 개인적인 힘

활력이란 집단을 이끄는 데 필요한 집단상담자의 신체적·심리적 지구력을 의미한다. 집단 진로상담자는 집단과정을 통해 활력을 유지하기 위해서 압력을 견디어야 한다. 또한 효과적인 집단상담자의 자질 중 개인적인 힘이란 리더의 역동적이고 생동감 있는 자신감과 카리스마를 의미한다. 우리나라의 집단 진로 상담에 참여하는 집단원들 대부분은 청소년 집단인데, 청소년들은 일반적으로 매우 활동적인 작업을 통해 집단에 참여하는 경향이 있으므로 그들과 함께 작업하기 위해서는 집단상담자가 자신의 행동을 통하여 생동감을 표현하고 발산할 필요가 있다. 또한 진로 미결정에서 오는 불안과 우울을 동반하는 집단원들의 경우, 집단을 유지하기 위한 집단상담자의 활력과 개인적인 힘이 더욱 요구된다고 할 수 있다.

⑤ 유머감각

집단상담자에게 요구되는 자질로서의 유머감각이란 스스로에 대해 웃을 수 있고 인간적 약점에 내재하는 유머를 볼 수 있는 능력을 일컫는 것으로, 집단원들로 하여금 적절한 시각을 갖고 심리적 부담을 줄일 수 있게 하는 데 매우 유용한 자질이다. 집단 진로상담에는 진로 미결정에서 비롯된 불안과 우울을 호소하는 집단원들과 비자발적인 참여자로서의 청소년들, 직업 부적응에서 오는 분노감을 표현하는 집단원들을 종종 발견할 수 있다. 이러한 집단원들과 작업을 하기 위해 집단 진로상담자는 유머감각의 자질을 갖추고 이를 활용할 수 있어야 한다.

집단 진로상담의 리더는 상담의 효과를 높이기 위해 다양한 역할을 하게 된다. 보통 집단상담자의 주요한 역할로는 안내와 지도 역할, 적절한 행동의 본보기 역할, 상호작용 촉매 역할, 의사소통 촉진자 역할 등이 언급된다(Bates, Johson, & Blaker, 1982). 집단 진로상담자에게 있어 각각의 역할이 구체적으로 구현되는 방식을 설명하면 다음과 같다.

(2) 집단 진로상담자의 역할

① 안내와 지도 역할

일반적으로 집단상담자는 집단 구성원들이 해야 하거나 하지 말아야 할 행동을 자각하도록 조력한다. 집단 진로상담 역시 집단상담의 형태를 띠고 있으므로 집단의 역동을 기초로 이루어지며, 이러한 집단 역동 속에서 집단 구성원들이 집단 내에서 지켜야 할 규칙과 규범이 정해진다. 예컨대, '집단에서는 가능한 한 서로의 진로발달에 도움이 되는 방식으로 상호작용한다.'라는 규칙 혹은 규범을 형성하기 위해 집단상담자는 집단원들을 안내하고 지도하는 역할을 수행한다.

② 적절한 행동의 본보기 역할

앞서 집단 진로상담자의 자질에 대해 논의할 때 '기꺼이 모범을 보이려는 자질'은 매우 중요한 자질로서 설명되었다. 이러한 집단 진로상담자의 특성은 진로집단에서 구체적인 활동을 시연하거나 규범을 설정하기 위해 상담자 스스로 본보기가 됨으로써 구현될 수 있다. 이러한 적절한 행동의 본보기 역할은 집단 진로상담자의 매우 중요한 역할 중 하나다.

③ 상호작용 촉매 역할

집단상담자는 집단 역동에 기초하여 집단원들이 서로 성장해 나갈 수 있도록 조력하는 역할을 할 수 있다. 집단 진로상담자는 집단 구성원들 간에 의견을 자연스럽게 주고받을 수 있도록 격려해 주고, 서로 간에 표현하고 싶은 것을 긍정적으로 전달할 수 있도록 도와주며, 집단에서의 발언 시간을 배분하거나 집단원들 간의 정보 교환 및 상호 피드백의 기회를 제공하면서 상호작용의 촉매 역할을 수행한다.

④ 의사소통 촉진자 역할

집단 진로상담 역시 집단원들 간의 상호관계를 기초로 진행되고, 이러한 대인관계는 의사소통을 중심으로 이루어진다. 집단원들의 진로발달과 선택에 초점을 두고 있는 집단 진로상담 역시 집단원들 간의 의사소통을 원활히 하기 위한 상담자의 노력이 요구된다. 최근에는 구직기술 향상을 위한 집단의 경우 구체적인 의사소통 능력 향상을 목표로 하는 집단 진로상담도 진행되고 있다. 이러한 집단 내의 적절한 의사소통 촉진자로서의 상담자 역할은 집단 진로상담에서 매우 중요한 기능이라고 할 수 있다.

2. 집단 진로상담의 계획

1) 집단 진로상담의 개발

일반적으로 상당히 구조화된 집단 진로상담을 집단 진로상담 프로그램이라고 한다. 집단 프로그램은 일반적으로 다음과 같은 특징을 지니고 있을 때 보다 효과적으로 편리하게 활용할 수 있다(이정근, 1988).

- 이용하고자 하는 목적에 맞고 경제적이어야 한다.
- 실시가 용이하고 효과가 뚜렷한 프로그램이어야 한다.
- 프로그램의 내용이 이론에 바탕을 두고 가용 자원을 최대로 활용하여야 한다.
- 프로그램의 효과를 평가할 수 있어야 한다.

효과적인 집단 진로상담을 준비하고 있다면 일반적으로 다음과 같은 절차를 따르게 된다.

(1) 집단 진로상담에 참여하게 될 대상자의 특성과 진로상담에 대한 요구 조사하기

우선 어떤 연령의 참여자들을 대상으로 할지, 그들이 필요로 하는 것이 무엇인지를 확인해야 한다. 예를 들어, 이 집단 진로상담에 참여할 대상자들이 진학을 준비하는 고등학생들인지, 신규 취업을 준비하는 대학생들인지, 재취업을 준비하는 실직자들인지에 따라 필요로 하는 것은 달라질 수 있다. 또한 참여자들의 성별, 능력, 적성, 진로포부 등에 따라서도 집단상담의 성격이 달라질 수 있다. 따라서 집단 진로상담을 계획하고 있는 상담자들은 우선 그 대상의 특성과 요구를 파악하여 이를 기초 자료로 삼아야 한다.

집단 진로상담에 대한 요구는 다양한 차원에서 제기될 수 있다. 진로상담을 필요로 하는 내담자들로부터 필요성이 제시되기도 하지만, 학교 현장에서 진로교육과정의 일환으로 혹은 학교 운영자의 차원에서 집단 진로상담의 요구가 제기될 수 있다. 예를 들어, 특성화고등학교 학생들의 취업 전 면접이나 자기소개서 작성에 대한 진로 프로그램에 대한 요구가 학교장이나 학생 및 학부모 혹은 담임교사 등을 통해 다양한 차원에서 제기될 수 있다. 집단 진로상담을 기획하는 상담자는 이렇게 제기된 다양한 요구를 바탕으로 집단 진로상담을 기획할 수 있다.

(2) 대상자의 요구를 중심으로 집단상담의 목표 설정하기

집단 진로상담에 참여할 대상자들의 특성과 요구를 확인한 다음에는 이를 중심으로 집단상담의 목표를 설정한다. 예를 들어, 중학교를 졸업하고 인문계 고등학교에 진학할 것이냐 혹은 실업계 고등학교를 택할 것이냐를 정하지 못하는 학생들이 있다면, 그들의 요구는 바로 진로에 따른 학교 선택이다. 따라서 이 경우에는 그들의 장래희망, 적성, 학교 성적, 가정환경 등을 고려하여 그에 맞는 학교의 종류를 선택하게 하는 것을 집단상담의 목표로 정할 수 있다.

(3) 집단 진로상담의 다양한 활동 조사하기

집단상담의 목표를 설정한 다음에는 그 목표를 가장 잘 성취할 수 있는 다양한 집단 진로상담 활동 혹은 개입방법을 탐색해야 한다. 아직까지 우리나라에는 집단 진로상담의 다양한 활동이 개별적으로 어떤 효과와 관련이 있는지에 대한 구체적인 연구가 많지 않다(선혜연 외, 2009). 하지만 기존의 선행 연구나 프로그램 효과 연구들을 토대로 다양한 진로상담 활동 중에서 어느 것이 앞서 계획한 집단의 목표를 가장 잘 달성시킬 수 있는가를 생각하여 적절한 집단활동 및 개입전략을 선정하여야 한다. 일반적으로 구조화된 집단 프로그램의 활동을 선정하기 위해 다음과 같은 네 가지 요소를 고려할 필요가 있다(Sussman, 2001).

- 수용성: 집단원들이 활동이 참신하고 재미있고 유용하며 효과가 있다고 느끼는지 여부
- 접근성: 집단원들이 활동을 잘 이해하여 참여할 수 있는지 여부
- 목표달성에 도움이 되는 정도: 활동이 집단 진로상담의 목표와 관련성이 높고 구체적이며 즉시적인 효과를 나타낼 수 있는지 여부
- 집단에 미치는 영향력: 집단원들에게 의도했던 효과가 나타날 수 있는지 여부

(4) 집단 진로상담이 구현될 환경적 상황에 적합하도록 수정하기

몇몇 초심상담자가 집단을 계획하면서 가장 간과하기 쉽고 그래서 실제 집단을 운영하면서 가장 많은 어려움을 겪게 되는 부분은 바로 다양한 선행 연구를 통해 구현된 집단상담 활동을 환경적인 상황에 대한 고려 없이 진행하기 때문에 발생한다. 예를 들어, 기존 연구들을 토대로 참가자들의 욕구와 목표를 고려하여 집단을 준비했다고 하더라도 집단이 운영될 기관의 체계나 제공되는 집단상담실의 구조, 집단 운영기간에 대한 제한 등의 환경적 상황에 대한 고려 없이 진행하다 보면 어려움에 봉착하기 마련이다. 이러한 이유로 원래 10회기로 개발

하던 집단상담 내용이 3~4회기의 단기집단으로 종종 변경되기도 한다는 점을 염두에 둘 필요가 있다.

(5) 집단상담 실시에 필요한 지원 체제 구축하기

집단이 진행될 기관의 실정에 맞도록 집단상담 내용이 구안된 다음에는 집단을 실시하는 데 필요한 각종 지원 체제를 조사하여 이를 확보해야 한다. 지원 체제에는 인적자원, 시설, 예산, 일정 등이 있다. 예를 들어, 학교에서의 집단 진로상담을 진행하는 데 '진로지도의 날' 행사가 집단상담의 내용에 포함되어 있다면, 행사를 위한 일정을 담당교사와 상의하여 결정하고, 강연을 해 줄 자원인사를 물색하여 그의 승낙을 받아야 하며, 강연을 들을 수 있는 장소와 사례비 등을 마련해야 한다. 집단 프로그램의 목적이나 내용 등은 훌륭한데도 실패하는 프로그램을 분석해 보면 지원 체제에 대한 배려가 부족한 데서 기인하는 경우가 많다. 따라서 이러한 지원 체제는 집단 진로상담을 개발할 때부터 고려해야 한다.

(6) 집단상담의 효과를 측정할 수 있는 평가방법과 절차 구안하기

앞서 기술한 내용으로 집단 진로상담의 실질적인 개발은 끝난다. 그러나 개발한 집단상담 활동이 대상자들의 필요에 맞는지 혹은 소기의 성과를 거두었는지를 평가해 볼 필요가 있다. 이러한 평가 결과는 집단상담의 유용성을 알기 위해서도 필요하지만 추후 보다 효과적인 집단상담으로 수정·보완하기 위해서도 필요하다.

2) 집단 진로상담의 사전 준비 및 선별

집단 진로상담 역시 여타의 다른 집단상담처럼 적절한 사전 준비와 집단원 선별(screening) 작업을 진행해야 한다. 이러한 사전 작업이 잘 이루어지면 집단원들은 집단 안에서 어떻게 적절히 상호작용할지, 자신과 다른 집단원들이 도움

을 주고받기 위해 어떻게 행동해야 할지를 아는 준비된 집단원이 되며, 집단상
담자는 자신이 어떻게 하는 것이 이 집단원들에게 가장 적절한지에 대해 이해한
상태에서 집단을 시작할 수 있어서 집단을 시작하는 작업이 쉬워진다.

사전 준비와 선별을 위해 참가 신청자들을 사전에 개별 면접할 수도 있고, 예
비 집단 모임을 가질 수도 있고, 집단 진로상담 신청서와 상담 구조화를 위한 문
건 등의 도움을 받을 수도 있을 것이다. 어떤 방법과 형식을 취하든 사전 준비와
선별 과정에서 집단상담자가 해야 할 일이 한두 가지가 아니겠지만, 다음에서는
가장 기본적인 것들에 대해서만 몇 가지 소개하기로 하겠다.

- 집단 진로상담에 참여할 경우 자신의 진로발달에 대해 많은 도움을 받고,
  다른 집단원들의 진로발달에도 많은 도움을 줄 수 있을 것으로 판단되는
  사람을 선별해야 한다.
- 각 예비 집단원들로 하여금 집단에 참여할 것인지 말 것인지 최종 결정할
  수 있도록 집단에 대한 충분한 정보를 주고 그들의 판단을 존중해야 한다.
- 각 집단원들로 하여금 자신의 진로문제를 집단의 중심 주제 혹은 집단의
  목표와 유사하게 재구조화하도록 도와야 한다.
- 중도 탈락률을 최대한 감소시키기 위해 동기를 부여하고 시간 엄수와 끝까
  지 집단 안에 머무를 것을 강조해야 한다.
- 적절한 집단 행동기술을 집단원들에게 가르쳐야 한다.

상기한 내용을 기초로 판단해 볼 때, 종종 집단에는 부적절한 집단원이 눈에
띄기도 한다. 일반적으로 집단 진로상담에서는 진로상담에 대한 동기가 비교
적 뚜렷하고 어느 정도 준비된 사람을 대상으로 한다. 따라서 매우 우유부단하
여 진로결정을 하지 못하는 내담자(the incisive)는 선별의 대상이 된다. 그들은
집단에 남아 있을지에 대한 우유부단함으로 보통 결석이 잦은 편이며 또한 중
도 탈락의 가능성이 높아서 집단 응집력을 약화시키는 원인이 되기도 한다. 한
편, 초심 집단상담자들은 이러한 내담자들을 선별하는 과정을 몹시 부담스러워

하는 경향이 있다. 하지만 이러한 예비 집단원이 확인되면 집단상담자는 집단 전체에 대한 책임의식을 바탕으로 반드시 이들을 선별해야 한다. 다만, 이 집단원이 현재 집단 진로상담에 부적절하다고 해서 다른 집단 혹은 개인상담에도 부적절하다는 의미는 아니기 때문에 적절히 다른 상담 서비스를 받도록 안내할 수 있다.

부적절한 집단원의 선별과 더불어 집단상담자가 사전에 준비하고 계획할 필요가 있는 부분이 바로 보조상담자에 관한 판단이다. 근래에는 두 사람이 함께 집단을 진행하는 경향이 늘고 있는데, 집단을 진행함에 있어 두 명이 함께한다는 것은 여러모로 유용하다. 서로 간의 피드백은 지지적이며 자극적일 수 있고, 서로의 방식에 대해 건설적으로 제안할 수 있으며, 지각된 내용을 교환하는 과정은 집단상담자와 보조상담자 간에 효율적으로 기능하는 능력을 강화할 수 있다. 또한 섬세하고 조화롭게 집단원들 간의 상호작용을 촉진할 수 있다는 점, 한 상담자의 불참으로도 집단이 진행될 수 있다는 점, 객관성을 검토할 수 있으며 상호 간에 유용한 피드백을 즐길 수 있다는 점 그리고 역전이가 일어날 정도로 한 상담자가 상처를 받았을 때 문제가 되는 한 집단원과 더 긴밀한 접촉을 할 수 있다는 점에서 유용하다. 하지만 두 상담자가 서로 맞지 않으면 집단은 부정적인 영향을 받게 된다. 따라서 보조상담자의 선택을 위한 주된 요소는 상호 간의 존중이어야 한다. 둘 간에 상호 존중과 신뢰가 있어 협동적으로 일할 수 있어야 한다.

3) 진로상담을 위한 집단의 구성

(1) 집단원 구성

집단 진로상담을 구성함에 있어서 집단원을 선정하는 경우 구성원들의 성별, 연령, 과거의 배경, 성격 차이 등을 고려해야 한다. 집단은 비슷한 사람끼리 모여서 이루어지기도 하고, 아주 다양한 특성을 가진 사람들로 이루어지기도 한다. 비슷한 특성을 가진 사람들이 모인 집단을 동질집단이라 하고, 서로 다른 특성을 가진 사람들이 모인 집단을 이질집단이라고 한다. 일반적으로 진로집단의 경우는 비슷한 진로문제를 갖고 있는 사람들이 함께하는 경우가 많기 때문에 연령대나 과거의 배경에 있어서 동질집단인 경우가 종종 있다. 하지만 집단상담의 효과에는 다양한 사람과의 만남을 통해 진로에 대한 다양한 가능성을 탐색할 수 있는 기회를 부여하는 부분이 포함되어 있기 때문에 성별이나 성격 차이와 같은 특성에서 이질집단이 된다 하더라도 크게 문제되지는 않는다.

집단상담자가 진로집단의 목적과 기능을 고려하여 적합한 집단원들을 선정하기 위해 가능한 한 사전 면담을 실시한 후 집단을 구성하는 것이 바람직하다. 집단상담자가 집단을 구성하기 전에 예비 집단원들을 개별적으로 만나 그들의 동기수준이나 집단에 대한 기대, 성격이나 적응수준 등에 대해 파악하는 것이 중요하다.

(2) 집단의 크기

일반적으로 집단의 크기는 집단원들의 연령, 집단상담자의 경험 정도, 집단의 형태, 집단에서 탐색할 진로문제 등에 따라 달라질 수 있다. 진로집단의 경우 일반적으로 비구조화된 집단보다는 구조화된 프로그램의 형태를 취하면서 집단의 크기를 크게 잡는 경향이 있다. 일반적인 집단상담 연구에서 효과적인 집단의 크기를 8~10명 정도로 보고하고 집단원들의 연령이 어릴수록 적은 수의 집단 크기를 권장하고 있지만, 실제 우리나라의 집단 진로상담은 학급을 중심으로 진행되는 경향이 있어 11~20명 정도의 집단 크기가 일반적이고 30~40명까지를 포함하는 집단도 종종 볼 수 있다. 그러나 이러한 집단의 크기는 결국 회기당 활동 시간과 회기별 목표와 긴밀한 관련이 있기 때문에 집단의 크기가 커질수록 회기당 다룰 수 있는 활동이나 목표를 보다 작고 구체적으로 수정할 필요가 있음을 기억할 필요가 있다.

(3) 회기의 빈도와 기간

회기의 빈도는 진로집단을 구성하는 이유나 목표에 따라 다르다. 집중적으로 이루어지는 집단은 일주일에 여러 차례 만나지만, 대개의 경우 일주일에 한 번 정도 만난다. 이는 일주일에 진행된 집단활동을 통해 자신의 진로 및 현재 상황을 두루 살펴보면서 활동에 대한 숙고의 시간을 갖는 것이 유리한 경우 더욱 추천된다.

특히 우리나라 진로집단의 경우 학교 장면을 중심으로 진행되는 경우가 많아 일주일에 한 번, 창의적 체험활동 시간과 같은 정기적인 특별활동 시간을 활용해서 10~15주 동안 진행되는 경우가 많다. 그러나 학교의 진로교육과정이나 행사의 일환으로서 일주일에 4~5회 집중적으로 진행되는 경우도 종종 찾아볼 수 있다. 따라서 진로집단의 회기 빈도 및 기간은 집단의 목표와 상담 장면의 운영 체계를 고려하여 결정한다.

(4) 실시 장소

실제 집단 진로상담이 이루어지는 방은 너무 크지 않으며 외부로부터 방해를 받지 않는 곳이 좋다. 그리고 효과적인 참여를 위해 모든 집단원이 서로 잘 볼 수 있고 잘 들을 수 있는 공간이 바람직하다. 대개 원형으로 둘러앉는 것이 일렬로 앉거나 장방형으로 앉는 것보다 효과적이며 집단과정 중에 자유롭게 마음대로 몸을 움직이거나 자리를 옮길 수 있어야 한다. 하지만 진로집단의 경우 글쓰기 작업이 필요한 경우가 종종 있기 때문에 이런 경우 책상과 의자가 있는 장소가 더욱 효과적이다.

(5) 개방집단과 폐쇄집단

집단의 목표에 따라 집단의 운영을 폐쇄형으로 할 것인가 혹은 개방형으로 할 것인가를 미리 정해야 한다. 폐쇄집단이란 상담이 시작될 때 참여했던 인원으로 끝까지 밀고 나가는 형태를 말한다. 도중에 탈락자가 생겨도 새로운 집단원을 채워 넣지 않는다. 개방집단은 집단이 허용하는 한도 내에서 새로운 사람을 받아들이는 집단 형태다. 처음부터 다소 작은 크기로 출발한 집단이나 중간에 탈락된 집단원의 자리를 메우기 위해 새로운 집단원이 들어오게 되는 경우가 대부분이다. 폐쇄집단은 정해진 인원으로 모임이 이루어지기 때문에 무엇보다도 집단의 안정성이 개방집단에 비해 높다. 안정된 분위기에서는 집단원 상호간의 호혜성과 집단 응집력이 강하다. 하지만 집단원이 도중에 탈락할 경우 집단의 크기가 너무 작아질 염려가 있다. 개방집단에서는 새로운 집단원이 들어옴으로 인해 집단원들 간의 의사소통이나 수용, 지지 등이 부족해지거나 갈등이 일어날 수 있다. 하지만 오히려 새로운 집단원들이 집단과정에 활기와 도움을 줄 수도 있다. 집단 진로상담의 경우에도 개방집단과 폐쇄집단이 모두 가능하다. 일반적으로는 폐쇄집단의 형태를 띠고 있지만, 최근에는 모듈(module)식 구성의 집단 프로그램을 통해 자신에게 특별히 필요한 부분의 내용이 진행되는 집단 회기만을 선택하여 참석할 수 있도록 구성되는 경우도 있다.

3. 집단 진로상담의 과정

일반적으로 대부분의 집단은 예측할 수 있는 방식으로 발달하지 않으며, 심지어 상당히 구조화되어 있는 집단진로 프로그램 역시 다양한 방식으로 발달해 나간다. 하지만 집단 진로상담자가 집단의 발달과정에 대한 전형적인 패턴을 안다면 진로집단을 조망할 수 있는 능력을 가지게 될 것이다. 그렇게 된다면 집단 내에서 발생할 수 있는 문제들을 예측하고 그러한 문제에 대해 적절한 시기에 효과적으로 개입할 수 있게 될 것이며, 또한 집단원들로 하여금 그들의 자원을 활용하여 각 단계에서 그들이 접하는 과제들을 성공적으로 수행하도록 도울 수 있을 것이다(Corey & Corey, 2000). 따라서 집단 진로상담자가 집단의 발달과정을 숙지하고 진로집단을 운영하는 것은 매우 유용하다.

1) 집단 진로상담의 초기 단계

보통 집단 진로상담의 처음 1, 2회기 정도는 집단의 시작 단계라고 할 수 있다. 첫 회기에서 집단원들이 모두 모이고 집단이 시작되면 집단상담자는 어떤 방식으로든 진로집단의 초점과 목표를 모두 공유할 수 있도록 한다. 예를 들어, 대학생들을 대상으로 자기탐색과 진로정보를 바탕으로 진로대안을 선택할 수 있도록 조력하는 진로집단에서 집단상담자는 다음과 같이 시작할 수 있다.

다 모이셨으니 시작할까요? 우선 우리 집단의 성격에 대해서 다시 한 번 이야기하겠습니다. 우리 집단은 20대 초반 대학생들의 집단입니다. 중심 주제는 '진로탐색'입니다. 진로와 관련된 자기 자신을 이해하고 관심 있는 직업세계에 대한 정보를 탐색하면서 서로의 진로발달을 돕는 것이 우리가 할 일이죠. 따라서 우리가 앞으로 집단에서 나눌 이야기는 가능한 한 이 부분에 초점을 두게 될 것입니다.

전에 말씀드려서 모두들 아시겠지만 우리는 앞으로 매주 90분씩, 열 번 만날 것입니다. 그동안에 피치 못할 사정으로 참가하지 못하는 분은 반드시 사전에 제게 연락을 주셔야 합니다. 그리고 가능하면 정각에 시작할 수 있도록 5분이나 10분 전에 도착하시면 좋겠습니다.

그리고 어쩌면 아직도 집단을 계속할 것인지 그만둘 것인지 확신이 안 선 분도 있으실지 모르겠습니다. 그런 분들께는 이렇게 말씀드리겠습니다. "최소한 5회기는 해 보세요!" 절반 정도는 해 보시는 것이 좋겠습니다. 그리고 우리에게는 열 번이라는 시간밖에 없으므로 모든 분이 되도록 모든 회기에 참여하시기를 바랍니다.

반드시 지켜 주셔야 할 사항을 두 가지만 말씀드리겠습니다. 집단이 진행되다 보면 집단 밖에서 집단원들끼리 만남의 시간을 갖기도 하는데, 그럴 경우 집단에 와서 그런 사실을 이야기해 주시기를 바랍니다. 저도 마찬가지겠죠. 여기 계신 분들 중에서 몇몇 분과 제가 집단 밖에서 만나거나 전화 통화를 할 수도 있는데, 이 경우도 저는 집단에 와서 이야기하게 될 것입니다. 마지막으로, '비밀 유지'는 집단 안에서 어느 집단원이 한 이야기를 그 집단원이 누구인지 신원이 알려지도록 다른 곳에서 이야기하지 않는 것입니다. 이것이 보장되어야 진실하고 정직하게 집단 안에서 자신의 이야기를 공개할 수 있기 때문에 이것은 정말로 매우 중요한 것입니다. 꼭 지켜 주시기 바랍니다.

혹시 제 이야기와 관련해서 질문 있으신가요? 없으시면 본격적으로 시작하겠습니다.

집단 진로상담자는 집단원들의 진로와 관련된 주제가 그들의 삶에서 어떻게 나타나고, 그들에게 어떻게 영향을 주고, 그들의 삶 속에서 어떻게 구현되는지 집단원들이 분명히 알도록 도와주어야 한다. 상담자의 도움이 없을 경우, 집단원들 간에 이야기는 많이 하더라도 그저 이야기를 나열하는 식이 되어 치료적 성과가 미약할 수 있다. 이 시기에 모든 집단원이 고르게 자신의 경험과 문제를 공개할 수 있도록 하기 위해서는 화제를 독점하는 경향이 있는 집단원에 대한 제한이 필요하다. 또한 집단 진로상담자는 다음과 같이 집단원이 서로 비슷한 경험을 했음을 보여 주어서 서로 간의 유사성을 알도록 하여 응집성을 높여 나갈 수 있다.

지금 철수 씨가 이야기한 "다른 사람들은 자기 일을 척척 찾아 나가는데 왜 나만 이렇게 방황하는가?"에 대해 여기 있는 다른 분들도 한 번쯤은 경험했을 겁니다. 은희 씨, 지금 철수 씨가 이야기한 경험을 은희 씨도 했을 텐데, 철수 씨의 이야기를 들으시면서 어떤 생각을 하셨나요?

이와 같이 집단원들로 하여금 서로 고민과 관심을 나누고 있음을 깨닫게 해 주면 집단원들은 서로를 신뢰하기 시작하게 되고, 나아가 서로를 배려하고 돌보며 지지해 주게 되면서 응집성이 급속히 높아질 수 있다. 또한 리더는 계속해서 응집성을 높이는, 즉 지지적이고 서로 유익한 방식으로 상호작용할 수 있는 기술을 가르쳐야 한다. 예를 들어, "오늘 집단활동과 서로에 대해 이야기한 것 중에서 새롭게 알게 된 내용이나 느낀 점에 대해 다 같이 돌아가면서 이야기해 볼까요?"라는 식의 개입을 할 수 있다(이윤주, 신동미, 선혜연, 김영빈, 2000).

2) 집단 진로상담의 과도기 단계

집단의 과도기 단계에 돌입하게 되면, 대부분의 집단원은 집단에 대한 불확실함과 좌절감 그리고 실망감을 표현하기 시작한다. 이런 점 때문에 이 단계는 "집단의 위기"(Yalom, 1985)로 표현되기도 한다. 실제 필자가 운영했던 집단 진로상담에서 한 집단원은 "이런 활동을 한다고 해서 정말 제 진로를 찾을 수 있을까요?"라고 도전한 적이 있다. 이러한 집단원의 등장은 집단 과도기 단계의 특징이라고 볼 수 있다. 집단원들은 집단이 반이나 진행됐지만 여전히 많은 문제가 남아 있음을 깨닫고, 상담과 상담자의 효율성에 대한 질문을 제기한다. 구조화된 집단진로 프로그램에서도 상담자에 대한 불만족, 목표성취의 실패, 낮은 응집성에 대한 문제가 과도기 단계에서 제기될 수 있다. 또한 구조화된 프로그램을 진행해야 하는 시간적 압박 속에서 과연 일반적인 다른 집단상담처럼 이러한 과도기 위기를 다루는 것이 적절한지에 대해 회의를 느끼는 초심상담자들이 있다. 하지만 진로집단의 경우에도 위기가 출현했다면 상담자는 중심 주제를 잠시 제쳐 두고서 집단의 위기를 다루어야만 한다. 이러한 위기를 다루는 것 자체가 진로집단이 계속적으로 발달할 수 있게 하는 효과적인 방법이 될 수 있기 때문이다. 과도기 단계에서 집단의 응집성은 급속도로 떨어졌다가도 위기가 잘 다스려지면 다시 빠른 속도로 회복된다. 위기가 다루어지는 과정에서 집단원들은 '이 집단을 통해 내가 도움을 받기 위해서는 집단원들 간에 서로 돕는 것이 중요하다.' '집단상담자만 바라보는 건 그만두고 시간도 얼마 안 남았으니 우리 스스로 열심히 해야겠다.' 등의 생각을 갖고 다시 집단활동에 몰두하게 된다. 즉, 과도기가 되면 이제 집단의 발전과 생산적인 움직임을 위해 상담자의 역할보다는 집단원들의 역할이 보다 중요시된다. 집단상담자는 이를 위해 집단원들의 리더에 대한 의존심을 차단하고, 집단원 간의 상호작용을 격려하고, 자신의 역할을 의도적으로 축소할 필요가 있다.

3) 집단 진로상담의 작업 단계

작업 단계는 중심 주제에 대해 가장 깊고 풍부하게 다루며, 집단활동의 밀도가 강한 시기다. 따라서 보통 구조화된 집단 진로상담을 구성할 때 집단원들의 적극적인 참여와 에너지가 많이 투입되어야 하는 활동들이 이 시기에 배치되고는 한다. 집단원들은 집단에 대한 친밀감과 몰입감을 경험하며, 이전에 집단에서 제기되었던 문제들을 보다 새로운 방식으로 다루고 더 깊이 있게 논의하게 된다. 집단원들은 집단에서의 시간이 얼마 남지 않았다는 사실에 의해 더욱 동기화된다.

집단의 발달이 성공적으로 이루어진 경우라면 작업 단계의 집단은 응집성이 상당히 높다. 이때 집단상담자는 집단에서의 상호작용이 얼마나 지지적인지 집단원들이 스스로 알 수 있도록 집단원들을 도와야 한다. 한편, 집단원들은 '집단이 곧 종결되겠구나.' 하는 생각을 한다. 일부는 집단 내의 정서에서 자신을 분리하여 그들 자신의 인생에 대해 생각한다. 그들의 인생도 끝이 있다고 생각하며 더 늦기 전에 직업에 대한 선택, 잠정적인 진로결정, 진학, 전직 등을 해야겠다고 생각한다. 이 시기의 집단은 소위 황금기라고 일컬어질 정도로 매우 생산적인 경향이 있다. 그러나 집단 회기 수를 늘리면 더 효과를 볼 것이라는 생각은 잘못된 생각이다.

4) 집단 진로상담의 종결 단계

종결 회기는 정서가 가장 진한 시기다. 집단상담자와 집단원들은 집단을 끝내기가 몹시 서운해진다. 이 시기에는 집단원들에 따라 그동안 이룬 성과를 부인 혹은 묵살하거나 종결 날짜를 망각하는 식의 반응을 할 수 있다. 필자의 집단에서 한 집단원은 이 시기에 "아직 진로에 대한 결정이 완전하지 않으니 조금 더 만났으면 좋겠다."라고 밝히기도 하였다. 집단상담자는 집단원들이 진로탐색 과정에서 자신이 새롭게 알게 된 점, 진로선택을 위한 잠정적인 대안 선택이 어느 정도 이루어졌는가 하는 점 등을 구체적으로 확인해 볼 수 있는 기회를 제공할 필요가 있다. 또한 섭섭하더라도 집단 및 집단상담자와 작별할 수 있도록 그리고 이후 집단 없이 살아가면서 진로문제를 당면했을 때 어떻게 대응할 수 있을지에 대한 계획을 세우도록 도와야 한다.

일반적으로 집단 진로상담자는 집단원들이 중심 주제로부터 학습한 바를 상기하도록 돕기 위해 다음과 같은 부분을 점검할 필요가 있다.

- 각 집단원은 집단 경험을 통해 진로상담에 대한 개별 목표를 어느 정도 달성하였나?
- 자신의 진로상담 목표 달성을 위해 집단원들은 집단 밖의 일상생활에서 어떤 노력을 했나?

종결 단계는 응집성이 최고조에 달하는 시기다. 이 시기에 집단상담자의 과제는 집단 종결까지, 심지어 종결 후까지 이 응집성이 지속되도록 집단원들을 돕는 것이다. 집단원들은 '서로 헤어져도 우리는 여전히 가까우며 서로를 도와줄 수 있다.'라는 것을 학습해야 하는데, 이것은 집단원들이 서운한 감정을 스스로 달래고 앞으로의 생활에 적응하기 위해 매우 중요하다.

4. 집단 진로상담의 진행

이 절에서는 집단 진로상담을 진행하는 데 있어 집단상담자가 당면하게 되는 몇 가지 어려운 상황이나 효과적인 개입방법에 대한 실질적인 내용을 기술해 보고자 한다.

1) 진로집단 활동 촉진을 위한 방법

집단 진로상담은 일반적으로 구조화된 집단으로 구성되는 경우가 많다. 따라서 구체적인 집단활동을 통해 진행되는 경우가 많은데, 집단 초기에 활동을 진행할 경우에는 전체 집단원 간의 상호작용에 앞서 2~4명의 소집단 활동을 먼저 하여 집단원들이 부끄러움과 위협감을 덜 느끼게 진행할 수 있다. 이후 이러한 소집단 활동을 전체 활동으로 넓혀 가면서 집단 전체가 서로 알아 갈 수 있는 기회를 제공하는 것이 좋다.

진로상담 활동은 상당 부분 교육적인 내용이 많이 포함되어 있어 다소 지루함이 느껴질 수도 있으며, 청소년 집단의 경우 특히 각 활동이 재미있으면서도 유익할 수 있도록 진행해야 한다. 이를 위해 개인 작업시간이나 소집단별 연습시간은 타이트하게 진행하는 것도 방법이 될 수 있다. 일반적으로 이러한 구조화된 집단 진로활동은 ① 설명하기, ② 시범 보이기, ③ 연습하기, ④ 집단 피드백 받기의 순서로 진행된다. 설명하기란 활동의 내용은 무엇이고, 왜 이런 방식을 하는지, 왜 이것이 개인의 진로발달에 중요한지를 설명하고 안내하는 과정이다. 시범 보이기는 집단원들이 집단과정에서 하기 바라는 바에 대해 집단상담자 혹은 보조상담자가 직접 시범을 보이는 과정이다. 연습하기는 시범 보인 활동을 집단원들이 해 보거나 특정 기술을 연습하도록 요청하는 과정이다. 그리고 집단 피드백 받기는 집단원들의 연습이 끝난 후 그 결과를 전체 집단원에게 시연하고 서로의 진로발달에 도움이 되는 방식으로 피드백을 주고받는 과정이다.

2) 집단 초기의 목표 설정

앞서 기술했듯이, 일반적으로 집단 진로상담은 집단원들의 진로문제를 보다 명료화하고, 진로정보를 확장시키는 동시에 다양한 진로문제를 해결하려는 목적으로 실시된다. 따라서 진로와 관련된 합리적인 자기평가, 가능한 진로대안

창출, 다양한 기술의 연습과 정보 수집 등과 같은 구체적인 집단 진로상담의 목표를 중심으로 집단활동이 진행된다.

하지만 집단 초기에 이러한 집단 전체의 목표에 맞춰 개인별 진로상담 목표를 설정하고 이를 점검해 나가도록 격려하는 것은 집단 진로상담이 성공적으로 진행되는 데 매우 중요한 요소가 된다. 예를 들어, 다양한 기술의 연습이라는 집단의 목표에 대해 어떤 집단원은 '취업을 위한 면접기술의 습득'이라는 개인적인 목표를 갖고 있을 수 있고, 다른 집단원은 '정보탐색을 위한 인터넷 활용기술의 습득'을 개인적인 목표로 잡을 수 있을 것이다. 집단목표와 함께할 수 있는 집단원들의 개별적인 목표 설정은 집단 경험을 통해 집단원들이 최대한 많은 것을 얻어 가도록 도와주는 개입전략이기도 하다.

3) 집단의 초점을 형성하고 유지하기

집단상담에서 '초점(focus)'이라는 것은 중심 주제, 공통 목표라고도 할 수 있는데, 집단 내에서 가능한 한 빨리 그리고 명료한 초점을 세우는 것은 단기간 내에 밀도 있는 집단을 이끌어 갈 수 있는 관건이 된다. 초점이 되는 것은 보통 집단원들 간에 공유하게 되는 진로문제 혹은 진로주제가 된다. 집단원들이 초점을 공유하게 되면 집단의 동질성을 느끼게 되는데, 이러한 집단의 동질성은 짧은 시간 내에 집단이 움직이도록 해 주는 근원이라고 할 수 있다.

집단 진로상담에서 다룰 수 있는 초점은 일반적으로 다음과 같은 특성을 지닌다.

- 현실적인 주제라야 하며 그 수준이 집단원들에게 적절해야 한다. 예를 들어, 진로결정을 돕기 위한 목적으로 집단이 구성된다고 할 때, 집단원들이 진로 미결정의 수준인지 혹은 진로를 결정한 상태에서 방법을 모색하는 중인지에 따라 구체적인 초점은 상당히 달라져야 할 것이다.
- 진로발달과업과 관련된 문제 혹은 주제가 무난하다. 발달과업과 관련된 문

제가 초점이 될 경우 연령대가 비슷한 동질집단이라면 집단원들의 개인차에 관계없이 공통의 관심사일 가능성이 매우 높다.

• 진로집단 활동 중에서도 대인관계와 관련된 활동이라면 더욱 유용하다. 대인관계와 관련된 활동으로 방향이 잡힐 경우 집단원들이 서로 도움이 될 여지가 훨씬 더 많다. 예를 들어, 구직을 위한 면접기술을 연습하고 피드백하는 주제나 진로와 관련된 자신의 특성을 다른 사람들과 비교해 볼 수 있는 기회를 제공하는 주제는 집단활동을 통해 이루어질 경우 더욱 유용할 수 있다.

4) 집단의 위기를 다루는 3단계

집단의 발달과정을 살펴보면, 집단의 위기는 주로 과도기에 나타날 수 있다. 비록 구조화된 집단 진로상담이 진행되는 경우라도 이러한 위기는 등장할 수 있고, 집단과정 중에 다루어져야 할 필요가 있다. 일반적으로 집단의 위기를 다루는 방법은 다음과 같은 3단계를 통해 진행될 수 있다(이윤주 외, 2000).

(1) 인식 단계

"나는 많은 분이 은희 씨가 느끼고 있는 의구심, '우리가 네 번이나 만났는데 이런 활동을 통해 정말 내가 원하는 진로선택을 이룰 수 있을까?' 하는 것을 같이 느끼고 있다는 생각이 들었어요."

(2) 인정(수용) 단계

"그런 마음이 드는 것이 충분히 이해됩니다. 희정 씨는 시간이 많이 지났다고 걱정하고 있고, 정희 씨는 자신의 진정한 관심사를 아직 모르고 있고, 지우 씨와 혜리 씨는 제가 두 분이 궁금해하는 것에 대해 그 어떤 것도 말해 주지 않았다고 느끼는 것 같아요."

(3) 문제를 제기하고 다루는 단계

"사실 나는 여기 있는 누구에게도 문제에 대한 해답은 드리지 않습니다. 줄 수 있는 답을 제가 가지고 있을 수는 있지만 아마도 여러분에게 가장 도움이 되는 방식은 자신의 고민거리나 관심사에 대해 서로 더 직접적이고 솔직하게 나누도록 제가 돕는 것입니다. 이 집단 속에는 이미 훌륭한 정도의 기술과 지식, 지지, 정보가 있어요. 여러분이 자신과 다른 집단원에게 도움이 되도록 그것들을 잘 활용한다면 집단에서 나눈 것들, 경험한 것들이 여러분 모두에게 아주 도움이 될 수 있습니다."

5) 집단 진로상담에서 만나는 어려운 집단원와 작업하기

비단 집단 진로상담뿐만 아니라 진로상담에서는 심리상담과는 다른 어려움으로 상담에 찾아오는 내담자들을 만나게 된다. 이러한 내담자들이 등장하게 되면 일반적으로 초심상담자들은 매우 당황하거나 어떻게 작업해야 할지 혼란스러워한다. 집단 진로상담에서 만날 수 있는 당황스러운 집단원들에 대해 몇 가지 유형을 중심으로 살펴보고 그들을 위해 도움을 줄 수 있는 개입방법을 정리해 보고자 한다.

(1) 지나치게 관심이 없는 집단원

진로상담에서 자주 만나게 되는 내담자 중 자신의 진로에 대해 관심이 거의 없거나 전혀 없는 내담자들이 있다. 이러한 내담자가 집단원으로 들어오게 되면 자신의 꿈에 대한 열정도 없이 기껏해야 한두 가지 관심거리를 말하는 정도로만 집단에 참여한다. 일반적으로 이러한 집단원은 주변 사람들로부터 진로에 대한 압박을 많이 받아 집단에 오기는 했지만 뚜렷한 목표가 없는 경우가 대부분이다. 자신의 진로에 대한 관심이 지나치게 없는 경우는 집단원 선별과정에서 개인 진로상담을 추천해 볼 수도 있지만, 정체성의 혼란이나 파괴와 같은 보다 심각한 심리적 문제를 갖고 있는 것으로 예상되는 경우가 아니라면 집단활동을 통해 관심의 영역을 확장해 보는 것을 목표로 잡고 집단을 진행할 수 있다. 이러한 집단원들의 대부분은 자기 자신과 직업세계에 대한 정보가 부족한 경우가 많기 때문에 집단활동을 통해 이러한 정보를 제공하여 깊이 있는 자기 모색의 기회를 갖도록 조력해 줄 수 있다.

(2) 진로대안에 대한 관심사가 자주 바뀌는 집단원

자신의 진로에 대해 지나치게 관심이 없는 집단원도 상담자를 당황하게 하지만, 너무 다양한 흥미를 갖고 있고 다양한 재능이 있는 집단원 역시 진로상담자에게 새로운 의미의 도전을 요구한다. 실제로 필자가 만난 진로집단원 중에는 대학교에서 자신의 전공 분야를 공부하고 있음에도 하루는 외교관을 꿈꾸고, 다른 날에는 가수를 꿈꾸며, 또 어느 날은 사진사에 도전하기도 하면서 자신의 다양한 재능과 흥미 속에서 '방황'하는 집단원이 있었다. 그는 자신의 진로문제가 너무나 많은 선택지 속에서 '귀가 얇기 때문'이라고 생각하고 있었다.

경험에 대한 개방성과 문제해결에 대한 강한 관심을 표명하면서 강한 호기심과 완벽주의적 성향이 있는 집단원들의 경우 이 같은 어려움을 호소하기도 한다. 역설적이게도 집단활동을 통해 이들 집단원을 돕기 위해서는 그들이 '진로에 대해 보다 자유로운 생각'을 갖도록 해 주어야 한다. 즉, 자신의 다양한 관심사가 우유부단함에서 비롯되기보다는 체계적인 자기 탐색이나 진로에 대한 정보 수집이 부족했기 때문에 발생하는 것임을 인식시키고, 그동안 확인하지 못했던 다양한 선택사항을 확인하는 기회를 제공해 줌으로써 합리적인 선택이 가능하도록 도와줄 수 있다. 다만, 이러한 집단원을 집단에서 다루기 위해 상담자는 그들의 다양한 관심사에 대한 표현이 집단원들로부터 배척당할 수 있는 형태로 이루어지면 '집단에서의 희생양' 혹은 '공격의 대상'이 될 수 있음을 주의하여 살펴볼 필요가 있다.

(3) 비현실적인 직업포부를 가진 집단원

어느 한 시점에서 자신에게 최고의 진로대안이라고 보는 직업을 보통 '직업포부'라고 한다(Gottfredson, 2003). 집단 진로상담에서는 종종 직업포부를 너무 높거나 혹은 너무 낮게 잡는 집단원들을 만날 수 있다. 혹은 자신의 능력과 흥미 사이의 적절한 타협을 통한 현실적인 직업포부를 갖고 있지 못한 집단원들도 있다. 예를 들어, 자신은 노래를 잘하지 못하는데 '가수'를 꿈꾸는 집단원도 있고, 혹은 충분히 목표로 도전할 수 있는 직업에 대해서 자신은 능력이 부족해 못할 것이라고 이야기하는 집단원도 있다. 이들 집단원은 자신의 능력에 대한 효능감이 낮거나, 직업적인 관심사항들을 확인하는 것을 좋아하지 않거나 확인할 수 없는 경우일 것이다. 이러한 집단원들을 만나게 되면 우선 상담자들은 자신의 주관적인 견해가 영향을 미치지 않도록 하기 위해 집단원이 가지고 있는 목표의 현실성에 대해 성급한 판단을 내리지 않도록 주의해야 한다. 그리고 구체적인 진로정보 탐색활동을 통해 자신의 능력과 흥미에 대한 객관적이고 현실적인 기대를 갖도록 조력할 수 있다.

(4) 저항적인 집단원

집단상담에서 저항이 나타나는 방식은 매우 다양하다. 과제를 해 오지 않는다든지, 계속해서 집단시간에 늦는다든지, 집단상담자나 다른 집단원들을 비판한다든지, 집단활동에 참여하기를 거부한다든지, 집단원들에게 불합리한 요구를 한다든지, 집단활동에 대한 비관적인 태도를 나타낸다든지, 다른 집단원들의 피드백에 부적절하게 화를 내거나, '예, 하지만 ……'과 같은 반응을 보인다든지 등이 포함된다. 집단에서 함께 작업하기 어려운 집단원이 있을 때, 상담자는 자신의 개입방식이 어떻게 집단원의 문제 행동을 감소시키거나 증가시키는지를 충분히 염두에 두어야 한다. 흔히 집단 과도기 단계에서 나타날 수 있는 저항적인 집단원들이 어떠한 방식으로 집단에 참여하는지 살펴보면 다음과 같다.

- 집단원들 중 몇몇은 진로문제 유형에 따라 자신이 분류되거나 스스로를 자기가 부과한 낙인으로 제한할 수 있다.
- 부정적 감정을 절대로 표현하지 않으면서 다른 집단원들과의 관계를 거부

하고 집단 내에 불신의 분위기를 형성할 수 있다.

• 직면이 잘못 다루어질 경우 집단원들은 방어적인 태도를 갖게 되며, 문제
는 해결되지 않고 숨은 안건으로 남게 된다.

• 구성원들이 외부 집단을 형성하거나 비판하는 모임을 만듦으로써 집단 안
에서는 침묵을 지킨 채 집단 밖에서만 부정적인 감정을 표현하는 경우가
발생할 수 있다.

집단 진로상담에서도 이러한 다양한 방식의 저항은 항상 등장하기 마련이다.
다른 집단에 비해 진로상담을 위해 집단에 참여하는 사람들은 대부분 쉽게 상담
과정에 참여하여 상담자에게 부적절한 어려움을 끼치지 않고 종결에 이르기까
지 상담을 잘 진행하는 경향이 있다. 하지만 몇몇 집단원은 자신의 특별한 문제
들을 집단에 가져오고, 상담자들은 이러한 집단원들에 대해 효과적인 개입을 선
택하고 실행해야 한다(김충기, 김희수, 2003).

집단에서 저항하는 집단원들에 대한 효과적인 개입은 상담의 이론별로 조
금씩 다르다. 저항은 일반적으로 '자신의 변화에 대한 불안'이 원인이 된다. 이
러한 다양한 집단원의 저항 행동에 대한 기저 원인을 확인하는 것이 상담자의
중요한 과제다. 저항을 다루는 두 가지 일반적인 접근방법을 보면, 우선 집단상
담자가 초기에 집단 진로상담에 대한 구조화를 명확히 하고, 분명한 목표들을
확립하고, 집단활동의 속도를 적절하게 조절한다면 비협조는 예방될 수 있다.
또한 집단원의 개인 특성에 의해 야기된 저항은 허용적이어야 하며, 이러한 방
어를 함께 이야기하고 갈등을 해석하는 보다 발전적이고 직접적인 개입이 필요
하다.

이러한 집단원의 저항을 다루는 구체적인 방법은 앞서 기술된 집단의 위기를
다루는 방법을 참조하기 바란다.

제8장
진로정보의 활용

| 김희수 |

1. 진로정보의 개요

1) 진로정보의 개념

개인의 삶에서 진로선택은 개인의 능력발휘의 기회, 개인의 사회경제적 지위, 가치관과 태도, 정신 및 신체 건강, 가족관계 등의 다양한 인간관계 등 생활의 모든 측면에 영향을 미치는 결정적 사건이다. 그러나 진로를 현명하게 결정하기란 매우 어려운 일이다. 따라서 복잡하고 다양한 사회구조 속에서 현명한 진로를 선택하고 적응하기 위해서는 폭넓은 진로정보가 필요하다.

진로정보란 개인이 진로에서 어떤 선택이나 결정을 할 때 또는 직업적응이나 직업발달을 꾀할 때 필요로 하는 모든 자료를 총칭하는 개념으로, 일과 관련된 교육적(educational)·직업적(occupational)·심리사회적(psychosocial)인 정보를 의미한다(김충기, 김현옥, 1993). 그리고 진로정보는 직업인들이 무엇을 행하고 있으며, 이와 관련된 사항은 무엇인가에 관한 사실적인 정보로 구성되어 있다(김봉환, 정철영, 김병석, 2006).

진로정보는 사람들이 직업세계에 관한 통찰과 이해를 얻을 수 있도록 도와주는 기능을 지니고 있다. 기본적으로 인간은 자신이 모르는 것을 선택할 수 없기에 다양한 전문적인 지식과 진로정보, 원만한 사회적응에 필요한 정보를 정확하고 신속하게 받아들여야 합리적이고 객관적인 진로선택이 가능해진다. 이런 의미에서 진로정보는 내담자 저마다의 타고난 능력과 적성에 알맞게 폭넓은 정보와 필요로 하는 요소를 제공함으로써 합리적인 진로와 직업선택의 어려움을 해소해 주어 건전한 성장과 발달을 도모해 준다고 할 수 있다.

구체적으로 구직자에게 있어서 진로정보는 노동시장 및 노동력에 관한 정보, 미래 사회에 대한 전망, 직업구조와 직업군, 취업 경향, 노동에 관한 제반 규정, 직업의 분류와 직종, 직업에 필요한 자격요건, 준비과정, 취업정보, 취업처에 대한 자세한 내용을 포함한다. 진로정보는 구직자들이 자신의 진로를 올바르게 결정하고 이해하고 적응하도록 도움을 주어 잘못된 직업선택(job matching)에 따른 개인적 · 사회적 비용을 최소화해 줄 뿐만 아니라 직업상담자, 진로진학 담당교사, 학부모, 관련 전문가 및 고용정책 입안자 등에게도 매우 유용하게 이용된다(금재호, 1997).

직업선택과 진로계획은 우리가 살고 있는 삶의 유형을 결정하는 중요한 요소이므로, 민주주의 사회에서 각자 직업을 준비하고 자유롭게 선택할 수 있는 기회를 갖기 위해서는 폭넓은 진로정보를 숙지하고 있어야 한다.

2) 진로정보의 필요성

내담자가 자신의 흥미, 가치관, 삶의 방식 등과 일치하는 선택을 하려고 한다면 정확한 진로정보가 반드시 필요하다. 내담자들은 각자 자신이 필요로 하는 정보의 양과 종류가 매우 다르므로, 진로정보를 제공하는 가장 좋은 접근법을 찾기는 쉽지 않다. 따라서 진로상담자는 내담자의 흥미, 능력, 가치관, 현재 요구 또는 생활 상태에 적합한 직업선택을 할 수 있도록 적절한 진로정보 획득을 지원해야 한다.

진로정보는 내담자가 진로에 관련된 문제에 직면하여 장래계획이나 의사결정을 해야 할 때, 자신을 둘러싼 생활환경을 이해하기 위해 필요한 모든 사실과 지식을 제공해 주는 역할을 한다(지용근, 김옥희, 양종국, 2005).

일반적으로 정보활동의 목적은 다음과 같다(이현림, 2007).

- 효과적인 학급, 진급, 진학에 관련된 정보를 제공해 줌으로써 교육의 목적을 달성할 수 있다.
- 직업세계의 종류와 관계되는 모든 분야를 폭넓게 이해시키고 준비할 수 있는 기회를 제공해 줌으로써 올바른 직업선택이나 직업관 형성에 이바지할 수 있다.
- 교육, 직업, 사회생활 적용에 관련된 정보를 수집·이행함으로써 학생들로 하여금 포괄적인 삶의 적용방식을 수립하는 데 도움을 줄 수 있다.
- 충분한 자기연구(self-study)를 토대로 해서 교육계획과 직업계획에 대하여 이해를 촉진하고 진로계획을 수립하는 데 기초 작업을 형성할 수 있도록 한다.
- 학교를 중퇴하거나 떠난 학생들, 취직하거나 진학하거나 가정을 갖는 사람들의 당면한 필요를 충족시켜 줄 수 있는 특정한 지식이나 기술 등을 제시하여 미래의 생활적응이 원만히 이루어지도록 한다.
- 자신의 잠재능력을 최대한으로 개발할 수 있는 분위기 조성과 여건에 알맞은 기회와 적응력 탐색에 이바지하도록 한다.
- 자기 발전과 향상에 관련된 정보를 수집하는 능력을 기르고, 방향 설정에 알맞은 정보에 익숙하게 하여 현명한 자기실현의 기회를 선택하는 계기를 마련해 준다.

정확하게 선별된 진로정보는 직업에 관련된 고정관념이나 부정확한 인식을 바로잡기 위해서도 필요하다. 진로정보는 근로자의 집, 가족, 오락, 일의 전과 후의 다른 활동을 기술하고 묘사함으로써, 한 직업에서의 더 좋은 근로자의 생활 형태를 비교하고 직업선택에 따른 보상을 설명해 준다. 아울러 흥미를 유발하고 토론을 자극시키며 내담자의 태도를 변화시켜 더 나은 조사를 하도록 진로의사결정에 동기를 부여한다(이현림, 2007).

이와 같이 상담자는 내담자의 진로정보 습득을 도울 수 있고, 이를 통해 내담자들은 자신의 흥미, 능력, 가치관, 현재 요구 또는 생활 상태에 더 적합한 직업선택을 할 수 있다.

3) 진로정보의 주요 출처

진로정보의 주요 출처는 ① 출판 자료, ② 컴퓨터 기반 정보 시스템, ③ 시청각 자료, ④ 직업인이나 전문가와의 인터뷰, ⑤ 직접적인 경험에 의한 자료다. 어떤 것을 이용할 것인가는 주로 이용 가능성과 접근 가능성에 달려 있다.

또한 상담자들은 진로정보에 있어 어떤 출처가 가장 효과적일지 결정하기 전에 내담자의 장애 정도, 성격 유형, 읽기수준과 같은 진로정보에 관한 확실한 특징을 고려할 필요가 있다. 읽기수준이 낮은 내담자는 시청각 자료에 접근하는 것이 필요하고, 반면에 장애를 가진 내담자는 인터뷰를 하기 위해 필요한 이동성을 보유하지 못할 수 있다. 비공식적인 관찰에 따르면, '현실적인' 성격 유형의 내담자는 개인 인터뷰보다 컴퓨터를 더 선호한다. 반면, 다른 내담자들은 직업인과 효과적으로 인터뷰를 수행하는 데 필요한 사회적 기술이 부족할 수도 있다. 후자의 경우에 상담자들은 자료 수집 인터뷰보다 사회적 기술훈련(예: 단호함 기술, 인터뷰 기술)을 제공할 수도 있다(김충기, 김희수, 2003). 일반적으로 많이 활용되는 진로정보는 다음과 같다.

(1) 출판 자료
출판 자료는 가장 흔하게 사용되는 진로정보 출처일 것이다. 각 직업에 대해 제공되는 정보는 직업 임무, 교육과 훈련 요구사항, 일할 장소, 근로조건, 고용경향 그리고 더 많은 정보를 제공하는 출처들이다.

국가기관이나 정부 투자기관 등에서 생산되는 자료는 매년, 매 분기, 매월 등 정기적으로 생산되는 자료들과 부정기적으로 생산되는 자료들이다. 그러므로 이러한 진로정보는 진로정보 제공원과 협의하여 정기적으로 자료를 기증받을 수 있도록 체제를 갖춘다[예: 통계청(경제활동인구조사, 매월고용동향 등), 고용노동부(매월노동통계조사 등) 등에서 발간되는 자료들].

이렇게 널리 쓰이는 책들과 더불어 말 그대로 수십 개의 상업적 출판사들이 수많은 직업에 대한 모든 유형의 자료를 만들어 낸다. 출판된 정보 원천의 주된 이점은 쉽게 이용할 수 있고 비교적 저렴하다는 것이다. 대부분의 단과대학, 종합대학, 고등학교는 진로정보 도서관이나 센터를 갖고 있다. 출판된 자료의 단점은 때로 읽기에 지루하고, 오직 긍정적이고 중립적인 정보만을 제공하며, 금방 시대에 뒤처진다는 것이다(Yost & Corbishley, 1987).

(2) 컴퓨터 기반 정보 시스템

컴퓨터 기반의 인터넷을 통한 진로정보의 제공은 각각 무료와 유료로 제공되고 있다(예: 무료로 제공되는 진로정보망인 워크넷, 통계청의 각종 국가단위의 통계, 유료 정보는 인터넷에 설치된 정보망이나 연구기관의 보고서 등). 진로상담과 연결된 또는 분리된 직업탐색을 촉진하는 컴퓨터 시스템의 사용은 때때로 혼합된 결과를 도출하지만 경험적인 정밀조사를 가능하게 한다.

인터넷을 통한 진로정보의 탐색은 익명으로 진행할 수 있기 때문에 상대방에게 자신의 모습을 노출시키거나 상대방의 반응에서 오는 심리적인 부담을 줄여 줄 수 있다. 또한 다양한 학업 관련 활동을 병행해야 하는 청소년들에게는 시간적·공간적인 제약을 극복하게 해 주기 때문에(임은미, 1999), 진로상담 프로그램에서 인터넷의 활용은 점차 늘어나고 있다. 우리나라에서도 고용노동부의 고용정보 시스템인 워크넷(http://www.work.go.kr), 한국직업능력개발원의 커리어넷(http://www.career.go.kr), 한국청소년상담복지개발원(http://www.kyci.

or.kr) 등을 중심으로 인터넷을 통한 진로정보 제공 및 상담이 활발하게 진행되고 있다. 단점은 초기 투자비용이 많이 들고 오직 광범위한 직업 범주만이 다루어지며, 메모리 용량에 한계가 있다는 것이다.

(3) 시청각 자료

시청각 자료는 직업에 대한 또 다른 정보 출처다. 즉, 게시판이나 전시(회), 교육용이나 상업용 텔레비전·VTR·슬라이드·줄사진·영화·마이크로필름을 통하여 직업에 대한 인식을 하도록 직업의 종류와 내용을 소개하는 일이다. 예를 들어, 몇몇 대학은 대학 전공에 대한 오디오테이프를 소장하고 있다. 다양한 직업을 설명하는 비디오테이프 또한 이용 가능하다.

시청각 보조 자료는 출판 자료보다 쉽게 내담자의 흥미를 사로잡을 수 있지만, 정보가 제한되어 있고 비싸다. 또한 사용 시 번거로우며, 정보가 시대에 뒤떨어졌을 때 출판물보다 사용자에게 더 진부하게 비칠 수 있다(Yost & Corbishley, 1987).

(4) 인터뷰

한 분야의 전문가나 직업인과 인터뷰하는 것은 최근 들어 정보를 획득하는 인기 있는 방법이 되고 있다. 가족이나 친구 등 내담자가 잘 알고 있는 직장인을 만나 보는 것도 도움이 될 수 있다.

상담자는 내담자들에게 인터뷰 시 그 직업의 의무뿐 아니라 사람들이 좋아하고 싫어할 점들을 집중적으로 상세히 알아내도록 지시한다. 전형적인 질문은 다음과 같다.

- 어떻게 이 일을 시작하게 되었나요?
- 당신이 이 일에서 가장 좋아하는 것은 어떤 점이죠?
- 가장 싫어하는 점은요?
- 이런 종류의 직업에 종사하는 사람들 중에서 제가 대화를 나눌 만한 다른 사람을 제안해 주시겠어요?

이 외에 다른 질문들은 내담자의 특징에 따라 중요할 수도 있다. 예를 들어, 사회적 상호작용에 가치를 두는 사람들은 팀워크와 집단활동을 강조하는 질문을 할 것이다. 창조적이거나 독립적인 기술을 이용하기를 원하는 사람들은 작업환경의 융통성에 대해 질문할 것이다(Hirsh & McEvoy, 1986).

그러나 어떤 내담자들은 정보 인터뷰를 기피할 수도 있다. 왜냐하면 인터뷰가 직장인의 시간을 빼앗는 일이라고 생각하기 때문이다. 하지만 많은 사람이 그들 자신과 자신이 하는 일에 대해 말하기를 좋아하고 도움을 줄 수 있는 기회를 환영한다.

인터뷰의 연결을 위해 몇몇 상담자는 이런 인터뷰에 참여하기를 원하는 지역사회 사람들의 연락처를 갖고 있고, 내담자들에게 그 연락처에 가족이나 친구의 이름이 있는지 점검하도록 지시한다. 한 분야에 종사하는 사람들의 이름이 내담자 혹은 상담자가 가진 자원을 통해서도 확보되지 않으면, 그 직업에 종사하는 사람의 이름을 묻기 위해 사업장으로 전화를 하거나 전화번호부의 업종별 기업안내를 이용해서 직장의 위치를 파악하는 것이 비교적 쉽다.

정보 인터뷰의 주요 이점은 직장인과 근로조건에 대한 직접적인 관찰과 경험이다. 개인적 인터뷰는 출판된 자료에서 얻을 수 없는 '행간 사이의' 정보를 제공하고, 그 분야로 가는 다양한 길이나 행로를 확인할 수 있도록 도와준다. 주의할 점은 인터뷰한 일부 직장인이 그들의 일에 접근하거나 그들의 일을 바라보는 방식이 불규칙적이고 지나치게 열정적일 수 있으며, 단점보다 장점만을 얘기할 수 있다는 것이다. 왜곡된 관점을 가진 직장인을 인터뷰할 가능성은 내담자가 그 직업에 종사하는 직업인을 한 명 이상 만남으로써 피할 수 있다. 상담자는 내담자가 만나 보고 온 직장인이 내담자와 얼마나 비슷한지 또는 다른지에 강조점을 두어 진로상담을 실시한다.

(5) 직접적인 경험에 의한 자료

직접 경험(예: 직업 미행, 자원봉사, 인턴십) 또한 일반적인 진로정보 출처다. 현장 방문 또는 체험에 의한 방법은 관련된 직업이 있는 일터에 가서 직접 현장을 관찰하거나 그 직업을 체험함으로써 정보를 수집할 수 있다. 이러한 과정을 통하여 개인의 취향, 필요에 알맞은 분야를 이해시키고 경험을 풍부하게 가지도록 한다.

직업 미행은 말 그대로 일에 관계된 직접적인 관점을 얻기 위해 하루, 며칠, 일주일, 그 이상 동안 직장인 주위를 따라다니는 것을 뜻한다. 많은 대학과 일부 고등학교는 자원봉사나 공식적인 인턴십을 통해 학생들이 경험을 얻을 수 있도록 확장된 시스템을 설치했다. 이런 종류의 경험은 특히 직업경험이 별로 없거나 전혀 없는 내담자에게 도움이 될 수 있다. 이 방법은 한 가지 중요한 단점을 가지고 있다. 바로 시간이다. 고용된 내담자들은 무보수 형태 직업체험의 기회를 확보할 시간이 거의 없고 직접적인 접촉에서 배제되기도 한다. 진로정보 박람회를 개최하여 부모와 학생을 위해 장시간 개방하는 등의 방법도 있다.

2. 진로상담 영역별 진로정보

1) 진학에 관한 진로정보

진로에 관한 정보 수집 활동은 매우 방대하고 경비가 상당히 소요되기 때문에 한꺼번에 준비하기보다는 장기간에 체계적으로 준비하는 것이 좋다. 자료가 방대하여 전부를 소개할 수는 없기 때문에 학교나 가정에서 필요한 정보자료의 내용 중 영역별로 참고가 되는 중요한 것들을 개괄적으로 제시하고자 한다.

(1) 인터넷 사이트를 통한 진로정보 찾기
① 한국직업능력개발원의 커리어넷

커리어넷(http://www.career.go.kr)은 한국직업능력개발원에서 인터넷을 통하여 다양한 진로정보를 제공하기 위하여 1999년 12월 교육인적자원부의 국고보조금을 받아 개설한 것이다. 여기에서는 직업사전, 학과정보, 학교정보, 자격정

[그림 8-1] 커리어넷의 메인 화면

보, 진로지도 자료 및 사진과 동영상을 제공하고 있으며, 각 메뉴를 클릭하면 더 자세한 정보를 검색할 수 있도록 구성되어 있다.

② 교육부

교육부(http://www.moe.go.kr)에서는 학생, 학부모, 교원 등으로 분류하여 그에 맞는 자료들을 제공한다. 예를 들어, 고등학교에 진학하고자 하는 중학생의 경우 '학생' 메뉴로 들어가서 '입학정보 · 직업진로' 메뉴를 클릭하면 진학과 관련된 정보들을 볼 수 있다. 교육부에서는 고등학교의 종류, 특징, 입학전형 방법 등을 설명한 고등학교 입학전형 가이드북을 제공하여 고등학교의 진학을 준비하는 중학생과 학부모가 읽어 보길 권장하고 있다. 그 외에도 대학 입시정보, 전국 대학 모집단위별 입학 정원 등 입학정보나 직업진로와 관련된 사이트 주소도 함께 제공하고 있다.

[그림 8-2] 교육부의 메인 화면

[그림 8-3] 교육부에서 제공하는 고등학교 입학전형 가이드북

③ 대학교 홈페이지

고등학생인 영희가 K대학교의 국어국문학과에 대해 알아보고자 한다고 가정
했을 때, 각 대학의 사이트를 통한 진로정보 수집방법은 다음과 같다.

• 먼저 대학의 홈페이지에 접속하여 메인 화면에서 '입학안내' 메뉴를 찾는다.

[그림 8-4] 대학교 홈페이지의 메인 화면

* 본 자료에 쓰인 대학교 홈페이지는 특정 학교와 무관하며, 진로정보 활용의 예로 든 것이다.

• '입학안내' 메뉴를 클릭하면 각 대학의 '입학처'로 연결된다.

입학처에서는 대학이 요구하는 수시·정시·특별전형의 모집요강 및 필요
서식을 제공하며 논술고사 등 전년도 기출문제에 대해서도 알려 준다. 이때 영
희는 입학처의 '모집요강' 메뉴에서 정시 모집요강 문서 파일을 다운받아 전형
일정과 모집 인원, 전형요소별 반영 비율과 선발방법, 필요한 제출서류 등에 대

218

해 알 수 있다. 그리고 진학과 관련하여 해결되지 않은 다른 의문점들은 'Q&A' 게시판을 통해 실시간으로 답변해 주므로, 자신에게 필요한 메뉴를 선택하여 진학에 참고하면 된다.

[그림 8-5] 대학교 입학처 홈페이지의 메인 화면

* 본 자료에 쓰인 대학교 홈페이지는 특정 학교와 무관하며, 진로정보 활용의 예로 든 것이다.

전공 학과에 관한 정보가 필요한 경우, 홈페이지 혹은 입학처의 '학과안내' 메뉴로 들어가면 각 학과의 소개와 교과과정, 학사 일정, 교수진 등을 열람하여 볼 수 있다.

[그림 8-6] 대학교 홈페이지의 학과안내 화면

* 본 자료에 쓰인 대학교 홈페이지는 특정 학교와 무관하며, 진로정보 활용의 예로 든 것이다.

(2) 진로 · 진학 담당교사를 통한 진로정보 찾기

각 학교에서는 진로정보센터와 진로상담교사를 두어 학생들에게 진로와 관련된 정보를 제공하고 진학과 관련된 문제에 대해 상담할 수 있도록 하고 있다. 따라서 학교에 진학 중인 학생이라면 누구나 교내 진로정보센터를 방문하여 진로상담교사와 일정을 잡은 뒤 진로에 대해 상담을 받을 수 있다. 그러나 수업시간 중에 상담을 해야 하는 경우에는 학생이 수업을 회피하기 위한 수단으로 상담실을 찾는 경우가 생기지 않도록 담당교사의 각별한 주의가 필요하다.

고등학교 3학년 담임교사 등 일반 교과담당 교사들이 진로상담을 해 주는 경우도 많다. 이때 교사들은 정확한 진로정보를 기반으로 상담해 주는 것이 중요하다. 따라서 교내 관련 기관과 긴밀한 연계를 하는 것이 좋다.

[그림 8-7] 고등학교 진로정보센터 홈페이지의 메인 화면

* 본 자료에 쓰인 고등학교 진로정보센터 홈페이지는 특정 학교와 무관하며, 진로정보 활용의 예로 든 것이다.

(3) 입시전문 학원을 통한 진로정보 찾기

입시전문 학원에서는 모의고사 시행 일정, 입시전략과 대학 배치표를 제공하고 있다. 사이트를 방문하거나 부모님을 동반하고 직접 방문할 수도 있으며, 전화로 담당자와 상담하는 방법도 있다.

전문 컨설팅 기관들도 최근 활용되고 있으나, 상담과정에서 고액의 자문비가 요구되는 경우가 많아 가계에 부담이 되고, 부유층 학생들만 그 수혜를 받을 수 있어 수혜평등의 문제 등의 부담이 따를 수 있다. 물론 기관이 제공하는 내용의 정확성도 면밀히 검토해 볼 필요가 있다.

[그림 8-8] 입시전문 학원 홈페이지의 메인 화면

* 본 자료에 쓰인 입시전문 학원 홈페이지는 특정 학원과 무관하며, 진로정보 활용의 예로 든 것이다.

2) 구직에 관한 진로정보

(1) 민간 진로정보

민간 직업안정기관에는 비영리법인과 공익단체인 경총, 재향군인회, YWCA, 중소기업협동조합, 대한노인회, 대한상공회의소, 대한주부클럽연합회 등이 있으며, 유료 직업소개소에는 헤드헌터, 근로자파견업체, 도급업체, 직원임대업체 등이 있다. 최근에는 어플리케이션을 활용한 구직정보도 많이 활용되고 있는 실정이다.

[그림 8-9] 어플리케이션을 활용한 민간 구직정보

그 외에 각 대학에서도 재학생들을 위한 진로, 취업정보 수집을 위한 각종 프로그램을 진행하면서 취업정보를 제공해 주고 있다.

이상의 민간 진로정보들이 가지고 있는 진로정보의 특징은 다음과 같다(김병숙, 2007).

- 필요한 시기에 최대한 활용되도록 한시적으로 신속하게 생산되어 운영된다.
- 노동시장 환경, 취업 상황, 기업의 채용환경 등을 반영한 진로정보가 상대적으로 단기간에 조사되어 집중적으로 제공된다.
- 특정한 목적에 맞게 해당 분야 및 직종이 제한적으로 선택된다.

○○대, 기업 실무자에게 듣는 **취업**역량강화
머니투데이 | 1일 전 | 네이버뉴스 ⬀
취업캠프에서 자기소개서 작성 요령·직무 분석 특강을 한 오성찬 드림메이킹센터 강사는
'○○대 학생들이 캠프에서 취업 가량을 쌓아가는 열정적인 모습으로 볼 때 실제 취업시장에
서 괄목할 만한 성과를 낼 것'이라고…

 ○○대, 재학생 **취업** 위해 '**취업**특강', '**취업** 마일리지' 도입
캠퍼스잡앤조이 | 1일 전 ⬀
올해 11월 말까지 진로·**취업** 캠프에 참여하거나 중소·중견·외국계 기업이 진행하는 설명회
나 각종 박람회 등에 참가하면 점수를 얻을 수 있다. 스터디 모임과 취업 동아리 활동도 마일
리지로 적립된다. 김현수○○대…

 ○○대, '맞춤형 **취업**프로그램' 운영 뉴데일리 · 2일 전 ⬀
15일 ○○대에 따르면 취업시즌을 맞아 중소·중견기업 바로알기 특강, 공감토톡 취업콘서트,
학과별 특강, **취업**캠프 운영 등 다양한 형태의 취업 프로그램을 개최한다. 지난 13일부터 다
음달 3일까지 매주 금요일 오후에는…
└ ○○대, 다양한 맞춤형 **취업**프로그램… 아시아뉴스통신 | 2일 전
└ ○○대, 다양한 맞춤형 **취업**프로그램… 충북일보 | 2일 전
└ ○○대, 맞춤형 **취업**프로그램 운영 충청매일 | 1일 전
└ ○○대, 다양한 맞춤형 **취업**프로그램… 중부매일 | 2일 전
관련뉴스 5건 전체보기 >

[그림 8-10] 여러 대학의 취업 프로그램 운영의 예

- 정보 생산자의 임의적 기준에 따라, 또는 시사적인 관심이나 흥미를 유도할 수 있도록 해당 직업을 분류한다.
- 정보 자체의 효과가 큰 반면, 부가적인 파급효과는 적다.
- 객관적이고 공통적인 기준에 따라 분류되지 않았기 때문에 다른 진로정보와의 비교가 적고 활용성이 낮다.
- 민간이 특정 직업에 대해 구체적이고 상세한 정보를 제공하기 위해서는 조사·분석 및 정리, 제공에 상당한 시간 및 비용이 소요되므로 해당 진로정보는 유료로 제공된다.

(2) 공공 진로정보

공공 진로정보기관에는 정부 및 공공기관인 산업인력공단, 장애인고용촉진공단, 시·군·구 고용지원센터 등이 있다. 희망하는 직종군에서 실시하는 취업·진로멘토링, 취업캠프 등이 공공 진로정보에 해당한다.

[그림 8-11] 공공 진로정보의 예

일반적인 공공 진로정보의 특징은 다음과 같다(김병숙, 2007).

- 공공 진로정보는 정부 및 공공단체와 같은 비영리 기관에서 공익적 목적으로 생산·제공된다.
- 특정한 시기에 국한되지 않고 지속적으로 조사·분석하여 제공되며, 장기적인 계획 및 목표에 따라 정보체계의 개선 작업 수행이 가능하다.
- 특정 분야 및 대상에 국한되지 않고 전체 산업 및 업종에 걸친 직종(업)을 대상으로 한다.
- 국내 또는 국제적으로 인정되는 객관적인 기준(예: 국제표준직업분류 및 한국표준직업분류 등)에 근거한 직업분류다.

- 직업별로 특정한 직업만을 강조하지 않고 보편적인 항목으로 이루어진 기초적인 진로정보체계로 구성된다.
- 관련 진로정보 간의 비교·활용이 용이하고, 공식적인 노동시장 통계 등 관련 정보와 결합하여 제반 정책 및 취업 알선과 같은 공공목적에 사용이 가능하다.
- 정부 및 공공기관 주도로 생산·운영되므로 무료로 제공된다.
- 광범위한 이용 가능성에 따라 공공 진로정보체계에 대한 직접적이며 객관적인 평가가 가능하다.

(3) 한국직업사전

『한국직업사전』(한국고용정보원, 2009)은 변동·생성·소멸하는 직업세계를 체계적으로 조사·분석하여 표준 직업명 제정과 객관적이고 표준화된 진로정보 제공을 위해 고용노동부 중앙고용정보원에서 현장 직무조사를 거쳐 제작한 가장 방대한 진로정보 데이터베이스로 직업의 변화와 특성을 가늠해 볼 수 있는 유일한 자료다. 이러한 『한국직업사전』은 일반인의 취업 및 진로선택을 위한 기초 자료, 직업분류체계의 개발과 기타 직업연구를 위한 기초 자료 그리고 정부의 노동정책 수립을 위한 참고 자료로 활용될 수 있다. 또한 각 직업의 직무 개요 및 내용뿐만 아니라 직무를 수행하는 데 필요한 교육 및 훈련 기간, 요구되는 자격, 작업 강도 등의 자료도 얻을 수 있다.

『한국직업사전』의 직업 코드는 『한국표준직업분류』의 세분류 체계를 기준으로 네 자리 숫자로 표기된다. 직업 코드 네 자리에서 첫 번째 숫자는 대분류, 두 번째 숫자는 중분류, 세 번째 숫자는 소분류, 네 번째 숫자는 세분류를 나타낸다. 그 외에 본 직업 명칭, 직무 개요, 수행 직무, 부가 진로정보(산업 분류, 정규교육, 숙련기간, 직무기능, 작업 강도 등)로 구성되어 있다.

(4) 한국직업전망서

『한국직업전망서』(한국고용정보원, 2009)는 우리나라를 대표하는 16개 분야의 186개 직업에 대한 상세정보를 수록하고 있으며, 향후 5년간 각 직업에 대한 고용 전망을 비롯해 하는 일, 근무환경, 되는 길 등에 대한 상세정보를 제공한다. 수록 직업은 『한국고용직업분류(KECO)』의 세분류 직업 중에서 종사자 수가 2,000명 이상인 직업으로 선정하였다. 이후 직업별 해당 전문가들과 연구진들의 의견을 종합하여 최종 수록 직업을 선정하였다. 비록 종사자 수가 적더라도 자원공학 기술자 및 해양공학 기술자, 임상심리사, 아나운서 및 리포터, 쇼핑 호스트, 컴퓨터 보안전문가, 무용가 등 일반인의 관심이 높거나 직업으로서 가치가 높다고 인정되는 직업은 수록 직업으로 선정하였고, 보험계리사, 변리사 등 관련 자격 및 면허가 있어야 입직이 가능한 직업도 포함하였다. 반면, 직무가 유사하거나 일반인의 관심이 상대적으로 낮은 제조기능직 분야의 직업은 해당 직업의 종사자 수가 많아도 여러 직업을 하나의 직업으로 통합하였다.

『한국직업전망서』는 고용노동부에서 운영하는 워크넷(http://www.work.go.kr)에서 열람해 볼 수 있으며, 워크넷에서는 그 밖에도 다양한 일자리 정보, 인재정보 등 각종 취업 관련 정보와 직업적성흥미검사, 사이버 직업상담, 사이버 채용박람회, 집단상담 프로그램 신청 등 다양한 취업지원 서비스를 구입 업체 및 구직자에게 신속하고 편리하게 제공함으로써 정보 부족으로 인한 마찰적 실업을 최소화하기 위하여 서비스되고 있다.

(5) 한국직업정보시스템

한국직업정보시스템(http://www.work.go.kr/jobMain.do)은 고용노동부의 한국고용정보원에서 운영하는 직업사전이다. 분류별 · 조건별 직업, 나에게 적합한 직업, 새로 생긴 직업 등 다양한 진로정보를 검색할 수 있으며, 업무, 능력, 성격, 업무환경 등 직업 전반의 다양한 정보를 소개하고 있다.

(6) 한국표준직업분류

우리나라에서 체계적인 직업분류를 작성한 것은 1960년 당시 내무부 통계국에서 국세조사에 사용한 것이 처음이었다. 그 후 통계 업무를 경제기획원에서

관장하게 됨에 따라 통계표준분류를 설정하게 되어 1958년 제정, 각국에서 사용토록 권고된 ILO 국제표준직업분류(ISCO-58)를 근거로 1963년 한국표준직업분류가 제정되었다. 몇 차례의 개정을 거쳐 2007년 제6차 개정이 되어 지금까지 시행되고 있다.

(7) 한국표준산업분류

한국표준산업분류(제9차 개정)는 산업 관련 통계 자료의 정확성, 비교성을 확보하기 위하여 작성된 것으로서 유엔의 국제표준산업분류에 기초한 것이다. 1964년에 제정된 한국표준산업분류의 미비점과 불합리한 점을 보완하기 위하여 1965년과 1968년 두 차례에 걸쳐 개정 작업을 추진하였으며, 이후 유엔의 국제표준산업분류의 2·3차 개정과 국내의 산업구조 및 기술변화를 반영하기 위하여 주기적으로 개정하여 왔다. 국제표준산업분류가 개정되고 정보 및 커뮤니케이션, 환경 관련 산업 등의 구조가 급격하게 변화함에 따라 우리나라 산업 특성을 반영하고 아울러 국제 비교성을 제고하기 위하여 2008년 2월에 제9차 개정되었다.

진로정보를 탐색하기 위해 활용해 볼 수 있는 주요 인터넷 사이트를 제시하면 〈표 8-1〉과 같다.

ㅇㅇㅇ **표 8-1** 진로정보 관련 인터넷 사이트

인터넷 사이트(URL)	수록 내용
한국직업정보시스템 (http://www.work.go.kr/ jobMain.do)	우리나라 대표 직업과 학과에 대한 상세한 정보가 제공되며 전문가에게 온라인 진로상담을 받을 수 있다.
워크넷 (http://www.work.go.kr)	한국고용정보원이 운영하는 취업 포털 사이트로 직업심리검사, 진로정보, 채용정보, 고용정보 등 진로결정과 취업에 관한 상세정보가 제공된다.

커리어넷 (https://www.career.go.kr)	한국직업능력개발원이 운영하는 사이트로 초등학생부터 성인, 교사 등 대상별로 진로 및 진로정보를 제공하며 온라인 진로상담도 실시한다.
영삼성 (https://www. youngsamsung.com)	삼성그룹에서 운영하는 청년층 대상 사이트로 상세 업무를 소개한 '직업체험 24시', 재직자 대상 '동영상 인터뷰' 등이 제공된다.
서울진학진로정보센터 (http://www.jinhak.or.kr)	서울특별시 교육연구정보원에서 운영하는 사이트로 진로정보 및 진학 · 진로정보를 검색할 수 있다.
교육방송 (http://www.ebs.co.kr)	직업 및 교육 관련 방송을 다시 볼 수 있다.
HRD-Net (http://www.hrd.go.kr)	진로정보훈련 정보망으로 훈련직종별, 지역별, 기간별 직업훈련을 검색할 수 있다.
큐넷 (http://www.q-net.or.kr)	한국산업인력공단의 자격정보 시스템으로 국가(기술)자격, 공인 민간자격에 대한 정보와 수험정보를 볼 수 있다.

출처: 고용노동부(2010).

3) 직업적응에 관한 진로정보

최근 선진공업국들은 급변하는 산업구조에 부응할 수 있는 인력의 수요문제에 직면하고 있다. 우리나라도 첨단산업을 중심으로 각종 산업이 급속도로 확장함에 따라 산업 인력에 대한 수요가 양적으로 증대됨은 물론, 종래의 노동 집약적인 산업에서 기술 집약적인 산업으로 산업구조가 변화됨에 따라 질적으로도 고도화된 산업 인력의 수요가 크게 늘어나고 있다(김봉환 외, 2006).

그 결과, 이제까지의 정규교육과정이나 비조직적인 견습공 과정만으로는 산업체가 요구하는 고급 인력 수요를 충당할 수 없게 되어, 산업사회의 요청에 부응하는 더욱 유능한 기능 인력을 양성 · 공급하기 위한 조직적이고 체계적인 직업훈련제도가 필요하게 되었다(노동부, 1999).

직업훈련제도란 이처럼 정규교육과정만으로 감당할 수 없는 인력의 수요를 충족하기 위하여 실시되고 있는 제도이다. 이를 통하여 근로자의 직업능력을 개발·향상해 줌으로써 원활한 직업생활과 경제적·사회적 지위 향상을 도모할 수 있게 하고 사회적으로는 무기능 유휴 인력을 기능 인력화하여 국가경제 발전에 필요한 산업 인력을 효율적으로 양성·공급하게 해 준다(김봉환 외, 2006).

고용노동부에서는 직업훈련개발 정보망(HRD-Net)을 운영하여 직업훈련에 대한 정보를 제공하고 있다. 직업훈련에는 취약계층에 대한 지원으로 실업자를 위한 직업훈련, 고용촉진 훈련, 자활훈련이 있으며, 인력 양성을 위한 지원으로 정부위탁(국가기간·전략산업 직종) 훈련, 한국산업인력공단 양성훈련이 있다.

(1) 국가기관의 직업적응 프로그램

① 근로자 수강지원금 지원사업

근로자 수강지원금 지원사업은 근로자 스스로 직업능력 개발을 위하여 직무교육 과정, 외국어 과정 등을 수강하는 경우 수강료 일부 또는 전부를 지원하는 사업이다.

지원요건은 고용노동부장관의 인정을 받은 훈련과정을 자비로 부담하고 80% 이상 출석하여 수료하여야 하며, 지원 대상은 고용보험 피보험자인 재직근로자로서 다음 중 한 가지 요건이라도 해당되면 지원 대상이 된다.

- 훈련 중 또는 훈련 수료 후 1월 이내에 이직 예정되어 있는 자
- 40세 이상인 자
- 상시근로자 300인 미만 사업장에 근무하는 자
- 「기간제 및 단시간근로자 보호 등에 관한 법률」 제2조에 따른 기간제 근로자
- 「근로기준법」 제2조에 따른 단시간 근로자
- 「파견근로자보호 등에 관한 법률」에 의한 파견근로자
- 「고용보험법」 제2조 제6호의 규정에 의한 일용근로자
- 고용보험에 임의 가입한 자영업자

ㅇㅇㅇ **표 8-2** 근로자 수강지원금 지원사업의 지원기준

구분	지원기준	비고
일반과정	납부한 수강료의 80% 지원 (비정규직은 100%) ※ 음식 · 기타 서비스의 경우 정규직 일 때 50% 지원(비정규직 80%)	훈련직종별 기준단가×조정계수× 훈련시간×100% 한도 ※ 음식 · 기타 서비스 직종은 훈련직종별 기준단가×조정계수× 훈련시간×50% 한도
외국어 과정	납부한 수강료의 50% 지원 (비정규직은 80%)	40시간 기준, 90,000원 한도 (단, 40시간 이상일 경우 20시간을 최소단위로 하여 45,000원 비례지원)
인터넷 원격훈련	납부한 수강료 전액	평가등급 및 콘텐츠 심사등급에 따라 고용노동부장관이 고시한 금액 한도

출처: 고용노동부(2011).

② 근로자 능력개발카드 지원사업

근로자 능력개발카드 지원사업은 고용보험 피보험자인 근로자가 근로자 능력개발카드를 발급받아 직업능력 개발훈련을 수강한 경우 수강비용을 지원하는 사업이다. 지원 대상은 고용보험 피보험자인 비정규직 근로자로 한정되는데, 다음의 기준을 충족시켜야 한다.

- 「기간제 및 단시간근로자 보호 등에 관한 법률」 제2조에 따른 기간제 근로자
- 「근로기준법」 제2조에 따른 단시간 근로자
- 「파견근로자보호 등에 관한 법률」에 의한 파견근로자
- 「고용보험법」 제2조 제6호의 규정에 의한 일용근로자

지원내용은 근로자 1인당 연간 100만 원(5년간 300만 원) 한도 내 훈련과정 수강료 전액을 지원한다(단, 근로자 수강지원금의 지원금액과 합산하여 지원한도액을 적용).

(2) 기업 주체의 직업적응 프로그램

국내 대기업 등에서는 신입사원을 포함한 직원들이 직업능력을 향상하고 직무에 적합한 자질을 함양할 수 있도록 사내에 기관을 자체 개설하고 직업적응 프로그램을 활용하기도 한다.

[그림 8-12] 기업의 직업적응 프로그램 홈페이지의 메인 화면

* 본 자료에 쓰인 기업 홈페이지는 특정 기업과 무관하며, 진로정보 활용의 예로 든 것이다.

4) 진로변경에 관한 진로정보

고실업 문제는 노동시장에서 탈락한 실업자 개인의 정신적 · 경제적 불안정과 실업가정의 해체위기 등 부정적인 영향을 동반한다. 뿐만 아니라 개인의 적극적인 경제활동을 저해함으로써 경제적 자원의 비효율적 활용이라는 문제를 초래한다. 따라서 고실업 문제는 중요한 사회적 위험요인으로 규정되지 않을 수 없다(윤정향, 류만희, 2005). 더욱이 청년층이 경험하는 미취업에 따른 부정적인 영향은 다른 연령계층에 비해 더욱 심각하다. 첫 노동시장에 신규 진입하는 청년층은 앞으로의 계속적인 노동시장 참여와 더 나은 일자리를 위해 끊임없이 탐색 작업을 하는 계층이다. 하지만 상대적으로 정보가 부족한 청년층은 이 과정에서 잦은 노동이동과 짧은 근속기간, 불안정한 고용 형태, 경기변동에 민감한 취업 가능성 및 높은 실업을 경험한다(서정희, 2002).

고용노동부에서는 현재 미취업 중이거나 실업 후 더 나은 직업으로 이직을 고려하는 사람들에게 다음과 같은 직업훈련 프로그램을 제공한다.

(1) 내일배움카드제(직업능력개발계좌제)

내일배움카드제란 구직자(신규 실업자, 전직 실업자)에게 일정한 금액을 지원, 그 범위 이내에서 자기주도적으로 직업능력 개발훈련에 참여할 수 있도록 하고, 훈련이력 등을 개인별로 통합·관리하는 제도다. 계좌발급 신청 대상자는 현재

• (지원한도) 1인당 계좌한도는 200만 원, 유효기간은 발급일로부터 1년, 발급횟수는 취업 전 1회(원칙)
• (훈련비) 훈련비의 80%는 정부가 지원, 20%는 훈련생 본인이 부담
    (지원한도 200만 원을 초과하는 금액도 훈련생 본인이 부담)

 ※ 공급 과잉 훈련분야
 (훈련비) 훈련비의 60%는 정부가 지원, 40%는 훈련생 본인 부담
 (적용대상) 2010년 7월 15일부터 조정분야로 계좌를 발급받은 자 또는 2010년 7월 15일 이전에 계
        좌를 발급받았으나 2010년 7월 15일 이후 조정분야로 약정한 훈련분야를 변경한 자
 (자비부담율 조정 분야)
 -미용서비스 관련 분야
   미용서비스 관련직(12)의 이·미용 및 관련서비스 종사자(121) 분야
 -음식서비스 관련 분야
   음식서비스 관련직(13)의 주방장 및 조리사(131), 식당서비스 관련종사자(132) 분야
 -식품가공 관련 분야
   식품가공 관련직(21)의 제과·제빵원 및 떡제조원(212), 식품가공 관련 기능종사자(213) 분야
                                    *한국고용직업분류표(KECO) 소분류 기준
• (교통비, 식비) 교통비는 모든 훈련과정
            식비는 1일 5시간 이상 훈련과정을 수강하는 경우 출석한 일수만큼 지급

[그림 8-13] 내일배움카드제의 지원내용

출처: 고용노동부(2011).

구직 중에 있는 전직 실업자(고용보험 가입이력이 있는 자) 및 신규 실업자(고용보험 가입이력이 없는 자)다.

(2) 실업자를 위한 훈련

실업자훈련은 만 15세 이상의 실직자 및 미취업자 등을 대상으로 취업능력을 배양하기 위해서 고용노동부에서 실시하는 직업훈련으로, 훈련비용 전액 국비 지원이며 각 훈련별로 훈련수당을 차등 지원한다.

○○○ **표 8-3** 고용노동부의 실업자훈련 프로그램의 내용

훈련 종류	의미
신규실업자훈련	고용보험 가입이력이 없는 미취업자/실직자의 취업촉진을 위한 직업훈련
전직실업자훈련	고용보험 가입이력이 있는 실직자의 재취업을 위한 직업훈련
여성가장훈련	여성가장들을 대상으로 취업 및 창업이 용이한 직종 중심의 직업훈련
국가기간·전략 산업직종훈련	고용노동부장관이 제조업·생산직종 등 인력은 부족하나 훈련을 기피하는 직종의 신규 인력 양성을 위하여 대한상공회의소, 민간 직업훈련기관 등에 훈련생을 위탁하여 실시하는 직업훈련
지역실업자훈련	고용보험 가입이력이 없는 미취업자/실직자, 취업보호 대상, 영세농어민 등의 취업 및 창업 능력을 배양하기 위한 직업훈련

출처: 고용노동부(2011).

3. 진로상담에서 진로정보의 활용

1) 개인상담

진로의사결정은 살아가는 동안 선택해야 할 중요한 결정 중 하나다. 누구나 정해진 삶의 길이 있다면 진로에 대한 고민이 필요 없겠지만, 스스로 결정을 내리고 그 결정에 따라 살아가고자 하기에 진로의사결정은 인생의 중요한 부분이

아닐 수 없다. 하지만 그 결정이 올바르기 위해서는 주변의 도움과 지도가 필요하다.

특히 오늘날처럼 급격한 사회경제적 변화, 산업의 변화, 직업의 변화로 인해 복잡해지는 일의 세계, 직업 요구조건의 변화에 현명하게 대처하기 위해서는 어렸을 때부터 자신의 진로를 위한 지도와 교육을 받을 필요가 있다. 진로선택을 올바르게 하기 위해서는 오랜 시간에 걸쳐 차근차근 준비해야 함을 인식시키는 것이 필요하다. 진로는 여러 가지 요소를 고려하고 내담자로 하여금 각종 정보를 최대한으로 활용하여 합리적으로 계획할 수 있도록 지도해야 한다.

이러한 진로정보를 개인상담에서 활용하는 방법은 다양하다. 여기서는 먼저 일반적인 진로정보를 탐색하는 개인 진로상담의 방법을 먼저 기술하고, 기타 활용할 수 있는 구체적인 방법을 두 가지 정도 추가로 소개하겠다.

(1) 진로정보를 탐색하는 진로상담의 일반과정

정보 수집 단계에서 진로상담자의 주요 업무는 정보를 수집하도록 내담자를 준비시키고 내담자가 정보를 평가하는 것을 돕는 것이다. 상담자들이 이 단계 내내 가능한 한 내담자와 함께하는 것이 중요하지만 상담회기는 많이 할당되지 않는 편이다. 그러나 내담자의 발달단계에 따라 필요하다면 여러 회기를 할애할 필요가 있다.

일반적으로 정보 수집 단계에서의 진로상담은 다음과 같다(김충기, 김희수, 2003).

① 준비시키기

내담자들은 진로정보를 수집하기 전에 먼저 자기 자신에 대한 이해가 우선되어야 한다. 자신을 이해하기 위해서는 개인의 성격, 흥미, 가치관, 적성, 능력, 신체적 조건 등 현재 상황에 대한 명확한 그림을 어느 정도 갖고 있어야 어떤 직업이 자신에게 적합한지에 대한 기준을 갖고 정보를 수집할 수 있다. 효과적으로 진로정보를 활용하도록 하기 위해, 상담자는 도표를 이용하여 내담자가 얻은 정보를 조직하는 것이 중요하다. 도표는 내담자들에게 정보 간의 관련성을 갖게 해 주어 의미를 부여한다. 도표는 정교하지 않아도 되며, 상담 초기 단계부터 평가과정을 계속하면서 자연스럽게 발전시켜 간다.

여기에 세 가지 관련된 전략들이 유용할 것이다. 첫째, 내담자들은 상담과정에서 지금까지 배운 것과 어떤 종류의 정보가 가장 중요한지 요약하도록 요구될 수 있다. 둘째, 상담자에 따라 이 요약의 요점을 정보 수집 과정에서 이용할 수 있는 차트나 체크리스트로 구성할 수 있다. 셋째, 상담자는 이용 가능한 정보의 다양한 출처를 설명하고 내담자가 정보를 찾는 계획을 발전시키도록 도울 수 있다.

② 정보 평가시키기

내담자는 정보를 모은 후에 조심스럽게 결과를 처리하는 것이 중요하다. 상담자는 내담자가 도달한 결론에 세심한 주의를 기울이고, 이런 결론에 이르는 데 이용된 사실에 대한 질문을 할 필요가 있다. 특히 직업세계에 대한 경험이 없고 재정적으로 독립하지 못한 어린 내담자들은 정보를 잘못 해석하거나 비현실적인 구상을 하기 쉬우므로, 상담자는 내담자가 수집한 모든 정보에 대한 그들의 인식에 관해 질문해 볼 필요가 있다.

일반적으로 진학정보에 포함되어야 할 항목은 다음과 같다.

- 진학할 고등학교, 대학(학과)에 관한 성격
- 학과에서 배우게 될 학문의 성질
- 개인의 적성·흥미·능력과 인성의 파악
- 진학할 학과에 소요되는 경비
- 졸업 후의 전망
- 진학할 학교·학과에서 요구하는 입학조건과 의무
- 개인의 경제 사정과 가정 형편의 고려

상담자는 내담자들이 진로정보를 수집하는 것을 돕기 위해 다양한 직업분류 체계와 진로정보의 종류를 숙지하고 있어야 하며, 내담자가 수집한 정보들 중 어떤 것이 가치 있는 정보인지를 현실적으로 평가할 준비를 할 필요가 있다. 이를 위해서는 매일의 일상에서 다양한 분야에 종사하는 사람들과 이야기할 수 있는 기회를 활용하는 것이 필요하다. 사회나 사업 환경에서 만나는 사람들과 친구, 가족들에게 "당신의 일에 대해 좋아하는 점과 싫어하는 점은 어떤 것인가요?" "당신 분야에 들어가기 위한 최상의 준비는 무엇이죠?" "당신 직업에 관심이 있는 사람들에게 해 주고 싶은 충고는 무엇인가요?"와 같은 질문을 해 보라.

다른 방법으로는 상담자 자신에게 흥미가 있는 직업이나 익숙하지 않은 분야를 선택하고 정보 수집 과정(예: 다양한 출판물을 찾아서 읽는다, 직업인을 인터뷰한다 등)에 참가해 보는 것도 좋다. 이때 다양한 출처에서 찾을 수 없는 정보의 종류에 특히 주목하여 부족한 정보를 수집하기 위한 다양한 방법을 생각해 보고 실행 가능성을 따져 보기 위해 상담자 자신의 생각을 따라가 본다. 또한 진로정보에 대한 주요 컴퓨터 시스템 중 하나에 시간을 할애하여 상담자 자신이 내담자라고 가정하고, 필요한 유형의 정보를 받고 있는지 결정한다(김충기, 김희수, 2003).

(2) 직업카드 활용하기

타일러(Tyler, 1961a)는 개인들의 독특성을 도출해 내는 데 신뢰할 만한 방법으로서 '직업카드 분류'를 디자인했다(한국고용정보원, 2008). 직업카드 분류는 내담자가 가치, 흥미, 적성 등과 관련된 직업들에 스스로 접근하여 최종적으로 직업을 판정하는 과정에 참여케 하고 상담자가 관찰하는 질적 검사다. 이러한 직업카드 분류활동(VCS)은 이미 공신력 있는 표준화검사와 유사하거나 좀 더 다양하면서도 새로운 진로탐색 기회를 제공해 주는 질적 진로탐색검사라는 것이 입증되고 있다. 또한 직업카드 분류활동은 진로결정에 영향을 미치는 개인적인 변인을 찾아낼 수 있는 도구이자, 대학생이나 대학원생들이 졸업 후 취업을 하기 전에 진로에 대한 목표와 대학교 때와는 매우 다른 직업세계를 헤쳐 나

아동용 직업카드

청소년용 직업카드

여성용 직업카드: 중·고등학생용

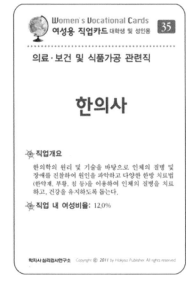

여성용 직업카드: 대학생 및 성인용

출처: 김희수, 이윤우(2011).

[그림 8-14] 직업카드 예시

가는 데 필요한 자기이해도 수준을 높이고 직업적 관심을 명확히 할 수 있는 기술과 지식을 제공해 줄 수 있는 도구다(이윤우, 2010).

직업카드 분류방법은 내담자에게 일련의 카드들을 주고 분류하도록 하는데, 각 카드는 앞면에는 개별적 직업명이 적혀 있고 뒷면에는 직업에 대한 간략한 설명이 들어 있다. 카드 분류를 사용한 직업은 홀랜드(Holland, 1985a)의 유형론에 따라서 구분된 것이다. 홀랜드는 성격 유형이나 직업환경을 실재적(realistic), 탐구적(investigative), 사회적(social), 관습적(conventional), 설득적(enterprising) 그리고 예술적(artistic)으로 나누었다. 홀랜드의 유형론은 기술과 직업 수준이 서로 다른 직업들을 담고 있는 하나 이상의 카드 세트를 가지고 매우 다양한 내담자에게 사용할 수 있다.

직업카드 분류는 교과시간에 집단으로 실시할 수도 있고, 숙제로 내줄 수도 있으며, 상담회기 중에 실시할 수도 있다. 직업카드 분류에서는 학생(내담자)에게 '좋아함' '모르겠음' '싫어함' 등으로 직업카드를 분류하게 한 후 "분류한 이유에 대하여 말하시오."라고 요청하면, 학생(내담자)은 "난 이 직업이 이렇기 때문에 좋습니다." 아니면 "이 직업은 이러한 이유 때문에 싫어합니다."라고 대답한다. 집단의 경우는 학생(내담자)이 직접 분류하고 분류한 이유를 기재하는 과정을 거치나, 일대일 면담을 하는 교사(상담자)는 학생(내담자)의 직업카드 분류과정을 직접 관찰할 수 있다(이윤우, 2010).

(3) 내게 맞는 직업 목록 작성하기

요스트와 코비슐리(Yost & Corbishley, 1987)는 상담 장면에서 내담자에게 적절한 직업 목록을 만드는 것을 제안한 바 있다. 이러한 상담, 교육 등 다양한 진로지도의 장면에서 진로와 관련된 합리적 의사결정을 지원하는 데 있어 자신에 대한 객관적 이해, 즉 자기이해는 필수요소다. 개인의 성격이나 흥미, 가치, 적성, 목표, 학습 스타일, 가정환경, 진로발달 단계 등에 따라서 결정시기나 결정과정, 결정방법이 다르다고 할 수 있으며, 이렇게 각각 다른 결정은 개인의 독특성에서 온다고 할 수 있다(이윤우, 2010).

활동지 1				

| 직업선택 이유 분석표 |

실시일 | 년 월 일

성명		나이		학교		학년	
카드분류		좋아하는 직업		모르는 직업		싫어하는 직업	
1차 분류 개수							
재분류 개수							

좋아하는 이유	싫어하는 이유

직업선택 이유 분석표

| 나의 선호직업 및 최종 결정직업 |

1. 선호하는 직업 30개

순위	가장 좋아하는 직업	가장 자신감 있는 직업	현실 가능한 직업
1			
2			
3			
4			
5			
6			
7			
8			
9			
10			

2. 3가지 조건을 충족시킨 선호 직업 10개

순위	선호 / 자신감 / 현실 가능한 직업
1	
2	
3	
4	
5	
6	
7	
8	
9	
10	

3. 3가지 조건을 충족시킨 최종 선호직업 3개

순위	선호 / 자신감 / 현실 가능한 직업
1	
2	
3	

나의 선호직업 및 최종 결정직업

[그림 8-15] 직업카드 활동지 예시

출처: 김희수, 이윤우(2011).

이 활용법은 내담자의 흥미에 대하여 다루는 기술로, 내담자에게 30~50개 정도의 직업을 적어 보도록 지시하는 것으로 시작한다. 이 단계의 과제는 단지 목록을 만드는 것이지 직업의 가치를 따지는 것이 아님을 내담자에게 알려 준다. 여러 가지를 제시하면서 이 작업을 도울 수 있다. 즉, 친척, 이웃, 친구들의 직업, 또는 신문에 나오는 사람들의 직업을 나열하게 하는 것 등이다.

목록이 완성되면, 내담자에게 싫은 감정이 들지 않는 직업 10개를 뽑고 왜 그 직업이 매력적인지 각각 말해 보도록 한다. 이때 내담자에게 『한국직업사전』(2009)이나 『한국직업전망서』(2009)에서 직업에 대한 정보를 읽도록 하고, 한 직업이 제외되면 새 직업을 추가하도록 한다. 만약 내담자가 10개 직업 모두를 제외한다면, 상담자는 그렇게 결심한 타당한 근거가 무엇인지 물어본다.

2) 집단상담

(1) 진로정보 탐색 프로그램

톨버트(Tolbert, 1980)는 16세 이상의 청소년들을 위한 진로준비 프로그램에는 고용 준비를 위해서 개발에 필요한 정보(직무기능, 일하는 습관, 태도 등)와 공학에 관한 지식 등을 제공하는 포괄적인 직업교육 프로그램 그리고 고등학교 과정을 이수한 다음 전문교육 기회에 대한 필요한 정보와 지식 등을 제공하는 포괄적인 교육 프로그램이 포함되어야 한다고 하였다. 이 프로그램에 정보활동이 큰 비중을 차지하고 있음을 볼 수 있다.

따라서 진로정보를 습득하는 데 실제적인 도움을 주기 위해 국내에서 진로탐색 프로그램(김충기, 1996a), 진로교육 지도자료(서울특별시교육연구원, 1998), 진로교육 프로그램(경기도교육정보연구원, 1992) 등이 개발되었으며, 효과를 검증하기 위한 연구가 수행되어 왔다.

진로정보 프로그램에서 정보학의 기본적인 원리의 적용에 있어 고려할 점들은 다음과 같다(석수룡, 1988).

① 환경적인 원인

사회경제적 수준, 노동시장, 지역사회와의 협력관계, 학생의 동기, 학생의 조력활동 등과 같은 프로그램과 관계되는 제반 환경적인 변인을 고려한다.

② 정보에 대한 학생의 요구

직업에 관한 정보, 교육에 관한 정보, 재정에 관한 정보, 군대에 관한 정보, 인사 자원에 대한 정보, 고용자에 관한 정보, 직무의 탐색과 선택의 기술에 관한 정보, 의사결정에 관한 정보, 직업정치에 관한 정보, 학생의 가치 · 흥미 · 적성 · 능력 등에 관한 정보에 대한 학생들의 요구를 고려한다.

③ 정보의 특성
• 정보의 신뢰성: 정확한 최근의 정보자료들을 통합하여 신뢰성 있는 정보를 확보한다.
• 정보의 종류: 정보 전달매체 자원, 경험 자원, 직업훈련 자원, 직업정치 자원 등 다양한 자원을 통하여 정보를 수집한다.
• 정보 파일: 전국 및 지방별로 직업훈련에 관한 파일, 교육훈련에 관한 파일, 장학금에 관한 파일, 재정 원조에 관한 파일, 군대 내의 직업훈련에 관한 파일, 지역사회 인사 자원에 관한 파일, 고용자에 관한 파일, 임금에 관한 파일 등으로 분류한다.

④ 정보의 보급 · 조직 및 관리
• 정보 보급은 개인 · 집단상담, 학급지도, 경험학습, 이동정보센터 및 자기연구 등을 통하여 보급한다.
• 정보자료는 검토 · 평가되어 학생들이 쉽게 활용할 수 있는 장소에 보관하고 주기적으로 수정 · 보완한다.
• 정보자료의 효율적인 조직 · 관리를 위하여 임직원의 훈련기회를 증대한다.

⑤ 정보의 사용목적

- 직업의 기회를 논리정연하게 함께 묶도록(grouping) 할 수 있다.
- 교육 및 훈련의 기회를 논리정연하게 함께 묶도록 할 수 있다.
- 특별한 직무에 관한 근본적인 특징들을 파악할 수 있다.
- 직업과 교육에 관한 탐색에 있어 기본적인 탐색기술이 어떤 것인지를 명백히 할 수 있다.
- 직무 및 교육의 선택에 있어 개인의 가치와 흥미가 어떠한 관련성을 갖는지 알 수 있다.
- 의사결정에 최신의 정보를 적극적으로 활용할 수 있다.

⑥ 정보체제의 결과

정보체제에 있어 시설, 조직 및 관리를 위한 경비, 학생 1인당 평균 사용경비와 평균 사용 횟수 및 용이성 등과 프로그램 실시와 관리, 활용에 소요되는 경비와 정보 사용의 효용성 등을 고려한다(Drier, 1980).

(2) 대학 내 경력개발(취업정보)센터

현행 대학 내 상담기관에서 진로지도를 위해 할 수 있는 활동으로는 적성 및 성격 검사 해석, 진로탐색 워크숍, 진로탐색 세미나, 진로 관련 교과목 지원 및 운영 등을 들 수 있으며, 각종 진로 관련 상담 프로그램을 개발하거나 개발된 프로그램에 대한 효과를 검증하고자 하는 노력이 있다.

또한 대학 내 경력개발센터를 운영하여 학부 및 대학원 재학생과 졸업생의 경력개발을 위한 교육, 진로상담, 취업정보 제공, 구인 · 구직 연계, 취업 후 경력 관리, 경력 관련 연구 및 출판 등의 활동을 통해 체계적 경력개발 프로그램을 제공함으로써 학생들의 적성과 전공을 살릴 수 있는 경력 관리의 구체적인 방향을 제시하는 조언자 역할을 하고 있다.

이해를 돕고자 대학에서 시행하고 있는 경력개발센터 프로그램의 내용을 예시로 들면 다음과 같다.

대학 경력개발센터 프로그램의 내용

① 경력개발 교과목 운영
- 리더십 관련 교과목
  - 리더십 훈련 I: '이화 리더십 인증 프로그램'의 기초과목으로 이화여자대학교 학생들의 사회 진출 이후 리더십 발휘를 위한 자질과 역량 개발 및 훈련. 1, 2학년 대상(평점 3.0 이상)
  - 리더십 훈련 II: '이화 리더십 인증 프로그램'의 심화과목으로 자신에 대한 심층 분석, 여성 삶의 이해, 전문 직업별 여성 리더의 특성 학습. 리더십 훈련 I 이수자, 3~4학년 대상(평점 3.0 이상)

- 취업 관련 교과목
  - 인턴십 I: 방학 중 직업세계 체험을 목적으로 2개월간 기업체 인턴 파견 경험을 통해 현장지식과 기술을 습득함
  - 인턴십 II: 휴학 기간 중 3개월 이상 기업체 장기 인턴십에 참여한 학생에게 3학점 부여
  - 국제인턴십: 휴학 기간 중 국제인턴십 프로그램에 참여하는 학생들을 대상으로 학점으로 인정해 주는 제도로서 학습 능력과 언어 능력이 우수한 본교생의 해외실습 경험을 통해 국제경쟁력을 함양시킴(휴학생 중 해외 인턴에 대해 경력개발센터로부터 사전 승인받은 자)
  - 취업멘토링: 직업세계로의 원활한 진출을 위한 취업 역량 개발 및 훈련을 목적으로 함. 취업 실전훈련 교육과 기업 실무자가 코칭하는 온라인 멘토링으로 수업이 진행됨

② 취업 관련 특강
- 직종별 전문직 취업세미나
- 취업서류작성법
- 면접전형, 모의면접 특강
- 채용(기업)설명회 개최
- 한자특강

③ 특별 프로그램
- 이화커리어캠프 I, II
- 이화 · 삼성 ESSENCE
- 이화 리더십 인증 프로그램

④ 단계별 커리어 워크숍
- 저학년 워크숍
- 채용전형 대비 워크숍
- 취업서류 워크숍
- 면접 워크숍
- 분야별 워크숍
- 프로 이미지 메이킹
- 개별상담

⑤ 경력개발과 취업을 위한 정보 제공
- 웹사이트를 통한 구인 · 구직정보 제공
- 도서 및 CD, Video 배치, 자료실 운영
- 「인턴십 자료집」「신문방송으로 가는 길」「이대생의 경력개발 가이드」발간 배포

⑥ 졸업생 경력관리 프로그램
- 이화직장인클럽 PEER(Powerful Ewha Employment Relationship) 운영
  - 웹사이트: http://www.ewhain.net(클럽명 'PEER')
  - 이화 졸업생 직장인들의 네트워킹, 멘토링, 경력관리 컨설팅 실시

출처: 이화여자대학교 경력개발센터(2011 검색).

제9장
진로상담에서 심리검사의 활용

| 송재홍 |

　최적의 진로상담을 위해서는 흥미, 적성, 성격, 신념, 가치관 등 개인의 다양한 심리적 특성을 정확하게 평가하고 이해할 필요가 있다. 상담 장면에서 심리검사는 상담자와 내담자 모두에게 도움이 되는 많은 정보를 제공한다. 상담자는 때로 심리검사를 통해 내담자의 문제를 평가하고 진단하며 개입전략을 수립하는 등 사례개념화를 위한 객관적 정보를 수집할 수 있다. 또한 내담자는 심리검사 결과를 통해 자기 자신을 좀 더 객관적으로 이해하고 학습이나 진로문제와 관련해서 합리적인 결정을 내리는 데 유익한 도움을 얻기도 한다. 이 장에서는 심리검사의 개념적 특징을 간단히 설명하고, 이어서 진로상담에서 개인의 심리적 특성에 대한 이해와 평가, 상담 영역에 따른 진로심리검사의 유형과 특징 그리고 심리검사 활용에 관한 쟁점과 유의사항을 알아본다.

1. 심리검사의 기초

1) 심리검사의 의미

상담 장면에서는 검사, 측정 그리고 평가라는 용어가 흔히 사용되고 있으며 때로 그 의미가 혼용되고 있다. 그러나 이러한 용어의 의미와 용법을 구분하는 일은 심리검사의 의미를 이해하는 데 도움이 된다. 평가(assessment)는 학생 학습에 관한 정보를 얻기 위해 사용되는 일체의 절차와 학습의 진전 상태에 관한 가치판단의 형성을 포함하는 보편적인 용어이다. 린과 그론런드(Linn & Gronlund, 1995: 6)에 의하면, 평가는 "학생 수행에 관한 정보를 얻기 위해 사용되는 모종의 다양한 절차"를 의미하는 것으로, 전통적인 지필검사는 물론 확장된 반응(가령, 논술) 그리고 실제 검사에 대한 수행(가령, 실험실 실험)을 포함한다.

검사(test)는 평가의 특수한 형태로, 일련의 질문을 통일된 양식으로 제시하여 행동의 표본을 측정하는 도구 또는 체계적 절차를 말한다(Linn & Gronlund, 1995: 6). 대개의 경우 검사는 모든 학생에 대해 적당히 비교할 수 있는 조건하에서 고정된 시간에 시행되는 일련의 질문으로 구성되어 있다. 능력, 성격, 태도와 같이 인간의 비가시적인 특성을 간접적으로 측정하기 위해 사용되는 것으로 가장 대표적인 것이 심리검사이다. 심리검사는 규준이나 목표에 비추어 행동을 평가하기 위해서 표집된 행동을 신뢰할 수 있고 타당하게 측정하는 체계적인 절차를 의미한다.

측정(measurement)은 어떤 개인이 특수한 성질을 어느 정도나 지니고 있는지에 대해서 하나의 수량적 기술을 얻는 과정을 말한다(Linn & Gronlund, 1995: 6). 그것은 정답을 세거나 논술의 특수한 부분에 점수를 주는 것과 같이 일정한 규칙에 따라서 검사나 다른 형태의 평가 결과에 수치를 부여하는 일이다(Stevens, 1946). 요컨대, 측정은 '어떤 행동이나 성격, 사물, 사건 등에 대해 양적으로 서술하는 것'을 뜻한다. 측정이란 말은 학생에 대한 양적 기술에 한정된다. 말하자면, 측정의 결과는 항상 숫자로 표시된다(예: "두산이는 수학시험에서 40문제 중 35문제에 정답을 하였다."). 그것은 질적 기술(예: "두산이의 작품은 훌륭하다.")을 포함하지 않으며 얻어진 결과에 대한 가치판단을 내포하지도 않는다. 반면에 평가는 학생에 대한 양적 기술(측정)과 질적 기술(비측정)을 모두 포함하며, 항상 결과가 바람직한가에 대한 가치판단을 포함한다. 평가는 측정에 기초하거나 그렇지 않을 수도 있으며, 따라서 그것은 단순한 양적 기술을 능가한다.

이렇게 보면, 평가는 측정이나 검사보다 훨씬 더 포괄적이고 총괄적인 개념이라고 할 수 있다. 말하자면, 검사는 측정도구의 대표적인 유형이고, 측정은 평가를 위한 정보 수집의 한 측면이며, 평가는 이 모두를 포괄하는 가장 상위의 개념이라고 할 수 있다(부재율, 2003: 21). 평가는 '개인이 얼마나 잘 수행하는가?'라는 일반적인 질문에 답하고, 검사는 '개인이 타인이나 아니면 어떤 분야의 수행과제에 비해서 얼마나 잘 수행하는가?'라는 좀 더 구체적인 물음에 답한다. 반면에 측정은 "개인이 얼마나 많이 지니고 있는가?"라는 양적인 질문에 대답한다(Linn & Gronlund, 1995: 6). 측정에는 대상을 수량화하는 과정이 필수적이고 이를 위해 수를 사용하게 된다. 따라서 측정에는 평가를 위한 양적 증거를 수집하는 활동에 해당한다. 측정의 과정에서 가장 중요한 것은 어떤 대상의 특성을 가능한 한 정확한 숫자로 나타내어 상황의 변화에 관계없이 일관되게 유지되도록 하는 것이다. 이를 위해서 측정 대상에 대해 정확하고 일관된 양적 표현을 산출해 낼 수 있는 측정도구를 개발하고 그 결과를 체계적으로 분석할 필요가 있다.

2) 심리검사의 기본 가정과 난점

상담 장면에서 심리검사는 상담자와 내담자 모두에게 도움이 되는 많은 정보를 제공한다. 상담자는 때로 심리검사를 통해 내담자의 문제를 평가하고 진단하며 개입전략을 수립하는 등 사례개념화를 위한 정보를 수집할 수 있다. 또한 내담자는 심리검사 결과를 통해 자기 자신을 좀 더 객관적으로 이해하고 학습이나 진로문제와 관련해서 합리적인 결정을 내리는 데 유익한 도움을 얻기도 한 다. 심리검사는 예측, 분류 또는 배치, 선발, 측정·평가 등 다양한 목적으로 활 용되고 있다(박성수, 1992). 심리검사의 기본 가정과 문제점을 제시하면 다음과 같다.

(1) 심리검사의 기본 가정

심리검사는 특정한 개인의 행동을 알아보기 위하여 이미 알려져 있는 특성들 에 대해 잘 알려진 측정도구를 적용하여 통제적으로 관찰하는 과정이라고 할 수 있다. 상담 장면에서 활용되는 심리검사를 사용하는 과정에 내포되어 있는 기 본 가정은 다음과 같이 몇 가지로 요약하여 정리할 수 있다(여광응, 전영길, 정종 진, 조인수, 1992).

① 검사자에 대한 가정

피검자가 효율적으로 반응할 수 있도록 친밀한 관계, 즉 라포(rapport)를 형성 시켜 준다거나, 검사문항을 적용하는 일, 피검자의 반응을 기록하는 일 그리고 표준화된 지시에 따라 그 반응을 채점하는 일 등에서 검사자는 적절히 훈련되어 있고 또 이에 숙달되어 있는 것으로 가정한다.

② 행동 표집에 대한 가정

검사에서 행동 표집은 검사하려는 그 분야의 행동을 대표하는 동시에 표집의 크기도 적절하다는 가정이 받아들여져야 한다. 인간의 행동을 측정 대상으로 할 경우 모든 행동을 빠짐없이 측정하기가 불가능하다. 따라서 서로 다른 모든 영역의 행동을 모두 표집할 수는 없지만, 통계학적으로 신뢰할 수 있고 또 타당 하다고 인정된 것들을 표집해 낼 수 있는 것으로 가정한다.

③ 문화 환경에 대한 가정

피검자들은 반드시 꼭 같지는 않더라도 서로 비슷한 문화 환경 속에서 지내

온 것으로 가정한다. 따라서 어느 특정한 문화권에서 만들어진 심리검사는 다른 문화권에서 직접적으로 사용될 수는 없다.

④ 측정오차에 관한 가정

인간의 행동을 측정하는 데에는 오차가 있게 마련인 것으로 가정한다. 그러나 통계적 절차에 의해 측정의 오차 범위를 알 수 있고 또 일정한 범위의 오차를 허용해 주고 있다. 따라서 검사결과로 나타나는 지수를 절대시하거나 극히 정확한 것으로 생각해서는 안 된다.

⑤ 현재 행동에 관한 가정

오직 현재의 행동만이 관찰의 대상이 되는 것으로 가정한다. 어떤 검사에 의해 측정된 행동은 그 검사가 실시된 그 당시의 행동이기 때문에, 비교적 긴 시간 속에서 표집된 하나의 행동이라 할 수 있다.

⑥ 미래 행동의 예언에 관한 가정

피검자의 미래 행동은 현재 행동으로 미루어 추측되는 것으로 가정한다. '모든 진단은 예진'이라는 말은 현재의 행동을 측정함으로써 그 측정의 결과를 미래 행동의 예언에 활용한다는 의미를 내포하고 있는 것이다.

(2) 심리검사의 난점

심리검사는 비가시적인 내적 정신기능 내지 행동 특성을 측정 대상으로 가정하기 때문에 길이, 무게, 질량 등 물리학적 측정과 같은 과학적인 엄밀성과 정확성을 유지하기가 쉽지 않다. 심리검사에서 측정이 어려운 이유를 몇 가지 제시하면 다음과 같다(여광응 외, 1992).

① 측정 대상이 분명하지 않다

인간의 태도 가운데 특히 고등정신기능에 속하는 사고력, 응용력, 비판력, 종합력이나 정의적 영역에 속하는 감상력, 창작력, 가치관 등은 파악하기가 어렵고 불명료하여 정확하게 측정하기가 어렵다.

② 측정 방법이 명확하지 않다

심리적인 문제를 측정하는 것은 신장이나 체중을 측정하는 것처럼 측정 방법상의 문제가 간단하지 않다. 즉, 여러 가지 심리적인 특성을 측정하기 위해서는 과연 어떤 측정도구를 사용할 것인지 정말 문제가 아닐 수 없다.

③ 측정이 간접적으로 이루어진다

건물 높이나 장대 길이를 측정하는 경우와는 달리, 사람이 얼마만큼 사고력을 지니고 있고 어떤 흥미를 가지고 있는가에 대한 측정은 눈으로 직접 관찰할 수 없으며 단지 그것이 작용하는 여러 가지 흔적을 수집하고 이를 관찰하거나 측정하여 간접적으로 미루어 짐작할 수밖에 없다.

④ 수량화에 따른 위험성이 존재한다

심리적 특성에 대한 측정은 본질적으로 인간행동의 증거를 수량화하는 방법이다. 그러나 불분명한 대상에 대한 간접적인 측정의 결과에 숫자를 부여하는 일은 그리 간단하거나 쉽지가 않다.

3) 심리검사의 선택 및 활용 지침

상담 장면에서 활용되는 심리검사는 많은 난점을 지니고 있기 때문에 검사를 선택하고 실시 및 해석하여 적용할 때에는 매우 신중을 기해야 한다. 이런 이유로 상담 및 심리 관련 전문가 집단에서는 심리검사 사용과 개발에 관한 규범을 정하고 반드시 일정한 자격을 갖춘 전문가만이 심리검사를 사용할 수 있도록 제한하고 있다. 평가도구의 선정 기준을 간단히 기술한 후, 한국상담학회와 한국심리학회에서 명시하고 있는 심리검사 및 평가 관련 윤리 지침의 요지를 소개한다.

(1) 평가도구의 선정 기준

진로상담 장면에서 특정한 평가도구를 선정할 때에는 우선적으로 검사의 타당도와 신뢰도를 고려해야 한다. 타당도(validity)란 평가도구가 무엇을 재고 있느냐의 문제인 동시에 평가의 결과와 원래 평가하려는 목표와의 관련성이 얼마나 높으냐의 문제이다. 진로상담에서 타당도는 '검사가 한 개인의 특정 직업 영역에 강한 흥미나 능력을 나타낼 때 이것이 얼마나 정확한가?'라는 것을 의미한다. 신뢰도(reliability)는 측정하려는 것을 얼마나 안정적으로 일관성 있게 측정하였느냐의 문제로, 평가도구가 얼마나 정확하게 오차 없이 측정하였느냐의 정도를 말한다. 다시 말하면, 하나의 검사를 가지고 몇 번을 반복해서 재든 같은 결과가 나오는 정도를 말하는 것이다. 타당도가 '무엇'을 재고 있느냐의 문제라면 신뢰도는 '어떻게' 재고 있느냐의 문제로서 한 평가도구가 측정하고 있는 정보에 얼마나 일관성이 있고 측정의 오차가 얼마나 적으냐의 문제인 것이다. 따라서 평가도구를 선택할 때에는 타당도와 신뢰도를 함께 고려해야 한다.

또한 평가도구를 선정할 때에는 검사의 비용, 실시시간, 피검자의 반응, 채점과 해석에 필요한 훈련 정도, 채점과 결과보고의 용이성, 규준 등을 부차적으로 고려해야 하며, 무엇보다도 실시하고자 하는 검사가 피검자에게 얼마나 유용한가를 면밀히 살펴보아야 한다(Gysbers, Heppner, Johnston, 2003a: 256). 집단적으로 검사를 실시할 때에는 비용 면에서 경제적이고 채점과 해석이 용이하여 즉각적인 채점이 가능하며 전문적인 해석을 필요로 하지 않는 측정도구를 선택한다. 때로는 피검자가 스스로 채점이 가능한지 그리고 스스로 검사결과를 해석할 수 있는 지침서가 제공되는지의 문제도 고려해야 한다.

(2) 한국상담학회 윤리강령

한국상담학회 윤리강령(한국상담학회, 2016)에 의하면, 상담자는 상담수혜자의 복지를 최우선으로 해야 한다. 특히 심리검사와 관련해서 상담자가 지켜야 할 윤리적 의무의 핵심 내용은 다음과 같다.

- 상담자는 내담자의 환경(사회적·문화적·상황적 특성 등)과 개별적 특성을 고려한 후, 내담자를 조력하기 위한 목적에 적합한 심리검사를 선택해야 한다(제22조 ①).
- 심리검사를 실시할 때에는 자격이 있는 사람이 표준화된 절차에 따라 실시해야 하며, 그 과정을 경시해서는 안 된다(제22조 ②).
- 상담자는 심리검사를 선정할 때 도구의 타당도, 신뢰도, 실용도, 객관도, 심리측정의 한계를 신중하게 고려한다(제23조 ①). 상담자는 문화적으로 다양한 집단을 위한 검사도구를 선정할 경우, 그러한 내담자 집단에게 적절한 심리측정 특성이 결여된 검사도구를 사용하지 않도록 합당한 노력을 한다(제23조 ③).
- 상담자는 연령, 피부색, 문화, 장애, 민족, 성, 인종, 언어 선호, 종교, 영성, 성적 지향, 사회경제적 지위가 검사실시와 해석에 영향을 미친다는 것을 인식하고, 내담자와 관련된 다른 요인들을 고려하여 검사결과를 해석한다(제24조 ③).
- 상담자는 내담자 혹은 심리검사를 수령할 기관에 심리검사 결과가 올바로 통지되도록 해야 한다(제24조 ⑤). 상담자는 내담자 이외에 내담자의 동의를 받은 제3자 또는 대리인에게 결과를 공개한다. 또한 이러한 자료는 자료를 해석할 만한 전문성이 있다고 상담자가 인정하는 전문가에게 공개한다(제24조 ⑥).

(3) 한국심리학회 윤리규정

한국심리학회 윤리규정(한국심리학회, 2016)에 따르면, 심리학자는 검사가 법률에 의해 위임되거나 일상적인 교육적 및 제도적 활동(예: 취업 시 검사)으로 실시되는 경우가 아니면 평가 및 진단을 하기 위해서는 내담자로부터 평가 동의를 받아야 하고(제52조), 적절한 감독하에서 수련 목적으로 사용하는 경우가 아니면 무자격자가 심리평가 기법을 사용하도록 허용해서는 안 된다(제54조). 그 밖에 한국심리학회 윤리규정 제50조에서 명시하고 있는 평가의 사용 관련 윤리의 내용은 다음과 같다.

- 심리학자는 검사도구, 면접, 평가기법을 목적에 맞게 실시하고, 번안하고, 채점하고, 해석하고, 사용하여야 한다.
- 심리학자는 타당도와 신뢰도가 검증된 평가도구를 사용하여야 한다. 그렇지 못한 경우에는 검사결과 및 해석의 장점과 제한점을 기술한다.
- 심리학자는 평가서 작성 및 이용에 있어서 객관적이고 학문적으로 근거가 있어야 하고 세심하고 양심적이어야 한다.

또한 한국심리학회 윤리규정 제53조와 제57조에서 명시하고 있는 평가 결과의 해석 관련 윤리의 내용은 다음과 같다.

- 평가 결과를 해석할 때, 심리학자는 해석의 정확성을 감소시킬 수 있는 다양한 검사 요인, 예를 들어 피검자의 검사받는 능력과 검사에 영향을 미칠 수 있는 상황이나 개인적 · 언어적 · 문화적 차이 등을 고려해야 한다.
- 평가 결과의 해석은 내담자/환자에게 내용적으로 이해 가능해야 한다. 검사의 채점 및 해석과 관련하여, 심리학자는 검사를 받은 개인이나 검사집단의 대표자에게 결과를 설명해 주어야 하며, 그렇지 않은 경우에는 사전에 피검자에게 그 사실을 고지해야 한다.

검사를 개발할 때와는 달리, 개발된 검사를 사용할 때에는 많은 융통성과 전문적인 판단력이 요구된다. 검사를 특정한 목적으로 사용하는 것의 적절성은 평가과정의 전체 맥락을 고려할 때 제대로 판단될 수 있다.

2. 심리적 특성의 이해와 평가

올바른 진로상담을 위해서는 개인의 여러 가지 심리적 특성을 정확하게 평가하고 이해할 필요가 있다. 진로상담을 위해 평가해야 할 개인의 심리적 특성은 흥미, 적성, 성격, 신념 또는 가치관 등이다. 이러한 특성에 대한 이해와 평가도구를 간단히 설명하려 한다.

1) 흥미의 이해와 평가

흥미는 어떤 종류의 활동 또는 사물에 대하여 특별한 관심이나 주의를 가지게 하는 개인의 일반화된 행동경향을 말한다(장대운, 김충기, 박경애, 김진희, 1996: 99). 즉, 개인이 자신에게 잠재적으로 가치 있다고 생각하는 것에 주의를 기울이고 그것을 향해서 나아가려는 일반적인 정서적 특성이다. 일반적으로 흥미는 한 개인이 과거에 경험해 봤던 일에 애착이나 관심을 갖는 정도를 의미한다(한국진로교육학회, 1999: 146). 한 개인의 흥미는 성장과 더불어 변하지만, 초등학교 저학년에서조차 비교적 일관된 특정 흥미를 갖게 될 수 있다(Alexander, Johnson, Leibham, & Kelley, 2008). 한 주제에 대한 개인의 흥미는 그것을 더 많이 학습하게 하며 그 결과로 흥미는 더욱 배가된다.

개인이 종사하는 직업에 대한 흥미 여부는 그 직업에 있어서 노력의 방향이나 지속성 또는 직무만족도를 결정짓는 데 중요한 역할을 한다. 흥미는 관점에 따라 여러 가지로 분류될 수 있다. 일반적으로는 실재적 흥미, 탐구적 흥미, 예술적 흥미, 사회적 흥미, 설득적 흥미, 관습적 흥미로 분류하기도 하고(Holland, 1985a, 1997), 구체적으로는 기계적 흥미, 계산적 흥미, 과학적(물상 · 생물 · 사회) 흥미, 설득적 흥미, 예술적 흥미, 문학적 흥미, 음악적 흥미, 사회봉사적 흥미, 사무적 흥미 등으로 분류하기도 한다(Kuder & Diamond, 1979).

일반적으로 흥미를 이해하고 평가하기 위해서는 체크리스트나 표준화된 흥미검사를 사용하는데, 우리나라에서 개발된 대표적인 흥미검사에는 일반흥미검사, 직업흥미검사, 학습흥미검사 등이 있다. 때로는 직업카드 분류검사가 좀 더 유용한 정보를 제공해 줄 수도 있다(김봉환, 조유미, 2003; 김봉환, 최명훈, 2003). 흥미검사를 통해 자신의 흥미를 이해하고자 할 때는 흥미검사에 나타난 개개 요인의 점수를 따지기보다 흥미의 전체적인 유형과 수준을 중심으로 전반적인 흥미 수준을 파악해야 한다. 진로 및 생애 계획에서 가장 많이 사용되고 있는 몇 가지 흥미검사로는 스트롱 흥미검사와 쿠더 흥미검사 그리고 홀랜드 검사를 들 수 있다.

(1) 스트롱 흥미검사

스트롱 흥미검사(Strong Interest Inventory: SII)는 1927년에 10개의 직업척도(OS)로 구성된 스트롱 직업흥미검사(Strong Vocational Interest Blank: SVIB)를 제작한 것을 시작으로, 이후 1985년 캠벨(Campbell)과 공동작업을 수행하여 직업척도 외에 일반직업분류(GOT), 기본흥미척도(BIS) 그리고 특수척도(SS)를 추가하여 검사 이름을 SCII(Strong-Campbell Interest Inventory, Form T325)로 개칭하였고, 1994년 대대적인 개정작업을 수행하여 개인특성척도(PSS)를 추가하고 검사의 신뢰도를 크게 향상시켜 명칭을 SII(Strong Interest Inventory, Form T317)로 최종 확정하여 현재까지 사용되고 있다(최윤정 외, 2014; Harmon, Hansen, Borgen, & Hammer, 1994). 최종 검사는 총 317문항으로, 6개의 GOT, 25개의 BIS, 211개의 OS 그리고 4개의 SS(PSS)로 구성되어 있다. 이 검사는 흥미란 비교적 항상적이며 특정 직업에 종사하고 있는 사람은 대개 비슷한 흥미를 가지고 있다는 전제를 가지고 개발된 것이다. 이 검사는 원래 남성용과 여성용으로 구성되었으나 현재는 단일검사로 통합되었다. 이 검사는 피검자에게 직업 및 부업 활동에 관한 수백 개의 질문 목록을 만들어 제시한 후 각 질문에 대한 선호도(좋아함-무관심-싫어함)를 파악하여 특정 직업군에 대한 흥미형태를 결정한다. 이 검사의 결과는 '피검자의 흥미가 어떤 직업집단의 흥미와 같다.'라는 것을 말해 주는 것으로, 그가 어떤 직업을 좋아하는지에 대해서는 알려 주지 않는다.

우리나라에서는 1964년에 김호권 교수가 처음으로 스트롱식 흥미측정에 관한 연구를 시도했으며, 최근에 김정택, 김명숙과 심혜숙(2002a, 2002b)에 의해 표준화되어 스트롱 직업흥미검사라는 이름으로 한국심리검사연구소에서 출시되었다. 한국판 스트롱 직업흥미검사는 중·고등학생용 스트롱 진로탐색검사와 대학생 및 일반인용 스트롱 직업흥미검사의 두 가지 종류가 있다. 스트롱 진로탐색검사에서는 미국의 GOT와 자체 개발한 진로성숙도 척도를 포함하고 있으며, 스트롱 직업흥미검사에서는 GOT, BIS, PSS의 세 가지 세부 척도를 적용하였다. GOT는 홀랜드(Holland)의 직업선택이론에서 분류하는 여섯 가지 흥미영역, 즉 실재형(R), 탐구형(I), 예술형(A), 사회형(S), 설득형(E), 관습형(C)으로 구성되며, BIS는 GOT의 하위 척도로서 실재형(R)에는 농업, 자연, 군사, 운동경기가 포함되고, 탐구형(I)에는 과학, 수학, 의학이, 예술형(A)에는 음악/드라마, 미술, 응용미술, 글쓰기, 가정/가사가, 사회형(S)에는 교육, 사회봉사, 의료봉사, 종교활동이, 설득형(E)에는 대중연설, 법/정치, 상품유통, 판매, 조직관리가 그리고 관습형(C)에는 자료관리, 컴퓨터 활동, 사무활동이 포함된다. 마지막으로 PSS는 업무유형, 학습유형, 리더십유형, 모험심유형으로 구성된다. 스트롱 직업흥미검사의 검사-재검사 신뢰도는 GOT .86, BIS .82, PSS .85이다.

(2) 쿠더 흥미검사

쿠더 흥미검사(Kuder's Preference Record: KPR)는 스트롱 검사와 마찬가지로 직업지도를 위해 제작된 것이다(Kuder & Diamond, 1979). 이 검사는 피검자에게 직업이나 학교 및 여가 생활에서 행해지는 여러 가지 특정 활동과 관련된 세 가지의 가능한 생활 중에서 가장 좋아하는 것과 가장 싫어하는 것을 선택하게 하여 그의 흥미 영역을 결정한다. 최종 개정된 KPR 검사의 흥미 영역은 기계적 흥미, 계산적 흥미, 과학적 흥미, 설득적 흥미, 예술적 흥미, 문학적 흥미, 음악적 흥미, 사회봉사적 흥미, 사무적 흥미 등 9개 영역이다. 검사결과는 프로파일 형식으로 제시되며 특정 활동에서 높은 흥미를 나타내는 사람은 그러한 활동을 요구하는 직업에서 성공가능성을 기대할 수 있다.

우리나라에서는 1958년에 정범모 교수가 처음으로 학습지도를 위한 목적으로 쿠더 흥미검사에 기초해서 중·고등학생용 적성흥미검사를 개발한 후 이상노와 변창진(1972, 1980)과 진위교(1979)가 새로운 개정판을 제작하였다. 이후 안창일, 이만영과 최광현(1989)이 한국판 쿠더 흥미검사(KKPR)를 타당화하였으며, 또한 교육부의 위탁으로 1998년 한국직업능력개발원에서 재표준화한 것이 국가진로교육센터에서 운영하는 커리어넷 사이트(http://www.career.go.kr)에 탑재되어 중·고등학생과 학교교사에 의해 많이 이용되고 있다. 현재 사용되고 있는 커리어넷 직업흥미검사는 2009년에 개정된 것으로, H형과 K형으로 구분된다. H형은 홀랜드의 직업성격이론에 기초한 것이며, K형은 쿠더의 흥미이론에 기초하여 16개 직업군에 대하여 직업활동, 일상생활, 직업명 등의 세 가지 하위 영역을 측정한다. 직업흥미군은 과학분야(전문직·숙련직), 공학분야(전문직·숙련직), 경영분야(전문직·숙련직), 서비스분야(전문직·숙련직), 예술분야(전문직·숙련직), 소비자경제분야, 농업/천연자원분야, 사무직, 언론직, 전산/정보통신분야, 컴퓨터응용분야이다. 이 검사는 96문항으로 구성되어 있으며, 피검자는 각 문항에 4점 척도로 반응한다. 검사결과는 분야별 백분위와 T점수로 제시되며, 직업흥미가 가장 높은 세 분야의 직업이 함께 지공된다. 분야별 검사의 신뢰도 계수는 중학생 .84~.94이고, 고등학생 .83~.95이다(정윤경, 김나라, 2012).

(3) 홀랜드 진로탐색검사

홀랜드 진로탐색검사(Holland's Self-Directed Search: SDS)는 1953년에 홀랜드가 처음 제작한 직업선호도검사(Vocational Preference Inventory: VPI)가 여덟 차례의 개정을 거쳐 진로탐색검사로 발전한 것이다(Holland, Powell, & Fritzshe, 1994). 이 검사는 홀랜드의 직업성격유형이론에 기초하고 있는데, 그는 사람들의 성격 유형과 그들의 생활환경을 각각 실재형, 탐구형, 예술형, 사회형, 설득형, 관습형의 여섯 가지로 구분하고 개인의 행동은 성격 특성과 환경 특성의 상호작용에 의해 결정된다고 가정한다(Holland, 1985a). 사람들은 자신의 능력과 기술을 발휘할 수 있는 태도와 가치를 표현하고 자신에게 맞는 역할을 수행할 수 있는 환경을 찾는 경향이 있으며, 개인의 성격 특성과 환경 특성의 상호작용 결과로 직업선택은 물론 직업적 성취, 유능감, 사회적 행동 등이 나타난다. 이 검사는 신뢰도와 타당도가 높고 실시가 간편하며 스스로 채점할 수 있어 사용하기에 편리할 뿐만 아니라 장래의 진로탐색을 계획하거나 특별한 점수패턴을 가진 사람에게 적합한 직업을 안내하는 데 필요한 광범위한 정보를 제공해 주고 있기 때문에 현재 가장 널리 사용되고 있다.

이 검사는 홀랜드의 RIASEC 육각형 모형에 기초해서 성격, 유능감, 직업, 활동, 자기평정의 5개 하위 영역에 대한 RIASEC 점수와 전체 RIASEC 요약 점수를 결과로 제시하며, 일관도, 변별도, 긍정응답률, 진로정체감, 검사 전후의 진로코드 및 최종적인 진로코드 등을 분석하고 검토한다. 일관도는 두 자리 유형 코드가 RIASEC 모형에서 서로 인접해 있거나 대각선으로 마주보고 있는 정도를 나타내고, 변별도는 피검자의 RIASEC 프로파일이 분화되어 있는 정도를 나타낸다. 최종 진로코드는 전체 요약 점수 분포에서 긍정응답률(P)이 가장 높은 것의 척도코드와 두 번째 높은 것의 척도코드를 순서대로 기록한 것이다. 이러한 내용은 피검자의 진로발달 및 성숙도 수준을 알아보거나 진로코드의 안정성을 가늠할 수 있게 하며 또한 진로상담의 방향을 결정하는 데 유용한 정보를 제공한다.

우리나라에서는 중·고등학생용 홀랜드 진로탐색검사와 고등학생용 홀랜드 전공탐색검사 그리고 대학생 및 일반인용 홀랜드 적성탐색검사가 개발되어 사용되고 있으며(안창규, 1995, 1996; 이종승, 2009), 한국직업능력개발원에서는 교육부의 위탁으로 홀랜드 직업성격이론에 기초한 직업흥미검사(H형)를 개발하여 커리어넷 사이트(http://www.career.go.kr)를 통해 제공하고 있다. 또한 고용노동부에서는 홀랜드의 직업성격유형이론에 기초한 흥미검사를 포함하는 컴퓨터용 직업선호도검사를 개발하여 워크넷 사이트(http://www.work.go.kr)을 통해 제공하고 있다.

2) 적성의 이해와 평가

적성은 어떤 과제나 임무를 수행하는 데 있어서 개인에게 요구되는 특수한 능력이나 잠재능력을 의미한다(장대운 외, 1996: 104). 일반적으로 적성은 개인이 지니고 있는 일반 능력인 지능과 구분되는 특수한 능력을 말한다. 즉, 어떤 특수 부문에 대한 능력이나 그 능력의 발현 가능성을 말한다. 따라서 적성은 개인이 어떤 직업에서 얼마만큼 그 직무를 성공적으로 수행할 수 있을지를 예측하게 해 주는 요인이다. 일반적으로 적성은 과거 경험에 의존하는 흥미와는 달리 타고난 능력이나 소질이라고 알려져 있다. 그러나 학습경험이나 훈련에 의하여 계발될 수도 있으므로 다양한 학습경험을 해 볼 필요가 있다. 또 적성은 청소년 전기 이후에는 큰 변화가 없으므로 조기에 계발할 필요가 있다.

적성을 파악하는 방법은 관찰에 의한 방법과 표준화된 적성검사를 이용하는 방법이 있다. 관찰에 의한 방법은 관찰자가 개인의 특성이나 능력을 직접 살펴봄으로써 그의 적성을 파악하는 방법으로, 자연적 관찰법과 실험적 관찰법이 있다. 표준화된 적성검사에는 일반적성검사와 특수적성검사가 있다(김재은, 유기섭, 1979: 177). 일반적성검사는 진학 및 직업상담에서 사용할 목적으로 개발된 것으로, 개인의 적성을 일반적성능력, 언어능력, 수리능력, 공간지각능력, 수공능력, 운동조절능력, 사무지각능력, 형태지각능력 등 여러 가지 요인으로 분류하고 있다. 반면에 특수적성검사는 음악, 미술 등 예능 분야나 수학, 과학 등 특수 분야에서 능력이나 소질을 진단하기 위하여 만든 검사이다. 적성검사를 받으면 적성의 유무는 물론 그 수준까지 어느 정도 파악할 수 있지만 검사결과를 지나치게 맹신해서는 안 된다. 일반적성을 측정하기 위한 대표적인 검사도구로는 적성진단검사(DAT)와 일반적성검사(GATB)를 들 수 있다.

(1) 적성분류검사

적성분류검사(Differential Aptitude Test: DAT)는 1947년에 베넷, 시쇼어와 웨즈맨(Bennett, Seashore, & Wesman, 1947)이 고등학교에서 학업지도 및 직업지도를

위해 제작한 것으로 최근에는 1982년에 개정되어 사용되고 있다. 이 검사는 수리력, 추리력, 공간관계, 언어추리, 기계추리, 사무능력, 언어철자, 언어문장 등 8개의 하위검사로 구성되어 있으며, 타당도와 신뢰도가 높아 성인용으로도 널리 사용되고 있다. 예컨대, 공학 분야에서 종사하는 사람은 수리력, 공간관계, 기계추리에서 우수하고, 의학 분야에 종사하는 사람은 수리력, 언어추리, 언어문장에서 우수한 것으로 보고되고 있다. 우리나라에서는 정범모 교수가 1961년에 DAT를 번안하여 최초로 표준화된 적성종합검사를 개발하였다.

(2) 일반적성검사

일반적성검사(General Aptitude Test Battery: GATB)는 원래 미국 노동부의 직업소개소가 각 주에서 활동하는 직업상담자를 지원하기 위해 제작한 것으로, 모두 15개 하위검사로 구성되어 있으며 10개의 적성요인을 측정할 수 있다. 검사종목은 기구대조검사, 형태비교검사, 명칭비교검사, 종선기입검사, 타점속도검사, 표식검사, 평면도판단검사, 입체공간검사, 어휘검사, 산수추리검사, 기계검사 등 11개 지필검사와 환치검사, 회전검사, 조립검사, 분해검사 등 4개 기구검사로 구성되어 있으며, 검출되는 적성은 형태지각, 사무지각, 운동조절, 공간판단능력, 언어능력, 산수능력, 손재치, 손가락재치, 손운동속도 그리고 학습능력인 일반지능 등 모두 10개 요인이다. 검사결과는 요인별 표준점수에 의한 프로파일 형식으로 제공되며, 몇 개의 적성요인에 대한 표준점수를 조합하면 개인이 어떤 유형의 직업에 적당한지에 대한 정보를 얻을 수 있다. 우리나라에서는 중앙적성연구소(1968)에서 처음으로 GATB 진학·직업적성검사를 발행하였으며, 최근에 고용노동부에서는 만 13세에서 18세 미만의 중·고등학생을 대상으로 하는 청소년 적성검사와 만 18세 이상 모든 성인을 대상으로 하는 성인용 직업적성검사를 개발하여 워크넷 사이트(http://www.work.go.kr)을 통해 제공하고 있다.

(3) 특수적성검사

과학, 예능 등 특수 분야의 적성을 측정하기 위한 검사는 감각운동능력검사, 기계적성검사, 사무적성검사, 직업적성검사, 예능적성검사 등으로 분류할 수 있다(한국진로교육학회, 1999). 감각운동능력검사에는 시각능력(예: 시력검사, 색맹검사), 청각능력(청력검사), 운동 및 수공능력[예: 양손협응검사, 오코너(O'connor) 수공능력검사, 미네소타 조작속도검사] 등을 측정하는 검사들이 포함된다. 기계적성검사로는 기계적 추리, 공간, 지각 등을 측정하고, 사무적성검사는 일반사무적성은 물론 수리력과 언어력을 함께 측정한다. 최근에는 전문 분야에서 특수 직업적성검사가 개발되어 사용되고 있는데, 의과대학입학허가검사(Medical College Admission Test: MCAT), 법과대학입학허가검사(Law School Admission Test: LSAT), 공학·물리학 적성검사(Engineering and Physical Science Aptitude Test: EPSAT), 전국교사시험(National Teacher Examination: NTE), 전국상담사시험(National Counselor Examination: NCE) 등이 대표적인 예이다. 예능적성검사는 혼(Horn) 미술적성검사, 시쇼어(Seashore) 음악재능검사, 캐럴(Carroll)의 산문감상력검사 등 예술 분야의 적성을 측정하기 위한 것으로, 현재 우리나라에서는 음악적성검사가 일부 제작되어 시판되고 있다(현경실, 2000).

3) 성격의 이해와 평가

성격은 개인의 욕구, 자기개념, 성취동기, 포부 수준, 대인관계 등 여러 가지 요인을 포함하는 복합적인 심리적 특성이다(장대운 외, 1996: 101). 성격은 선천적으로 부모의 유전적 요인을 닮아 갈 수 있으나 후천적으로 자녀양육 방식에 따라 다르게 나타날 수 있다. 가령, 개인은 태어날 때부터 선천적으로 특정한 기질을 타고난다고 알려져 있으며, 이러한 기질이 부모의 양육방식과 같은 후천적 요인과 상호작용함으로써 독특한 형태로 발달한다고 볼 수 있다. 성격은 진로선택은 물론 직업적응에 매우 큰 영향을 미치기 때문에 진로상담에서 사전에 내담자의 성격을 파악하는 것은 대단히 중요하다. 충분한 흥미와 적성을 갖추었다 하더라도 성취동기나 포부 수준이 낮으면 낮은 수준의 직업을 선택하거나 포기할 수도 있다.

성격을 이해하는 방법은 투사법이나 표준화된 인성검사를 사용하는 것이다. 이러한 인성검사를 사용함으로써 자신의 성격 유형을 정확히 파악한 후에 그에 적합한 진로를 선택하는 것이 합리적이다. 직업상담 장면에서 성격을 측정하기 위해 사용되고 있는 대표적인 평가도구로는 NEO 인성검사와 MBTI 성격유형검사가 있다.

(1) NEO 인성검사

NEO 인성검사(NEO-PI-R)는 코스타와 맥크래(Costa & McCrae, 1992)가 제안한 성격 5요인이론에 기초해서 빅 파이브(Big-Five) 성격차원을 평가하기 위해 개발된 것이다. 이 검사는 신뢰도와 타당도가 높고, 비교적 저렴한 가격으로 짧은 시간에 스스로 실시할 수 있으며 해석지침서가 잘 구성되어 있다. 이 검사는 신경과민성(N), 외향성(E), 개방성(O), 신중성(C), 동의성(A) 등 성격의 다섯 가지 주요 요소를 잘 측정하고 있는데, 이 요인들은 홀랜드의 진로탐색검사의 하위 요인들과도 비교적 유의한 상관을 보이고 있어 진로의사결정 과정에서 나타날 수도 있는 문제를 다룰 때 유용한 정보를 제공한다. 우리나라에서는 PSI컨설팅에서 국내 기업의 임직원을 대상으로 표준화한 NEO 인성검사가 개발되었고 (민병모, 이경임, 정재창, 1997), 최근에는 아동, 청소년을 대상으로 Big 5 성격검사(김동일, 2012)와 그 외 여러 종류의 성격검사(예: 김효창, 2010; 안현의, 안창규, 2010)가 개발되어 사용되고 있으며, 고용노동부에서는 성격 5요인이론에 기초한 성격검사를 포함하는 컴퓨터용 직업선호도검사를 개발하여 워크넷 사이트(http://www.work.go.kr)을 통해 제공하고 있다.

(2) 성격유형검사

성격유형검사(Myers-Briggs Type Indicator: MBTI)는 1921년에 브릭스(Briggs)가 융(Jung)의 심리유형이론을 접하면서 딸 마이어스(Myers)와 함께 검사 개발에 착수한 이래, MBTI A~E형을 거쳐 1962년에는 미국 ETS에 의해 F형이 출판되었고 1975년에는 미국 CPP에 의해 G형이 출판되었으며 현재에는 K형과 M형이 개발되어 사용되고 있다(Myers & McCaulley, 1985). MBTI는 내향과 외향(E-I), 감각-직관(S-N), 사고-감정(T-F), 판단과 인식(J-P) 등 네 차원을 중심으로 개인에게 우세한 특성을 조합하여 16가지의 성격 유형으로 나타낸다. 검사의 결과는 16가지 유형에 대한 강점, 약점, 능력, 욕구, 가치, 흥미, 직업적 특성과 같은 성격 특성을 기술하고 있다. 따라서 이 검사는 대인관계나 의사소통의 문제는 물론 학업적응 및 진로탐색 등 다양한 상담 장면에서 사용될 수 있다. 우리나라에서는 1989년에 김정택과 심혜숙에 의해 표준화 작업이 완성되었으며, 1993년에 어린이 및 청소년용 검사(MMTIC)가 개발되어 사용되고 있다(김정택, 심혜숙, 1995).

4) 가치관의 이해와 평가

가치관이란 개인이 특정 상황에서 어떤 선택이나 결정을 내려야 할 때 어떤 특정한 방향으로 행동하게 하는 원리나 믿음 또는 신념을 말한다(장대운 외, 1996: 95). 가치관은 우리에게 옳고 그름이나 선악과 미추에 대한 판단을 내리게 할 뿐만 아니라 어떤 방향이나 방식으로 행동하도록 이끄는 역할을 한다. 개인의 가치관은 단시간 내에 형성되는 것은 아니고 어린 시절부터 그가 살아가고 있는 환경과 접촉하는 사람들에 의하여 형성된다. 어린 시절 개인은 부모나 그가 좋아하는 사람의 행동을 내면화함으로써 그의 가치체계를 형성하는데, 이렇게 형성된 가치관은 일정한 시기가 되면 비교적 정형화된 형태로 나타난다.

개인의 가치관은 인생관이나 직업관 형성에 중요한 역할을 하게 되고 그의 직업적 능률과 만족감에 직접 관여하기 때문에, 진로를 결정하려면 반드시 건전한 직업에 대한 올바른 가치관을 확립할 필요가 있다(장대운 외, 1996: 97). 가치관은 이론적 가치, 경제적 가치, 심미적 가치, 사회사업적 가치, 정치적 가치, 종교적 가치 등으로 구분할 수 있는데, 개인이 지향하는 가치의 특성에 따라 어울리는 직업을 선택하는 일이 중요하다.

가치관을 탐색하기 위해서는 가치관명료화 프로그램을 이용하거나 표준화된 가치관검사를 이용할 수가 있다. 대부분의 진로계획 워크숍 프로그램에는 가치관명료화 과정이 포함되어 있는데, 한국교육개발원에서 개발한 가치관명료화 프로그램에서는 집단형성, 가치관 인식, 가치 갈등 상황의 명료화 및 대안 탐색, 가치의 선택, 가치 존중 및 확신, 가치관의 행동화 등 일련의 단계를 통해 개인의 가치를 탐색하고 행동화하도록 안내하고 있다(나정, 최운실, 1984). 표준화된 가치관검사는 개인가치관검사와 직업가치관검사가 있다.

(1) 개인가치관검사

개인의 가치체계를 측정하기 위해 개발된 검사로는 지톱스키와 워맨(Zytowsky & Warman, 1982)이 개발한 가치관 연구(Study of Values: SV)와 수퍼 등(Nevill & Super, 1989; Super, 1980)이 개발한 가치관 척도(Value Scales: VS) 및 중요도검사(Salience Inventory: SI)가 있다.

SV는 고등학교 고학년이나 대학생을 대상으로 이론적·경제적·심미적·사회적·정치적·종교적 영역에 대한 상대적 가치를 측정한다. 우리나라에서는 황응연과 이경혜(1986)가 비슷한 형식의 가치관검사를 개발하였다. VS는 피검자에게 여러 가치 가운데 자신이 상대적으로 더 중요하다고 생각하는 것과 덜 중요하다고 생각하는 것이 무엇인지에 대한 정보를 제공해 주며, SI는 수퍼(Super)의 생애진로무지개 모형에 기초해서 공부, 일, 가정 및 가족, 여가, 지역사회봉사 등 5개의 역할을 개인적 참여, 관여, 가치기대 등 세 관점에서 평가하여 개인에게 주어진 서로 다른 역할의 중요성을 측정한다. 그러나 VS와 SI는 모두 엄격한 표준화에 이르지 못하고 있다.

(2) 직업가치관검사

직업과 관련된 가치체계를 측정하기 위해 개발된 검사로는 라운즈, 핸리, 다위스, 롭퀴스트와 와이스(Rounds, Hanly, Dawis, Lofquist, & Weiss, 1981)의 미네소타 중요도질문지(Minnesota Importance Questionnaire: MIQ)와 수퍼(1970)가 개발한 직업가치관검사(Work Value Inventory: WVI)가 있다. MIQ는 다위스와 롭퀴스트(Dawis & Lofquist, 1984)의 직업적응이론에 기초하여 개발된 20가지 작업 요구와 가치에 대해 개인이 직업을 선택할 때 얼마나 중요하게 생각하는가를 질문하여 성취, 위로, 지위, 이타성, 안전, 자율성 등 6개의 가치 영역으로 분류한다. MIQ로 측정된 자신의 요구와 일치하는 보상을 받는 일에 종사할 경우 좀 더 많은 행복을 얻게 될 것이라고 가정된다. 우리나라에서는 이요행(2002)이 학위논문 작성을 위해 번역하여 수정했으나 출판되지 않았다.

WVI는 중학교 1학년부터 고등학교 3학년을 대상으로 진로발달연구와 진로상담을 위해 개발되었으며, 일 자체가 주는 만족감(내재적 가치)이나 일을 통해 얻어지는 어떤 것에 대한 만족감(외재적 가치)을 측정하는 15개의 척도로 구성되어 있다. 15개의 척도는 요인 분석 결과 6개 요인으로 요약되는데, 이들 중 3개 요인은 내재적 가치(도전감, 대인관계 만족, 심미적 관심)를, 2개 요인은 외재적 가치(경제적 안정성, 근무환경)를 그리고 나머지 한 요인은 책임을 동반한 자율성으로 내재적 가치와 외재적 가치를 모두 반영하고 있다.

5) 진로발달 수준의 이해와 평가

개인의 진로발달 수준은 진로발달, 직업발달, 직업성숙, 진로의식 성숙, 진로의식 발달, 직업의식 발달, 진로결정 수준 등 다양한 용어로 이해되고 평가되고 있다.

진로발달은 일생을 통하여 개인의 진로를 형성하기 위해 동원되는 심리학적 · 사회학적 · 교육적 · 경제적 요인들, 심지어는 우연적 요인들까지 망라하는 총체적인 개념이며, 직업발달은 개인을 효율적인 직업활동으로 안내하는 지식, 기술, 가치 등의 획득을 돕는 요인들 및 그 과정들로 정의되고 있다(이현림, 김봉환, 송재홍, 천성문, 2000: 152). 반면에 진로성숙이나 직업성숙은 개인의 행동 간의 유사성 정도를 규정하고 있는데, 진로성숙이 진로의 계획과 선택에 관련되는

데 반해, 직업성숙은 직업의 선택과 결정에 관련된다는 점이 다를 뿐 측정 준거는 유사하다.

진로의식 성숙이란 자아의 이해 그리고 일과 직업세계의 이해를 기초로 하여 자기 자신의 진로를 계획하고 선택하는 과정에서 동일 연령이나 발달단계에 있는 집단의 발달과업 수행 정도에서 차지하는 개인의 상대적인 위치를 말한다(한국교육개발원, 1992). 여기서 자아의 이해를 위해서는 개인의 능력, 적성, 흥미, 가치관, 신체적 조건, 환경적 조건 등 많은 변인을 고려할 수 있어야 하며, 일과 직업세계의 이해를 위해서는 직업정보, 일과 작업의 조건, 직업관 및 직업윤리 등 많은 변인을 종합적으로 통합할 수 있어야 한다. 요컨대, 진로의식 성숙은 자아의 이해, 일과 직업세계의 이해를 바탕으로 자신의 진로계획과 진로선택을 통합·조정해 나아가는 발달단계의 연속으로 요약될 수 있으며, 각 발달단계마다 수행해야 할 발달과업이 있어서 이 과업의 인지 및 수행 여부가 다음 단계로의 발달을 촉진하고 이행하는 데 중요한 조건으로 간주된다.

한편, 진로결정 수준은 진로결정과 진로 미결정을 양극단으로 하는 연속선상의 한 지점을 지칭하는 것으로, 일단 진로와 관련된 결정에 대해 결정자와 미결정자를 구분하고 다시 미결정자는 진로에 국한된 미결정자와 만성적인 미결정자로 구분될 수 있다(이현림 외, 2000: 159). 진로 미결정이라는 개념은 왜 어떤 사람들은 자신의 진로에 대해 확실한 결정을 내리는 반면에 다른 사람들은 불확실한가를 규명하고자 하는 데서 출발한 것으로 보인다. 단순한 진로 미결정은 개인의 진로발단단계에서 정상적이고 일시적인 현상으로 간주되지만, 결단성이 부족한 사람들은 자신의 진로에 관한 결정뿐만 아니라 일상생활에서 직면하는 여러 가지 결정에 대해 쉽사리 접근하지 못하게 하는 심리적 특성을 소유하고 있는 것으로 간주되어 만성적인 미결정자로 불리고 있다.

진로발달 또는 진로의식 성숙을 측정하기 위한 검사도구로는 진로발달검사(Career Dvelopment Inventory: CDI), 진로성숙도검사(Career Maturity Inventory: CMI), 인지적 직업성숙도검사(Cognitive Vacational Maturity Test: CVMT) 등이 있고, 진로결정 수준을 측정하기 위하여 진로결정척도(Career Decision Scale:

CDS)와 진로상황검사(My Vocational Situation: MVS) 그리고 진로의사결정평가
(Assessment of Career Decision Making: ACDM)가 개발되었다(김계현, 황매향, 선혜
연, 김영빈, 2004).

(1) 진로발달검사

진로발달검사(Career Development Inventory: CDI)는 수퍼(1957, 1980)의 진로
발달 모형에 기초해서 적합한 교육 및 직업선택에 대한 학생들의 준비도를 측정
하기 위해 수퍼와 그의 동료들에 의해 제작되었다(Thompson, Lindeman, Super,
Jordaan, & Myers, 1981, 1982). 현재 미국에서는 1979년에 중학교 2학년부터 고
등학교 3학년 학생들을 위해 출간된 학교용(School Form)과 1981년에 대학생을
위해 출간된 대학교용(College & University Form)이 사용되고 있으나, 우리나라
에서는 표준화되지 않았다. 이 검사는 제1부와 제2부로 구성되어 있는데, 제1부
는 일반적인 직업에 대한 진로계획(CP) 및 진로탐색(CE)을 포함하는 진로발달
태도(CDA=CP+CE)와 의사결정(DM) 및 직업세계에 대한 정보(WW)를 포함하는
진로발달 지식 및 기술(CDK=DM+WW)의 두 척도로 구성되어 있으며, 제2부는
선호하는 특정 직업세계에 대한 지식(PO)을 측정한다.

(2) 진로성숙도검사

진로성숙도검사(Career Maturity Inventory: CMI)는 크라이츠(Crites, 1978)의 진
로발달 모형에 기초해서 초등학교 6학년부터 고등학교 3학년 학생을 대상으로
진로의사결정에 대한 태도와 능력을 측정하기 위해 제작되었다. 크라이츠의 진
로발달 모형은 진로성숙도의 요인이 일반적 요인과 몇 개의 영역요인 그리고 수
많은 특수요인으로 구성된 위계성을 가정하고 있는데, CMI는 영역요인에 해당
하는 진로계획 태도와 진로계획 능력을 측정하기 위한 두 척도로 구성되어 있
다. 진로계획 태도 척도에는 결정성, 참여도, 독립성, 성향, 타협성 등을 측정하
는 문항들이 포함되어 있고, 진로계획 능력 척도에는 자기평가, 직업정보, 목표
선정, 계획, 문제해결 등을 측정하는 문항들이 포함되어 있다. CMI는 CDI와 마

찬가지로 태도와 능력의 두 척도로 구성되어 있으나, CDI와는 달리 태도 총점이라는 하나의 총점 점수만을 제시하며 능력 척도는 실험용 측정도구로만 사용되고 있다. 우리나라에서는 장석민, 임두순과 송병국(1991)이 CMI에 바탕을 두고 한국 실정에 맞게 진로성숙도검사를 개발하였으며, 2001년에는 한국직업능력개발원에서 중학교 2학년부터 고등학교 3학년 학생을 대상으로 태도, 능력, 행동의 세 측면에서 진로성숙도를 측정하기 위한 한국형 진로성숙도를 개발하여 사용하고 있다(임언, 정윤경, 상경아, 2001).

(3) 진로결정 수준을 측정하기 위한 검사들

진로결정척도(Career Decision Scale: CDS)는 오시포와 동료들(Osipow, 1987: Osipow, Carney, Winer, Yanico, & Koschier, 1980)이 진로선택 과정에 있는 고등학생과 대학생을 대상으로 진로 미결정의 선행조건을 확인하기 위해 개발한 것으로, 확신 척도와 미결정 척도의 두 하위 척도로 구성되어 있다. 우리나라에서는 고향자(1993)가 번안하여 타당화했으나 표준화 과정을 거치지 않았다.

진로상황검사(My Vocational Situation: MVS)는 고등학생과 대학생으로 대상으로 진로 미결정에 기여하는 문제의 성격을 확인하기 위해 개발된 것으로, 의사결정 과정에서 어려움을 겪게 되는 주된 요인인 진로정체감의 문제, 진로 및 직업세계에 대한 정보 부족 그리고 환경적·개인적 진로장벽의 세 가지 요인을 측정한다(Holland, Daiger, & Power, 1980). 진로정체감(VI) 척도는 진로계획과 관련된 피검자의 생각을 재고, 직업정보(OI) 척도와 진로장벽(B) 척도는 각각 피검자가 어떤 직업정보를 원하고 있는지와 진로발달을 저해하는 요인이 무엇인지에 관한 자료를 제공해 준다. 우리나라에서는 진로정체감 척도를 구성하는 문항을 번안하여 타당화한 진로정체감검사가 연구목적으로 사용되고 있다(김봉환, 김계현, 1997).

진로의사결정평가(Assessment of Career Decision Making: ACDM)는 하렌(Harren, 1979)의 진로의사결정 모형에 기초해서 고등학생과 대학생을 대상으로 진로의사결정 유형과 진로발달과업을 해결해 나가는 과정을 측정하기 위해 개

발된 것으로, 의사결정 유형 척도와 진로발달과제 척도로 구성되어 있다. 의사
결정 유형 척도는 합리적 유형, 직관적 유형, 의존적 유형의 3개 하위 척도를 포
함하고, 진로발달과제 척도는 학교에 대한 적응(학교만족도, 또래관계, 교사와의
관계), 전공선택, 직업선택의 세 가지 발달과제를 평가한다. 우리나라에서는 의
사결정유형의 세 하위 척도를 번역하여 타당화한 의사결정 유형검사가 주로 사
용되고 있다.

3. 진로상담 영역별 진로심리검사

개인의 진로발달 촉진, 진로계획의 수립, 진로 · 직업의 선택과 결정, 구직과
취업, 직업적응, 진로전환 등 진로상담에서 다루어지는 문제는 매우 다양하다.
진로상담은 또한 진학상담과 직업상담을 포괄한다(김봉환, 정철영, 김병석, 2006:
15). 학교에서 주로 이루어지는 진학상담은 상급학교 진학과 관련하여 학교선
택, 계열선택, 학과선택 등을 돕는 활동을 말하며, 직업상담은 구체적인 수준에
서 취업을 돕는 활동을 지칭한다. 최근에는 평생직장의 개념이 무너지면서 직
업적응과 진로전환을 돕는 활동도 직업상담의 중요한 부분을 차지하고 있다.
진학, 구직, 직업적응 및 진로전환 등 진로상담의 각 활동 영역에 따라 필요한
진로심리검사의 특징과 활용 과정을 간단히 설명한다.

1) 진학상담을 위한 진로심리검사

진학상담은 주로 상급학교 진학과 관련하여 학교선택, 계열선택, 학과선택 등
을 돕는 활동을 말한다. 진학상담에서는 학업과 관련된 흥미, 적성, 성격 등을
평가하기 위한 기초적인 심리검사를 활용하여 학교나 계열 또는 학과선택에 필
요한 개인적 정보를 수집하여 제공할 수 있다. 특히 진로탐색검사(안창규, 1996;
Holland et al., 1994)는 개인의 성격, 유능감, 직업, 활동과 관련해서 구체적인 진

로코드를 제공하고 있어 진학은 물론 직업을 결정하는 데 유용하게 활용될 수 있다. 또한 대학이나 대학원에 진학하기 위해 계열이나 전공을 선택할 때에는 대학수학능력시험과 함께 일반적성분류검사나 특수적성검사(예: MCAT, LSAT, EPSAT 등)를 활용하면 유용한 정보를 제공받을 수 있다. 미국 유학 추세가 보편화되고 있는 최근에는 미국 대학 입학을 위한 SAT와 대학원 입학을 위한 GRE에 대해서도 이해가 필요하다.

(1) 진로탐색검사

진로탐색검사에는 안창규(1995, 1996)가 표준화하여 한국가이던스에서 출판한 것과 이종승(2009)이 표준화하여 학지사심리검사연구소에서 출판한 것이 있다. 한국가이던스에서 출판한 진로탐색검사는 한국 중·고등학교 학생의 낮은 진로성숙도, 진로교육 기회의 결여, 문화적 차이 등을 고려하여 홀랜드 등(Holland et al., 1994)이 개발한 진로탐색검사와 거의 동일한 과정을 거쳐 새롭게 재구성한 것으로, 만 13세 이상의 중·고등학교 학생을 대상으로 실시하며 사전탐색 1문항과 활동 60문항, 성격 60문항, 유능감 66문항, 직업흥미 84문항 등 4개 영역 270문항으로 구성되어 있다(한국가이던스, 2003). 검사결과는 변별도, 일관도, 긍정반응율 등 검사의 타당도 지수와 검사 영역별 RIASEC의 백분율 분포와 2유형 진로코드 및 프로파일 해석, 적성에 맞는 전공학과 및 직업선택 그리고 자신의 현실적 제한점을 고려한 전공학과 및 직업선택의 검증표가 함께 제시된다. 이 검사의 진로성격 유형별 신뢰도 계수는 .89~.94이다(안창규, 안현의, 2003).

학지사심리검사연구소에서 발간한 진로탐색검사(CET)는 미국 ACT 검사의 일부인 직업흥미검사를 기초로 우리나라 중·고등학생들의 사회문화적 차이를 반영하여 재표준화한 것으로, 중·고등학생의 직업적 흥미, 적성, 성격 등을 객관적으로 파악하여 진로계획을 세우거나 진로선택에 도움을 주고자 한 것이다. 이 검사는 흥미, 성격, 적성, 작업환경, 선호직업의 5개 하위검사로 구성되어 있으며, 문항 수는 중학생용 180문항, 고등학생용 204문항이다(학지사심리검사연구소, 2011). 검사결과는 반응 적합도와 변별도로 구성된 검사의 타당도와 흥미, 성격, 적성, 선호직업 등에 대한 유형별 검사점수 요약표, 진로유형 코드와 직업환경 코드, 직업성격 유형별 백분위와 T점수로 구성된 진로유형 프로파일 그리고 검사결과 해석과 진로유형에 해당하는 학과와 직업의 예시 등을 제시한다. 이 검사의 직업흥미 유형별 신뢰도 계수는 중학생용 .84~.92, 고등학생용 .86~.95이다(이종승, 2001).

두 검사 모두 홀랜드의 직업성격유형(RIASEC)이론에 기초하여 개발된 것으로, 실재형(R), 탐구형(I), 예술형(A), 사회형(S), 설득형(E), 관습형(C) 등 6개 직업적 성격 유형을 측정하며, 직업적 흥미 영역뿐만 아니라 성격 영역과 능력 영역을 종합적으로 평가하도록 하고 있다. 상담 장면에서 이 검사결과를 활용하면 내담자의 진로발달 수준 및 진로성숙도를 파악할 수 있고, 진로 코드의 안정성과 정체성을 가늠할 수 있으며, 후속되는 진로상담의 방향을 결정하는 데 도움이 된다.

(2) 청소년 적성검사

청소년 적성검사(한국고용정보원, 2002a, 2002b, 2003, 2006)는 중학생 및 고등학생의 적성 능력을 측정하여 적합한 직업 및 학문 분야를 안내하기 위해 개발되었으며, 고용노동부에서 운영하는 워크넷 사이트(http://www.work.go.kr)를 통해 제공되고 있다. 중학생용 적성검사는 언어능력(어휘력, 독해력, 언어추리력), 수리능력, 공간능력, 지각속도, 과학능력, 색채능력, 사고유연성, 협응능력의 8개 적성요인을 측정하는 10개 하위검사와 끈기 및 결단성, 자율적 동기, 타율적 동기, 무동기 등의 동기요인을 측정하는 검사로 구성되어 있으며, 검사시간은 70분 정도 소요된다. 적성요인별 신뢰도 계수는 .71~.89이고 재검사 신뢰도 계수는 .21~.84이다. 이 검사결과는 적성요인별 백분위와 변환점수(평균 100, 범위 50~150)를 산출하고, 10개 계열의 학업분야 중에서 개인의 능력 패턴에 적합한 3개의 학업분야(계열)를 추천하고 각 분야에 해당하는 학과 및 직업을 함께 제공한다.

청소년 적성검사(고등학생용)는 중학생용의 8개 적성요인에서 협응능력을 빼고 그 대신 추리능력과 집중능력을 추가하여 9개 적성요인을 측정하는 13개 하위검사로 구성되어 있으며, 검사 시간은 65분 정도 소요된다. 하위검사별 신뢰도 계수는 .60~.92이다. 이 검사결과는 적성요인 및 하위검사별 백분위와 변환점수(평균 100, 범위 50~150)를 산출하고, 총 18개 직업군에 대해 우선 추천 직업, 고려 대상 직업, 비추천 직업으로 세분화하여 31가지 학업전공 분야에서 필요로 하는 학업적성 정보와 함께 제공한다. 청소년 적성검사(고등학생용)의 적성요인별 하위검사 문항 수와 제한시간 및 신뢰도 계수는 〈표 9-1〉과 같다.

ooo **표 9-1** 청소년 적성검사(고등학생용)의 적성요인별 하위검사 문항 수, 제한시간 및 신뢰도 계수

적성요인	하위검사	문항 수	제한시간	일관성계수
언어능력	1. 어휘찾기검사(단어 뜻 찾기, 유사어 찾기)	20	3분 00초	.62
	8. 주제찾기검사	10	3분 30초	.69
수리능력	4. 단순수리검사	10	4분 00초	.82
	10. 응용수리검사	10	8분 00초	.75
추리능력	13. 문장추리검사	10	6분 00초	.66
	7. 수열추리검사	10	7분 00초	.66
공간능력	5. 심상회전검사	12	4분 00초	.60
	12. 부분찾기검사	12	4분 00초	.75
지각속도	11. 지각속도검사	30	1분 00초	.90
과학능력	2. 과학원리검사	20	5분 00초	.73
집중능력	6. 집중력검사(색채집중, 도형집중)	30	1분 20초	.92
색채능력	3. 색상지각검사	13	1분 00초	.81
사고유연성	4. 성냥개비검사	10	5분 30초	.89

출처: 한국고용정보원(2017).

(3) 대학수학능력시험

대학수학능력시험은 1993년 8월부터 한국교육과정평가원에서 대학교육에 필요한 수학능력을 측정하여 학생 선발의 공정성과 객관성을 높이는 것을 목표로 시행한 이후 시험 체제와 운영 측면에서 크고 작은 변화를 가져왔다(박도순, 2007: 326). 현재 시행되고 있는 대학수학능력시험은 전체적으로 국어, 수학, 영어, 한국사, 탐구(사회/과학/직업) 영역 및 제2외국어/한문 영역으로 구성되며, 한국사 영역은 모든 수험생이 반드시 응시해야 하는 필수 영역이고 나머지 영역은 수험생이 전부 또는 일부를 선택하여 응시할 수 있다. 또한 수학은 가형과 나형 중 하나를 선택할 수 있으며, 탐구 영역은 사회탐구, 과학탐구, 직업탐구 중 한 영역에서 최대 2개 과목까지 선택이 가능하다. 다만, 직업탐구 영역은 고등학교에서 전문계열의 전문교과를 86단위 이상 이수한 학생만 선택하여 응시할 수 있다. 2018년도 시행 예정인 대학수학능력시험의 영역별 출제범위와 문항 수 및 시험시간은 〈표 9-2〉와 같다.

대학수학능력시험의 결과는 영어 및 한국사 영역의 경우 절대평가에 따른 등급만 제시되고, 나머지는 영역/과목별 표준점수, 백분위, 등급을 표기하도록 되어 있다. 국어, 수학 영역은 영역별 평균 100, 표준편차 20, 사회/과학/직업탐구 영역과 제2외국어/한문 영역은 과목당 평균 50점, 표준편차 10으로 하여 선형 변환한 표준점수를 산출하고, 영역/과목별 등급은 9등급제를 유지한다. 시험 결과는 대학 입학전형과 관련하여 수시모집 합격자의 최저학력기준으로 활용되거나 정시모집에서 지원자격 또는 전형요소로 활용된다. 또한 대학이나 계열에 따라 입학전형에 반영하는 영역이 다르고 점수 적용에 있어서도 특정 영역에 가중치를 곱하여 활용하는 등 다양하다. 따라서 진학상담에서 대학수학능력시험 결과를 활용할 때에는 내담자가 관심 있는 대학의 계열 및 학과 전형계획을 미리 살펴보고 자신의 수능 성적에 비추어 좀 더 유리한 대학과 계열이나 전공을 선택할 수 있도록 조력할 필요가 있다.

∘∘∘ **표 9-2** 대학수학능력시험의 영역별 출제범위와 문항 수 및 시험시간

영역		문항 수	문항 유형	배점		시험 시간	출제범위
				문항	전체		
국어		45	5지선다형	2, 3	100점	80분	화법과 작문, 독서와 문법, 문학을 바탕으로 다양한 소재의 지문과 자료를 활용하여 출제
수학 (택 1)	A형	30	5지선다형 (1~21번), 단답형 (22~30번)	2, 3, 4	100점	100분	미적분II, 확률과 통계, 기하와 벡터
	B형	30		2, 3, 4			수학II, 미적분I, 확률과 통계
영어		45	5지선다형 (듣기 17문항)	2, 3	100점	70분	영어I, 영어II를 바탕으로 다양한 소재의 지문과 자료를 활용하여 출제
한국사 (필수)		20	5지선다형	2, 3	50점	30분	한국사에 대한 기본 소양을 평가하기 위해 핵심 내용을 위주로 출제
탐구 (택 1)	사회 탐구	과목당 20	5지선다형	2, 3	과목당 50점	과목당 30분 (최대 60분)	생활과 윤리, 윤리와 사상, 한국지리, 세계지리, 동아시아사, 세계사, 법과 정치, 경제, 사회·문화(9개 과목 중 최대 택 2)
	과학 탐구	과목당 20	5지선다형	2, 3	과목당 50점	과목당 30분 (최대 60분)	물리I, 화학I, 생물I, 지구과학I, 물리II, 화학II, 생물II, 지구과학II (8개 과목 중 최대 택 2)
	직업 탐구	과목당 20	5지선다형	2, 3	과목당 50점	과목당 30분 (최대 60분)	농업이해, 농업기초기술, 공업일반, 기초제도, 상업경제, 회계원리, 해양의 이해, 수산·해운 산업 기초, 인간발달, 생활서비스산업의 이해(10개 과목 중 최대 택 2)
제2외국어/ 한문		과목당 30	5지선다형	1, 2	과목당 50점	과목당 40분	독일어I, 프랑스어I, 스페인어I, 중국어I, 일본어I, 러시아어I, 아랍어I, 베트남어I, 한문(9개 과목 중 택 1)

출처: 한국교육과정평가원(2017).

2) 구직상담을 위한 진로심리검사

구직상담은 선택 가능한 직업의 결정은 물론 각 직업의 조건들, 취업에 필요한 조건, 구체적인 취업 절차 등 취업을 위한 실천적 과정을 포함한다. 우선 선택 가능한 직업을 결정하기 위해서는 개인의 흥미, 적성, 성격 및 가치관 등을 평가하기 위한 기초적인 심리검사를 활용하여 개인의 심리적 특성에 맞는 직업의 유형과 특징을 파악할 수 있다. 만일 직업선택을 위한 의사결정에 어려움이 있다면 진로발달 수준(Thompson et al., 1981, 1982)이나 진로성숙도(Crites, 1978)를 점검하고 진로신념검사(Krumboltz, 1991, 1994)나 진로사고검사(이재창, 최인화, 박미진, 2008; Sampson, Peterson, Lenz, Reardon, & Saunders, 1999)와 같은 심리검사를 활용하여 진로 미결정의 원인을 파악할 필요가 있다. 그리고 취업을 위한 실천적 과정에서는 내담자의 구직욕구와 직업선호도 그리고 직업적성을 파악하기 위한 심리검사를 실시할 수 있다. 이 검사들은 고용노동부에서 운영하는 워크넷 사이트(http://www.work.go.kr)을 통해 제공된다.

(1) 구직욕구검사

구직욕구진단검사(한국고용정보원, 1999)는 만 18세 이상의 구직자를 대상으로 구직자의 취업에 대한 열망을 객관적으로 평가하기 위한 것이다. 이 검사는 구직욕구를 측정하는 척도와 타당도 확인을 위한 사회적 바람직성 척도로 구성되어 있으며, 구직욕구를 측정하는 척도는 경제적 어려움, 구직활동의 적극성, 일자리 수용자세의 3개 하위 척도를 포함한다. 이 검사는 구직욕구 척도 20문항과 사회적 바람직성 척도 9문항의 총 29문항으로 구성되어 있으며, 각 하위 요인별 신뢰도 계수는 .69~.85이다. 검사 시간은 5분 정도로 짧고 매우 간편하게 실시할 수 있다. 검사결과는 구직욕구 척도에 대해서는 성별, 연령별 하위 척도의 백분위점수를 제공하고 사회적 바람직성 척도에 대해서는 원점수를 제공한다. 이 결과는 직업상담 장면에서 구직자의 구직욕구 수준을 파악하고 직업상담의 기초 자료로 활용되고 있으며, 내담자의 사전 정보로 상담의 방향을 설정하는 데 직접적인 도움을 주고 있다.

(2) 직업선호도검사

직업선호도검사(한국고용정보원, 2001a, 2008, 2011a)는 18세 이상의 성인을 대상으로 실시하는 종합적인 직업심리검사로 수차례의 개정작업을 거쳐 검사의 신뢰도가 크게 향상되었다. 이 검사는 L형(Long Form)과 S형(Short Form)의 두 가지가 있다. L형은 흥미검사, 성격검사, 생활사검사 등 3개의 하위검사로 구성되어 있으며, S형은 흥미검사로만 구성되어 있다. 검사 시간은 L형 60분, S형 25분 정도가 소요된다.

흥미검사는 다양한 분야에 대한 선호도를 평가하기 위한 것으로 홀랜드의 직업성격유형이론에 기초하여 6개 RIASEC 척도를 측정하도록 되어 있다. 이 검사는 활동, 유능성, 선호직업, 선호분야, 일반성향 등 5개 하위검사로 구성되어 있으며, 하위검사마다 실재형(R), 탐구형(I), 예술형(A), 사회형(S), 설득형(E), 관습형(C)의 6개 흥미요인을 측정하는 문항들을 포함한다. 이 검사는 흥미요인별 각 34문항씩 총 204문항으로 구성되어 있으며, 검사의 신뢰도 계수는 .90~.93이다. 검사결과는 흥미요인별 원점수 및 환산점수 프로파일과 세 자리 직업요약코드를 해당 직업의 예와 함께 제공한다.

성격검사는 일상생활 속에서 나타나는 개인의 성향을 평가하기 위한 것으로 성격 5요인 구조 이론에 기초하여 외향성(E), 호감성(A), 성실성(C), 정서적 불안정성(N), 개방성(O)의 5개 성격요인을 측정하는 28개 소검사와 사회적 바람직성 척도 및 부주의 척도로 구성되어 있다. 이 검사는 5개 성격요인을 측정하는 145문항, 사회적 바람직성 척도 13문항, 부주의 척도 3문항 등 총 161문항으로 구성되어 있으며, 검사의 신뢰도 계수는 .82~.93이다. 검사결과는 5개 성격요인별 T점수를 제공하며, 2~3개 요인의 조합을 통해 정서, 대인관계, 활동성, 기본태도, 과제수행, 학업 등과 관련된 해석이 가능하다. 성격요인별 소검사의 구성요소와 문항 수 및 신뢰도 계수는 〈표 9-3〉과 같다.

ooo **표 9-3** 성격검사의 성격요인별 소검사 구성요소와 문항 수 및 신뢰도 계수

성격요인		소검사 구성	문항 수	신뢰도 계수
성격 요인 척도	외향성(E)	온정성, 사교성, 리더십, 적극성, 긍정성	26	.91
	호감성(A)	타인에 대한 믿음, 도덕성, 타인에 대한 배려, 수용성, 겸손, 휴머니즘	30	.82
	성실성(C)	유능감, 조직력, 책임감, 목표지향성, 자기통제력, 완벽성	34	.93
	정서적 불안정성(N)	불안, 분노, 우울, 자의식, 충동성, 스트레스 취약성	31	.91
	개방성(O)	상상력, 문화, 정서, 경험추구, 지적 호기심	24	.88
사회적 바람직성 척도			13	-
부주의 척도			3	-

출처: 전진수, 김완석(2000: 256).

생활사검사는 대인관계지향, 독립심, 가족친화, 야망, 학업성취, 예술성, 운동선호, 종교성, 직무만족 등 9개 요인을 측정하며, 직무만족은 직장 경험이 있는 경우에만 제공된다. 이 검사는 요인별 각 5문항씩 45문항으로 구성되어 있으며, 검사의 신뢰도 계수는 .58~.87이다.

(3) 성인용 직업적성검사

성인용 직업적성검사(한국고용정보원, 2000, 2005)는 구직을 원하는 만 18세 이상의 모든 성인을 대상으로 다양한 직업 분야에서 자신이 맡은 직무를 성공적으로 수행하기 위하여 요구되는 중요한 적성요인을 측정하기 위해 개발되었다. 최근에 개정된 직업적성검사는 11개 적성요인과 16개 하위검사로 구성되어 있으며, 총 문항 수는 248문항이고 하위검사의 신뢰도 계수는 .47~.94이다. 총 검사 시간은 80분 정도 소요된다. 이 검사는 각 적성요인별 T점수를 산출하고, 총 54개 직업군에 속하는 직업에 대해 3개 중요 적성요인에서 기준점수를 넘어설 경우 그 직업 분야에서 적성이 있는 것으로 판정한다. 적성요인별 하위검사

문항 수, 제한시간 및 신뢰도 계수는 〈표 9-4〉와 같다.

ooo **표 9-4** 성인용 직업적성검사의 적성요인별 하위검사 문항 수, 제한시간 및 신뢰
도 계수

적성요인	하위검사	문항 수	제한시간	신뢰도
언어력	1. 어휘력검사(동의어, 반의어, 단어 뜻 찾기)	30	3분 00초	.90
	8. 문장독해력검사	13	4분 00초	.76
수리력	4. 계산능력검사	13	4분 00초	.85
	6. 자료해석력검사	13	7분 00초	.70
추리력	10. 수열추리1검사(네트워크망)	8	2분 00초	.77
	11. 수열추리2검사(나열형)	7	2분 00초	.77
	13. 도형추리검사	9	3분 00초	.50
공간지각력	5. 조각맞추기검사	10	3분 00초	.47
	7. 그림맞추기검사	16	3분 00초	.87
사물지각력	3. 지각속도검사	30	1분 30초	.87
상황판단력	12. 상황판단력검사	14	3분 00초	.74
기계능력	14. 기계능력검사	15	5분 00초	.50
집중력	9. 집중력검사(색판단, 도형판단)	45	1분 30초	.94
색채지각력	2. 색혼합검사	18	2분 30초	.59
사고유창성	15. 사고유창성검사	2	2분 00초	–
협응능력	16. 기호쓰기검사	5	1분 00초	–

출처: 한국고용정보원(2017).

성인용 직업적성검사 결과는 각 적성요인별 T점수 프로파일, 최적합 직업군
3개와 적합 직업군 3개에 대한 세부 직업 목록 그리고 희망 직업에 대한 적성요
인의 기준점수와 개인점수를 제공한다. 이 결과는 구직자의 능력 특성이 어떤
직업 분야에 적합한지를 파악하고, 본인의 적성과 본인이 희망하는 분야에서 요
구되는 직무수행 요건 및 중요 적성요인과의 차이를 비교함으로써 개인의 능력
과 적성에 적합한 직업의 선택과 지도에 활용될 수 있다.

3) 직업적응 및 진로전환 상담을 위한 진로심리검사

최근에 평생직장의 개념이 무너지면서 실제 직업에 종사하고 있는 성인들을 대상으로 그들의 직업적응과 진로전환을 돕는 활동도 직업상담의 중요한 부분을 차지하고 있으며, 이에 따라 성인의 진로문제를 평가하기 위한 다양한 형태의 검사가 개발되어 활용되고 있다. 미국에서 개발된 대표적인 성인용 진로검사는 성인용 진로성숙도검사(Career Maturity Adult Scale; Crites, 1993)를 비롯하여 성인진로욕구검사(Adult Career Concerns Inventory; Super, Thompson, & Lindeman, 1988)와 진로태도 및 전략검사(Career Attitudes and Strategies Inventory; Holland & Gottfredson, 1994) 그리고 진로전환검사(Career Transition Inventory; Heppner, Multon, & Johnston, 1994)가 있다. 우리나라에서는 2001년 노동부 산하 한국고용정보원에서 성인의 전직, 재취업, 창업 등을 체계적으로 도와주기 위해 구직준비도검사, 직업전환검사, 창업진단검사를 포함하는 '직업적응검사 패킷'을 개발하여 사용하고 있다. 이 검사는 고용노동부에서 운영하는 워크넷 사이트(http://www.work.go.kr)을 통해 제공된다.

(1) 구직준비도검사

구직준비도검사(한국고용정보원, 2001b, 2011b)는 구직을 원하는 만 18세 이상의 성인을 대상으로 구직 활동에 영향을 미치는 개인의 심리적 특성을 측정하여 장기실업의 위험을 예측하고 동시에 효과적인 구직 활동을 지원하는 데 유용한 정보를 제공하기 위한 검사이다. 2011년에 개정된 최신 검사는 구직 취약성 및 적응도 검사, 구직동기 진단검사, 구직기술 진단검사의 3개 하위검사와 8개 하위척도로 구성되어 있으며, 검사수행의 신뢰도를 확인하기 위한 척도가 포함되어 있다. 구직 취약성 및 적응도 검사는 실직 후 경제적 및 사회적 대처 여부를 평가하기 위한 것으로 경제적 취약성 및 적응도와 사회적 취약성 및 적응도의 2개 하위 척도를 포함하며, 구직동기 진단검사는 재취업에 대한 의지를 평가하기 위한 것으로 자아존중감(자아존경, 자기평가)과 자기효능감(자신감, 자기조절효능감)의

2개 하위 척도를 포함한다. 그리고 구직기술 진단검사는 구직기술의 소지 여부를 평가하기 위한 것으로 경력 유동화 능력을 측정하는 2개 하위 척도(구직기술, 의사전달능력)와 고용정보 수집 기술을 측정하는 2개 하위 척도(대인관계 활용, 구직정보 수집)를 포함한다. 검사의 문항 수는 구직 취약성 및 적응도 검사 21문항, 구직동기 진단검사 26문항, 구직기술 진단검사 20문항 등 총 67문항이며, 하위검사의 신뢰도 계수는 .69∼.89이다. 검사수행 신뢰도 척도는 7문항으로 수검자가 검사를 치를 때 각 문항에 얼마나 성실하게 반응하였는지를 알아보기 위한 것이다. 총 검사 시간은 15분 정도 소요된다. 검사결과, 실직으로 인한 스트레스를 극복하거나 구직기술을 습득하는 일이 재취업보다 우선한다고 판단되면 고용노동부에서 실시하는 '성취프로그램'에 참여할 수 있다.

(2) 직업전환검사

직업전환검사(한국고용정보원, 2001c)는 현재 직업에 적응하는 데 어려움을 느끼는 직장인, 재취업을 희망하는 실직자, 또는 자신의 전공과 다른 직업을 구하는 대학생 등 만 18세 이상의 성인을 대상으로, 직업적응과 관련된 개인의 성격 특성을 측정하여 성격 특성에 가장 합치하는 직업군을 확인하는 데 유용한 정보를 제공하기 위한 검사이다. 이 검사는 추천업종과 비교 차원과 상담을 위한 참고 차원으로 구성되어 있는데, 비교 차원은 개방/감수성, 배려/이타성, 회피/심약성, 노력/적극성, 집중/성실성, 열등/분노성의 6개 요인을 포함하고, 참고 차원은 폐쇄/의존성과 과정/과시성의 2개 요인을 포함한다. 이 검사는 8개 요인을 측정하는 언어검사 79문항과 그림검사 91문항 그리고 타당도 9문항 등 총 179문항으로 되어 있으며, 요인별 검사의 신뢰도 계수는 비교 차원이 .82∼.95이고 참고 차원은 각각 .59와 .64이다. 총 검사 시간은 20분 정도 소요된다. 검사결과는 현재의 직업이 적성에 맞지 않은 직장인이나 재취업을 원하는 실직자에게 직업을 바꾼 뒤 성공할 가능성이 가장 높은 2개의 직업군을 추천해 준다.

(3) 창업진단검사

창업진단검사(한국고용정보원, 2001d)는 창업을 희망하는 실직자를 주 대상으로 창업에 대한 소질 여부를 평가하고 성공 가능한 최적의 업종을 탐색하기 위해 개발된 검사이다. 이 검사는 사업지향성, 문제해결, 효율적 처리, 주도성, 저신감, 목표 설정, 설득력, 대인관계, 자기개발 노력, 책임감수, 업무완결성, 성실성 등 12개의 역량 차원을 측정하는 137문항과 생활사 문항 12문항 그리고 기타 1문항 등 총 150문항으로 구성되어 있으며, 검사의 신뢰도 계수는 .59∼.86이다. 검사 시간은 20∼30분 정도 소요된다. 검사결과는 창업 희망자의 사업가 적성 여부를 진단하고 어떤 업종을 창업하는 것이 적합한지를 판정해 준다.

4. 진로상담에서 심리검사의 활용

1) 상담에서 심리검사 활용에 관한 논쟁

심리검사는 진로상담에서 흥미, 적성, 성격 등 개인의 자기이해를 위한 중요한 도구로 사용되어 왔다. 한때 상담에서 심리검사의 활용을 둘러싸고 지시적 상담자들과 비지시적 상담자들 사이에 대립되는 논쟁이 있었으나, 오늘날에는 절충적인 입장을 취하여 비지시적 상담자들의 비판을 수용하면서 검사의 해석에 내담자를 참여시키는 형식으로 신중하게 검사를 활용하고 있다(장대운 외, 1996: 227-228).

월리엄슨(Williamson)을 중심으로 하는 지시적 상담자들은 심리검사의 결과를 이용함으로써 내담자에게 필요한 정보를 제공할 수 있으며, 최상의 결정을 내리도록 돕거나 상담의 효과를 높일 수 있다고 생각하였다. 이러한 생각은 심리측정운동의 영향으로 더욱 고조되어 한때 '상담은 곧 검사'라고 여겨지기도 하였다. 반면에 로저스(Rogers)를 중심으로 하는 비지시적 상담자들은 상담 중에 진단이나 평가를 강조하면 내담자의 자발성을 저해한다고 비판하였다. 그러나 로저스 학파의 상담자들도 후에 내담자가 동의할 경우 검사를 사용할 수 있다는 점을 인정하고 상담의 효과를 검증하는 데 검사를 사용하기도 했다.

한편, 수퍼(1983)는 절충적인 입장에서 진로지도와 상담에서 평가 및 검사의 활용에 대해 기술하고 있다. 심리검사 활용의 문제는 상담 영역에 따라 그 의미를 달리하고 있는데, 교육상담과 진로상담을 주로 담당하는 학교상담 장면에서는 상담자와 내담자 모두 검사가 상담에 정보를 제공해 주는 역할을 하고 있다는 데 동의하고 검사 활용에 대한 기대를 갖고 있다. 따라서 진로상담에서 심리검사 활용에 대한 논쟁은 검사를 사용할 것인가 사용하지 말아야 것인가의 문제라기보다는 어떻게 하면 상담의 목적에 맞는 최적의 검사를 선정하여 효과적으로 활용할 것인가의 문제로 초점을 전환할 필요가 있다.

2) 진로상담에서 심리검사 활용에 관한 주의사항

원래 상담 장면에서 심리검사의 사용은 내담자의 자질을 평가하고 그 장점을 신장시키기 위해 이용한다. 그러나 진로상담에서는 심리검사가 선발 과정의 문제와 밀접하게 관련되기 때문에 심리검사 활용 과정에서 중대한 오용이 생길 수 있고 그로 인해 예기치 않은 피해가 발생할 수 있다. 로드니(Rothney, 1972)는 상담에서 상담자가 검사를 사용할 때 주의해야 할 여덟 가지 사항을 다음과 같이 지적하고 있다(장대운 외, 1996: 229-230에서 재인용).

- 성격을 평가하는 것과 감정, 태도, 흥미, 성격 등을 체크리스트식 검사로 조사하는 것을 혼동해서는 안 된다. 후자의 체크리스트식 검사는 엄밀하게 말하면 검사라고 할 수 없다.
- 검사에서 능력에 대한 이상적인 수준을 설정한다거나 모든 학습 영역에서 동시에 높은 수준까지 발달시킬 수 있다고 기대해서는 안 된다.
- 만일 문화적 환경이 '완벽하게 동일하다.'라고 믿을 만한 이유가 조금이라도 없다면 그 검사에서 주어진 규준과 학생의 득점을 비교해서는 안 된다.

- 너무 많은 검사를 함으로써 내담자와 부모, 교사들과 그것에 대해 개인적으로 연구할 시간이 없어지는 일이 없도록 하라.
- 검사 제목만으로 성급하게 판단해서는 안 된다. 검사의 문항들을 잘 검토해야 한다.
- 검사에서 너무 많이 기대해서는 안 된다. 검사가 목적의 전부를 측정하지는 않는다.
- 단지 '다른 사람들이 그렇게 하고 있기 때문에'라는 이유만으로 검사를 사용해서는 안 된다. 상담자는 특정한 개인에게서 일어난 의문에 해답을 주는 것만 이용해야 한다.
- 신뢰도라는 말에 속아서는 안 된다. 그것은 측정학적으로는 특별한 의미를 갖고 있을지라도, 축어적인 의미보다 훨씬 더 한정된 정보를 제공한다.

이와 같이 진로상담에서 심리검사를 활용하기 위해서는 먼저 검사의 계획, 실시, 해석, 보고의 방법 등에 대해 충분한 이해가 선행되어야 한다.

3) 진로심리검사 결과의 해석 및 활용 시 유의할 점

심리검사의 활용 과정에서 가장 중요한 측면 중 한 가지는 내담자에게 검사 결과를 전달하는 것이다. 상담자들은 흔히 내담자와 다른 사람들에게 검사결과를 해석해 줄 것을 요구받는다. 검사결과의 해석은 상담자의 이론적 관점에 의해 영향을 받게 마련이다. 가령, 인간중심 상담자들은 내담자에게 검사점수를 제시하고 해석 과정에 참여하도록 격려하며, 내담자가 검사결과에 대해 어떻게 느끼는가에 주의를 기울인다. 이처럼 내담자에게 검사결과의 해석에 참여하도록 격려함으로써 상담자는 내담자에 관해 더 많은 통찰을 얻을 수 있고, 내담자 또한 검사결과를 긍정적으로 수용하고 의사결정을 하는 데 활용할 수 있다.

(1) 검사결과의 해석 시 유의사항

심리검사 결과를 해석할 때 특히 유의해야 할 사항을 정리해 보면 다음과 같다(김봉환 외, 2006: 254-255).

- 검사해석의 첫 단계는 검사요강을 알고 이해하는 것이다. 검사요강은 또한 검사 이용의 한계와 결과 해석을 위한 제안에 관한 정보를 제공한다.
- 검사결과를 해석할 때 내담자가 받은 검사의 목적과 제한점, 장점들을 검토해 보는 것이 중요하다.
- 검사결과를 해석할 때 백분위나 표준점수가 해석에 포함된다면, 이런 것들과 함께 검사가 채점되는 과정이 설명되어야 한다.
- 검사결과가 확실성이나 구체적인 예언보다는 오히려 가능성의 관점에서 제시되어야 한다.
- 검사결과의 해석을 통해 내담자의 이해를 증가시키는 것을 강조하며, 내담자 스스로 해석할 수 있도록 안내하고 격려해야 한다.
- 상담자는 검사결과를 해석할 때 내담자의 이용 가능한 다른 정보들과 관련지어 제시해야 한다.
- 상담자는 내담자가 검사결과의 해석 내용을 이해하고 있는지 확인하고, 내담자가 그 정보에 대한 반응을 표현할 수 있도록 격려해야 한다.
- 검사결과를 해석할 때 검사결과로 나타난 장점과 약점 모두를 객관적으로 검토해야 한다.

(2) 검사결과의 활용을 위한 면접 시 유의사항

상담 장면에서 심리검사 결과를 활용할 때 유념해야 할 사항을 정리해 보면 다음과 같다(김봉환 외, 2006: 255-256).

- 내담자가 검사결과를 이해하고 이용할 수 있다는 것을 알려 주고, 내담자가 이미 갖고 있는 정보에다 검사 자료를 추가하는 것 그리고 내담자가 직

면하고 있는 의사결정에 도움을 얻기 위해 검사의 정보를 직접 이용하는 것이 중요하다는 점을 강조한다.

- 사전에 내담자에게 자신이 받은 검사에 관해 어떻게 느끼는지 물어본다. 이를 통해 검사에 대한 내담자의 태도에 관한 정보와 검사결과에 대한 유용성 및 타당성에 관한 정보를 얻을 수 있으며, 이러한 정보는 해석 과정에서 매우 유용한다.

- 사전에 어떤 검사에 대해 논의할 것인지를 내담자에게 상기시키고 검사결과를 논의하는 것이 좋다. 예를 들면, "두 세트의 이름과 숫자가 같은지 다른지를 체크하도록 했던 검사를 기억하세요? 그것은 사무직 적성을 측정하기 위해 고안된 검사였어요."라고 말할 수 있다.

- 검사결과를 내담자가 가진 다른 정보와 관련지어 논의한다. 특히 검사결과를 과거, 현재, 미래의 행동과 관련시키고, 과거 정보와 현재의 검사결과를 현재의 의사결정이나 미래의 장기적인 계획과 관련시키는 것이 중요하다.

- 전문적인 용어를 피하고 이해하기 쉬운 용어로 검사의 목적과 결과를 제시한다. 설명과 해석의 속도를 내담자의 이해 수준에 맞추고, 가끔 내담자에게 검사결과를 요약해 보도록 하여 그것을 이해하고 있는지 확인한다.

- 검사결과에 대한 언어적 해석과 함께 도식적인 제시를 병행한다. 내담자가 검사 프로파일을 직접 볼 수 있도록 하고, 복잡한 프로파일 용지가 여러 장일 때에는 내담자가 쉽게 이해할 수 있도록 분류하여 요약해 준다.

- 내담자의 검사결과를 단정적으로 규정짓는 것을 피한다. 낮은 수행점수를 정직하게 제시하고, 내담자가 낮은 점수를 거부하는 것에 대해 논의한다. 이 점수들이 무시되거나 잘못 측정되었다거나 우연 때문이라고 해서는 안 된다.

- 면접이 끝날 무렵에는 내담자에게 전체 면접의 결과를 직접 요약하도록 한다. 충분한 시간을 갖고 이러한 요약에 대해 불일치하거나 오해하는 점들을 함께 논의한다. 면접에서 내담자가 유쾌한 정보를 얻지 못했더라도 긍정적으로 마무리하도록 노력한다.

제10장
진학상담

| 김영빈 |

시대가 변함에 따라 인간에게 요구되는 능력과 교육내용, 교육방법 및 교육
환경 등이 획기적으로 변화되었다. 미래학자들이 제시한 미래 전망에는 지식기
반 경제 및 산업체제로의 전환, 정보화, 세계화, 노동시장의 변화, 다원주의 등
이 공통적으로 포함된다. 이러한 사회의 변화는 교육에 있어서도 많은 시사점
을 제공한다. 미래사회의 교육환경에서는 완성된 지식을 암기하고 이해하는 것
이 아니라 지식을 창조하고 활용하는 능력이 강조되고, 직업기초능력이 중요하
게 다뤄질 것이다. 교육의 패러다임 역시 초ㆍ중ㆍ고등학교를 넘어서 평생교육
으로 바뀌고 있고, 교사와 학생의 역할도 지금과는 달라질 것이다. 이러한 교육
에서의 변화 추세에 대해 한국직업능력개발원은 교육의 개방화와 다양화, 국제
화를 예견하였다(커리어넷, 2016).

첫째, 교육의 개방화는 교육대상, 교육영역, 교육장소 등 교육의 모든 부분에
서 나타날 것이다. 사회의 급격한 변화는 지식의 양을 급속도로 증가시키고 한
개인이 학습해야 할 내용은 점차 늘어날 뿐 아니라 그 내용이 하루가 다르게 달
라지고 있다. 따라서 학업을 마친 후에도 계속해서 교육을 받아야 할 필요성이

커지고 있다. 평생에 걸친 교육과 학습은 삶의 적응을 위해 꼭 필요한 요소이며, 이제는 학습과 교육을 보다 폭넓게 이해할 필요가 있다. 진로상담 분야에서 크럼볼츠(Krumboltz) 역시 평생학습을 강조하였고, 현대사회의 경력개발을 설명하는 '프로틴 커리어(protean career)' 개념에서도 평생학습능력을 중요하게 언급하고 있다. 또한 정보화를 비롯한 기술 및 사회제도의 변화 덕분에 누구나, 언제나, 어디서나, 평생에 걸쳐 교육받을 수 있는 열린교육체제와 평생학습사회가 실현될 것으로 전망된다. 미래에는 학교 단계와 학교 프로그램 간의 벽이 허물어지고 수준별 교육을 위한 상-하급 학교의 연계 운영이 보편화될 것이다. 대학 역시 학과의 문턱이 낮아져 융복합학문의 통로가 열리고 학점은행제 등을 통해 학교와 학교, 학교와 사회교육기관의 소통과 연계가 활발해질 것이다. 더불어 교육장소에 대한 개념이 달라지고 학교뿐 아니라 가정과 직장, 사회 등 모든 곳이 교육의 장소로 활용되며, 재택학습이나 홈스쿨링도 일반적인 교육의 하나로 받아들여지게 될 것으로 예상한다.

둘째, 교육의 다양화는 교육의 통합과 특성화를 의미한다. 지금의 고교교육은 일반계 고등학교와 특성화 고등학교로 구분되어 있지만, 앞으로는 기초교육의 성격이 강조되면서 계열이나 과정의 구분이 사라지고 점차 통합학교의 성격을 띠게 될 것이다. 문과와 이과의 구분은 이미 사라졌으며, 학생들은 자신의 관심과 흥미, 진로를 고려해서 원하는 교과목을 선택해 이수할 수 있게 학교의 운영이 변화되고 있다. 또한 학교들의 특성화 경향도 강해질 것이다. 현재의 특수목적고등학교 체제가 대폭 확대되어 인문학고등학교, 사회과학고등학교, 공학고등학교 등 교과 영역에 따라 확대하거나, 특수한 영역의 전문 인력을 양성할 수 있도록 보다 전문화된 학교를 설립하는 경우도 가능할 것으로 보인다.

셋째, 교육의 국제화가 예상된다. 지식기반 사회와 함께 세계화의 변화가 교육분야에도 적용되어, 한 나라에서 개인이 취득한 학위나 학점이 다른 나라에서도 인정받을 수 있는 체제가 마련될 것으로 보인다(김봉환 외, 2017).

고등학교와 대학의 유형과 진학방법이 다양해지는 것 역시 이러한 교육환경의 변화 추세와 일맥상통한다. 기존에는 초·중·고등학교의 교육과정과 교육

내용, 교과서가 일원화되어 학생과 학부모는 이미 결정된 교육과정과 교육내용을 수동적으로 받아들일 수밖에 없었다면, 지금은 학교의 유형이 다양화되고 교육과정에 있어서도 선택교과목과 비교과 영역의 창의적 체험활동이 확대되는 등 학습자의 선택권이 늘어나고 있다.

자신과 교육에 대한 이해를 바탕으로 자신에게 적합한 교육기회를 찾고 준비하는 것은 전생애적 관점의 진로발달에 있어 매우 중요하다. 또한 상급학교 정보를 알아보고 진학준비를 하는 과정에서 자신의 미래에 대한 목표를 세우고, 지금의 학업과 생활 전반에 대한 동기와 의지를 갖게 되기도 한다. 이 과정을 잘 거치고 교육에 대한 합리적인 선택을 할 수 있도록 진학상담을 통해 지원하는 것이 필요하다. 이를 효과적으로 조력하기 위해 상담자가 먼저 교육과 학교에 대해 이해하고 진학방법으로서 입학전형 정보에 익숙해져야 하는 것은 당연한 일이다.

진로상담 전반에서 내담자의 이해나 주요 상담 주제들에 대해 다루어 왔으므로, 이 장에서는 특히 진학상담의 주요 정보라 할 수 있는 학교에 대한 이해, 상급학교 입학전형에 대한 이해를 중점적으로 다루고자 한다. 이와 더불어 진학 의사결정 모형, 대학진학 의사결정 과정을 살펴봄으로써 상담자가 진학상담에서 밟아야 할 절차와 내용을 정리해 보도록 하겠다. 끝으로 상급학교 의사결정 이후에 내담자가 자신의 결정사항에 대해 한 번 더 검토하고 진학 이후에 잘 적응할 수 있도록 상담자가 고려해야 할 상담 주제는 무엇인지에 대해 생각해 보겠다.

1. 진학상담의 개요

진학이란 교육과정을 이수하고 더 배우기 위하여 상급학교에 입학하기 위한 일체의 준비 행위를 말한다. 그리고 '진학상담'은 상급학교에 입학하여 학문적 성취와 직업적 기능을 고양할 수 있도록 조력하는 활동으로 정보 수집, 준비행동의 지도와 독려, 의사결정 조력 등이 포함된다. 진학의 범위에는 유치원과 초등학교 입학에서부터 대학원 진학, 유학까지가 모두 포함되며, 진학상담에서 다루는 내용 역시 공부를 계속할지, 진학이 필요한지, 필요하다면 언제 어디로 어떻게 할지에 대한 결정을 포함하여 학교와 진학방법에 대한 정보 수집, 자신에 대한 이해, 진학준비와 진학 후의 적응에 이르기까지 다양하다.

그중에서도 '진학'이라고 하면, 우선 고등학교나 대학으로의 진학이 떠오를 것이다. 진로탐색기의 중학생 및 학부모를 대상으로 하여 일반고, 특목고, 특성화고 등으로 진학하는 과정을 조력하는 상담활동 그리고 진로준비기의 고등학생 및 학부모를 대상으로 대학의 진학준비 및 이 과정에서 발생하는 문제해결을 조력하는 상담활동이 진학상담의 대표적인 예이다.

최근 학생부종합전형의 도입, 수시전형의 확대 등 대학 입학전형이 다양하고 복잡해짐에 따라 대학 입학은 이전보다 더 고려할 것이 많은 중요한 진로의사결정의 주제가 되었다. 초·중·고등학교 교육과정에서 진로교육을 비중 있게 다루고 있으며, 고등학교 시기에 학생들이 전공과 관련된 생각을 정리하고 체험, 실습, 봉사 등을 통해 진로 경험을 쌓는 '진학준비도'와 '학과 적합성'이 대학 입학 평가항목으로 쓰이기도 한다. 이에 따라 학생들이 대학 진학과 학과선택에 대한 고민을 시작하여 자기와 학과에 대한 정보를 수집하고 진학준비를 시작하는 시기도 훨씬 앞당겨졌다.

중학생과 학부모를 대상으로 하는 고등학교 진학상담 역시 중요하다. 최근 고등학교의 유형 및 전형방법이 다양화되어, 학생의 특성과 진로목표에 따라 중학교 때부터 고교 진학을 포함하여 자신의 진로를 선택하고 결정해야 하는 경우가 많아졌기 때문이다.

학교 교육과정이 변화되고 고교 및 대학 입학의 의사결정 시기가 빨라짐에 따라 많은 학생과 학부모, 교사가 진학을 위한 도움을 필요로 한다. 진학을 잘하려면 학교에서 더 좋은 성적을 얻기 위해 미리 준비해야 한다는 생각에 초등학교 학부모까지 막연한 불안감을 호소하는 경우도 있다. 이러한 학교변화와 내담자의 요구에 발맞추어 상담자 역시 충분하고 정확한 정보를 토대로 전생애적 관점에서 내담자의 진로계획과 준비를 조력할 수 있도록 진학상담의 전문성을 갖추는 것이 필요하다.

우선 진학상담을 하기 위하여 상담자가 알고 있어야 하는 정보로는 상급학교 유형, 입학전형 방법, 진학에 필요한 비용 및 경제적 조건 등이 있다. 특히 학교 유형 및 입학전형 방법은 해마다 달라질 수 있으므로, 이미 알고 있는 정보를 과신하거나 문서 자료에 의존하기보다는 신뢰할 만한 인터넷 사이트 및 정보 출처를 통해 최신 자료를 수집하고 상시 확인하는 자세가 필요하다. 입학전형 방법이 구체화되는 시기는 예상보다 늦다. 대개 각 학교들의 입학전형 방법은 당해 연도 상반기에야 구체적으로 공지되기 때문에 이전에 정보를 알고 있었더라도 이 시기에 해당 상급학교에 직접 문의하거나 인터넷 사이트를 열람하여 변동사항 및 구체적인 전형방법, 제출서류 등을 확인하는 것이 필요하다.

2. 고등학교 진학

우리나라의 정규 교육제도는 6-3-3-4의 단선형 학제를 택하고 있고, 이 중 초등학교 6년과 중학교 3년은 의무교육에 해당된다. 특성화중학교가 있기는 하나, 대체로 초등학교와 중학교는 지역별·학교군별로 입학할 학교가 결정된다. 학생이 진학할 학교를 선택하고 준비하는 것은 고등학교 진학부터 본격화된다고 볼 수 있다.

1) 고등학교의 분류

학교선택에 있어서, 학생의 개성과 소질을 길러 낼 수 있도록 고등학교의 유형이 다양화되는 추세이고, 학부모 역시 자녀에 대한 관심과 학업성취에 대한 기대감이 증대됨에 따라 고등학교별 특성, 교육내용, 기숙사 여부 등을 고려하여 학교를 선택하려는 사람들이 늘고 있다. 하지만 조사결과에 따르면 고교선택을 위한 정보 접근성(학생 및 학부모가 고교 다양화 정보 및 진학준비 정보를 아는 정도)은 가정경제 형편이나 부모의 학력수준과 밀접한 관련이 있기 때문에, 교사나 상담자가 학생과 학부모에게 고등학교의 다양화나 진학준비에 대한 정보를 접할 수 있는 기회를 마련해 주는 것이 매우 필요하다. 초·중·고등학교에 새로운 유형의 학교가 생기고, 학교들이 저마다의 교육목표와 교육사업을 운영할 여지가 확대된 최근의 분위기에 대해 학부모가 생소하게 느낄수록, 새로운 유형의 학교를 선택하거나 알아보려는 노력을 하기가 더 어려워지기 때문이다.

「초·중등교육법 시행령」에 따르면, 교육과정 운영과 학교의 자율성을 기준으로 고등학교 유형을 일반고등학교, 특수목적고등학교, 특성화고등학교, 자율고등학교로 구분할 수 있다(국가법령정보센터). 고등학교 유형별로 학교의 중점목표 및 교육과정의 운영이 다르고 학교의 재량권이 확대되었기 때문에, 학생이 고등학교 시기부터 특정 분야의 심화된 공부를 원한다면 외국어나 국제 분야, 과학 분야 등 해당 분야에 맞는 특수목적고등학교의 진학을 고려해 볼 수 있다.

[그림 10-1] 고등학교 유형

또한 인성교육을 강조하거나 기숙형 학교로 운영되는 등 해당 지역의 자율형 고등학교 특성이 학생에게 유익하다고 생각되면 자율고등학교로 지원하는 것이 좋다. 그 밖에 전문 분야를 조기에 결정하고 고등학교 졸업 후 직업세계로 진입하고자 한다면 특수목적고등학교 중 마이스터고등학교 또는 특성화고등학교의 진학을 생각해 볼 수 있을 것이다.

(1) 일반고등학교

일반고등학교(이하 일반고)는 특정 분야가 아닌 다양한 분야에 걸쳐 일반적인 교육을 실시하는 고등학교를 말하며, 대표적으로 공립고등학교와 일반 사립고등학교 등이 있다. 우리에게 익숙한 일반적인 고등학교 교육과정을 따르며, 여전히 가장 많은 학생이 진학하는 고등학교 유형이다. 전반적인 교육과정과 학교 운영방법이 일반학생의 요구와 필요에 맞추어 구성되어 있지만, 최근에는 일반고에서도 과목별 이수단위를 학교자율로 증감하여 운영할 수 있는 여지들이 확대되고 있으며, 학교 내 진로집중과정이나 중점학교 운영, 학교 간 교육과정 거점학교 운영 등을 통해 학생들의 교과목 선택권을 늘리고 있는 추세이다. 일반고 내 진로집중과정에서는 학교자율과정을 활용하여 외국어, 예체능, 직업 등의 다양한 과정을 개설·운영할 수 있고, 일반고 직업과정을 통해 학생들의 수요에 맞추어 직업소양과 진로탐색을 하면서 필요하다면 위탁교육을 연계할 수 있다. 일반고 내 중점학교 지정고등학교로는 과학, 예술, 체육 중점학교가 있다.

일반고 진학상담에서 특히 알아 두어야 할 것은 해당 지역의 고교 진학방법이다. 일반고는 학생 배정방법에 있어서 행정지역에 따라 추첨하는 경우와 선발과정을 거치는 경우로 구분된다. 우리가 흔히 '평준화 지역'이라고 부르는 시·도의 경우, '선 복수 지원 후 추첨 배정' 방식으로 학생을 배정한다. 비평준화 지역에서는, 학생이 희망하는 고등학교에 지원하고, 학교는 내신과 고등학교 입학 선발고사 등을 통해 학생을 선발한다. 평준화, 비평준화 여부는 행정지역의 결정에 따라 변경될 수 있고, 최근 일부 비평준화 지역의 경우 지자체나 교육청에서 주민들의 요구를 반영하여 평준화로 학생 배정방법을 변경하기도 하였다. 따라서 일반고 진학방법에 대한 정보를 얻고자 하는 학생과 학부모를 상담할 때에는 해당 연도, 해당 지역의 학생 배정방법을 교육청을 통해 확인하고 정확한 정보와 준비방법을 안내하는 것이 좋다.

(2) 특수목적고등학교

특수목적고등학교(이하 특목고)는 특수한 분야의 전문적인 교육을 목적으로 설립되어 특화된 교육과정을 운영하는 학교 유형으로, 크게 외국어고와 국제고, 과학고, 예술·체육고, 마이스터고로 구분된다.

첫째, 외국어고등학교는 외국어에 능숙한 인재 양성을 위한 외국어 계열의 고등학교로 영어, 프랑스어, 독일어, 중국어, 일본어, 스페인어, 러시아어, 베트남어, 아랍어 등의 전공이 설치되어 있으며, 학교마다 개설 학과가 상이하다. 전공언어에 따라 대학처럼 학과가 구분되고 해당 언어에 대한 전문교과를 가르친다. 따라서 동일한 학교이더라도 진학하는 학과에 따라 배우게 되는 과목이 다르다. 국제고등학교는 국제 전문 인재 양성을 목적으로 설립된 학교이다. 국제무대에서 외국인과 폭넓은 대화를 나눌 수 있도록 지식뿐만 아니라 인성, 스포츠와 예술활동에 대한 교육환경을 조성한다. 국제고는 외국어고와 달리 전공학과별로 나누어 운영하지 않고 영어 심화과정, 국제정치, 국제경제, 국제법 등 국제 계열 과목과 외국어 계열 과목을 운영한다. 물론 외국어고와 국제고에서도 전문교과 및 선택교과 외에 국어, 수학, 사회, 과학 등 다양한 일반교과도 일정 시간씩 배우게 되는데, 이것을 교과별 필수 이수단위라고 한다.

둘째, 과학고등학교는 과학인재 양성을 위한 전문적인 교육을 목적으로 하는 과학 계열의 고등학교이다. 「초·중등교육법」에 따른 국가 교육과정을 준수하며 고급수학, 물리실험 등 과학 계열 전문 과목을 편성·운영한다. 과학은 일반과정과 심화과정을 나눠 배우며, 전공분야를 탐구하는 과제연구 프로그램도 있고, 특성화대학과 연계하여 과목 선이수제(Advanced Placement: AP) 교육과정을 운영하기도 한다.

외국어고와 국제고, 과학고의 학생 선발은 일반적으로 '자기주도학습전형'이라고 하여 중학교 내신성적 및 면접 등을 통해 이루어진다. 이전에는 영어 등 지원하는 학과와 관련된 외국어 공인성적이나 교외 수상실적 등을 입학전형 요소로 비중 있게 보았으나, 사교육 과열을 막기 위해 최근에는 전반적인 중학교 학교생활과 특히 지원하는 고등학교와 관련된 교과목의 내신성적, 교사의 추천이나 활동에 대한 증빙서류, 면접 등을 통해 학생의 기본 소양과 성품을 평가하는 추세다. 또한 자기주도학습전형 외에 '사회통합전형'으로 모집정원의 일정 수를 선발한다. 사회통합전형은 경제적 형편이 어렵거나 신체적 장애가 있는 경우 등 학생이 처한 환경적 특성과 역경 극복 경험을 고려할 때 잠재력이 있고 발전 가능성이 있는 학생에게 입학의 기회를 주기 위한 전형이다. 이런 부분은 학생을 가까이에서 지도하는 교사와 상담자가 잘 파악할 수 있을 것이다. 학교마다 사회통합전형의 지원자격이 다를 수 있으므로 해당 학교의 지원자격과 제출서류를 확인하여 준비할 필요가 있다.

외국어고, 국제고, 과학고 등 비교적 중학교 내신성적이 우수하고 유능한 인재들이 모이는 고등학교는 그만큼 입학 후에도 학생들 간의 경쟁이 치열하다. 중학교 때 높은 학업성취를 보였던 학생들이기 때문에 그만큼 성적에 대한 의미부여가 큰 반면, 우수한 학생들만 모여 있는 집단이기 때문에 상대평가의 결과가 낮아질 수 있고, 이로 인해 좌절감을 겪을 수 있다. 따라서 특목고 진학에 대해 상담할 때에는 학교 특성 및 입학정보뿐만 아니라, 학생의 성격과 적응수준 등을 고려하여 진학 이후 적응상의 어려움은 없을지, 만약 어려움이 예상된다면 어떻게 대비할 수 있을지에 대한 검토와 조력이 함께 필요하다.

셋째, 예술고등학교는 문학, 음악, 미술, 무용, 연극, 영화 등 예술실기인재를 양성하는 데 목적을 둔 고등학교이다. 예술전문교과 교육과정에 준하는 과정으로 교육과정이 구성된다. 학교명이 '예술고등학교'인 학교 중에 특목고가 아닌 일반고 또는 직업교육 특성화학교도 있기 때문에 구별이 필요하다. 그리고 체육고등학교는 체육에 대한 전반적인 지식과 기능을 공부하여 국민체육진흥에 기여할 체육인 양성을 목적으로 하는 특수목적고등학교이다. 예술고와 체육고는 전국단위로 모집하고 중학교 내신과 면접, 실기 등으로 입학전형이 이루어진다.

넷째, 마이스터고등학교는 유망분야의 특화된 산업수요와 연계하여 예비 마이스터를 양성하는 데 목적을 둔 고등학교이다. 기계, 뉴미디어콘텐츠, 바이오산업, 반도체장비, 에너지, 친환경농축산 등 지역 전략 산업이나 산업계와 연계된 유망분야에 관하여 지식과 실무능력을 겸비한 직업분야 기술영재 육성을 위한 직업분야 학교라고 할 수 있다. 실무 외국어 교육, 체험중심의 수업운영, 현장수준에 맞는 시설과 기자재 구비, 산학 연계 실습 등 실무능력 프로그램을 운영한다. 재학 중 학비면제나 기숙사 제공, 졸업 후 취업, 특기를 살린 군 복무, 직장생활과 병행 가능한 대학교육 기회 등을 연계하기도 한다. 마이스터고도 전국단위로 학생을 모집하며, 내신, 면접, 실기 등으로 학생을 선발한다. 그 밖에 학교에 따라 지역인재전형, 학교장추천전형 등의 특별입학전형을 운영하기도 한다.

(3) 특성화고등학교

특성화고등학교(이하 특성화고)에는 직업교육분야의 특성화고등학교와 대안학교가 포함된다.

직업교육분야의 특성화고등학교는 졸업 후 취업을 희망하는 학생들을 교육하는 고등학교로, 기존 실업계 고등학교의 대안적 학교모형이라고 할 수 있다. 분야는 애니메이션, 요리, 영상 제작, 관광, 보석 세공, 인터넷, 원예, 골프, 디자인 등 다양하다. 특히 국가직무능력표준(NCS)에 맞는 교육과정을 운영하여 졸업 후 취업이 잘 될 수 있도록 운영 및 지원을 한다. 대부분 서류전형과 면접으로 학생을 선발하는데, 간혹 실기시험을 보는 경우도 있다.

특성화고등학교 중 대안학교는 학업을 중단하거나 개인적 특성에 맞는 교육을 받으려는 학생을 대상으로 현장실습 등 체험 위주의 교육, 인성 위주의 교육 또는 개인의 소질과 적성 개발 위주의 교육 등 다양한 교육을 하는 학교로서 각종학교에 해당하는 학교이다. 대안학교는 초등학교와 중학교, 고등학교 과정을 통합하여 운영할 수도 있다. 대안학교는 학교마다 서로 다른 철학적 배경을 가지고 있어 교육목표나 학교운영, 교육과정이 다양한 편이며, 학생과 학부모의 참여와 교육활동이 적극적이고 많은 편이다.

(4) 자율고등학교

자율고등학교(이하 자율고)에는 자율형 사립고와 자율형 공립고가 포함된다. 자율형 사립고는 사립학교가 건학 이념에 따라 학교별로 다양하고 특성화된 교육과정과 학사과정을 운영하며, 학생의 학교선택권과 학교운영의 자율성이 대폭 확대된 학교이다. 학교에 따라 다양한 교육과정, 능력에 따른 무학년제 수업, 수업일수 증감의 탄력적 학사운영 등을 할 수 있다. 학생선발을 전국단위로 하는 학교와 시도단위로 하는 학교가 구분되어 있고, 대부분 자기주도학습전형으로 학생을 선발하며, 일정 비율을 사회통합전형으로 선발한다.

자율형 공립고는 교육여건이 열악한 지역의 공립고등학교 중에 선정하여 교육과정과 프로그램을 특성화한 학교다. 정부와 지방자치단체가 육성하는 공립학교로, 입시 위주 교육에서 벗어나 다양한 방법의 전인교육을 시도하고 진보적인 형태의 공교육 모델을 만드는 것을 목표로 한다. 학생선발방법은 평준화지역과 비평준화지역에 따라 다르다.

자율형 사립고와 자율형 공립고는 학교의 자율성과 다양성을 확대하여 학생에게 맞는 교육과정을 제공한다는 점에서는 공통점이 있지만, 학교의 설립주체, 지정 대상학교, 학생선발방법, 교육과정의 자율성 범위 등에서 차이점이 있다. 자율형 사립고와 자율형 공립고는 말 그대로 교육과정과 학교운영의 자율권을 많이 가진 학교다. 따라서 자율고의 공통성을 찾기보다는 다양성이 오히려 핵심이라고 할 수 있다. 교사나 상담자가 해당 지역의 자율고 특성에 대한 정보를 갖고 있으면 일반고 이외의 교육과정에서 공부하고 싶어 하는 중학생 내담자에게 더 유용한 정보를 줄 수 있을 것이다.

(5) 기타 학교

기타 학교로 영재학교가 있다. 영재학교는 재능이 뛰어난 사람을 조기에 발굴하여 능력과 소질에 맞는 교육을 실시하고 잠재력을 계발하기 위한 목적의 학교이다. 「영재교육진흥법」에 따라, 고등학교 과정 이하에 대해 영재학생을 선발하여 운영하며, 이 학교를 졸업하면 해당 과정과 동등한 과정의 학력을 인정한다. 즉, 영재학교는 법적으로 고등학교 학력으로 인정이 되지만 고등학교라고 볼 수는 없다. 이 점에서 영재학교와 과학고가 다르다.

우리나라에는 과학영재학교와 과학예술영재학교가 있는데, 과학영재학교는 수학이나 과학의 특정 분야에 재능이 뛰어난 사람을 대상으로 영재교육을 실시하며, 과학예술영재학교는 교육과정의 일정 규모 이상을 과학기술, 예술, 인문학 등을 연계한 융합형 전문 심화교과로 운영하여 융합형 창의인재 양성을 목표로 하는 영재학교이다. 대부분 전국단위로 학생을 모집하고, 입학전형은 추천 및 선정심사위원회의 심의를 통해 이루어진다.

2) 고등학교 입학전형

고등학교 입학시험으로 필기시험이나 영어시험이 확대되는 것이 사교육을 조장한다는 우려 때문에, 2011학년도부터는 '자기주도학습전형'이라는 명칭의 전형방법이 도입되었다. 자기주도학습전형은 대개 1단계에 내신성적과 출결 등으로 일정 배수의 학생을 선발하고, 2단계에 면접이나 서류를 평가하여 학생을 최종 선발하는 방식이다. 특히 과학고의 경우에는 학생들의 과학적 재능을 평가하기 위해 관련 서류를 요구하여 평가하기도 한다.

고등학교 진학상담에서는 학생의 특성과 진로계획에 부합하는 학교 유형 및 학교를 선택할 수 있도록 학생과 학부모 면담, 고등학교 및 전형에 대한 정보 제공을 하고, 의사결정을 위해서는 학생의 특성과 진로계획이 해당 학교에 부합하는지 그리고 내신성적이나 능력으로 볼 때 합격가능성이 있는지, 남은 기간 동안 준비하고 더 노력해야 할 점은 무엇인지 등을 검토하고 안내할 필요가 있다. 고등학교의 특성 및 입학전형에 대한 정보는 고입정보 포털 사이트(http://www.hischool.go.kr) 및 해당 학교의 홈페이지 및 모집요강을 통해 수집할 수 있다.

3. 대학 진학

1) 대학 및 학과의 이해

(1) 대학교의 분류

「고등교육법」에 따르면 대학교의 종류는 대학, 산업대학, 교육대학, 전문대학, 방송대학 · 통신대학 · 방송통신대학 및 사이버대학(원격대학), 기술대학, 각종 학교로 구분된다(국가법령정보센터).

대학은 인격을 도야하고, 국가와 인류사회의 발전에 필요한 학술이론과 응용방법을 가르치고 연구하며, 국가와 인류사회에 이바지함을 설립목적으로 한다. 대부분 4년제이나 의과대학 · 한의과대학 · 치과대학 · 수의과대학 · 약학대학(한약학과 제외)은 6년제이다.

산업대학은 산업사회에 필요한 학문과 전문적 지식, 기술의 연구와 연마를 위한 교육을 계속해서 받으려는 사람에게 고등교육의 기회를 제공해 산업인력을 양성함을 목적으로 하며 수업연한과 재학연한을 제한하지 않는다.

교육대학은 초등학교 교원 양성을 목적으로 하며, 수업연한은 4년이다.

전문대학은 전문직업인 양성을 목적으로 하며 대개 2년제 또는 3년제로 운영된다. 특히 방사선과, 임상병리과, 물리치료과 등은 3년제로 운영되고, 간호과는 3년제 또는 4년제로 운영된다.

원격대학에는 방송대학, 통신대학, 방송통신대학 및 사이버대학이 포함되는데, 정보 · 통신 매체를 통한 원격교육으로 국민에게 고등교육을 받을 기회를 제공함을 목적으로 하며, 2년제 전문학사학위과정과 4년제 학사학위과정이 운영된다.

기술대학은 산업체 근로자를 대상으로 산업현장에서 전문이론과 실무능력을 갖출 수 있도록 함을 목적으로 한다. 그리고 대학 및 전문대학에 준하는 각종학교 중 교육부장관의 지정을 받아 학력을 인정받는 각종학교가 있다.

이 외에도 육군 · 해군 · 공군 사관학교, 국방대학교, 국군간호사관학교, 경찰대학, 육군3사관학교, 국가정보대학원이 있고, 「고등교육법」 외의 다른 법률에 의해 설립 · 운영되는 대학으로 한국폴리텍대학, 한국농수산대학, 한국과학기술원, 한국전통문화대학교, 한국학대학원 등이 있다. 대학에 대한 정보는 대학알리미 사이트(http://www.academyinfo.go.kr)를 통해 수집과 비교가 가능하다. 또한 대학에 대한 정보를 수집할 때에는 학교 인지도와 학교 특성, 지역, 학비 및 학생 특성에 따라 받을 수 있는 혜택, 취업 후 진로 등을 고려하는 것이 필요하며, 이러한 정보는 학교 홈페이지를 통해 수집하거나 동문 및 재학생을 통해 보다 구체적으로 파악할 수 있다.

(2) 학과의 종류

대학 진학 시 학과나 학부를 정하여 지원하는 경우가 많지만, 대학에 따라서는 계열별로 또는 단과대학별로 학생을 선발하는 경우도 있고, 입학 시 학과를 정하지 않고 진학하여 대학 2학년 또는 3학년 진입 시 학과나 전공을 결정하는 경우도 있다. 그러나 후자의 경우에도 지원한 대학 내에 어떤 학과가 있으며, 해당 학과에 진입하기 위해서는 고교 또는 대학 때 어떤 요건들을 충족해야 하는지를 사전에 알고 준비하는 것이 필요하다. 대학 진학을 고려할 때 계열 및 학과에 대한 정보를 갖고 있는 것은 누구에게나 유용하다.

대학의 학과 · 계열은 크게 인문과학(철학과, 종교학과, 사학과 등), 어문(국문학과, 영어영문학과, 일어일문학과, 언어학과 등), 사회과학(법학과, 행정학과, 경영학과, 사회학과, 사회복지학과 등), 자연과학(수학과, 물리학과, 생물학과 등), 정보 및 공학(컴퓨터공학과, 기계공학과, 정보통계학과 등), 의학(의예과, 한의예과, 약학과, 간호학과 등), 농학 및 수산(농학과, 임학과, 해양과 등), 예체능(체육학과, 기악과, 회화과 등)의 8개 계열로 범주화해 볼 수 있다. 그러나 이러한 계열 구분은 딱 떨어지는 것이 아니라 다소 임의적이다. 더욱이 최근에는 통합학문의 필요가 대두되면서 새로운 학과와 계열이 신설되기도 하고, 다른 방식의 계열 구분도 얼마든지 가능하다.

또 대학에 따라 동일 명칭의 학과가 다른 계열, 다른 단과대학에 속하는 경우도 있고, 유사한 내용을 가르치는 학과나 계열이 다른 이름으로 불리는 경우도 많기 때문에, 구체적인 학과명과 배우는 내용(커리큘럼), 소속 단과대학 등은 개별 대학의 정보를 반드시 확인해야 한다. 예를 들어, 통계학과의 경우, 대학에 따라 자연과학대학에 속한 경우도 있고, 경영대학, 경상대학, 사회과학대학에 속해 있는 경우도 있는데, 이 경우 입학에 요구되는 내신 교과목이나 수능 응시 영역은 물론이고 대학에서 중점을 두어 지도하는 교육내용에도 차이가 크다.

여러 개의 학과가 통합되거나 교육내용 및 진로 분야가 달라져서 학과 명칭을 변경하는 경우도 있지만, 경우에 따라서는 학과 커리큘럼이나 교수진의 변동이 없으면서도 대학 경쟁률을 높이거나 홍보 효과를 얻기 위해, 또는 시대적 흐

| 상담 사례 |

D대학 바이오환경과 2학년 여학생이 대학 상담실에 찾아왔다. 내담자는 중학교 때부터 생물을 좋아해서 생물교사가 되고 싶었으나, 수능성적을 고려하여 해당 학과에 입학하였다. 그런데 2년간 전공수업을 배우는 동안 생물과 관련된 과목은 거의 없고 화학이나 농학에 대한 과목이 대부분이었다.

이 대학의 '바이오환경과'는 이전에 '화학공학과'와 '농학과'였던 2개 학과가 통합되면서 학과 명칭을 변경한 경우였다. 학과 이름이 바뀌었지만 교수 구성이나 커리큘럼은 이전의 화학공학과, 농학과와 거의 다를 바가 없었다. 내담자가 대학을 진학하기 전에 학교 홈페이지를 통해 커리큘럼을 확인하였다면 좋았을 텐데, 학과 명칭만 보고 생물에 대해 배울 것으로 추측하여 학과를 결정하는 바람에 대학 생활과 적응에 어려움을 겪은 대표적인 사례다.

이 학생은 2개월여의 상담과정에서 자신의 적성과 진로목표를 다시금 확인하고, 생물 관련 공부를 할 수 있는 현실적인 대안들을 상담자와 함께 찾아보았다. 그리고 그중 타 대학 생물 관련 학과로의 편입을 잠정적으로 결정하였다. 그러나 대학에 편입하기 위해서는 현재 재학 중인 대학에서의 학점이 평가요소로 사용되기 때문에, 지금 있는 학교에서 학점 관리와 편입 준비를 병행할지, 수능시험을 다시 볼지를 고민하게 되었다. (후략)

름에 맞추어 학과 명칭을 세련되게 바꾸거나 외국어로 제시하는 경우가 종종 있다. 따라서 이제는 학과명을 가지고 교육내용을 추측하는 것이 매우 위험하게 되었다. 상담자의 이전 경험에 의존하여 학과 이름만으로 대학에서의 교육내용과 진로를 추측하기보다, 내담자가 진학하려는 대학 및 학과의 정보를 상담자나 내담자가 직접 확인해 볼 것을 권장한다.

동일 개념의 학과 명칭에 대해서는 커리어넷(http://www.career.go.kr)의 '학과사전'을 참고할 수 있다. 예를 들어, 가정학과의 경우는 생활과학과, 소비자정보학과, 가정관리학과, 가정복지학과, 가족아동학과 등 대학마다 다양한 명칭이 사용되고 있는데, 커리큘럼에 있어서는 일부 다른 경우도 있고 동일한 커리큘럼을 갖고 있는 경우도 있다.

2) 대학 입학전형

대학 입학전형은 교육부와 한국대학교육협의회·한국전문대학교육협의회가 기본 계획을 수립한 후, 그에 따라 각 대학들이 일정, 전형자료 및 전형방법 등을 계획한다. 대입정책이나 대입전형에 대한 기본사항은 해당 학생이 고등학교 1학년 시기에 발표되지만, 세부 시행계획 및 각 학교의 구체적인 입학전형은 전형이 이루어지는 당해 4~5월경에 확정된다. 따라서 다음의 주요 용어들을 이해하고 당해 연도 대학 입학전형의 기본 방향을 우선 파악한 후, 대학별 전형 일정과 전형방법, 학생의 준비방법 등에 대해서는 매해 5월 이후 한국대학교육협의회(이하 대교협)의 대입정보 포털 사이트(http://www.adiga.kr)나 개별 대학 홈페이지 또는 전화 문의를 통해 정확한 정보를 확인하는 것이 좋은 방법이다. 대학 입학과 관련된 주요 용어를 정리하면 다음과 같다.

(1) 모집시기

모집시기란 대학이 원서접수부터 합격자 선발까지의 과정을 진행하는 시기를 말한다. 크게 수시모집, 정시모집, 추가모집으로 구분된다. 수시모집은 고교 교육과정 중에 실시되는 전형으로 대개 1학기가 끝날 때쯤 시작하여 2학기 중반까지 진행되는데, 한 대학에서 시기에 따라 수시1차, 수시2차 등으로 구분하여 서로 다른 시기에 수시모집을 여러 번 진행하기도 한다. 정시모집은 2학기가 종료되는 시점으로 대개 12월에 원서접수를 시작으로 실시하는 전형이다. 전형 실시 기간에 따라 가군, 나군, 다군 등으로 구분할 수 있다. 이렇게 정시모집 내에서 여러 군으로 구분하는 이유는 한 학생이 정시모집 시기에 복수의 학교에 지원할 수 있도록 기회를 확대하기 위한 것으로, 실제 원서접수 시기는 거의 동일하다. 동일 시기에 지원하되, 학교에 직접 방문하여 면접이나 논술, 적성시험 등을 치르는 기간을 각기 구분함으로써 전형일정이 겹쳐서 학생이 지원기회를 놓치지 않도록 하기 위한 것이다. 정시모집에서 2개 이상의 대학에 지원할 경우, 학생의 특성 및 진로 희망은 물론이고 합격 가능성을 고려하여 지원계획을 수립하는 것이 좋다. 예를 들어, 학생의 평소 성적보다 커트라인이 높고 경쟁률이 치열한 대학에 지원하였다면, 또 다른 기회는 안정적인 대학에 지원하는 식으로 계획을 세움으로써 학생의 희망과 안정성을 고려하는 방법을 권할 만하다.

그리고 추가모집은 수시모집과 정시모집에 충원하지 못한 결원을 보충하기 위해 각 대학이 지정된 기간 내에 접수, 전형 등의 절차를 진행하는 추가전형을 가리킨다.

수시모집 합격자는 정시 및 추가모집에 지원할 수 없고, 정시모집 합격자는 추가모집에 지원할 수 없다. 또한 정시모집의 경우 동일 군에 복수 지원할 수 없다. 입학전형 지원과 관련하여 규정을 어기면 합격이 취소되는 등 지원자가 불이익을 받게 되므로 진학지도를 할 때 주의하여야 한다.

(2) 일반전형과 특별전형

일반전형은 일반학생을 대상으로 보편적인 교육적 기준에 따라 학생을 선발하는 전형이다. 따라서 지원자격이 고교 졸업(예정)자, 수능 응시자 등 대부분의 학생이 지원할 수 있도록 제시되며, 전형요소로는 학교생활기록부, 수능성적 등이 주로 활용된다.

반면, 특별전형은 특별한 경력이나 소질 등 대학이 별도의 기준을 제시할 수 있는 전형으로, 지원자격에 있어서도 제한을 둘 수 있다. 대학별 독자적 기준으로 특기능력이나 사회기여, 특성화고교출신이나 성직자, 운동선수 등 특수경력자에게 지원자격을 제한하거나, 전형요소로 별도의 기준을 설정할 수 있다. 또한 농어촌학생, 기초생활수급자, 장애인 등의 학생을 위한 사회배려전형 또는 고른기회전형도 특별전형에 포함된다. 특별전형은 동일 명칭이더라도 대학마다 지원자격이 다를 수 있으므로 개별적인 확인이 필요하다. 예를 들어, 농·어촌학생 특별전형의 경우, 어떤 대학은 지원자격이 '농어촌 거주기간 3년 이상'이고, 다른 대학은 '농어촌 거주기간 6년 이상'으로 각기 다를 수 있고, 대학에 따라서는 부모의 거주지 제한까지 지원자격에 포함하는 경우도 있다. 특수교육대상자전형의 경우에도 지원자격이 장애등급 3급 이내인 학교도 있고, 6급까지인 학교도 있는 등 대학마다 다르다.

일반전형, 특별전형의 구분과 모집시기 간에는 제한사항이 없다. 즉, 수시모집 때의 일반전형도 있고 정시모집 때의 일반전형도 있다. 특별전형 역시 수시모집과 정시모집 중 어느 한 시기에만 있을 수도 있고, 학교에 따라 수시모집과 정시모집 모두에 있을 수도 있다. 예를 들어, 농·어촌학생 특별전형이 어떤 대학은 수시모집에, 어떤 대학은 정시모집에 있을 수 있으므로, 학생에게 해당되는 특별전형 지원자격 요건 및 관련 전형의 시기 등을 종합하여 당해 연도의 대학지원계획을 수립하는 것이 필요하다. 또 특별전형 자격요건을 충족하더라도 한 대학의 같은 시기 일반전형과 특별전형에 동시 지원하는 것을 제한하는 학교가 많기 때문에, 학생이 진학을 희망하는 학과 및 선발 인원, 전형요소에서의 합격 가능성 등을 고려하여 일반전형에 지원할 것인지 혹은 특별전형에 지원할 것인지를 결정해야 하는 경우도 있다. 대학 진학결정을 위해 정확한 정보 수집은 물론이고 학생의 특성과 여건을 고려한 의사결정이 매우 중요하다고 할 수 있다.

(3) 전형요소

전형요소란 상급학교에서 학생의 선발 여부를 결정하기 위해 평가에 사용하는 평가자료 또는 평가방법을 말한다. 교과, 비교과, 수능, 면접, 논술, 적성시험, 실기시험 등이 있다.

대학들은 법적으로 가능한 이러한 전형요소 중 몇 가지를 조합하여, 해당 대학의 전형요소를 구성한다. 그리고 최근에는 어떠한 전형요소에 중점을 두는가에 따라 전형유형의 명칭을 학생부위주 전형, 실기위주 전형, 수능위주 전형 등으로 부르기도 한다.

① 교과 평가

교과 평가란 고등학교 학교생활기록부에 기록된 학업성취도를 활용한 평가자료를 말한다. 학교생활기록부는 담임교사, 교과담당교사, 동아리 지도교사 등 학교 선생님이 작성하며, 각 학년, 학기마다 교과목별 성취도에 대한 정보를 포함한 학생의 학교생활에 대한 공식적인 기록이라 할 수 있다. 대학에 따라 교과목의 석차등급, 원점수 등의 성적지표를 평가에 반영하며, 학년별 반영 비율을 별도로 두는 경우도 있다. 대학 및 학과에 따라 고등학교에서 배우는 모든 교과의 성적을 평가에 반영하는 경우도 있고 특정 교과목만 성적에 반영하는 경우도 있으며, 전형에 따라 교과 비중에도 차이가 있을 수 있다. 따라서 학생의 과목성적 분포와 대학의 모집요강 내용을 비교하여 학생에게 유리한 요소를 찾아 전형을 준비하는 것이 좋다.

② 비교과 평가

비교과 평가에는 학교생활기록부에 기재된 고등학교 시기의 활동 내역 중 출결, 창의적 체험활동(자율활동, 봉사활동, 진로활동, 동아리활동), 수상경력, 독서활동, 행동특성 등이 주로 활용된다. 대학에 따라서 또는 전형의 종류에 따라서 학교생활기록부 이외에 자기소개서, 추천서, 포트폴리오 등 비교과 평가를 위해 추가적인 서류를 요청할 수도 있다. 자기소개서 내용으로는 ① 자신의 성장 과정과 가족환경, ② 지원 동기 및 지원 분야에 대한 노력과 준비, ③ 입학 후 학업계획과 향후 진로계획, ④ 고교 재학 중 자기주도적 학습경험과 교내외 활동,

4. 수상경력

수 상 명	등급(위)	수상연월일	수여기관	참가대상(참가인원)
표창장(효행부문)		2017.06.15.	○○학교장	전교생(1602명)
교과우수상(수학Ⅰ, 사회, 과학)		2017.07.19.	○○학교장	수강자
컴퓨터경진대회(정보검색부문)	최우수상(1위)	2017.09.20.	○○학교장	전교생 중 참가자(70명)
독서기록장쓰기대회	장려상(3위)	2017.11.06.	○○학교장	1·2학년(1102명)

5. 자격증 및 인증 취득상황

<자격증 및 인증 취득상황>

구 분	명칭 또는 종류	번호 또는 내용	취득연월일	발급기관
자격증	정보기술자격(ITQ)A등급-한글액셀	A001-2017101-002817	2017.03.13.	한국생산성본부
	워드프로세서	17-I2-031206	2017.05.30.	대한상공회의소
	인터넷정보관리사 2급	IIS-1704-001858	2017.06.16.	한국정보통신진흥협회
	문서실무사 2급	071PT51-20081713	2017.08.04.	한국정보관리협회

<국가직무능력표준 이수상황>

학년	학기	세분류	능력단위(능력단위코드)	이수시간	원점수	성취도	비고
1	1	측정	도면 해독(1502010502_14v2)	30	95	A	[실무과목] 측정
1	1	측정	측정기 유지 관리(1502010508_14v2)	25	82	B	[실무과목] 측정

6. 진로희망사항

학년	진로희망	희망사유
1	방송프로듀서	평소 소설을 즐겨 읽고 글쓰기를 좋아함. 재미있게 읽었던 소설이 방송드라마로 다시 개연되는 것을 보면서 글감을 바탕으로 영상물을 만드는 작업에 매력을 느껴 방송프로듀서에 대한 꿈을 갖게 됨.
2		
3		

학년	봉사 활동 실적				
	일자 또는 기간	장소 또는 주관기관명	활동내용	시간	누계시간
1	2017.03.07.	(학교)○○학교	봉사활동 소양교육	2	2
	2017.03.12.~2017.03.14.	(개인)○○양로원	목욕 및 청소	6	8
	2017.04.05.	(학교)○○학교	교내 환경정화	2	10
	2017.09.12.~2017.09.14.	(개인)꽃동네	청소, 빨래 및 일손 돕기	42	52
	2017.09.10.	(개인)월드비전	기아체험 행사 참가	4	56
	2017.10.01.~2017.12.30.	(개인)○○사회복지관	교통안전 캠페인 참여, 장애 아동들 홍보지 및 대청소	60	116
	2018.01.15.	(개인)대한적십자사 ○○○헌혈원	헌혈(성분헌혈)	4	120
2					
3					

8. 교과학습발달상황

[1학년]

교과	과목	1학기				2학기				비고
		단위수	원점수/과목평균(표준편차)	성취도(수강자수)	석차등급	단위수	원점수/과목평균(표준편차)	성취도(수강자수)	석차등급	
국어 국어 상업정보	국어Ⅰ 국어Ⅱ 상업경제	4 3	81/75(7.9) 72/82.1(10.1)	B(340) C(240)	4	4 3	75/72(7.3) 92/86.3(12.7)	C(341) A(241)	4	
이수단위 합계										

과목	세부능력 및 특기사항
(1학기) 사회	자료를 조직적으로 분석하는 능력이 뛰어나며 이를 통하여 '인권과 관련한 사회적 쟁점' 발표 활동에서 사형제도 존폐 논쟁에 대한 찬성과 반대의 입장을 고르게 자료 수집을 하였고 다른 나라의 사례들도 구조적으로 정리를 잘함. 또한 자신의 입장을 분명하게 발표하여 친구들의 다수를 받음. 지역갈등 관련 단원 수업 중 쓰레기 매립장 유치문제를 해결하는 역할놀이에서 지역대책위원장 역할을 맡아 매립장을 유치할 경우 마을에 나타나는 문제점을 잘 지적함으로써 마을주민의 입장을 확실하게 대표해 내는 등 평소 시사문제에 관심이 많아 신문을 꼼꼼하게 숙독하여 주요 내용을 스크랩을 해 놓으며 신문사별 사설을 비교하여 정리함으로써 현실 사회의 주요 이슈들에 대한 균형 있는 태도를 가짐.

[그림 10-2] 고등학교 학교생활기록부 예시

⑤ 자신의 미래 목표를 위해 노력한 사례 및 역경 극복 사례 등이 포함되는 경우가 많다. 요즘은 거의 모든 대학이 원서접수를 온라인으로 하며, 자기소개서 역시 온라인에서 기록하거나 첨부하는 시스템을 활용하고 있다.

③ 수능

전형요소에서 '수능'이란 한국교육과정평가원에서 실시하는 대학수학능력시험에 응시하여 취득한 당해 연도의 성적을 의미한다. 대학에 따라, 계열에 따라 평가에 반영하는 수능 영역 및 활용지표가 다를 수 있다. 또한 수능성적을 지원 자격이나 최소학력기준으로 사용하거나 평가의 주요 전형요소로 사용하는 경우 등 사용방법 역시 다양하다. 수능 영역은 국어, 수학, 영어, 한국사와 탐구(사회, 과학, 직업), 제2외국어 및 한문의 5개 영역이다. 대학에 따라 1~5개 영역의 성적을 요구할 수 있다.

수능시험은 매해 11월에 있지만, 원서 접수는 8월경이므로, 진학하려는 대학 및 학과의 수능 요구조건을 고려하여 응시 영역 수 및 과목 등을 미리 결정해 둘 필요가 있다. 고등학교 재학생은 학교에서 일괄적으로 응시원서를 접수하기 때문에 지원시기에 대해 크게 걱정할 필요가 없지만, 재수생, 검정고시 출신자들은 각자 수능원서 접수를 해야 하므로 자칫 대학원서 접수시기와 혼동하여 수능접수 시기를 놓칠 수 있다. 진학상담에 있어서는 조건이나 준비사항들을 사전에 일정에 맞추어 파악함으로써 중요한 절차가 누락되지 않도록 상담자도 주의하고, 학생과 학부모에게도 주의를 주는 것이 필요하다. 수능에 대한 정보는 한국교육과정평가원에서 운영하는 대학수학능력시험 사이트(http://www.suneung.re.kr)에서 확인할 수 있다.

④ 기타 전형요소

그 밖에 면접, 논술, 적성시험 등 대학별 시험 및 평가 자료들이 있다. 면접은 대개 전공별 심층면접이나 사범대, 의대 등의 인성·적성면접, 경우에 따라 집단면접 등으로 구분된다. 주로 학생의 문제해결 능력이나 인성, 발표력, 집단토론 능력 등을 평가한다. 논술은 상위권 대학에서 주로 사용하는 전형요소인데, 사교육을 줄이기 위한 정부 정책에 따라 전형요소에서 제외되기도 한다. 전형요소로 논술을 활용할 때에는 대개 모집계열에 따라 인문계와 자연계가 전혀 다른 형식과 내용의 논술을 치르는 경우가 많다.

이러한 전형요소와 전형방법 등은 각 대학의 홈페이지 및 모집요강에 자세히 제시되며, 대교협 인터넷 사이트에서도 대학별 전형요소를 확인할 수 있다. 처음 모집요강을 접할 때에는 명칭이 복잡하고 익숙지 않아 상담자도 당황스럽고 어려울 때가 많지만, 대학들의 모집요강에는 공통적인 요소들이 많아서 접하다 보면 용어와 의미에 익숙해질 수 있다. 모집요강을 처음 접하는 학생과 학부모에게 모집요강의 구성과 내용을 설명해 주는 것만으로도 큰 도움이 될 것이다.

(4) 입학사정관

입학사정관 제도는 대학이 대입전형 전문가인 입학사정관을 통하여 대학이나 모집단위별 특성에 따라 보다 자유로운 방법으로 학생을 선발하는 제도다. 입학사정관은 대학이나 모집단위에 적합한 학생을 선발하기 위하여, 고등학교와 대학의 교육과정을 분석하여 관련 정보와 자료를 축적 관리하고, 전형방법을 연구하여 다양한 전형자료를 토대로 학생의 입학 여부를 결정하고, 입학 후 학생의 학업과 적응을 지원하는 일을 맡기도 한다. 대학에 따라 입학사정관이 전형의 전 과정에 참여하기도 하고 전형 중 일부 과정에만 참여하기도 한다. 또한 대학에 따라서는 전형방법의 개발이나 시행보다 이미 입학한 학생들에 대한 사후관리 활동에 보다 주력하는 경우도 있다. 따라서 상담자는 입학사정관을 통해 해당 대학의 입학정보를 확인할 수 있을 뿐만 아니라, 입학 후 내담자의 학교적응을 함께 조력하는 동반자로서 입학사정관의 도움을 받을 수도 있다. 또 이런 측면에서 대학 입학사정관은 상담자가 진출할 수 있는 활동 영역이기도 하다.

입학사정관 제도는 대학이 고등학교 교육과정, 대학의 학생 선발방법 등에 대한 전문가를 채용하여, 그들을 활용하여 학생들의 교과성적, 개인환경, 잠재력, 소질 등을 종합적으로 판단하는 전형제도라 할 수 있다. 특히 '학생부종합전형'이라는 명칭의 전형이 대표적이다. 입학사정관 등이 참여하여 학교생활기록부를 중심으로 서류평가와 면접 등을 통해 학생을 종합적으로 평가하여 선발하는 전형을 가리키며, 일회성의 시험이 아닌 고교재학기간 동안의 교과 및 비교과 전반의 성취와 다양한 활동에 의미를 둔 정성적 평가 방식으로 이루어진다.

입학사정관들은 학생이 제출한 자료를 토대로 학생을 평가하거나 면접에 참여하여 대학 및 모집단위의 특성에 부합하는 학생을 선발한다. 입학사정관제 전형은 지원자의 배경 및 결과물들을 토대로 한, 총체적이고 질적인 평가의 성격이 강하며, 지원자의 지원 분야에 대한 관심과 열정, 의지 등이 중요한 평가의 한 요소가 된다는 점에서 다른 전형과 차이가 있다.

내담자가 현재 보여 준 학업성취 수준이 다소 부족하더라도 잠재력과 소질을 갖고 있고 어려운 환경에도 불구하고 성실히 생활하였다면 입학사정관제를 통해 대학에 진학할 기회를 가질 수 있다. 입학사정관제를 통한 대학 진학을 돕고자 한다면, 학생에 대한 이해와 대입전형에 대한 이해가 두루 필요하다. 입학사정관제를 실시하는 대학마다 전형의 특성과 평가방법이 다르므로, 우선 대교협의 대입정보포털 사이트 및 지원 희망 대학의 홈페이지를 통해 구체적인 정보를 확인하고 지원을 준비하는 것이 좋다.

4. 그 밖의 진학

1) 대학원

대학원의 유형은 일반대학원, 전문대학원, 특수대학원으로 구분된다. 일반대학원은 학문의 기초 이론과 학술 연구를 주된 교육목적으로 하고, 전문대학원은 전문직업 분야 인력의 양성에 필요한 실천적 이론의 적용과 연구개발을 주된 교육목적으로 한다. 그리고 특수대학원은 직업인 또는 일반 성인을 위한 계속교육을 주된 교육목적으로 한다. 각 대학원별 특징을 살펴보면 〈표 10-1〉과 같다. 대개 석사과정은 24학점 이상, 박사과정은 36학점 이상을 졸업요건으로 요구하며, 석사과정과 박사과정을 연계하여 학위 취득기간을 단축시키기 위해 석·박사 통합과정을 운영하는 경우도 있다.

대학원에 대한 정보는 한국직업능력개발원에서 운영하는 커리어넷(http://www.career.go.kr)의 '대학원의 세계' 등을 이용하여 얻을 수 있고, 구체적인 대학원 진학정보는 해당 대학원의 모집요강 및 인터넷 사이트 정보, 대학원 해당 학과에의 전화 문의 등을 통해 얻을 수 있다. 관심 있는 대학원에 현재 재학 중인 학생을 통해 진학방법 및 교육내용, 학교별 특성 등 생생한 정보를 얻는 것도 진학상담에 매우 유용하다.

ooo 표 10-1 대학원 유형

구분	일반대학원	전문대학원	특수대학원
목적	학문의 기초 이론과 고도의 학술연구	전문직업 분야 인력의 양성과 필요한 실천적 이론의 적용과 연구 개발	직업인 또는 일반 성인을 위한 계속교육
수업형태	주간	주간	야간, 계절제
학위과정	석사과정, 박사과정	석사과정(원칙), 학칙으로 박사과정 설치 가능	석사과정
수여학위	학술학위	전문학위, 학칙이 정하는 바에 따라 학술학위 수여 가능	전문학위
교육내용	학술이론 및 연구방법론	실천적 이론 및 실무 위주 교육	실천적 이론 및 실무교육
배출인력	연구 및 교수 인력 양성	전문직(의사, 변호사 등) 인력의 양성	직업인의 계속교육

출처: 커리어넷(http://www.career.go.kr).

2) 유학

세계시민의식이 강조되는 시대적 흐름에 발맞추어, 국내에 있는 외국인학교에 진학하거나, 대학이나 대학원 또는 더 이른 시기부터 유학을 떠나는 학생들도 많아졌다. 따라서 진학상담의 내담자 중에는 대학원 유학뿐만 아니라 조기유학에 대해 고민하는 학생과 학부모들도 많다. 유학을 위한 전형 및 지원방법 등은 유학원의 도움을 얻을 수도 있다. 그러나 조기 유학의 경우 학생의 연령 및 성격에 따라 외국에서의 적응에 어려움을 겪는 경우도 많기 때문에, 상담자는 진학준비에만 초점을 맞추기보다 학생의 심리적·상황적 준비도 그리고 유학 및 귀국 이후에 예상되는 문제와 어려움에 대해 예측하고 학생과 학부모가 대비하거나 의사결정할 수 있도록 조력할 필요가 있다.

3) 평생교육

21세기를 가리켜 평생학습시대라고 한다. 학교교육이 끝난 다음에도 많은 사람이 직업을 준비하고 유지하기 위해, 또는 새로운 삶에 적응하거나 다양한 경험을 하기 위해 더 배우고자 한다. 평생교육의 필요성에 대한 공감대는 이미 사회적으로 충분히 형성되었다고 판단되며, 교육에는 형식교육 외에 비형식교육과 무형식교육도 포함되므로, 시간과 장소에 제한되지 않고 학습자의 자기주도성에 따라 다양한 교육의 기회를 찾고 누릴 수 있다(김영빈 외, 2017).

그중에서 직업과 연계된 교육기회로 고교 졸업 후 직장에 취업하여 일과 학습을 병행하는 후진학제도, 특성화고나 마이스터고 졸업생을 대상으로 하는 재직자 특별전형, 직장 근로자를 대상으로 직무교육과 특화교육을 실시하고 전문학사나 학사학위를 주는 사내대학, 산업체 인력수요에 맞춘 계약학과, 산업체 위탁교육 등이 있다.

또 평생학습 경험을 학점으로 인정받거나 이를 축적하여 학위로 인정받는 제도인 학점은행제와 독학학위제가 있다. 그 밖에도 전국 각 지역에 다양한 평생학습기관이 있고, 온라인을 통한 공개강좌 활용, 자신의 학습 이력사항을 누적 관리하는 평생학습계좌제 등 마음만 먹으면 언제 어디서든 공부할 수 있는 시대가 열렸다고 할 수 있다.

내담자의 평생학습을 지원하기 위해서는 우선 진학상담자가 교육에 대한 이해의 범위를 확장할 필요가 있을 것이다. 학교교육, 정규교육을 넘어서서 다양한 교육의 기회를 이해하고 내담자의 필요에 따라 정규교육과 비정규교육을 종합적으로 검토하여 진학 및 진로계획 수립을 지원하고 필요한 정보를 줄 수 있으면 보다 큰 도움이 될 것이다. 우리나라 평생교육에 대한 정보는 국가평생교육진흥원(http://www.nile.or.kr)을 통해 확인할 수 있고, 이 사이트에 다양한 평생교육 관련 사이트가 연결되어 있어 정보를 수집하는 데 유용하다.

5. 진학상담의 방법

진학상담은 학교에서 담임교사 및 진로진학상담교사를 통해 이루어지거나, 사설 입시기관에서 학원강사 혹은 컨설턴트를 통해, 또는 대학의 입학사정관을 통해 이루어지기도 한다. 그러나 올바른 진학상담은 앞서 살펴본 바와 같이 상급학교에 대한 정보뿐만 아니라 내담자의 특성과 환경에 대한 이해를 토대로 하여 전생애적 관점에서 접근할 필요가 있으므로 상담자 및 상담교사가 그 누구보다도 좋은 진학상담을 할 수 있을 것이다.

1) 진학의사결정 모형

채프먼(Chapman, 1984)의 진학의사결정 모형은 진학의사결정에서 고려할 요소와 절차를 잘 보여 준다([그림 10-3] 참조; 정영공, 2007에서 재인용).

첫 단계는 학생의 특성(사회경제적 지위, 교육 열망수준, 적성, 고등학교 성적 등)과 외부 영향(의미 있는 타인, 대학교의 고정적 특징, 대학의 학생과의 의사소통 노력 등)에 대하여 학생과 상담자 또는 교사가 합리적이고 객관적으로 진단하는 단계다. 진단 단계에서는 학생의 성적뿐만 아니라 각종 심리검사 결과, 학생의 진학에 관한 열망수준 등을 학생 스스로 합리적으로 판단할 수 있도록 촉진해야 한다. 두 번째 단계인 탐색 단계에서는 진단 자료와 함께 대학 입학제도의 변인을 바탕으로 진학하고자 희망하는 대학이나 학과의 입학전형 유형을 살펴보고 지원을 모색해 보는 단계다. 세 번째 단계는 선택 단계로 모집시기에 따른 대학 지원의 전략적 의사결정을 하는 단계다. 전략적 의사결정 과정이란 전략의 수립과 전략의 실행 과정을 의미한다. 학생이 갖고 있는 능력과 자원을 잘 파악하고, 대학 및 학과, 입학전형의 기회와 조건 등을 잘 조합하여 학생이 원하고 합격 가능한 진학의사결정을 하는 것이 필요한 단계다. 네 번째 단계는 앞서 선택한 특정 대학 및 학과에 실제 지원하는 단계다. 이때 모집시기별 전형유형 및 전형자

1단계	진단	학생 특성
		외부 영향

2단계	탐색	지원 희망대학의 전형유형 및 전형자료 분석

3단계	선택	모집시기별 지원 전략 결정

4단계	지원	모집시기별 대학 · 학부 지원

5단계	등록	입학 허가 및 대학 선별

[그림 10-3] 진학의사결정 모형의 5단계

출처: Chapman (1984): 정영공(2007)에서 재인용.

료를 분석하여 목표 대학을 설정하게 된다. 수시모집과 정시모집 모두 지원기회가 2회 이상 주어지므로, 목표 대학과 지원전략을 설정하여 지원하는 것이 합격률과 학생의 진학 만족도를 높일 수 있는 방법이다. 다섯 번째 단계는 대학으로부터 입학허가(합격통지)를 받고 해당 대학에 입학 의사를 밝히는 등록 단계다. 이 단계는 최종적으로 대학 진학을 위한 의사결정을 해야 하는 단계다(정영공, 2007). 2개 이상의 대학에서 입학 허가를 받을 수 있으므로 최종적으로 대학 및 학과를 선택하는 의사결정의 과정이 남아 있다. 대개 정시모집 시기만 보더라도 미등록자를 충원하는 절차가 2월까지 이어지며, 대학의 입학 허가에 따라 진학의사결정을 하게 되는 순간이 한 학생에게 여러 차례 올 수 있으므로 자신과 학과, 입학 이후의 목표에 대해 전생애적 관점에서 계획과 소신을 갖고 있는 것이 필요하다.

2) 대학진학 의사결정 과정

우정호와 신철식(2010)은 진학의사결정의 과정 중 선택 단계를 보다 세분화하여 입시전략수립 모형도를 제시하였다([그림 10-4] 참조).

대학진학 의사결정을 위해 우선 진단 단계에서는 학생의 전형자료 수준(성적 등)과 심리적 특성을 고려한다. 이 중 전형자료 수준은 합격을 결정짓는 평가기준이 되므로 매우 중요하다. 진학의사결정은 최종적으로 합격 및 대학 등록으로 종료되는 과정이기 때문이다. 이와 동시에 만족스러운 의사결정이 될 수 있도록 학생의 적성, 흥미, 가치관, 희망 진로를 고려하는 것이 당연히 필요하다. 그리고 진학의사결정을 해야 하는 많은 학생은 미성년자이기 때문에, 진학의사결정 과정에 부모의 기대 및 사회경제적 지위 등을 고려하지 않을 수 없다. 경제적 여유가 없는 경우에는 대학 합격과 동시에 대학 장학금, 기숙사 혜택 가능성 등을 알아보는 것이 필요할 수 있는데, 입학할 대학의 입학처뿐만 아니라 업무를 담당하는 교무처, 학생처, 기숙사 등에 직접 문의하는 것도 좋은 방법이다.

그리고 1단계에 지원 가능 대학을 검토하고 선정한다. 학생의 능력, 조건, 적성 및 희망 진로 등 정보를 활용하여 지원 가능한 대학을 3~4개 선정한다. 2단계로는 모집시기별 전형유형 및 전형자료를 분석한다. 앞서 선정한 3~4개 대학의 모집시기별(수시, 정시) · 전형유형별(일반전형, 특별전형) 지원자격 여부, 활용하는 전형자료 및 전형요소별 비율 등을 정리 · 분석한다. 그리고 3단계로 모집시기별 지원전략을 결정한다. 모집시기는 수시모집과 정시모집으로 구분되는데, 수시모집 시기는 수능을 치르기 전이므로 학교생활기록부의 교과 및 비교과가 중요한 전형요소로 활용된다. 따라서 고 1~2학년 때의 내신성적이 우수하거나, 지원학과와 관련된 비교과 활동을 열심히 한 학생이라면 수시모집에 지원하는 것이 유리할 수 있다. 다만, 수시모집의 최종 합격 여부를 결정할 때 수능성적을 최저학력기준으로 사용하는 대학도 있으므로 수능성적도 끝까지 관리할 수 있도록 안내하여야 한다. 일부 학생은 수시모집 합격 후 수능에 의한 최종 결정을 간과하여 수능 준비를 소홀히 하거나 아예 미응시하여 최종 불합격되는 경우도 있기 때문에 특히 주의가 필요하다. 이와 달리 학교생활기록부 성적이 불리하거나 수능성적이 상대적으로 우수한 학생은 수시모집에 응시하지 않고 정시모집에 주력하는 방법을 취할 수도 있다. 하지만 요즘 수시모집의 선발인원이 확대되는 추세이고, 수시모집의 미등록 인원을 정시모집 이전에 충원하는 방향으로 대학 입학전형이 변화되는 분위기이기 때문에, 대학 입학전형의 기본 방침이 이와 같이 달라질 경우에는 가급적 자신에게 맞는 수시모집의 대학, 학과를 알아보아 지원기회를 최대한 살리는 것이 좋을 것이다.

4단계는 지원전략별 목표 대학을 선정하는 단계다. 수시모집 및 정시모집에 복수지원 기회가 있기 때문에, 자신의 강점을 최대한 살리면서 각 기회에 상향, 소신, 하향 지원방법을 활용하여 지원 만족도와 합격 가능성을 모두 살릴 수 있는 의사결정을 하는 것이 좋다.

5~6단계는 남은 기간 동안 목표 대학의 전형자료 중요도에 따라 자신의 학습계획을 수립하여, 각 전형자료 중 자신에게 취약한 부분을 보충하기 위해 노력하는 단계다. 진학의사결정을 임박하게 하지 않고 1년 이상 여유 있게 결정하였다면, 남은 기간 동안 목표 대학의 전형자료에 맞추어 자신의 강점을 살리고 약점을 보완함으로써 합격 가능성을 더욱 높일 수 있다. 물론 고 1~2학년 때 이 과정을 거쳤다면, 매해 입학전형 요소 및 방법이 일부 변경될 수 있으므로 진학 당해 연도에 수정된 정보를 확인하는 절차를 밟는 것이 꼭 필요하다. 끝으로 7단계는 모집시기별 목표 대학 및 학부를 최종 선택하여 지원하는 절차다. 이때에는 가급적 학생 혼자 의사결정을 하기보다 진학정보 및 경향성을 잘 알고 있는 학교 선생님이나 상담자와의 상담을 통해 의사결정을 할 것을 권한다. 최근에는 대교협과 대학에서도 홈페이지를 통해 최신 입학정보를 많이 제공하고 있고, 수험생들끼리 정보를 교류하는 인터넷 사이트도 많다. 최신 정보들과 여러 조언자의 도움을 참고하는 것도 좋은 의사결정을 위한 방법이 된다.

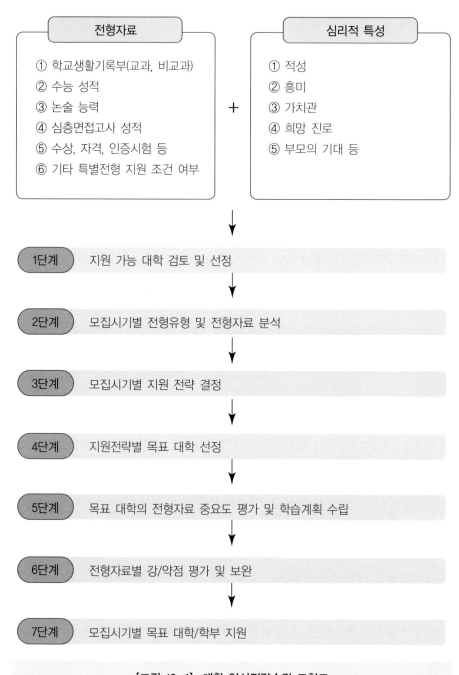

[그림 10-4] 대학 입시전략수립 모형도

출처: 우정호, 신철식(2010).

3) 진학교육 및 입학설명회

최근에는 진로과목을 학교의 정규 교육과정으로 개설하고 진로과목 외에도 다양한 교과목 및 창의적 체험활동 시간을 통해 학생의 진로의식을 함양하려는 노력이 이루어지고 있다. 중학교에 자유학기제 또는 자유학년제를 통해 자신의 특기적성을 파악할 수 있고, 진로진학상담교사의 도움을 받을 수 있다. 진로진학상담교사는 단위학교의 진로진학 업무를 총괄하며, 학생과 학부모에게 진로진학에 대한 상담을 전담한다. '진로와 직업' 교과수업을 진행하고, 진로교육 프로그램을 기획 및 운영하며, 진로진학 관련 학생상담과 지도를 담당한다. 또한 창의적 체험활동 중 진로활동 운영계획을 수립하고, 중학교의 자기주도학습전형, 고등학교의 학생부종합전형 준비를 지원하기도 한다(손은령 외, 2017). 이와 같이 학교 내에서 진로진학을 담당하는 교사 또는 상담자가 배치되어, 진학에 임박한 시점뿐 아니라 학교생활 전반에 걸쳐 자신의 진학계획을 검토하고 상담과 지도를 받으면서 준비할 수 있다면 학생들에게 더 큰 도움이 될 것이다. 이러한 교육기회를 활용하여 일찍부터 자신에 대한 이해, 대학 및 입학전형 방법에 대한 이해를 높일 수 있고 의사결정 능력도 키울 수 있다.

상담자 또는 상담교사가 직접 대학정보를 제공하거나 심리검사 등을 활용하여 학생 자신에 대한 이해를 도울 수도 있고, 고등학생 진로지도 프로그램을 활용할 수도 있다. 그리고 대학 입학사정관을 초청하여 대학입학 설명회를 실시할 수도 있다. 대학 입장에서도 학교 홍보를 위해 고등학교를 직접 방문하여 자기 대학의 입학정보를 제공하는 경우가 많으므로, 대학에 요청하여 학생들이 구체적인 대학 입학정보를 접하고 대학에 대한 관심을 가질 수 있도록 기회를 마련하는 것도 좋은 방법이다.

6. 진학결정 이후의 상담 주제

진학상담은 대학 등록으로 끝나는 것이 아니다. 선택한 대학은 내담자에게 만족스러울 수도 있고 아쉬움이 남을 수도 있다. 선택하고 등록한 대학을 계속 다니기로 결정하였다면 대학에 잘 적응할 수 있도록 돕는 것이 후속되어야 할 것이다. 대학은 고등학교와는 학문적으로나 생활 면에서 많이 다르므로, 대학 생활에 대해 미리 예상해 보고 어려울 수 있는 점들을 상담자와 함께 대비해 보는 것이 좋다. 특히 부모를 떠나 다른 지방에서 생활하게 된다면 도울 수 있는 친척이나 선배가 있는지 알아보고, 환경의 변화에 대한 적응을 준비시키는 것이 필요하다. 또한 고등학교에 비하여 여유로워진 시간과 자신이 결정하고 선택할 활동들이 많아지는 등의 변화에 유연하게 대처할 수 있도록 준비시키는 것도 필요하다.

선택한 대학이나 학과에 대해 아쉬움이 남는 경우에는 재수를 할 것인지 혹은 대학생활을 해 보면서 재수 여부를 결정할지, 대학생활을 열심히 하면서 복수전공이나 편입, 또는 대학원에 진학할 기회를 가질 것인지 등 여러 기회와 가능성을 함께 논의해 보는 것이 좋다. 복수전공, 편입, 전문대학원 진학을 희망한다면 현재 등록한 대학에서의 학점이 평가요소로 사용되는 경우가 많기 때문에, 대학에서의 과목 이수 및 학점 관리를 잘하여 다음 진학을 준비할 수 있도록 계획을 짜는 것이 좋다.

대학 입학 후의 대학 생활 및 적응과 관련된 정보는 합격한 대학의 입학처, 학생처, 교무처 및 해당 학과에 문의하여 얻을 수 있고, 그 대학에 진학한 선배를 통해 얻을 수도 있다. 최근에는 대학도 교육력을 강화하자는 입장에서 신입학생들의 학교적응을 위한 지원 프로그램들을 제공하는 경우가 많다. 그러므로 대학 상담실이나 멘토링 프로그램 등을 찾아보면 학생 및 내담자의 대학생활 적응에 큰 도움이 될 것이다.

예전에 비하여 대학에 진입하는 기회가 확대된 만큼 대학 진학의사결정도 고교 졸업의 특정 시기에 한 번으로 끝나는 것이 아니며, 학생에 따라서는 몇 해에 걸쳐 반복되기도 한다. 이는 진학결정 이후의 상담 주제들에 주목할 필요가 늘어난다는 의미이기도 하다. 수퍼(Super)의 진로발달이론에서 설명하는 바와 같이, 진학상담 역시 진학의사결정뿐 아니라 진학준비 및 진학 후의 적응 등이 중요하므로 전생애적 진로발달의 관점에서 접근하는 것이 적절하다.

제11장
구직상담

| 강혜영 |

이 장[1]은 크게 세 개의 절로 구성되어 있다. 1절 '구직상담의 개요'에서는 구직상담의 의미와 구직상담의 장면과 대상 그리고 구직상담의 주요 과제에 대해 설명하였다. 2절 '구직상담의 주요 과제별 상담방법'에서는 여섯 가지를 제시하였는데, 구직자에 대한 탐색방법, 구직자의 자기이해를 돕는 방법, 직업정보 제공 및 탐색을 돕는 방법, (잠정적) 의사결정을 돕는 방법, 구직기술 습득 및 향상을 돕는 방법, 과제(숙제)를 주는 방법 등이다. 앞의 다섯 가지는 구직상담의 주요 과제에 대한 구체적인 방법을 설명한 것이고, 마지막의 과제(숙제)를 주는 방법은 구직상담의 주요 과제에 포함되지는 않았지만 구직상담에서 자주 활용하는 방법이므로 함께 설명하였다. 끝으로 3절에서는 '구직자를 위한 국가 지원 프로그램'을 제시하였다.

---

1) 이 장의 개정작업에 유용한 자료와 조언을 제공해 준 정지애 님, 조일원 님(한국기술교육대학교 HRD전문대학원 박사과정)께 감사드린다.

1. 구직상담의 개요

1) 구직상담의 의미

구직(求職)상담이란 말 그대로 직업을 구하는 것에 대해 도움을 주는 상담이다. 구직상담은 다른 말로 '취업상담' '직업상담'이라고도 불리며, 넓은 의미에서는 진로상담에 포함되어 설명되기도 한다.[2] 구직상담이 무엇인가 하는 것은 다양하게 정의되고 있다. 예를 들어, 크라이츠(Crites, 1981)는 "직업심리검사의 실시와 해석, 진로나 직업탐색 및 의사결정 과정에 내담자[3]의 적극적인 참여를 요구하는 상담자와 내담자 사이의 관계"라고 정의하였다. 또한 미국진로개발협회(National Career Development Association: NCDA, 1991)에서는 "내담자가 가장 적절한 진로나 직업을 결정할 수 있도록 자신과 환경에 대한 이해를 종합하고 응용하도록 돕기 위한 상담자와 내담자 사이의 관계"라고 정의하고 있다. 표현은 다르지만 상담관계를 토대로 내담자의 직업탐색 및 선택을 돕는 것이란 점에서 공통적임을 알 수 있다.

어떤 사람이 직업을 구하는 데 있어 어려움을 겪는 이유를 생각해 보면 크게 두 가지로 구분할 수 있을 것이다. 하나는 자신에게 적합한 직업이 무엇인지 정하기 어려운 경우, 즉 어떤 직업을 선택해야 할지에 대한 결정을 내리기 어려운 경우일 것이고, 다른 하나는 자신에게 적합한 직업을 정했는데 그것을 성취하지 못해 도움을 청하는 경우일 것이다. 물론 이 두 가지 문제는 서로 분리되어 있다기보다는 관련된 문제이기도 하다. 예를 들어, 처음에는 뭔가 하고 싶은 일이 있어 그 일을 하기 위해 어느 기관에 입사서류를 제출했다. 그런데 계속해서 취업에 실패를 하게 된다. 그러면 과연 내가 이 일 또는 이 분야의 직업을 갖는 것이

---

2) 직업 구하는 것에 도움을 주는 상담을 의미한다는 점에서 구직상담이라는 말이 더 적합한 용어라 판단하여 여기에서는 구직상담이라는 용어를 사용하였다.
3) 여기서는 문맥에 따라 내담자와 구직자를 혼용하였다.

적절한가 하는 질문을 하게 되는 경우가 많다. 그러면서 다시 처음부터 자신에게 적합한 분야의 일이 무엇인지를 탐색하는 일부터 시작하게 되는 것이다.

구직상담은 취업을 원하는 사람들을 대상으로 원하는 분야가 무엇인지 확인하고, 이에 맞는 채용정보를 제공하며, 입사서류 작성 및 면접 등과 같은 구직기술 향상을 지도하는 것으로 여겨 단순하고 기계적인 과정이라 생각할 수 있다. 그러나 취업에 실패하여 도움을 청하는 사람들은 실패의 원인을 탐색하고 그 과정에서 개인에게 적합한 분야의 직업을 다시 찾아야 하는 과정을 거쳐야 한다. 또한 심리적으로 위축되어 있거나 극심한 스트레스를 경험할 경우, 이러한 심리적 문제를 극복하도록 돕는 것도 구직상담에서 해야 할 중요한 일이다. 요약하면, 구직상담은 직업을 구하고자 하는 사람을 대상으로 자신에게 적합한 직업을 결정하고 그 직업을 가질 수 있도록 돕는 데 초점을 둔 상담이다. 그리고 이 과정에서 채용정보 제공, 구직기술 지도뿐 아니라 취업 실패의 원인 탐색, 구직과정에서 겪는 다양한 심리적 문제 등도 다루어야 한다. 따라서 구직상담자는 이에 대한 지식과 기술을 갖추는 것이 필요하다.

2) 구직상담의 장면과 대상

구직상담이 이루어지는 장면과 대상은 다양하다. 대표적 장면으로는 직업인 양성을 주요 목적으로 하는 마이스터고와 직업특성화고, 폴리텍대학, 직업훈련기관을 비롯하여 대학의 취업지원센터와 상담센터, 공공 및 민간 고용서비스 기관 등을 들 수 있다. 그리고 이러한 장면에 따라 구직상담 대상이 되는 내담자의 특성에도 다소 차이가 있다. 여기서는 다양한 구직상담 장면 가운데 마이스터고와 직업특성화고, 대학취업지원센터, 공공 고용서비스 기관(고용센터), 민간 고용서비스 기관 등에 대해 설명하고, 각 장면에서 만나게 되는 내담자 특성을 중심으로 구직상담에서 고려해야 할 사항에 대해 기술하였다.[4]

---

4) 여기서는 내담자 특성에 따른 대략적인 구직상담 고려사항만을 간략히 언급한다. 구체적인 상담방법에 대해서는 2절 '구직상담의 주요 과제별 상담방법'을 참조하기 바란다.

(1) 마이스터고와 직업특성화고

마이스터고와 직업특성화고[5]는 자신의 흥미와 적성에 맞는 전문적 기술을 배워 고교 졸업 후 바로 취업할 수 있는 능력을 갖춘 특정 분야의 인재를 양성하기 위한 고등학교다. 이러한 학교 설립의 취지를 살리려면 고교 입학 당시에 이 분야가 이 학생에게 적절한지에 대한 탐색이 이루어져야 할 것이다. 그러나 과연 모든 학생이 자신의 현재 전공 분야에 만족해하고 취업을 원할지에 대해서는 확신하기 어렵다.

이런 점에서 구직상담의 대상이 되는 학생들은 크게 두 가지 부류로 구분해 볼 수 있을 것이다. 한 부류는 현재의 전공 분야가 자신의 흥미와 적성에 맞아서 졸업 후 같은 분야로 취업을 희망하는 학생들이고, 다른 한 부류는 현재의 전공 분야가 자신의 흥미와 적성에 맞지 않아 갈등을 하는 학생들이다. 전자의 경우, 구직상담의 초점은 학생들에게 일자리 정보를 제공하고, 일자리 선택에 대한 결정을 돕는 데 맞추면 될 것이다. 최대한 후회를 줄이기 위해 일자리 선택 시 자신이 중요하게 생각하는 기준을 정리해 보고, 선택하고자 하는 일자리의 대안들이 그러한 기준에 어느 정도 맞는지를 따져 보게 할 수 있을 것이다. 만약 그 기준이 비현실적으로 높거나 모든 기준을 만족시켜야 한다는 비현실적 기대를 갖고 있다면 이러한 기대를 조정하는 것도 구직상담에서 다루어야 할 과제가 된다.

한편, 후자처럼 전공 분야가 자신의 흥미와 적성에 맞지 않아 갈등하는 학생들의 경우, 일자리 선택에 앞서 이러한 갈등을 다루는 것이 필요하다. 구체적으로 어떠한 어려움이 있는지를 살펴보고, 현재의 전공 분야 외에 다른 분야로의 취업 가능성에 대해서도 살펴볼 수 있을 것이다.

(2) 대학취업지원센터[6]

청년층 실업이 사회문제로 대두되면서 각 대학에서는 학생들의 취업에 지대

---

5) 특성화고는 직업특성화고와 체험특성화고(대안학교)로 구분된다(http://www.hischool.go.kr 참조).
6) 대학에 따라 명칭은 '종합인력개발원' '취업지원(팀)' '커리어개발센터' '경력개발센터' 등 다양한데, 여기서는 '취업지원센터'로 통일하여 칭하였다.

한 관심을 갖고 취업지원을 위한 기관을 운영하고 있다. 그 명칭은 '종합인력개발원' '취업지원센터(팀)' '커리어개발센터' '경력개발센터' 등 다양하지만, 학생들의 취업 동기와 취업능력을 향상시켜 취업에 성공하도록 돕는다는 목적에 있어서는 동일하다.

이러한 활동 중 대표적인 것으로는 취업캠프, 취업동아리, 입사지원서 및 면접 특강, 학기별 취업교과목(또는 강좌), 취업박람회 등을 들 수 있다. 대학에 따라 각 프로그램들의 운영 비율은 다르지만 학기별로 한 번 이상 이루어지는 비중 높은 프로그램들이다(이제경, 선혜연, 2010). 그러나 이러한 프로그램 외에도 학생들을 대상으로 한 개인별 구직(취업)상담이 중요한 업무로 진행되고 있다(임언, 최동선, 강혜영, 2006: 44; 최동선, 김나라, 2005). 특히 최근 들어 대학에서의 구직상담은 저학년 때부터 체계적으로 진행될 필요가 커졌으며 이에 따라 대학 취업지원센터 인력의 전문성에 대한 요구도 증대되고 있다(이상호, 장욱희, 진대선, 2009; 장서영, 고재성, 2010).

대학취업지원센터의 내담자들은 대개 자발적으로 방문하는 학생들로, 취업에 대한 동기가 높은 경우가 많다. 그러나 취업 동기가 높다고 하더라도 자신이 어떤 분야로 취업할 것인가에 대한 확신, 개인의 직무 및 취업역량, 원하는 취업처에 대한 기대수준 등이 학생들마다 다양하므로 내담자의 상황에 따라 구체적인 구직상담의 목표와 상담자가 사용하는 전략은 달라지게 될 것이다. 또한 최근 들어 일(work)과 개인 생활(life)의 조화로운 균형을 강조하는 '일-가정 양립'[7] 가치를 추구하는 경향이 늘고 있으므로, 구직상담 시 이러한 개인의 직업 가치를 실현할 수 있는 방안에 대한 탐색도 중요하다.

(3) 공공 고용서비스 기관: 고용센터

고용서비스란 고용정보의 제공, 직업소개, 직업지도, 직업능력개발 등의 서비스를 종합적으로 제공함으로써 개인의 평생 직업생활, 기업의 경영활동 및 국

---

7) Work and Life Balance를 의미하는 '워라밸'이라는 용어로 불리기도 한다.

가 인적자원의 효율적인 활용을 지원하는 국가의 핵심 인프라이다(고용노동부 2017b: 45). 즉, 구직자에게는 취업능력 또는 취업 경쟁력을 높일 수 있는 각종 취업촉진 프로그램 또는 사업을 개발하여 제공하고, 구인업체에게는 고용 가능성을 높여 주기 위한 각종 고용촉진 프로그램 또는 사업을 개발하여 제공하기 위한 일체의 노력이라고 말할 수 있다.

우리나라의 고용서비스는 크게 공공 고용서비스와 민간 고용서비스로 구분할 수 있다. 이 가운데 공공 고용서비스의 대표적인 기관으로 고용노동부 고용센터를 들 수 있다. 고용센터는 IMF 외환위기 이후 취업의 어려움, 잦은 이직·전직, 조기 은퇴 등 고용 불안이 심화되면서 이에 대한 문제를 적극적으로 해결하기 위해 마련된 국가의 고용서비스 기관이다. 그 명칭은 최근까지 조금씩 변화가 있었는데, 고용안정센터 → 고용지원센터 → 고용복지플러스센터[8] 등으로 그 명칭이 변경되었다.

고용센터는 고용과 관련된 다양한 업무를 하고 있는데, 취업지원, 고용안정 사업, 직업능력 개발, 실업급여, 고용보험 관리, 집단 직업상담, 외국인 채용 지원, 모성보호 등이다. 이 가운데 취업지원과 관련된 업무 역시 다양한데, 직업심리검사를 통한 적성 발견 및 직업선택 지원, 고용 동향 및 일자리 정보 제공, 직업능력 진단 및 직업훈련 정보 제공, 심층상담을 통한 개인 특성별 맞춤형 취업지원, 저소득층 대상 취업성공패키지사업, 취약계층 대상 디딤돌일자리사업 등을 실시하고 있다. 이러한 프로그램들은 모두 무료로 제공되며, 어떤 프로그램의 경우에는 무료로 직업훈련을 받을 수 있으며 훈련수당도 지원되고, 취업 시 취업성공수당도 지원된다. 상담자들이 이러한 정보를 알아 둔다면 필요한 내담자에게 심리적 지원뿐 아니라 실제적인 도움을 줄 수 있어 유익할 것이다.[9]

고용센터의 구직상담 내담자들은 연령, 경제적 수준, 학력, 인지적 능력, 구직 동기 등에서 매우 다양하다. 10대 청소년부터 60~70대의 고령자, 생계비를 지

---

8) '고용복지플러스센터'는 기존의 분산된 서비스를 보다 통합적으로 제공하여 수요자의 편의를 도모하기 위한 목적에서 운영되고 있으며 고용센터를 중심으로 고용, 복지, 금융이 한 장소에서 제공된다.

9) 고용센터 사업에 대한 보다 자세한 내용은 고용복지플러스센터(http://www.work.go.kr/jobcenter)에서 확인할 수 있다. 국가에서 실시되는 다양한 취업지원 정책에 대해서는 3절에서 보다 자세하게 기술하였다.

원받는 구직자에서부터 경제적으로 여유 있는 구직자, 무학력자나 초등학교 졸업자에서부터 대학원 졸업자, 경미한 지적장애 수준의 인지적 능력을 가진 구직자에서부터 매우 높은 인지적 능력을 가진 구직자, 구직 동기가 매우 낮은 구직자에서부터 높은 구직자에 이르기까지 다양한 구직자를 만나게 된다. 또한 이주노동자나 결혼이주여성, 북한이탈주민 구직자도 접하게 된다. 따라서 고용센터 구직상담자들은 이러한 다양한 내담자의 문화와 심리적 상태를 이해하는 것이 필요하다.

또한 고용센터 구직상담의 경우, 심층상담 대상자인 경우를 제외하고는 상담실이라는 분리된 공간 없이 창구에서 상담을 하게 되는 경우가 대부분인데, 예약을 하고 오기보다는 바로 와서 상담을 받는 상황이므로 전문 상담기관에서처럼 50분의 상담이 이루어지기는 현실적으로 어렵고 15분 내외의 상담이 이루어지는 경우가 많다. 따라서 효율적으로 상담이 이루어질 수 있도록 개인상담의 경우에도 대상별(예: 준·고령자, 북한이탈주민 등) 구직상담 매뉴얼이 개발되어 있다.[10]

(4) 민간 고용서비스 기관

민간 고용서비스업은 넓은 의미로 볼 때, 민간이 주체가 되어 운영하는 인력 관련 산업을 의미하며, 민간 고용서비스 기관이란 이러한 일을 하는 곳을 말한다(김승택, 2008). 그러나 민간 고용서비스업의 핵심은 직업안정기능이라 볼 수 있으며 좁은 의미로 볼 때, 민간 고용서비스업은 주로 민간 직업안정기관을 의미한다(김승택, 노상헌, 신현구, 2006). 민간 고용업체의 종류는 매우 다양한데, ILO (International Labor Organization)는 민간 고용서비스 업체를 다음과 같은 다섯 개의 범주로 분류하고 있다. 그러나 최근에는 이러한 서비스 영역에 대한 경계가 점차 무너지고 있으며 종합적인 서비스를 수행하는 현상을 보이고 있다(김승택 외, 2006).

---

10) 구직상담에 도움이 되는 자료(매뉴얼, 상담도구 등)는 한국고용정보원(http://www.keis.or.kr)에서 확인할 수 있다.

우리나라에서는 1990년대부터 민간 고용서비스 업체의 규모가 급속히 증가
했는데, 그 이유로는 노동시장의 수요 확대, 정보통신 기술의 발달로 인한 인터
넷 정보 제공업의 이용, 다양한 고용서비스의 등장을 들 수 있다. 또한 1997년
외환위기 이후 실업의 확산과 구직 행위의 증가, 경제 상황의 변화에 따른 노동
시장의 유연성 확대 및 직업이동의 증가 등과 함께 관련 규제의 완화 등도 영향
을 미친 것으로 볼 수 있다(김승택, 2008).

이와 같은 다양한 민간 고용서비스 기관에서 구직상담이 이루어지고 있는데,
구직상담의 구체적인 대상과 상담 서비스의 질은 각 기관에 따라 차이가 있다
(강혜영, 송영희, 정해영, 2009). 구직자에게 단순히 일자리 정보를 제공하는 기관
에서부터 구직자의 흥미, 능력, 성격, 가치 등을 고려한 직업탐색과 결정, 구직기

○○○ **표 11-1** 민간 고용서비스업의 유형

범주	유형
노동 공급과 수요의 중개업체	• 유료직업소개소(free-charging employment agencies) • 해외직업소개소(overseas employment agencies) • 외국인 근로자의 모집 및 배치를 맡는 소개소(agencies for the recruitment and placement of foreign workers)
사용업체, 근로자, 민간직업 안정기구 간 계약의 삼각관계를 가진 유형의 업체	• 파견근로업체(temporary work agencies) • 도급업체(contract labout agencies) • 직원임대업체(staff leasing agencies)
전문 인력을 탐색하거나 또는 경력을 상담해 주는 업체	• 헤드헌팅업체(head-hunting agencies; executive search agencies) • 전직지원업체(outplacement agencies) • 구직상담업체(job-search consultancies) • 인력관리 상담업체(personnel management consultancies)
여러 가지 직업안정 기능을 동시에 제공하는 업체	• 교육훈련과 취업지원을 동시에 수행하는 업체(training and placement institutions) • 직업정보 제공 업체(computerized job databases)
기타 업체	• 직업경력관리 업체(career-management agencies) • 위탁고용업체(employment enterprises)

출처: 김승택 외(2006: 4).

술 훈련 등의 서비스를 제공하는 기관에 이르기까지 민간 고용서비스 기관의 종류와 그 기관에서 제공하는 구직상담 서비스의 내용과 질은 매우 다양하다. 최근에 정부에서 일자리 창출, 고용에 많은 관심을 가지면서 다양한 정책과 사업을 시행하고 있으며, 이에 따라 민간 고용서비스 기관이 증가하고 있는 추세에 있다. 또한 고용서비스의 질을 높이려는 정부의 정책과 사업에 의해 민간 고용서비스 기관 상담자를 위한 교육과정 개발과 운영도 활성화되고 있으며 고용서비스우수기관 인증제 운영도 진행되고 있다(이덕재, 박희열, 2011; 정영현, 2013).

3) 구직상담의 주요 과제

구직상담의 주요 과제는 학자와 상담실무자들에 따라 표현하는 용어가 조금씩 다르기는 하지만 그 내용에 있어서는 다음과 같은 공통된 점들을 지적하고 있다(예: 김명소 외, 2000; Gysbers, Heppner, & Johnston, 2003a). 먼저 구직상담에서도 내담자와 상담자와의 관계 형성이 무엇보다 중요하다는 것이다. 그리고

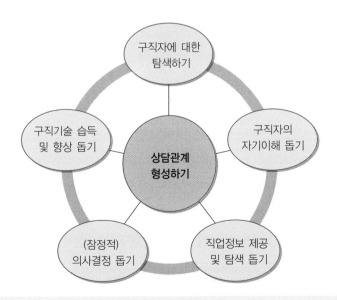

[그림 11-1] 구직상담의 주요 과제

구직상담의 전반적 방향을 설정하기 위해 구직자에 대한 탐색(상담 동기, 구직 욕구, 구직능력, 교육 경험, 직업 경험 등)이 필요하다는 것이다. 이러한 관계 형성과 구직자에 대한 탐색 결과를 토대로 '구직'이라는 상담목표를 달성하기 위해 상담자는 다음과 같은 활동을 하게 된다. 구직자로 하여금 자기의 특성을 이해하도록 돕는 일, 상담자가 직업정보를 제공하거나 내담자로 하여금 직업정보를 탐색하도록 돕는 일, 의사결정을 돕는 일, 취업에 성공할 수 있도록 구직기술을 습득하고 향상하도록 돕는 일 등이다. 다음에서는 구직상담에서의 상담관계 형성과 구직자에 대한 탐색, 상담자가 해야 할 주요 활동[구직자의 자기이해 돕기, 직업 정보 제공 및 탐색 돕기, (잠정적) 의사결정 돕기, 구직기술 습득 및 향상 돕기] 등에 대해 간략히 살펴보도록 하겠다.[11]

(1) 상담관계 형성하기

상담에서 가장 기본이 되고 중요한 것이 내담자와의 신뢰성 있고 온정적인 관계 형성이다. 이를 흔히 '라포' 형성이라 한다. 관계 형성을 이야기할 때 또 한 가지 논의되는 개념이 '상담 협력관계(working alliance)'[12]라는 것이다. 상담에서 관계 형성이 중요하다는 것은 쉽게 이해할 수 있다. 그런데 구직상담에서도 이러한 관계 형성이 중요할까 그리고 중요하다면 어떻게 이러한 관계를 맺을 수 있을까 하는 질문을 던져 본다. 왜냐하면 구직상담은 주로 고용센터, 여성인력개발센터, 직업훈련기관 등 상담을 전문적으로 하는 기관이 아니라 고용 지원을 목적으로 하는 기관에서 주로 20분 내외의 짧은 시간에 단회로 이루어지는 경우가 많기 때문이다.

결론부터 이야기하자면, 이러한 상황에서 이루어지는 구직상담의 경우에도 상담자와 구직자와의 신뢰성 있고 온정적인 관계 형성이 매우 중요하다. 구직상담은 앞서 '구직상담의 의미'에서 이야기하였듯이 단순히 정보를 제공하고 취

---

11) '상담관계 형성하기'를 제외한 다른 과제에 대해서는 2절 '구직상담의 주요 과제별 상담방법'에서 보다 구체적으로 설명하였다.

12) '일 동맹' '작업 동맹'으로도 번역되는데, 일(작업)이 상담을 뜻하므로 여기서는 '상담 협력관계'라는 용어를 사용하였다.

업을 알선하는 일이 아니라 구직자에게 잘 맞는 일을 결정하고, 취업에 성공할 수 있도록 돕는 일이며, 그 과정에서 겪는 정서적인 문제(불안, 우울, 분노 등)도 다루어야 하는 경우가 많다. 따라서 내담자가 상담자를 믿고 자신을 솔직하게 개방하여 이야기할 때 구직상담은 원활하게 진행될 수 있으며 이러한 이유에서 상담관계 형성은 구직상담에서도 중요하다.

그렇다면 어떠한 방법으로 좋은 상담관계를 맺을 수 있을까? 첫째, 상담자가 내담자에게 존중과 반가움을 표현하는 것이 중요하다. 얼굴 표정, 말투, 목소리, 눈빛 등 비언어적인 행동과 반갑게 맞는 말을 통해 내담자에 대한 존중과 반가움을 표현할 수 있다. 짧은 만남일수록 처음 만나는 순간은 구직자로 하여금 상담과 상담자에 대한 인상을 형성하는 데 큰 영향을 미친다. 따라서 상담자는 피곤하고 힘들더라도 구직자를 만나는 그 순간 밝게 웃으며 두 손으로 자리를 안내하면서, "○○ 씨 어서 오세요. 기다려 주셔서 감사합니다. / 잘 오셨어요. / 한번 이야기를 나누고 싶었는데, 정말 반가워요." 등 상황에 맞게 반가움을 표현하는 말로 맞이한다. 이때 구직자는 존중받는다는 느낌을 가지면서 불안이 감소될 수 있다.

둘째, 상담에서 도움을 받을 수 있는 것(상담의 목표)과 어떻게 진행되는지(상담의 과정)에 대해 간략히 안내해 주는 것이다. 이것이 관계 형성에 도움이 된다는 점에 대해 의문이 들 수도 있는데, 이는 '상담 협력관계'라는 개념을 떠올리면 이해할 수 있을 것이다. 상담 협력관계란 어떤 일을 함에 있어서 서로 간에 협조적인 관계를 맺는 것을 뜻하는 데, 이는 정서적인 유대감(emotional bond)뿐만 아니라 그 일에 대한 목표의 합의(goal agreement), 그 목표를 달성하기 위해 서로 간에 해야 할 일에 대한 합의(task agreement)를 통해 이루어진다는 의미다 (Bordin, 1983).

셋째, 좋은 상담관계는 구직자의 현재 행동이 아닌 그 사람의 잠재 가능성, 성장 가능성을 믿어 주고 현재의 어려움에 대해 공감해 줄 때 이루어질 수 있다. 이는 인간중심 상담에서 이야기하는 무조건적인 긍정적 존중과 공감적 이해에 해당하는 것이다. 이러한 상담자의 태도는 경제적인 어려움, 스트레스를 겪고 있는 구직자들의 마음 문을 열게 하는 열쇠가 된다.

상담관계 형성은 상담 초반에 특별히 관심 가져야 할 일이지만, 초반에 관계가 잘 형성되었다고 끝이 아니다. 어느 순간에라도 상담자와 구직자 간의 관계에 문제가 생기면 상담의 지속이 어려울 수 있고, 상담이 지속된다고 하더라도 효과가 적을 수 있다. 따라서 존중에 기초한 신뢰성 있고 온정적인 관계 형성에 대한 노력은 상담과정 내내 지속되어야 한다.

(2) 구직자에 대한 탐색하기

상담의 초기에 상담자가 해야 할 중요한 활동 가운데 하나는 내담자와 내담자의 문제에 대해 이해하는 것이다. 이를 바탕으로 상담의 목표와 전략을 구상할 수 있기 때문이다. 이를 위해 상담자는 내담자의 연령, 상담 동기, 구직 동기, 구직 능력, 교육받은 경험, 직업 관련 경험 등에 대한 정보를 얻는다. 기본적인 정보는 구직상담 신청서 작성을 통해 얻을 수 있고, 그 외 면접, 내담자에 대한 관찰, 심리검사 등을 통해 얻을 수 있다.

(3) 구직자의 자기이해 돕기

상담에서 내담자가 자신을 이해할 수 있도록 돕는 것은 중요하며 구직상담에서도 예외는 아니다. 다만, 자기이해의 목적이 직업선택 및 취업에 있으므로 자기이해의 내용도 흥미, 적성 및 강점, 가치, 성격, 건강 상태와 신체적 조건, 가정환경(가족의 경제적·심리적 지지) 등에 초점을 두게 된다. 이는 심리적 문제에 초점을 둔 상담에서 내담자의 경험을 탐색하여 심리적 역동을 이해하는 데 초점을 두는 것과는 차이가 있다. 물론 구직상담에서 만나는 내담자의 특성과 상황이 매우 다양하므로 구직상담에서도 내담자의 심리적 역동을 이해하는 것에 초점을 두어야 하는 사례도 있다.

(4) 직업정보 제공 및 탐색 돕기

구직상담이 다른 상담과 비교하여 지니는 특성 중 하나는 직업정보 제공과 탐색이다. 상담자는 적극적으로 직업정보를 제공해 주고, 내담자로 하여금 직업정보에 대해 탐색할 수 있도록 돕는다. 직업정보의 제공과 탐색을 통해 내담자는 자신이 선택할 수 있는 대안들에 어떤 것들이 있는지 알게 됨으로써 구직의욕 향상 및 합리적 의사결정 증진에 도움을 받을 수 있다.

(5) (잠정적) 의사결정 돕기

의사결정을 돕는 것도 구직상담에서 중요한 과정이다. 그런데 상담자가 기억해야 할 것은 내담자로 하여금 변화하지 않을 확고한 결정을 해야 한다는 부담을 갖게 해서는 안 된다는 것이다. 평생을 살아가면서 진로 및 직업에 대한 결정은 변화할 수 있는 것이고, 다만 현재 시점에서 다양한 요인을 고려하여 자신에게 최선이라고 여겨지는 것을 선택하는 것임을 상담자와 내담자가 서로 이해하는 것이 필요하다.

(6) 구직기술 습득 및 향상 돕기

구직기술을 습득하고 향상하도록 돕는 것은 취업목표를 달성하기 위한 구체적인 준비과정인데, 일반적으로 이력서와 자기소개서 작성 지도 그리고 면접 지도를 가리킨다. 이 역시 구직상담자가 해야 할 중요한 역할이다. 이를 위해서는 상담자가 취업 관련 사이트(예: 워크넷, HRD-Net)와 다양한 서적, 취업 사례 등을 통하여 이력서와 자기소개서 작성, 면접 준비방법에 대한 지식과 기술을 갖추고 있어야 한다. 일반적으로 이력서와 자기소개서 작성 지도는 내담자에게 작성 관련 정보를 제공해 주고, 집에서 작성해 오도록 한 뒤 상담시간에 피드백을 주는 방식으로 진행된다. 면접과 관련해서는 예상 질문 목록을 주고, 질문에 대한 답변을 생각해 보도록 한 뒤, 상담시간에 역할 놀이를 통해 연습을 해 보고 피드백을 제공해 주게 된다.[13] 아울러 면접에서 과도한 긴장을 하지 않도록 하는 도움(예: 근육 이완하기, 긍정적 자기대화하기)도 주어야 한다.

---

13) 이력서와 자기소개서 작성, 면접 예상 질문의 답변 준비 등은 상담시간의 효율적 사용을 위해 과제로 내주는 경우가 많다.

2. 구직상담의 주요 과제별 상담방법

이 절에서는 구직상담의 방법에 대해 살펴보려고 한다. 그런데 여기에 어떠한 내용을 포함할 것인가에 대한 결정은 단순하지 않다. 왜냐하면 구직상담의 방법은 구직상담의 구체적인 목표가 무엇인가에 따라 달라질 수 있기 때문이다. 구직상담의 궁극적 목표는 취업을 하는 것이지만 그에 따른 구체적인 목표는 내담자에 따라 매우 다양하게 설정될 수 있기 때문에 구직상담의 방법 역시 매우 다양할 수 있다.

따라서 여기서는 구직상담의 방법을 설명함에 있어서 앞서 제시하였던 구직상담의 주요 과제를 중심으로 설명하고자 한다. 구직상담의 주요 과제로 여섯 가지를 제시하였는데, 그 가운데 '상담관계 형성하기'는 앞서 주요 과제를 설명하는 부분에서 조금 자세하게 설명하였으므로 여기서는 제외한다. 그리고 과제 (숙제)를 주는 방법은 구직상담의 주요 과제에 포함하지는 않았지만 구직상담에서 자주 활용하는 방법이므로 함께 설명하고자 한다. 이렇게 하여 이 절에서는 구직상담의 방법으로 구직자에 대한 탐색방법, 구직자의 자기이해를 돕는 방법, 직업정보 제공 및 탐색을 돕는 방법, (잠정적) 의사결정을 돕는 방법, 구직기술 습득 및 향상을 돕는 방법, 과제(숙제)를 주는 방법의 여섯 가지에 대해 설명하였다.

1) 구직자에 대한 탐색방법

구직상담은 구직자의 특성에 따라 그 구체적인 목표와 방법이 달라질 수 있다. 구직자의 특성은 크게 신규 구직자인가 경력 구직자인가, 연령대가 젊은 층인가 고령자층인가, 남성인가 여성인가, 장애를 가진 사람인가 그렇지 않은 사람인가, 자발적인 실업자인가 비자발적인 실업자인가, 하고 싶은 분야를 결정한 사람인가 결정하지 못한 사람인가, 하고자 하는 일에 능력을 갖추고 있는 사람인가 갖추고 있지 못한 사람인가, 구직 동기가 강한 사람인가 약한 사람인가 등으로 분류해 볼 수 있다.

이러한 특성에 따라 구직상담의 목표와 방법이 달라질 수 있으며 목표 달성 여부와 그 과정이 쉬울 수도 있고 어려울 수도 있다. 예를 들어, 구직 동기도 높고 희망하는 분야도 어느 정도 결정되어 있으면서 그 분야에 관련 경력과 능력을 갖추고 있는 경력 구직자라면, 취업 달성이라는 목표와 그것을 이루어 가는 과정이 상대적으로 수월할 수 있다. 그러나 이와 달리 구직 동기도 낮고 희망하는 분야도 명확하지 않으며 취업에 필요한 기본적인 능력이나 자격증도 갖추고 있지 못한 신규 구직자라면, 취업 달성이라는 목표를 이루기까지 시일이 길어질 가능성이 높다. 아울러 이 경우 구직 동기 향상, 희망하는 분야 결정, 취업 기본 기술 습득 및 자격증 취득 등에 대한 내용이 상담의 구체적 목표와 방법에 포함되어야 할 것이다.

따라서 구직상담 초반에는 앞서 제시한 구직자의 특성을 파악하는 일이 중요하다. 연령, 성별, 교육 경험, 희망 직업, 직업 관련 경력과 같은 간략한 정보의 경우, 구직상담 신청서를 작성하도록 하여 파악할 수 있을 것이다. 구직 동기와 구직 능력 그리고 보다 구체적인 구직자에 대한 정보를 얻기 위해서는 면접 및 관찰, 심리검사 실시 등을 활용할 수 있다.

다음에서는 구직자의 특성을 파악하기 위한 방법 중 구조화된 면접방법인 '생애진로사정' 그리고 구직 동기 및 구직 능력 파악에 도움이 되는 '구직준비도 검사'[14]에 대해 소개한다.

(1) 생애진로사정

생애진로사정(Life Career Assessment: LCA)은 구직자의 특성을 파악하기 위한 구조화된 면접방법으로 아들러(Adler)의 개인심리학에 이론적 근거를 두고 있다

---

14) 워크넷(http://www.work.go.kr) → 직업·진로→ 직업심리검사 → 성인 대상 심리검사에서 실시 가능하다(2018년 2월 기준).

(Gysbers et al., 2003a: 171-202).[15] 초심상담자의 경우, 내담자의 특성 파악을 위해 구체적으로 어떠한 질문을 해야 할지 막막할 수 있는데, 여기서 제시하는 네 가지 주제에 대한 질문을 기억한다면 도움이 될 것이다.

- 진로에 대한 탐색이다(직업 경험과 그 경험에서 좋았던 점과 싫었던 점, 교육 혹은 훈련 과정 경험과 그 경험에서 좋았던 점과 싫었던 점, 여가활동 등). 내담자가 현재나 이전에 가졌던 직업, 교육, 직업훈련에 어떤 것들이 있었는지, 그 과정에서 좋았던 점과 싫었던 점은 무엇인지, 내담자에게 자유롭게 주어진 시간(여가)을 어떻게 보내는지 등에 대해 이야기를 나누면서 내담자의 특성을 살펴보는 것이다.
- 일상적인 생활에 대한 탐색이다(독립적으로 보내는지 의존적으로 보내는지, 짜임새 있게 보내는지 임의로 보내는지 등). 일상적인 날에 대한 탐색은 내담자가 매일 자신의 삶을 어떻게 조직해 나가는지 알아보기 위한 것이다. 내담자가 하루의 삶을 어떻게 살아가는지 살펴봄으로써 독립적인가 의존적인가, 체계적인가 임의적인가 하는 것을 평가해 볼 수 있다. 이러한 일상적인 날에 대한 이야기를 통해 나타나는 내담자의 특성은 내담자의 학교 또는 직장에서의 적응을 예측해 볼 수 있는 단서가 되기도 한다.
- 내담자의 강점과 장애요인(obstacles)[16]에 대한 탐색이다(세 가지 주요 강점과 장애요인). LCA의 강점/장애요인에 대한 탐색은 내담자에게 자신이 생각하는 세 가지 중요한 강점과 세 가지 주요한 장애요인이 무엇인지 묻는 것으로 진행된다. 이러한 탐색을 통해 내담자가 직면하고 있는 문제들, 환경적 제약들, 문제해결에 활용할 수 있는 자원들이 무엇인지 살펴볼 수 있다.
- 요약이다. 앞서 탐색한 사항들에 대하여 정리하는 시간이라 하겠다. 여기에는 두 가지 목적이 있다. 하나의 목적은 면접을 통해서 얻은 정보들 가운

---

15) LCA에 대한 내용은 강혜영, 선혜연(2009: 54-63)에 정리된 내용을 일부 발췌하여 제시하였다. 자세한 내용은 Gysbers 등(2003a: 171-202)을 참조하기 바란다.

16) 원문의 Obstacles을 '장애요인'으로 표현하였는데 우리말로는 어색해 보인다. 내담자가 생각하는 자신의 약점, 고쳐야 할 점, 문제점 등으로 이해하면 될 것이다.

데 중요한 것을 강조하는 것이다. LCA 진행과정에서 나타난 모든 정보를 다 언급할 필요는 없지만, 내담자에게 나타나는 주요한 삶의 주제, 강점, 단점들은 다시 정리할 필요가 있다. "저와 이야기를 나누면서 (이번 회기를 통해서) 어떤 생각이 드셨나요?(무엇을 알게 되었나요?)"라는 질문을 하여 먼저 내담자가 무엇을 알게 되었는지 표현하도록 하는 것이 효과적일 수 있다. 다른 하나의 목적은 면접을 통해 얻은 정보를 상담목표와 관련짓는 것이다. 내담자의 강점, 능력을 명료화하여 이를 살릴 수 있는 일을 찾기 위한 행동계획을 세울 수 있을 것이다. 또한 직업인으로서 살아가기 위해 극복해야 할 단점과 극복방안에 대해서도 살펴볼 수 있다.

(2) 구직준비도검사

구직준비도검사는 워크넷 사이트의 성인용 검사에 탑재되어 있는 온라인 검사로 구직자의 특성을 파악할 수 있다. 구체적으로 이 검사를 통해 파악할 수 있는 구직 관련 특성은 〈표 11-2〉와 같이 여섯 가지로 구분된다.

ᐤᐤᐤ **표 11-2 구직준비도검사 측정요인**

측정요인	내용
경제적 취약성 적응도	구직자의 가정 또는 개인적인 경제적 기반이 어느 정도 취약한 상태인지를 알아봄
사회적 취약성 적응도	가정 또는 주변 사람들로부터 정서적 지지나 정보 등의 자원에 대한 지원을 받고 있는 상태인지를 알아봄
자아존중감	자신에 대한 자아상을 얼마나 긍정적으로 지각하고 있는가를 알아봄
자기효능감	자신의 구직활동 효과성과 구직문제 해결에 대한 기대 수준을 알아봄
경력의 유동화 능력	효과적인 구직활동에 요구되는 수행 능력을 어느 정도 갖고 있다고 인지하는지를 알아봄
고용정보 수집 활용	주위의 사람들과 다양한 정보원을 통하여 필요한 정보 및 지지를 획득하고 활용하는 정도를 알아봄

출처: 워크넷(http://www.work.go.kr) → 직업·진로→ 직업심리검사 → 성인 대상 심리검사에서 확인할 수 있는 '구직준비도검사'의 내용을 토대로 재정리함.

2) 구직자의 자기이해를 돕는 방법

구직상담에서 상담자가 중요하게 해야 할 일은 구직자가 자신의 특성을 잘 이해하도록 돕는 일이다. 구체적으로 무엇을, 어떤 방법으로 도울 수 있을지에 대해 살펴보도록 하겠다.[17)]

(1) 자기이해의 내용

구직상담에서 구직자가 자신의 특성을 이해하도록 돕는 목적은 그 사람에게 가장 잘 맞는 분야의 일(직업)을 선택하도록 돕기 위한 것이다. 이를 위해서는 그 사람이 무엇을 좋아하고 무엇에 관심이 있는지(흥미), 무엇을 잘하는지(능력, 강점), 무엇을 중요하게 여기는지(가치)를 이해하는 것이 중요하며, 이외에도 직업선택과 적응에 영향을 미칠 수 있는 그 사람의 성격, 건강 상태와 신체적 조건, 가정환경(가족의 경제적·심리적 지지) 등에 대해 살펴보고, 직업선택 시 이를 적절히 고려할 수 있도록 도와야 한다.

(2) 자기이해의 방법

구직자의 흥미, 능력 및 강점, 가치, 성격, 건강 상태와 신체적 조건, 가정환경(가족의 경제적·심리적 지지) 등에 대해 살펴볼 수 있는 방법은 심리검사, 체크리스트, 카드 분류, 활동지 작성, 자신에 대한 성찰, 타인의 피드백, 체험 등 다양하다. 여기서는 '체험'을 제외한 방법들에 대해 설명한다.

① 심리검사를 통한 자기이해

상담에서 내담자의 심리적 특성을 살펴보기 위해 자주 사용하는 방법은 심리검사를 실시하고 이를 해석하는 방법이다. 구직상담에서도 구직자의 흥미, 능력 및 강점, 가치, 성격 등을 알아보기 위해 다양한 심리검사를 활용한다. 여기

---

17) 이 내용은 강혜영 등(2010: 18-19)의 내용을 토대로 수정 및 보완하여 작성하였다.

서는 온라인에서 무료로 실시하고 그 결과를 살펴볼 수 있는 워크넷 사이트의 검사를 간략히 소개하고자 한다.

　워크넷(http://www.work.go.kr)은 고용노동부 산하기관인 한국고용정보원에서 개발한 취업 포털 사이트다. '직업 · 진로' 메뉴로 들어가면 청소년(초등생용 포함) 대상 심리검사 10종류와 성인 대상 심리검사 13종류를 볼 수 있다(2018년 2월 기준).

　이러한 검사를 효과적으로 활용하기 위해서는 상담자가 검사의 목적, 내용, 결과 활용방법에 대해 숙지하고 있어야 하며 각 구직자의 필요에 맞게 적절히 선택하여 사용하여야 한다. 구직상담에서 자주 활용되는 검사 중 하나가 홀랜드(Holland) 이론에 바탕을 둔 직업선호도검사다. 이 검사결과에서는 개인에게 높게 나타나는 흥미 유형을 알려 주고, 이러한 흥미 유형에 적합한 직업의 예들을 제시해 준다. 그런데 상담자는 이러한 결과를 상담에 활용할 경우, "당신의 흥미 유형은 ○○이므로 *** 직업을 선택하는 것이 좋습니다."와 같은 기계적 해석을 하지 않도록 유의해야 한다. 직업결정에서 흥미는 고려해야 할 중요한 요인 가운데 하나일 뿐이지 전부가 아니기 때문이다. 자신에게 적합한 직업, 후회가 적은 직업을 결정하기 위해서는 직업선호도검사에서 측정하고 있는 것 외에 취업성공 가능성, 기대하는 보수수준 등 현실적인 요인과 그 개인이 삶에서 주요하게 생각하는 요인(가치)도 따져 보아야 할 것이다.

　연구들에 따르면(예: 황매향, 2004; 강혜영, 2011; Spokane, 1985), 홀랜드 이론에서 가정하고 있는 대로 자신의 성격 유형과 일치하는 직업이나 학과를 선택한 경우 그렇지 않은 경우보다 적응도, 만족도가 높은 경향이 있지만, 누구나 반드시 그러한 것은 아니며 개인의 성실성, 자기효능감과 같은 심리적 요인이 직업이나 학과 적응도, 만족도에 더 큰 영향을 미친다는 결과도 있다. 이러한 연구결과들의 시사점을 고려할 때, 구직상담을 하는 경우 무조건 홀랜드 검사결과에서 제시된 직업을 권유하는 것은 적절하지 않으며, 검사결과 제시된 흥미(성격) 유형과 함께 구직자의 성실성, 자기효능감과 같은 심리적 요인도 고려하는 것이 필요하다.

② 체크리스트

개인의 심리적 특성을 이해하도록 돕기 위해서 체크리스트 방법을 사용할 수 있다. 체크리스트 방법은 여러 개의 항목(문항)을 나열하고, 이 항목에 대해 가부(예/아니요) 또는 척도로 평정하는 방법을 말한다. 일반적으로 심리검사에 비해 문항 수가 적어 실시시간이 짧게 걸리고 문항의 내용도 이해하기 쉽다는 장점이 있으나, 객관성을 확보하기 어렵다는 단점도 있다. 〈표 11-3〉에서 〈표 11-5〉까지는 체크리스트의 몇 가지 예다.

ooo **표 11-3 보유능력 체크리스트(예시)**

자신이 가지고 있는 장기와 기술에 모두 ✓표 하십시오

타인과의 협력, 조화		운전하기	
정리, 정돈		돈 계산(경리, 장부정리)	
탐험과 답사 관련 지식		요약, 발표	
모임에서 사회 보기		조경, 식물 재배	
게임 진행		요리	
기계 조립		친절하게 전화 받기	
후략			

출처: 박가열, 임은미(2010), 보충자료 3.4(A).

ooo **표 11-4 성격 체크리스트(예시)**

현재 자신을 잘 나타내는 것에 모두 ✓표 하십시오

활동적인		예의 바른	
정확한		독립심이 강한	
융통성 있는		부지런한	
관대한		꼼꼼한	
신중한, 주의 깊은		절제 있는	
자신 있는		눈치 빠른	
후략			

출처: 박가열, 임은미(2010), 보충자료 3.4(B).

ooo **표 11-5** 가치 체크리스트(예시)

직업(일)과 관련하여 중요하게 생각하는 정도에 따라 해당 칸에 모두 ✓표 하십시오.

나는 _____를 원해	나에게 중요한 정도		
	중요하지 않아	중요해	아주 중요해
1. 잘 살기 위해 돈을 많이 벌기를……			
2. 일을 통해 다른 사람 돕기를……			
3. 일을 통해 여러 곳을 다닐 수 있기를……			
4. 안정적으로 일할 수 있기를……			
5. 남에게 인정받기를……			
6. 독창성과 개성을 발휘하기를……			
7. 나의 자녀에게 떳떳한 직업이기를……			
8. 많은 사람을 거느리기를……			
9. 여가시간을 많이 갖기를……			
10. 자율적으로 일하기를……			
후략			

출처: 박가열, 강혜영, 임은미(2007), 보충자료 3.3.

③ 카드 분류 활동[18]

직업카드, 가치카드 등을 활용하여 자신이 좋아하는 직업의 종류 및 특성, 직업선택 시 중요하게 생각하는 가치 등에 대해 살펴보는 방법이다. 카드 활용방법은 다양할 수 있으나, 일반적인 방법 한 가지를 소개하면 다음과 같다.

먼저 '좋아하는 것(중요하게 여기는 것)' '좋아하지도 싫어하지도 않는 것' '싫어하는 것(중요하지 않는 것)'의 세 가지로 구분하여 카드를 대별해 본다. 둘째, '좋아하는 것' '싫어하는 것' 각각에 속한 카드들을 살펴보면서 공통점이 있는지 살펴본다. 즉, 좋아하는 것들 가운데 어떤 공통점이 있는지, 혹은 싫어하는 것들

---

18) 카드 분류 활동은 활동 목적과 방법에 따라 다양하게 활용할 수 있으며 직업정보 제공 및 탐색을 돕는 방법으로도 활용할 수 있다.

가운데 어떤 공통점이 있는지 생각해 보는 것이다. 셋째, '좋아하는 것'에 속한 카드를 살펴보면서 그것을 다시 좋아하는(중요하게 여기는) 정도를 기준으로 구분해 본다(예: 매우 좋아하는 것과 좋아하는 것으로 구분). 넷째, '매우 좋아하는 것(중요하게 여기는 것)' 중에서 최종 3~5개의 카드를 선택해 보고, 선택한 이유에 대해 이야기해 본다.

④ 활동지 작성

구직자의 흥미, 능력 및 강점, 가치, 성격(인성) 등을 알아보기 위해 보다 비형식적인 방법을 활용할 수 있다. 내담자에게 몇 가지 자신의 특성을 살펴볼 수 있는 질문들을 던지거나 활동지를 주어 작성하게 한 후 이야기를 해 보도록 하는 것이다. 예를 들어, 어떤 활동에 흥미를 갖고 있는지 살펴보기 위해 "여유 있는 시간이 주어지면 무엇을 하고 싶으세요?" 또는 "일주일간의 휴가가 주어지면 어떻게 보내고 싶으세요?"라고 물어볼 수도 있고, 이러한 질문이 적힌 종이를 주어 간략히 메모해 본 뒤 그에 대해 이야기하도록 할 수도 있다. 또한 '생애그래프 그리기(인생곡선 그리기)'[19]와 같은 활동을 통해 개인에게 중요한 경험과 그 경험에서 나타난 특성을 찾아볼 수도 있다. 이와 관련된 활동지들은 진로 관련 집단 프로그램에서 많이 찾아볼 수 있는데, 개인의 학위논문이나 공공기관에서 개발된 진로지도 프로그램에서는 이러한 활동지를 활용하여 개인의 특성을 살펴보는 방법을 많이 활용하고 있다.

⑤ 자신에 대한 성찰

구직자 자신의 경험, 일기, 기록 등을 살펴보면서 자신에 대해 스스로 생각해 보도록 하는 방법이다. 이는 보통 과제(숙제)로 내주는 경우가 많은데, 스스로에 대한 성찰능력과 동기가 있는 경우에 적절한 방법이다. 이제까지의 경험, 일기,

---

19) 가로축에는 '나이'(나이 간격은 상황에 따라 자유롭게 할 수 있음)를, 세로축에는 '숫자'(숫자는 다양한 방식으로 기입할 수 있는데, 0을 기준으로 −5에서 +5까지 적을 수도 있고, 0부터 10까지 양수만 적을 수도 있음)를 적어 각 나이 때의 행복감(만족감), 역경 등을 표시하는 방법이다.

기록 등을 돌아보며 '자신을 어떤 사람이라고 생각하는지, 어떤 삶을 살고 싶은지, 스스로 생각하는 자신의 흥미(관심사), 능력 및 강점, 삶에서 소중하게 여기는 것 등은 무엇인지'를 글이나 머릿속으로 정리해 보게 하는 것이다. 어떤 내담자들은 자신의 내면을 들여다보는 이러한 기회를 통해 자신의 특성을 이해하는데 많은 도움을 받는다.

⑥ 타인의 피드백

구직자 주변의 사람들에게 자신이 어떠한 특성을 갖고 있다고 생각하는지를 물어보게 함으로써 자신에 대한 이해를 돕는 방법이다. 이는 다른 사람의 눈을 통해 자신을 이해할 수 있도록 한다는 점에서 도움이 될 수 있다. 그러나 주변의 사람들 역시 그들의 주관적인 입장에서 내담자를 이해할 수 있으므로 다른 사람의 피드백에 너무 의존하기보다는 다른 사람들 눈에 자신의 모습이 그렇게 비칠수 있다는 정도로 이해하도록 하는 것이 적절할 것이다. 상담과정 중에 "다른 사람들은 혹시 ○○ 씨에 대해 어떻게 보는 것 같아요?"라고 물어볼 수 있고, 과제(숙제)로 내주어 물어보고 오게 할 수도 있다.

3) 직업정보 제공 및 탐색을 돕는 방법

구직상담에서 상담자가 해야 할 중요한 일 중 하나는 상담자가 직업정보를 제공하거나 내담자로 하여금 직업정보를 찾아볼 수 있도록 돕는 것이다. 직업정보(occupational information)는 직업적 기회나 직업 자체에 관련된 사실의 기술, 설명은 물론이고, 직업에 관한 분석, 직업에 필요한 자질과 훈련, 직업의 전망 등과 같이 일의 세계에 관련된 광범한 사실을 기술·설명·예언하는 체계적이고 조직적인 자료를 가리킨다. 즉, 고용 동향, 취업정보, 직업분류체계, 노동의 수요 및 공급, 노사관계, 임금, 자격정보, 직업구조와 직업군, 취업 경향 등과 같이 직업과 관련된 정보를 뜻한다(한국고용정보원, 2007b).

구직상담에서 직업정보를 제공 및 탐색하도록 하는 것이 어떤 점에서 유용할

까? 첫째, 직업에 대한 구체적인 사항을 알게 됨으로써 보다 현실적인 의사결정을 하도록 돕는다. 막연하게 알고 있는 상태에서 결정을 내리는 것이 아니라 직업에 대한 지식을 바탕으로 결정을 내릴 수 있도록 함으로써 의사결정을 촉진하는 기능을 하는 것이다. 둘째, 직업정보는 구직에 대한 동기를 높이는 기능도 한다. 구직 동기가 낮은 이유 중의 하나는 자신이 특별히 하고 싶은 일도 없고, 잘할 수 있는 일도 없다고 느끼기 때문이다. 그러나 직업정보를 통해 자신이 하고 싶은 일이 발견되거나 잘할 수 있을 것 같은 일을 찾게 되면 희망을 갖게 되고 목표가 생기게 됨으로써 구직 동기가 높아질 수 있다.

직업정보 제공 및 탐색을 돕는 구체적인 방법에는 어떤 것들이 있을까? 우리가 일반적으로 어떤 것에 대한 정보를 얻는 데는 인쇄물(책, 신문, 안내책자 등), 영상매체(영화, 비디오테이프, 동영상 등), 인터뷰, 체험, 인터넷 검색 등 다양한 방법이 있듯이 직업정보를 얻는 데도 이러한 다양한 방법을 모두 활용할 수 있다. 상담자는 구직자의 연령, 능력, 상황 등을 고려하여 그에게 적합한 방식으로 정보를 제공하고 탐색할 수 있도록 안내해 주어야 한다. 실제 상담 장면에서 많이 활용되는 방법 중 하나는 인터넷 검색을 통한 방법인데, 구직과 관련된 사이트를 예로 제시하면 〈표 11-6〉과 같다.

ooo 표 11-6 구직 관련 사이트의 예

사이트	주소	주요 내용
워크넷	http://www.work.go.kr	채용정보, 구직신청(성인일반, 청년, 여성, 장년), 인재정보, 구인·구직신청, 직업심리검사, 진로상담, 직업정보(이색직업, 신생직업, 직업 관련 동영상 등), 학과정보 등
HRD-Net	http://www.hrd.go.kr	직업훈련정보(구직자, 근로자, 기업 등), 일자리 직업정보(구인, 자격, 학과, NCS분류체계 등), 훈련지원 안내(정보지원사업, 구직자/근로자 지원사업, 일학습병행제 등)
중소기업현황 정보시스템	http://sminfo.mss.go.kr	중소기업 현황(기업정보, 기업통계), 우수 중소 기업 DB 등

4) (잠정적) 의사결정을 돕는 방법

구직상담에서 조력해야 할 중요한 일 중 하나는 여러 개의 대안 중 하나를 결정하도록 돕는 것이다. 우선, 적정 분야의 일을 정하도록 도와야 할 것이고, 구체적인 취업기관을 정하도록 도와야 할 것이다. 실제로 성인의 구직을 도울 때는 구인정보를 보고 선택하는 경우가 많으므로 일의 분야와 기업 선택이 동시에 이루어지는 경우가 많다.

자신에게 적합한 직업을 결정하기 위해서는 어떠한 직업들이 있는지 알아야 하고, 자신의 특성을 잘 이해하여 그에 맞는 직업을 선택해야 할 것인데, 이 과정에서 상담자가 초점을 맞추어야 할 것은 결정을 위해 고려해야 할 사항들을 제대로 따져 볼 수 있도록 하는 것이다. 구직자에 따라 취업을 결정하는 기준은 다양하다. 예를 들어, 취업에 필요한 능력을 덜 갖추고 있고 경제적으로 빨리 취업을 해야 하는 경우에는 찬밥, 더운밥 가릴 때가 아니라는 심정으로 급여가 ***원 정도 되고 집에서 1시간 이내 거리면 어디든지 가겠다는 식으로 취업 희망조건을 이야기하는 구직자도 있다. 그런가 하면 본인은 최소한 *** 정도 급여가 되고, 야근이 잦지 않아야 하고, *** 계통의 직업이 아니면 취업할 마음이 없다고 비교적 까다로운 희망조건을 내세우기도 한다. 어떠한 경우든 상담자는 구직자들이 나중에 후회하지 않도록 보다 다양한 사항을 점검하여 결정할 수 있도록 도와야 한다.

직업을 결정하도록 돕는 방법은 다양한데, 여기서는 두 가지를 소개하고자 한다. 하나는 직업결정에 있어서 본인이 포기할 수 없는 조건, 이것만은 꼭 충족되어야 한다는 조건이 있는지를 확인하고, 만약 그러한 조건이 있다면 그것을 충족시키지 못하는 직업은 배제하고, 충족시키는 직업에는 어떤 것이 있는지 나열해 보는 방법이다. 성인의 경우, 어느 정도 자신의 능력, 실현 가능성 등을 고려하여 원하는 직업이나 조건을 제시한다. 그렇다 하더라도 구직자가 제시한 이러한 조건들을 그대로 받아들이기보다는 그것들이 어떤 점에서 본인에게 중요한지를 살펴보는 것이 필요하다.

다른 하나는 직업 대안들을 놓고 다음과 같은 비교표를 작성해 보는 것이다. 선택하려는 각 대안을 적어 보고(가로축), 결정을 위해 고려해야 할 사항들을 나열해 본 후(세로축), 각 대안에 대해 평가를 하는 것이 비교표 작성의 기본 방법이다. 그런데 비교 항목의 내용을 어떻게 설정하는지, 점수를 어떤 방식으로 매기는지에 따라 다양한 방식의 비교표 작성이 가능하다. 〈표 11-7〉에는 비교표

ooo **표 11-7 직업선택을 위한 비교표의 예**

본인이 해 보고 싶다고 생각하는 직업 3~4개를 희망직업명(가로칸)에 쓰세요. 그리고 비교 항목별로 1~10점까지(10점 만점으로) 점수를 매기기 바랍니다. 비교 항목 중 ⑦~⑩ 부분은 자신이 생각했을 때 중요하게 생각되는 것이 있다면 적어 보고, 점수를 매겨 보면 됩니다. 이때 필요하다면 어떤 비교 항목에 대해서는 가중치를 줄 수 있습니다. 예를 들어, 나는 다른 항목에 비해 ②와 ④가 특별히 중요하다면 가중치를 주어 점수비중을 높게 둘 수 있습니다.* 각 항목에 대한 점수를 다 매겼으면 세로로 합산을 하십시오. 점수가 높은 직업 2개를 골라 가장 높은 것은 1에, 그다음으로 높은 것은 2에 적어 넣기 바랍니다.

비교 항목 / 희망직업명				
① 내가 중요하게 생각하는 것을 충족시키는가?				
② 내가 재미있게 할 수 있는 일인가?				
③ 나의 성격에 맞는가?				
④ 내가 희망하는 보수수준과 맞는가?				
⑤ 나의 능력으로 할 수 있는 일인가?				
⑥ 근무조건이 마음에 드는가?				
⑦				
⑧				
⑨				
⑩				
합계				

비교결과를 토대로 최종 선택한 직업 1:

비교결과를 토대로 최종 선택한 직업 2:

* 가중치를 주는 방식은 다양한데 이 책에서는 349쪽을 참조하기 바란다.
출처: 박가열, 강혜영, 임은미(2007), 보충자료 3.6을 수정함.

작성의 예가 제시되어 있다.

가로축의 희망직업명 개수가 정해져 있는 것은 아니고, 구직자가 고려하고 있는 직업을 적으면 된다. 그러나 희망직업이 너무 많을 경우 비교가 어려울 수 있으므로, 희망직업이 5개 이상인 경우는 구직자의 특성과 상황 등을 고려하여 우선순위를 정해 3~4개 정도로 줄이는 것이 추천된다. 또한 의사결정을 해야 할 사항이 직업의 종류가 아닌 기업일 경우는 희망 기업명을 적어 넣으면 된다. 즉, 가로축에는 구직자가 결정해야 할 대안들을 적으면 되는 것이다.

비교 항목이란 어떤 결정을 함에 있어서 결정의 기준으로 고려해야 할 것들을 가리킨다. 예로 제시한 비교표의 내용들은 결정하려는 내용이 무엇인가(직업, 기업 등)에 따라 달라질 수 있는 것이다. 상담자는 내담자들과 비교표를 작성하면서 이 비교 항목을 꼼꼼하게 적어 볼 수 있도록 해야 한다. 내담자들이 미처 생각하지 못하는 것이 있을 경우, "……것도 생각해 보아야 하지 않을까요?" 하는 식으로 도움을 줄 수 있다.

점수를 매기는 방식은 다양한데, 제시된 예에서는 1~10점의 점수를 주게 하였으나 1~3점, 1~5점 등의 점수를 줄 수도 있다. 또한 가중치를 주는 방식에 있어서도 다양한 방식이 가능하다. 예로 제시된 비교표의 경우와 같이 본인이 중요하게 생각하는 항목에만 자유롭게 가중치를 줄 수도 있고, 특정 숫자(예: 25, 30, 50 등)를 주고 항목들의 합이 지정한 숫자를 넘지 않는 범위에서 각 항목 모두에 가중치를 부여하도록 하는 방식도 있다. 예를 들면, 25를 주고 가중치를 부여하고, 비교 항목의 개수가 5개라면 각 항목에 9점, 5점, 5점, 4점, 2점 등을 부여하는 것(9+5+5+4+2=25)이다(Brennfleck & Brennfleck, 2005: 154-155).

비교표 작성이 상담시간에 모두 완성되도록 진행할 필요는 없다. 어떤 비교 항목에 대해서는 보다 구체적이고 정확한 정보를 찾아보거나 숙고해야 할 경우도 있기 때문이다. 비교표를 의사결정에 임박한 시점이 아니라 상담 초반에 작성하고, 상담 진행과정 동안 비교 항목을 추가하여 작성하고 평가를 해 보도록 하는 것도 유용할 수 있다. 또한 비교표 작성 결과로 원하는 직업에 대한 선택이 이루어지면 좋겠지만, 그렇지 못할 경우에는 1순위와 2순위에 해당하는 직업만을 대상으로 보다 구체적인 정보 수집을 해 보고, 다시 비교표를 작성해 본 후 최종 결정을 내릴 수 있다.

5) 구직기술 습득 및 향상을 돕는 방법

결정한 직업에 성공적으로 취업할 수 있도록 돕기 위해 이력서 및 자기소개서 작성, 면접 등 구직기술을 향상하도록 돕는 것도 구직상담에서 해야 할 중요한 일이다. 구직자에 따라 이러한 능력을 어느 정도 갖추고 있어 조금만 도움을 주면 되는 경우도 있지만, 어떤 구직자는 상담자가 이 부분에 보다 많은 노력을 기울여야 하는 경우도 있다. 예를 들면, 고용센터에서는 필요한 경우 상담자가 면접에 동행하기도 한다.

이력서 및 자기소개서 작성, 면접 준비 등에 대해서는 다양한 취업 관련 서적들을 참조할 수 있다(예: 김인기, 이향정, 2011; 이우곤, 2006; 이은철, 2006). 워크넷 사이트에서도 구직기술과 관련된 다양한 정보를 접할 수 있다. 예를 들어, 워크넷 → 직업 · 진로 → 동영상 → 취업지원 동영상에서 청년층, 경력 단절 여성, 중 · 장년층별 구직에 도움이 되는 동영상을 볼 수 있다.[20]

일반적으로 구직상담에서는 내담자에게 이력서와 자기소개서를 작성해 오도록 과제를 내주고, 상담시간에 내담자가 작성해 온 서류들을 보며 상담자가 피드백하는 방식으로 진행된다. 또한 면접의 경우 예상 질문을 선별하여 상담 장면에서 모의 면접을 진행해 보며 피드백을 주고, 불안이 높을 경우 불안 감소를 위한 근육 이완훈련, 긍정적 자기대화(self-talk) 등을 연습시킬 수 있다.

그런데 상담자의 입장에서 이력서와 자기소개서 작성, 면접에 대해 피드백을 해 주어야 한다는 것이 불편하게 여겨지고 자신이 없을 수 있다. 일반적으로 대학 및 대학원에서 이루어지는 상담자 교육 및 훈련 과정에는 구직기술에 대한 내용이 포함되어 있는 경우가 드물기 때문이다. 그러나 이제는 자기소개서와

---

20) 워크넷 사이트는 개편될 수 있으므로 내담자에게 정보 제공 시 확인이 필요하다.

면접이 고등학교 진학, 대학 진학에도 중요한 사항이 되었고, 취업을 앞둔 대학생 상담에서는 말할 나위 없이 중요하다. 따라서 상담자들도 기본적인 구직기술에 대해서는 알아 둘 필요가 있다.

6) 과제(숙제)를 주는 방법

상담에서 많이 활용하는 방법 중 하나가 과제(숙제) 주기다(강혜영, 김계현, 2004). 특히 구직상담 과정에서는 과제 주기를 많이 활용하게 되는데, 그 이유는 두 가지로 요약할 수 있다. 첫째, 상담시간이 절약된다는 점이다. 구직상담은 가능한 한 빠른 시일에 취업을 할 수 있도록 해야 한다는 점에서 단기상담 접근이 적절하며, 과제 주기는 단기상담 접근에서 유용한 상담기법이다. 둘째, 과제 주기는 구직상담의 효과를 높이는 데 도움이 된다. 상담회기와 회기 사이에 구직자가 스스로 어떤 일을 수행해 봄으로써 그 일에 대한 성취감도 느낄 수 있고, 긍정적 결과도 경험할 수 있다(강혜영, 김계현, 2006; 부산종합고용지원센터, 2009; 서울고용지원센터, 2009).

구직상담에서 많이 제시하는 과제의 종류에는 '자신의 장점과 단점 적어 오기(생각해 오기), 직업 관련 심리검사 실시하고 결과물 프린트해 오기, 이력서 및 자기소개서 작성해 오기, 자신이 희망하는 분야의 정보 찾아보기, 나에게 의미 있는 사람들이 추천하는 직업 조사해 오기, A와 B 선택지 중 이번 주에는 A(B)를 선택했다고 가정하고 생활해 보기, 면접 연습해 보기' 등이 있으며, 앞서 '구직자의 자기이해를 돕는 방법'에서 설명한 '활동지 작성' '자신에 대한 성찰'에 대한 것을 과제로 내줄 수 있다.

과제 주기에서 중요한 것은 내담자가 그 과제를 수행해 올 수 있도록 하는 것이다. 상담에서 과제 주기가 효과적이려면 내담자가 그것을 수행한다는 것이 전제되어야 한다. 따라서 과제를 제시할 때는 다음과 같은 사항을 고려하여 최대한 수행 가능성을 높이도록 하는 것이 필요하다(강혜영, 김계현, 2006; Christopher & Richard, 1998). ① 개인의 능력을 고려하여 제시한다. ② 개인의 상황(가정환경, 경제적 상태, 건강 상태 등)을 고려하여 제시한다. ③ 과제 주는 목적을 분명히 제시하고, 어떤 점에서 유익함이 있는지 공유한다. ④ 문서양식(활동지, 과제가 적혀 있는 기록지 등)을 제시하여 과제에 대한 기억을 돕고, 수행을 쉽게 할 수 있도록 한다. ⑤ 주어진 시간 내에 실행할 수 있는 과제인가를 검토한다. ⑥ 다음 시간에 과제 수행 결과에 대해 이야기할 것임을 미리 알려 준다. ⑦ 과제를 수행할 마음이 어느 정도 있는지를 확인한다. ⑧ 과제 수행에 방해될 요소가 있는지 확인한다. 과제 주기는 진로상담에서 자주 활용되는 상담기법이므로 내담자의 특성, 구체적인 문제 등에 따라 어떤 과제를 어떤 방식으로 부여하는 것이 효과적인지를 탐구해 나가는 것이 필요하다.

3. 구직자를 위한 국가 지원 프로그램

고용문제는 국가의 주요 관심사로, 중앙행정기관 및 지방자치단체에서는 고용 촉진 및 지원을 위한 직·간접적인 다양한 정책을 실시하고 있다. 국가의 고용문제를 직접적으로 담당하는 고용노동부 외에도 교육부, 미래창조과학부, 문화체육관광부, 외교부, 법무부, 행정안전부, 농림축산식품부, 산업통산자원부, 환경부, 여성가족부, 국토부, 해양수산부, 국방부, 중소기업청, 병무청, 농촌진흥청, 산림청, 기상청 등에서 다양한 취업지원 사업이 진행되고 있다. 또한 각 시·도별로도 구직에 도움 되는 다양한 사업이 실시되고 있으므로 상담자는 이러한 정보를 알고, 상담에 활용하는 것이 필요하다. 여기서는 이러한 사업들 가운데 청·장년층 및 여성 구직자를 상담할 경우, 상담자가 알아 두면 유용한 몇 가지 제도에 대해 소개하고자 한다.[21]

---

21) 여기에 소개한 정책들은 고용노동부에서 발간한 『2017 한권으로 통하는 대한민국 청년지원 프로그램 가이드북』을 토대로 정리한 것이며, 워크넷 → 청년 → 원스탑 취업지원 → '한권으로 읽는 청년정책'에서 책자 파일을 다운로드 받을 수 있다. 국가의 정책은 시기에 따라 변화하므로 상담자는 내담자에게 도움이 될 만한 국가의 지원정책을 정리해 두고, 주기적으로 점검하는 것이 필요하다.

1) 청 · 장년층 구직자를 위한 지원정책

(1) 취업성공패키지

취업성공패키지 사업은 저소득 취업취약계층, 청년 및 중장년 미취업자를 대상으로 개인별 취업지원계획에 따라 통상 1년의 기간 내에서 통합적인 취업지원을 해 주는 프로그램이다. 참여자의 특성에 따라 Ⅰ유형, Ⅱ유형, 청년취업성공패키지 등으로 구분된다. Ⅰ유형은 기초생활수급자 및 저소득층 등, 생활 빈곤층이 대상이고, Ⅱ유형은 중 · 장년층(만 35~69세 이하, 중위소득 100% 이하) 그리고 청년취업성공패키지는 미취업청년(만 18~34세)을 대상으로 한다. 다음과 같은 3단계로 진행이 되나 필요에 따라 2단계의 직업훈련이 생략될 수 있다. 이에 대한 구체적인 사항은 취업성공패키지 사이트(http://www.work.go.kr/pkg)에서 확인할 수 있다.

- 1단계: 집중상담 및 직업심리검사를 통하여 개인의 취업역량, 구직 의욕 및 적성 등을 진단하고, 이를 토대로 구직자 '개인별 취업활동계획(IAP)'을 세우도록 한다. 1단계 수료 시, 실비 최대 25만 원이 지급된다.
- 2단계: 개인별로 설정된 취업활동계획(IAP)에 따라 '집단상담, 직업훈련, 일경험 지원 프로그램(단기 일자리) 제공 및 창업 지원' 등 역량 증진을 위한 세부 프로그램에 참여하게 한다. 직업훈련 참여 시, 훈련참여 수당 및 훈련비가 지급된다.
- 3단계: 지원 대상자에 대한 취업 알선을 집중적으로 실시하는 과정으로 구직을 위한 실제적인 지원을 받을 수 있으며 동행면접 서비스도 받을 수 있다.

(2) 내일배움카드제(직업능력개발계좌제)

내일배움카드제란 청 · 장년층 등 고용보험 미적용 신규실업자와 전직실업자 등에게 취업에 필요한 기능 · 기술 습득을 위한 훈련기회를 제공하여 개인의 직업능력 개발을 위해 자율적으로 직업훈련을 받을 수 있도록 지원하는 제도이다. 1인당 최대 200만 원 한도(취업성공패키지 참여자는 최대 300만 원) 내에서 정부가 실훈련비의 50~100%를 지원해 준다(취업성과 등에 따른 훈련비 차등 지원). 훈련받을 수 있는 직종은 고용노동부가 인정한 계좌적합훈련과정(Eligible Training Program List: ETPL) 중에서 선택해야 한다. 지원 신청을 위해서는 거주지 관할 고용센터에 방문하여 구직 등록 및 구직 신청을 하고, 훈련상담을 거쳐 훈련의 필요성 및 적합성 등을 인정받아야 참여할 수 있다. 이에 대한 구체적인 사항은 HRD-Net(http://www.hrd.go.kr)에서 확인할 수 있다.

(3) 국가 기간 · 전략산업 직종훈련

국가 기간산업 및 전략산업 중 인력 부족 직종과 산업현장의 인력 수요 증대에 따라 인력양성 필요가 있는 직종에 대해 기술 · 기능 인력을 양성하기 위해 실행되는 제도다. 지원 대상은 ① 고용센터 등에 구직신청을 한 15세 이상 실업자, ② 고등학교 3학년 재학생으로서 상급학교 비진학(예정)자, ③ 대학(전문대학) 재학생으로서 대학원 등에 진학하지 않는 학생(다음 연도 2월 말까지 졸업예정인 자) 등이다. 훈련비는 무료이며 훈련장려금도 지급된다. 이에 대한 구체적인 사항은 HRD-Net(http://www.hrd.go.kr)에서 확인할 수 있다.

(4) 대학 재학생 직무체험

대학 재학생 직무체험은 상대적으로 일경험 기회가 부족하고 취업률도 낮은 인문 · 사회 · 예체능 계열 대학 재학생(2~3학년 중심)을 대상으로 산업현장 체험기회를 제공하기 위한 제도이다. 참여 학생에게는 월 40만 원 정도의 연수비가 지급된다. 이에 대한 구체적인 사항은 고용노동부 일경험 프로그램 사이트(http://www.work.go.kr/experi)에서 확인할 수 있다.

(5) 대학일자리지원센터(대학 내 취업지원서비스)

대학창조일자리센터는 대학 청년들의 취업과 창업 역량을 강화하기 위하여 취업과 창업의 지원 장소를 공간적으로 통합하고 기능적 연계를 통해 원스톱 고용서비스를 지원하기 위한 사업이다. 즉, 고용노동부, 대학, 지자체, 창조경제 혁신센터 등이 협력하여 재학생 및 졸업생, 타대생, 인근지역 청년들에게 원스톱 고용서비스를 제공하기 위한 목적을 가지고 있다. 취업지원 조직을 갖추고 있는 대학, 산업대학, 전문대학이 지원할 수 있고, 선정된 학교는 연평균 6억 원의 사업비를 지원받는다. 구체적인 사항은 청년워크넷(http://www.work.go.kr/jobyoung)에서 확인할 수 있다.

(6) 청년내일채움공제

청년내일채움공제는 중소·중견기업에 정규직으로 취업한 청년의 장기근속과 자산형성을 지원하는 제도이다. 만 15세 이상 34세 이하의 미취업 청년으로 정부취업지원(취업인턴, 취업성공패키지, 일학습병행훈련, 고용센터 알선 등)을 통해 중소·중견 기업에 정규직으로 취업한 청년이 최소 2년 동안 월 12만 5천 원씩, 총 300만 원을 적립하면, 청년 본인의 적립금 및 정부와 기업의 지원금을 합쳐서 2년간 총 1,600만 원의 목돈을 마련할 수 있다. 이에 대한 구체적인 사항은 청년내일채움공제 사이트(http://www.work.go.kr/youngtomorrow)에서 확인할 수 있다.

(7) K-Move(해외취업지원)

K-Move는 해외취업을 희망하는 청년에게 맞춤형 연수를 제공하여 해외취업으로의 연계를 지원하는 제도이다. 지원 대상은 만 34세 이하 미취업자로 해외취업에 결격사유가 없어야 한다. 교육비 등을 포함하여 1인당 최대 800만 원을 지원받을 수 있고, K-Move멘토단에 가입하면 해외 취·창업 경험이 있는 멘토들로부터 해외취업에 필요한 구체적인 조언과 정보를 온·오프라인으로 얻을 수 있다. 구체적인 사항은 월드잡플러스 사이트(http://www.worldjob.or.kr)에서 확인할 수 있다.

(8) 일학습병행제

기업에 취업한 후, 기업에서 일하면서 동시에 교육기관에서 학습도 병행하여 자격과 학위를 취득할 수 있는 제도이다. 기업이 취업을 원하는 청년(고등학교 졸업자 및 졸업 예정자, 대학교 재학 및 졸업생, 청년미취업자 등)을 학습근로자로 채용하여 기업현장(또는 학교 등의 교육기관)에서 장기간의 체계적인 이론 및 실무 교육을 제공하게 된다. 참여기업의 특징에 따라 '자격연계형'과 '대학연계형'으로 구분되는데, '자격연계형'은 국가직무능력표준(NCS)를 기반으로 일과 학습을 병행한 뒤 국가가 인정하는 자격을 얻는 방식을 말하고, '대학연계형'은 일을 하면서 학위를 취득하는 방식을 말한다. 구체적인 사항은 한국산업인력공단 사이트(http://www.hrdkorea.or.kr)의 '일학습병행제'에서 확인할 수 있다.

(9) 내일이룸학교(취업사관학교)

학교 밖 청소년을 대상으로 맞춤형 직업훈련을 실시하여 청소년의 성공적인 사회진출 및 경제적 자립 지원을 돕는 제도이다. 지원 대상은 만 15세 이상 만 24세 이하의 학교 밖 청소년으로 6개월 이상의 기간 동안 전문 직업훈련과 자립장려금 및 취업지원 등을 제공받을 수 있다. 구체적인 사항은 한국산업인력공단 사이트(http://www.hrdkorea.or.kr)의 '청년 및 취약층 일자리 지원'에서 확인할 수 있다.

(10) 꿈드림 프로그램

꿈드림 프로그램은 취약청소년의 자립 준비를 종합적으로 지원하는 서비스로, 현재 학교교육을 받지 않고 경제활동을 하지 못해 경제적 · 사회적 · 심리적 어려움을 겪는 청소년들이 건강하고 올바르게 자립할 수 있도록 돕는 학교 밖 청소년 대상 종합적 지원 프로그램이다. 교육지원(학업동기 강화 및 학업능력 증진 프로그램, 검정고시 지원, 대학입시지원 등), 직업체험 및 직업교육훈련지원, 자립지원 등이 이루어지고 있으며 구체적인 사항은 꿈드림 사이트(http://www.kdream.or.kr)에서 확인할 수 있다.

2) 여성 구직자를 위한 지원정책

(1) 여성새로일하기센터 사업

여성새로일하기센터(새일센터)는 임신, 출산, 육아 등으로 경력이 단절된 미취업 여성의 취업을 돕기 위한 기관이다. 전국에 150여 개소가 있으며 취업을 원하는 여성들에게 직업상담, 직업교육훈련, 인턴십 지원, 취업연계, 취업 후 사후관리 등 구직과 취업에 관련된 서비스가 제공된다. 구체적인 사항은 여성새로일하기센터 사이트(https://saeil.mogef.go.kr)에서 확인할 수 있다.

(2) 온라인경력개발센터(꿈날개) 사업

꿈날개는 여성의 취업을 돕는 여성특화된 온라인 경력개발 포털 서비스이다. 취업 관련 심리검사를 통한 취업가능성 진단, 직업교육(온라인 및 오프라인), 온라인 취업상담, 이력서 및 자기소개서 작성, 모의면접, 직장적응상담 등의 서비스가 제공된다. 구체적인 사항은 꿈날개 사이트(http://www.dream.go.kr)에서 확인할 수 있다.

(3) 여성인재 아카데미 사업

여성인재 아카데미는 여성의 사회경제적 참여 확대를 추진하고 미래 여성인재를 양성하기 위한 사업이다. 저출산 · 고령화 시대 국가 경쟁력을 높이기 위하여 여성인력의 적극적 활용이 필수적으로 요구됨에 따라 여성 중간관리자 등이 조직 내 핵심 리더로 성장할 수 있도록 역량 강화 교육을 지원하는 제도이다. 지원 대상은 대학생 및 사회초년생(신입직원) 등의 청년 여성, 민간기업 및 공공기관 중간관리자급 여성 등이다. 집합교육과 온라인 교육으로 운영되며, 집합교육은 여성인재 아카데미 사이트(http://kwla.kigepe.or.kr)에서 가입 후 신청할 수 있고, 온라인 교육은 여성인재 아카데미 온라인 교육 사이트(http://www.kwla-online.kr)에서 회원가입 후 신청 가능하다.

상담자들은 구직상담을 효과적으로 진행하기 위해 국가에서 제공되는 다양한 정책에 대한 정보들을 알고 있어야 하며 이를 주기적으로 점검하는 노력을 기울여야 한다. 그리고 내담자에게 이를 안내하여 필요한 혜택을 받을 수 있도록 도와야 한다.

3) 구직자를 위한 구조화된 집단상담 프로그램

구직자들의 특성과 각 개인이 처한 상황은 매우 다양하지만 그들이 가진 공통점도 찾을 수 있다. 예를 들면, 실직으로 인한 자존감 저하, 스트레스 경험, 대인관계 어려움, 구직기술 부족 등이 있다. 또한 고령자, 주부, 청년층, 결혼이민자 등과 같이 상황이 유사한 구직자들도 있으며, 이들은 취업과 관련하여 유사한 어려움을 겪을 가능성이 높으므로 개인상담보다는 집단상담의 방식을 통해 도움을 주는 것이 더 효과적일 수 있다.

고용노동부에서는 구직자를 위한 다양한 구조화된 집단상담 프로그램을 개발하여 운영하고 있다. 현재 실시되고 있는 프로그램들에는 청년층 직업지도

고용센터 집단 직업상담 프로그램의 예

 청년층 직업지도 프로그램(CAP+)

- 대상: 청년층 및 청년층(15~29세, 개인 및 고등학교 · 대학교 · 직업훈련기관 등 단체 실시)
- 목적: 청년층의 합리적 진로 · 직업선택 지도, 구직기술 향상
- 인원: 1회 5~15명
- 운영: 4.5일(27시간)
- ☞ 이런 분에게 좋아요: 나에게 어떤 직업이 맞는지 탐색해 보고 싶으신 분, 이력서, 자기소개서, 면접기법, 정보탐색 등 구직기술을 배우고 싶은 분

취업희망 프로그램

- 대상: 취업에 도움을 받고 싶은 분(취업이 잘 안 되고, 경제적·심리적 어려움을 겪는 분, 학력 및 나이 무관)
- 목적: 자신감 향상, 근로의욕 증진, 사회성(대인관계) 향상, 효과적인 의사소통방법 습득
- 인원: 1회 10~15명
- 운영: 3~5일(22시간)
☞ 이런 분에게 좋아요: 생활의 자신감과 활기를 얻고 싶은 분, 일할 의욕을 찾고 싶은 분, 사람들과 인간관계를 잘 맺고 싶은 분

성공취업 프로그램

- 대상: 성공적인 취업을 희망하는 모든 구직자(고졸 이상, 나이 무관)
- 목적: 실직스트레스 대처, 구직기술 향상, 효과적인 자기표현법 향상, 취업 자신감 향상
- 인원: 1회 10~15명
- 운영: 5일(30시간)
☞ 이런 분에게 좋아요: 실직을 잘 대처하고 성공적인 구직활동방법을 익히고 싶으신 분, 남다른 면접, 이력서 등 구직기술을 익히고 싶은 분

고령자 재취업 프로그램

- 대상: 일을 통하여 제2의 인생을 설계하시고 싶은 55세 이상자
- 목적: 취업자신감 향상, 자신에 대한 이해 증진, 구직기술 향상, 대인관계 향상
- 인원: 12~15명
- 운영: 5일(30시간)
☞ 이런 분에게 좋아요: 일을 통하여 알찬 노년기를 지향하시는 분, 고령자 맞춤형 구직활동방법을 익히고 싶으신 분

프로그램, 취업희망 프로그램, 성공취업 프로그램, 고령자 재취업 프로그램 등이 있다. 각 프로그램의 실시기관과 구체적인 내용은 고용복지플러스센터 사이트(http://www.work.go.kr/jobcenter) → 각 지역 고용센터 홈페이지 '집단직업상담' 메뉴에서 확인할 수 있다. 진행하는 프로그램의 종류 및 운영시간은 각 센터별로 차이가 있을 수 있으니 구직자가 속해 있는 센터의 홈페이지를 확인하고 안내하는 것이 필요하다.

개인상담을 진행하면서 필요하다고 판단되는 경우, 특정 프로그램에 대해 구직자에게 안내하고 지역의 고용센터에 신청하여 참여할 수 있도록 하면 유용하다. 개인상담과 집단 프로그램을 병행할 수도 있겠고, 개인상담 도중 상담을 잠시 중단하고 집단 프로그램에 참여하도록 한 뒤 다시 개인상담에서 필요한 점을 다루는 방법도 있을 것이다. 또는 개인상담을 마치면서 필요한 집단 프로그램으로 연결하는 것도 도움이 될 수 있다. 그런데 프로그램을 권유할 때 기억해야 할 것은 어떤 점에서 상담자가 이 프로그램을 권하는지, 참여하면 어떤 도움을 받을 수 있는지 등에 대해 명확히 이야기해 주어야 한다는 것이다. 이 역시 일종의 중요한 정보 제공으로, 단순히 이런 것이 있으니 필요하면 참여해 보라는 식의 이야기가 아니라 정보의 유용성과 내용을 명확하게 제공하는 것이 필요하다. 이를 위해서는 상담자가 각 프로그램에 대해 잘 알고 있어야 할 것이다.

제12장
직업적응상담

| 공윤정 |

　최근 수십 년간 직업세계에서는 새로운 직업의 등장과 특정 직업의 쇠퇴, 한 직장에서 평생 근무하는 체제에서 일생 동안 여러 직장을 경험하는 것으로의 변화, 빠른 기술의 변화와 이러한 변화에의 적응, 일생에 걸친 지속적인 역량 개발의 필요성 대두 등 특징적인 변화들이 빠르게 나타나고 있다. 이에 따라 개인은 변화해 가는 조직과 새로운 인간관계에 적응해 나가며, 이 과정에서 생기는 스트레스에 효율적으로 대처해야 하는 등의 적응 과제를 갖게 되었다. 우리나라의 경우 개인이 직업을 구하기도 힘들지만 어렵게 구한 직장에서 대졸자의 1년 이내 조기 퇴사율이 27.7%로 2014년 조사결과(25.2%)에 비해 2.5% 상승한 것으로 보고되었는데(한국경영자총협회, 2016), 이는 직업적응상담의 필요성과 중요성을 나타내는 한 가지 지표로 볼 수 있다. 직업적응을 위한 상담은 개인의 경력개발 등 진로와 관련된 측면도 있지만, 직장 내 인간관계에 대한 적응, 직장 문화 적응 등 일반적인 심리상담의 영역을 포괄한다고 볼 수 있다. 이 장에서는 직업적응과 관련한 진로이론, 직업 부적응의 원인들, 직업적응 및 경력개발, 스트레스 관리, 직업적응상담의 주제들을 다룬다.

1. 직업적응상담의 이론적 기초

1) 직업적응상담의 개념과 방식

직업상담에서 전통적으로 개인 특성의 파악 및 직업 특성의 파악과 이 둘 간의 매칭이 중요하게 다루어졌다면, 최근에는 빠르게 변화하는 직업세계의 특성상 개인과 직업의 특성을 정적인 것으로 보고 매칭하는 방법이 현실을 잘 반영하지 못한다고 여긴다. 개인의 특성에 맞는 직업을 선택했다 하더라도 선택한 직업의 직무 및 요구능력 또한 빠르게 변화하기 마련이며, 따라서 중요한 것은 개인과 직업 간의 부조화가 있을 때 이에 대한 대처와 적응능력이다. 직업적응에서는 변화하는 직업세계에 대한 적응 및 대처능력, 개인의 경력개발, 직업에서 경험하는 스트레스의 관리 및 대처 등이 중요하게 다루어진다.

직업적응을 위한 상담은 기업 내 상담실, 기업과 제휴를 맺은 외부 상담실, 일반 심리상담실 등에서 광범위하게 이루어질 수 있다. 최근 기업에서는 개인의 직업적응을 돕기 위해 상담자를 고용해서 구성원이 경험하는 다양한 어려움을 돕는 서비스를 제공하고 있다. 이러한 상담 서비스는 개별적으로 진행되기도 하지만 특정 집단을 대상으로 한 집단상담이나 온라인 프로그램으로 진행되기도 한다. 기업에서 상담자를 고용해 직원을 조력하거나 외부 상담업체와 협약을 맺어 구성원들에게 상담 서비스를 제공하는 등 기업을 매개로 그 구성원에 대해 이루어지는 상담을 기업상담이라고 한다. 기업상담의 궁극적인 목적은 구성원의 기업적응을 도와 기업의 생산성을 높이려는 것이다(Carroll, 2010). 기업상담자들은 개인이 경험하는 다양한 정서적인 어려움을 조력해서 개인의 업무능력 및 직업적응 능력이 높아지도록 돕는다.

2) 직업적응상담 관련 이론

진로상담의 이론 중 여기에서는 변화에 대한 적응을 다루는 수퍼(Super)의 진로적응성(career adaptability) 개념과 직업적응이론(psychological theory of work adjustment; Dawis, 2002; Dawis & Lofquist, 1984; Lofquist & Dawis, 1991)을 중심으로 설명한다. 수퍼의 진로발달이론과 직업적응이론의 전체적인 개요는 이 책의 제2장(진로선택이론)과 제3장(진로발달이론)에 자세히 기술되어 있다.

(1) 수퍼의 진로적응성

진로적응성이란 현재 당면한 진로과업 및 직업의 변화에 개인이 대처하는 과정을 강조하는 개념으로, 현재의 진로발달과업, 직업전환, 개인적 외상 등에 대처할 수 있는 개인의 준비도와 자원을 일컫는다(Savickas, 2005). 이 개념은 진로발달상의 어느 한 시기가 아니라 모든 시기에 걸쳐 적용 가능하다. 진로적응성은 진로와 관련한 태도, 유능성, 대처행동 등 다차원적으로 이루어져 있는데, 특히 적응 차원(adaptability dimension)은 진로에 대한 관심, 진로 관련 문제에서의 통제감, 진로에 관한 호기심, 진로 관련 자신감의 네 영역으로 구성된다. 각각의 영역에 대한 개입은 진로/직업에 대한 관심 유발, 의사결정 훈련, 정보탐색 활동, 자아존중감 형성 활동 등으로 대응시켜 진행할 수 있다.

(2) 다위스와 롭퀴스트의 직업적응이론

조직 내에서 개인의 직업적응을 설명하는 대표적인 이론으로 다위스와 롭퀴스트의 직업적응이론(Dawis, 2002; Dawis & Lofquist, 1984; Lofquist & Dawis, 1991)을 들 수 있다. 직업적응이론에서는 개인과 환경의 조화가 중요하게 다루어진다. 개인-환경 간 조화는 개인의 특성과 환경의 요구 간의 일치에 의해서 결정된다고 보는데, 개인의 능력과 환경의 요구가 일치할 때 개인이 직업의 요구를 충족(satisfactoriness)시킬 수 있으며, 개인의 가치와 직업의 강화인 간의 조화가 일어날 때 개인이 만족(satisfaction)한다고 보았다. 개인과 직업환경은 정적인 상태에서 서로의 매칭만이 일어나는 것이 아니라, 일정한 범위 내에서 서로의 요구와 특성에 따라서 맞추어 나가는 유연함을 가진다. 개인과 직업환경 간의 불일치가 있을 때 개인이 사용하는 전략은 개인의 유연성에 따라 달라지는데, 유연성이 높은 개인은 개인-환경 부조화에 대한 대처 반응을 하기 전에 이를 견뎌낼 수 있는 힘이 있다. 개인의 대처방식은 크게 적극적(activeness) 대처방식, 반응적(reactiveness) 대처방식, 불일치를 견디는(tolerant) 대처방식으로 구분된다. 적극적 대처방식은 직업환경을 변화시킴으로써 대처하는 방식을, 반응적 대처방식은 자신을 변화시켜서 환경의 요구에 적응하는 방식을 뜻한다. 견디는 대처방식은 불일치의 범위가 작을 때 불일치를 조정하려는 노력을 하는 대신에 그 차이를 견디는 것을 말한다. 인내심이 많을수록 대처방식을 사용해서 노력하면서 좀 더 오래 불일치를 견딜 수 있다.

2. 직업 부적응 요인

직업적응이 개인의 만족과 직업환경의 요구에 대한 충족에 의해 결정된다면, 직업 부적응은 이 두 가지 요소의 부족, 즉 개인의 만족감이 낮거나 직업환경에서 성과가 충분하지 못하다고 평가받는 것과 관련된다고 정의할 수 있다. 여기에서는 직업 만족과 직업 성과 관련 연구결과들을 통해 직업 부적응 관련 요소를 탐색한다.

프릿체와 패리시(Fritzsche & Parrish, 2005)는 직업 만족에 대한 이론 및 경험적인 연구들을 개관한 후 관련 요인을 크게 6개로 구분하여 제시하였는데, 이전 직업경험과의 비교, 주어진 일의 사회적 맥락, 직업 자체의 특성, 직업 관련 스트레스, 개인의 특성, 개인-직업환경의 적합성이 그것이다. 먼저 개인은 이전 직업경험이나 간접정보에 따른 직업기대를 가지고 현 직업에 들어오며, 직업을 가진 후에는 자신의 기대와 비교해서 직업에 대한 만족도를 평가한다는 것이다. 자신이 할 수 있는 대안적인 더 나은 직업(직장)이 있다고 생각하는 경우 만족도는 떨어지게 된다. 일의 사회적인 맥락은 사회 구성원의 그 직업에 대한 태도나 평가가 개인의 만족에 영향을 준다는 것이다. 직업 스트레스는 극심한 소음과 같은 직업의 물리적 조건, 역할의 모호성이나 역할 갈등, 업무 과다 등의 요소를 포함한다. 직업 만족과 관련된 개인의 특성으로 많이 연구된 것은 성격의 5요인 이론이다. 높은 긍정적 정서성, 낮은 부정적 정서성, 내적 통제감 등이 직업 만족과 관련되는 것으로 알려져 있다. 개인과 직업환경 간의 적합성 면에서는 개인의 흥미와 직업흥미의 일치, 개인의 가치와 직업의 조화가 개인의 만족도와 관련된다.

이러한 결과들을 종합하면, 직업에 대한 기대에 비해 현재 직업의 여러 특성이 떨어질 때, 주어진 직업에 대한 사회 구성원의 평가가 좋지 않을 때, 직업 자체의 부정적인 특성(한정된 기술 요구, 업무의 중요도가 떨어질 때, 성취감이 없을 때 등), 높은 직업 스트레스, 높은 부정적 정서성, 개인의 특성과 직업 특성의 불일치 등이 직업에서의 낮은 만족도와 관련되며, 궁극적으로 직업 부적응과 관련된다고 볼 수 있다.

3. 직업적응 및 경력개발

1) 직업적응 관련 요인

직업적응과 관련되는 요인들은 개인의 심리내적 특성과 환경적 특성을 중심으로 연구되어 왔다. 과거에는 직업에서 요구하는 능력을 개인이 가지고 있는지의 여부가 직업적응에서 중요하게 다루어진 데 반해, 최근에는 개인이 변화하는 직업환경에 적응할 수 있는 능력이 있는지에 대한 평가가 중요하게 다루어진다. 그리핀과 헤스케스(Griffin & Hesketh, 2005)는 직업적응에서 변화에 대한 적응을 핵심 요소로 보고 관련 변인들을 개관하였는데, 개인변인으로는 일반적인 인지적 능력, 성격요인 중 성실성과 정서적 안정성, 동기, 적응 행동에 대한 자기효능감 등이, 환경적 특성으로는 과업의 복잡성과 관리자의 지지 등이 중요하다고 보았다.

진로상담의 이론과 무관하게, 여러 가지 경험적인 연구를 종합하여 풀라코스, 애러드, 도노반과 플래먼든(Pulakos, Arad, Donovan, & Plamondon, 2000)은 적응적 수행능력(adaptive performance)을 8개 영역으로 나누어 설명하였는데, 응급 상황과 위기 다루기, 직업 스트레스에 대처하기, 창의적인 문제해결, 불확실하고 예측 불가능한 작업환경에의 대처하기, 지속적인 학습, 대인관계 적응능력, 문화적 적응능력, 신체적 적응능력이 포함된다(〈표 12-1〉 참조).

ooo **표 12-1** 직장 적응능력의 차원과 정의

적응능력의 차원	정의
응급 상황과 위기 다루기	• 위험하거나 응급한 상황에서 가능한 대안들 파악 • 집중해서 판단하고 의사결정하는 능력 • 응급 상황에서 정서 조절과 객관성을 유지하기 • 필요한, 적절한 행동 취하기
직업 스트레스에 대처하기	• 업무가 많거나 어려운 상황에서 침착함을 유지하기 • 예기치 않던 사건이나 상황에 과잉 반응하지 않기 • 좌절 다루기 • 적응유연성과 높은 수준의 전문성 유지하기
창의적인 문제해결	• 문제해결에 대한 새로운 방법을 시도하기 • 관련이 없어 보이는 정보들을 통합해서 새로운 해결책 찾기 • 다양한 가능성을 고려하기
불확실하고 예측 불가능한 작업환경에 대처하기	• 예측하지 못했던 상황이나 환경에 유연하게 대처하기 • 계획, 목표, 행동, 우선순위 등을 상황에 맞게 조정하기 • 불확실함과 모호함에 압도당하지 않기
직무, 기술, 과정에 대한 지속적인 학습	• 지식과 기술의 변화에 발맞추기 • 새로운 업무 과정과 절차에 적응하기 • 일의 변화를 예측하고 필요한 훈련과 교육 받기
대인관계 적응능력	• 관계에서 유연하고 개방적이기 • 타인의 관점과 의견을 듣고 필요하면 자신의 의견을 수정하기 • 일에 관한 건설적인 피드백 받아들이기 • 다양한 사람과 효과적인 관계 맺기

문화적 적응능력	• 다른 집단, 조직, 문화의 분위기, 요구, 가치 등을 배우고 이해하기 • 타인의 가치와 관습을 존중하고 기꺼이 적용하기 • 자기 행동의 영향을 이해하기
신체적 적응능력	• 극단적 환경변화에 적응하기 • 필요한 경우 신체적인 강함을 요구하는 일에 적응하기

출처: Pulakos et al. (2000).

풀라코스 등이 제안한 8개 영역이 직업적응이론에서 제시한 직업적응 방식과 관련되는지를 살펴본 그리핀과 헤스케스(2003)의 연구에서는 적응 행동의 8개 영역을 크게 적극적 대처와 반응적 대처의 두 가지 요인으로 구분할 수 있다고 하였다. 이에 따르면 창의적 문제해결, 위기에 대한 대처, 스트레스에 대한 대처는 적극적 대처방식으로, 새로운 과업의 지속적인 학습, 대인관계 적응, 문화적 응 등은 반응적 대처방식으로 구분된다.

2) 경력개발

(1) 경력개발의 개요

유사한 개념이지만, 아동과 청소년 대상에서는 주로 '진로발달'이라는 용어로 사용되는 데 반해 성인 대상에서는 '경력개발'이라는 용어가 더 빈번하게 사용된다. 따라서 직업적응을 다루는 이 장에서는 경력개발(career development)이라는 용어를 사용하기로 한다. 진로 혹은 진로발달은 일생 동안 직업 관련 행동이 변화해 나가는 것이다. 진로발달은 직업만이 아니라 가족, 학업, 사회적 관계 등 개인의 다양한 삶의 역할이 일생에 걸쳐 변화하고 발달해 가는 것으로 포괄적으로 정의할 수도 있지만, 좁은 범위에서는 직업과 관련한 선택, 수행, 변화를 포함한 일련의 과정이라고 볼 수 있다. 경력개발을 좁게 정의한다면 한 사람이 입사에서 퇴사까지 수행하는 직무를 통한 개발활동으로 볼 수 있다(최병권, 2005).

경력개발은 과거에는 조직이 그 구성원들의 경력목표를 정하고 일괄적인 프로그램을 제공하는 방식으로 이루어진 데 반해, 최근에는 조직의 목표와 개인의 경력개발 목표를 동시에 고려하여 진행되는 쪽으로 변화되고 있다. 조직은 바람직한 인재상과 핵심 역량을 결정하고 구성원들이 그것을 키우도록 함으로써 조직 구성원들이 역량을 키워 더 나은 성과를 내도록 할 수 있고, 개인의 입장에서는 자신에게 적합한 경력목표를 정하고 역량을 강화함으로써 더 나은 개인적인 성과(만족, 높은 임금 등)를 얻고 조직 내에서 자신의 상품성(marketability)을 높여 입지를 강화하는 효과를 얻을 수 있다.

개인은 조직 내에서 자신의 능력과 가치를 고려해 경력목표를 정할 수 있는데, 경력목표가 정해지면 자신의 현재 능력(역량)을 평가하고 목표를 이루기 위해 더 개발해야 되는 능력이 무엇인지 평가할 수 있다. 더 개발해야 하는 능력이 무엇인지 알게 되면, 학습을 통해 능력을 키우고 관련된 업무를 수행하면서 경력 관리를 할 수 있다. 이때 경력목표 설정과 자신의 가치, 역량 평가는 서로 순환적으로 이루어진다. 즉, 한 가지 방향은 경력목표를 설정하고 목표달성에 필요한 자신의 능력 및 가치를 평가한 후, 능력개발을 위한 경력개발 계획의 수립, 계획의 실행, 실행 정도의 평가 및 그 결과를 다시 경력개발 계획에 반영하는 방향으로 진행될 수 있다. 이에 반해서 경력목표가 없이 막연할 때 자신의 가치, 역량을 평가하고 과거의 성공경험을 평가하면 이러한 평가를 토대로 경력목표를 설정할 수도 있다. 따라서 경력목표의 설정과 개인의 가치와 역량의 평가는 서로 순환적으로 영향을 주는 것으로 보인다. 이를 도식화하면 [그림 12-1]과 같다.

경력개발에서 중요한 요소는 경력목표의 설정과 개인의 역량 평가, 이에 따른 학습과 과업 수행이다. 경력목표는 관리자 유형과 전문가 유형으로 구분하기도 한다. 교사의 경우 자신이 학교의 관리자가 되려고 하는지, 그렇지 않으면 특정한 영역에서의 역량을 쌓아 전문가(예: 상담과 생활지도 전문가, 수석교사)가 될 것인지를 결정하는 것이 한 예가 된다.

개인의 역량에 대한 평가는 크게 직무역량과 대인관계 역량으로 구분하여 이루어질 수 있다. 직무역량은 직업이 개인에게 요구하는 능력으로, 다양한 직업에서 공통적으로 요구하는 능력과 각 직업의 고유한 직무역량으로 구분할 수 있

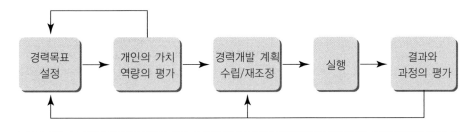

[그림 12-1] 경력목표와 개인의 역량 평가, 경력개발 계획의 설정에서
상호 순환적인 관계모형

다. 우리나라에서도 직업능력개발원이나 한국고용정보원 등에서 각 직업별로 요구되는 능력을 분석해 발표한다. 여러 직업에서 공통적으로 요구하는 직무역량으로는 일반적인 과제수행 능력, 의사소통 능력, 수퍼비전/리더십 능력, 의사결정이나 문제해결과 같은 행정능력 등이 속한다(Griffin & Hesketh, 2005).

　조직에서의 업무는 다른 사람과의 관계 속에서 이루어지므로 직업적응에서는 원만한 대인관계를 유지할 수 있는 대인관계 역량이 중요해진다. 대인관계 역량과 관련해 최근 많이 연구되고 있는 개념은 정서지능이다. 정서지능을 구성하는 하위 요소인 정서 인식, 자신의 정서 조절(예: 자기통제력), 타인의 정서를 이해하고 공감하기, 타인의 정서를 조절하는 능력 등은 원만한 관계 형성과 갈등 해결에 도움을 주어 직업 내 성공과 관련되는 것으로 가정되어 왔다. 하지만 매튜스, 제이드너와 로버츠(Matthews, Zeidner, & Roberts, 2010)는 정서지능과 직업 만족이나 직업 성공의 관계를 다룬 경험적인 연구들을 개관한 후, 이러한 연구에서 정서지능은 타당하게 측정되지 않았다고 비판하였다. 또한 여러 직업에서 대인 상호작용이 일어나는 정도는 다양하므로(예: 상담자는 대부분의 시간을 타인과의 상호작용에 보내야 하지만, 수학자의 경우는 타인과의 상호작용이 거의 없을 수 있음), 정서지능과 직업 만족의 관련성은 직업에 따라 다른 정도로 나타날 수 있고, 결과적으로 다양한 직업 상황을 고려해 정서지능과 직업 만족이나 직업 성공 간의 관련성이 밝혀져야 한다고 주장하였다.

　우리나라 성인 직장인을 대상으로 대인관계 역량을 조사한 자료에 따르면,

직장인들은 '좋은 의사소통 기술', 호감 가는 인상과 유머감각을 포함한 '매력', 이끌어 나가는 주도성과 적극성, 약속을 잘 지키고 실행력을 갖춘 성실함 등을 포함하는 '진취적임', 너그러우면서도 극단적이지 않고 적절하게 행동하는 '온화함', 상대를 잘 배려하고 챙겨 주는 '배풂', 타인과 잘 어울리려고 하고 사교적이며 긍정적인 피드백을 주는 등 관계에서의 '조화로움' 등을 중요한 대인관계 역량으로 제시하였다(김창대, 민경화, 윤숙경, 공은혜, 2008). 이와 같은 대인관계 역량은 이상적이어서 한 사람이 모든 요소를 갖기는 어렵겠지만, 개인이 직장 내 대인관계에서 어려움을 경험하고 있거나 대인관계 역량을 키우고 싶을 때 하나의 지표로 삼아 이용할 수 있다.

(2) 정보화시대의 경력개발

산업화시대에는 개인이 한 직장에 취업해 정년까지 그 직장에서 경력을 쌓아 나가는 것이 일반적이었는 데 반해, 정보화시대로 넘어오면서 많은 업무가 자동화·국제화되는 변화가 일어나고 있다. 기업의 업무가 자동화·국제화되면서 국가 간 기업의 경쟁이 심화되고, 기업은 필요하면 조직 규모를 축소하거나 조직을 해외로 이전하며, 그 결과 고용의 불안정성이 높아지고 있다(Blustein, 2006). 산업화시대의 경력개발은 주로 조직에서 개인의 경력목표를 정해 주고, 개인은 기업이 정한 목표와 프로그램에 따라 공식적 교육과 재교육을 받는 방식으로 이루어졌다. 이 시기의 경력개발의 목표는 기업에서의 수직적 성공이었다.

이에 반해 정보화시대에는 고용의 불안정성을 비롯한 다양한 직업세계의 변화에 따라 개인은 더 이상 기업의 경력목표에 의존해 경력개발 계획을 세우기 어렵게 되었다. 정보화시대에는 고용주와 개인 간의 심리적 계약이 더 이상 존재하지 않으며, 일은 더 이상 예측 가능하거나 안정적이지 않다. 이러한 변화에 대한 대응으로 홀(Hall, 1996)은 기업에서의 수직적 성공이 아닌 개인의 심리적 성공을 경력목표로 하는 프로틴 커리어(protean career)를 제안하였다. 프로틴 커리어에서는 외부세계의 변화에 맞추어 지속적인 학습이 이루어져야 하며, 이에 따라 개인의 정체성이 전생애를 통해 변화해 나가는 것이 바람직하다고 여겨진다.

프로틴 커리어에서는 개인이 스스로 평가하는 심리적 성공을 경력개발의 목표로 여긴다. 이에 따라 기업의 가치보다는 개인의 비전과 핵심적 가치가 경력목표를 결정하는 데 중요한 역할을 한다. 산업화시대에서 조직이 일하는 방법(know-how)를 아는 개인을 중시했다면, 일 환경이 지속적으로 변화해 나가는 정보화시대에는 학습방법(learn-how)을 아는 것이 더 중요해진다. 고용의 불안정성을 받아들인다면 개인에게 필요한 것은 자신의 취업 가능성을 높이는 일이 된다. 국내의 성인 직장인들을 대상으로 한 연구(황애영, 탁진국, 2011)에서는 프로틴 커리어 지향이 개인의 나이, 학력, 성격에서의 주도성 등과 관련되었으며, 프로틴 커리어 지향 정도가 높은 사람이 스스로 자신의 경력이 성공적이라고 평가하는 정도도 높게 나타났다.

(3) 발달단계에 따른 경력개발

경력개발은 초기 경력자, 중간 경력자, 후기 경력자에 따라 다른 목표를 가지고 이루어질 수 있다. 러셀(Russell, 2005)은 경력개발 단계에 따라 직업성취를 높일 수 있는 과제들을 다음과 같이 구분하여 제시하였다.

초기 경력자(early career employee, 25~40세)는 발달단계에서 확립기(establishment and achievement)에 해당된다. 주된 과업은 직무 및 조직의 규칙과 규범을 익히고, 조직문화에 동화되며, 선택한 직업에 어떻게 적응할 수 있는지를 밝혀내는 것이다. 초기 경력자들은 자신만의 경력목표를 설정하고 실행하는 과업을 갖게 되는데, 전체적으로 조직에 적응하면서 자신이 조직에 필요한 사람임을 입증하는 과제가 주어진다. 국내 연구에서도 사회초년생들은 처음 취업해서 갖는 핵심 경험이 '존재감이 없는 나'라고 하였으며, 이후 본인의 자리를 찾기 위한 노력을 하는 것으로 나타난다(문은미, 이주희, 2016). 경력의 초기 단계에 직장에 적응하기 위해서는 인턴십 경험, 직무와 임금 등에 대한 현실적인 기대, 오리엔테이션 프로그램을 통한 직업에 대한 빠른 이해 등이 도움이 되는 것으로 알려져 있다. 멘토링 프로그램은 효과적으로 활용되면 초기 경력자의 직업적응에 도움이 되는데, 국내에서도 광범위하게 적용되고 있다. 멘토링 프로그램은 특히 초기 경력자의 사회화와 역량개발을 돕고 직장 내 스트레스를 감소시키는데 도움이 되는 것으로 알려져 있다.

중간 경력자(midcareer employee, 40~55세)는 발달상 유지기에 해당된다. 이때의 과업은 자신의 삶을 재평가하고, 삶의 목표와 꿈을 재정립하고, 경력목표와 계획을 다시 정비하는 것이다. 특히 우리나라에서는 공공기관이 아니면 직장인들의 퇴직이 40대 후반에서 50대 초반으로 빨라지면서 이 시기에 자신의 경력목표와 계획을 다시 세우는 것이 중요한 과업이 되었다. 이 시기에 개인은 직장에서 최신의 지식과 기술에서 멀어지고, 승진에서 밀려날 수 있으며, 경력 면에서도 더 높은 지위에 오르기보다는 현재의 지위를 유지하면서 직장생활을 하게 되는 경우가 많다. 따라서 직장에서 자신의 입지에 대한 불안, 실직의 불안 등이 나타날 수 있다. 45세에서 50세 사이의 구직자를 대상으로 한 연구(박윤희, 2010)에서는 그들 중 상당수가 컴퓨터 활용능력(48.7%), 외국어 능력(45.1%), 업무 분야에 대한 전문 지식과 기술(38.3%)이 부족하며 교육이 필요하다고 응답해, 능력 면에서 자신이 부족하다고 인식하는 것으로 나타났다. 우리나라에서도 사원들을 위한 경력개발 프로그램을 기업 내에 도입하거나 외부 업체를 통해 지원해 주는 경우가 점차로 늘어나고 있다. 중간 경력자들은 경력개발 프로그램이나 개인상담을 통해 경력목표를 재정립하고, 경력개발 계획을 세우고 새로운 역량을 키워 나갈 계획을 세우는 등의 노력을 할 수 있다.

후기 경력자(late-career employee, 55세 이상)의 과업은 직장에서 여전히 생산적으로 활동하고, 자존감을 유지하며, 은퇴를 위한 준비를 하는 것이다. 우리나라의 경우는 55세 이전에 은퇴를 하는 경우가 많으므로, 은퇴 후의 경력목표와 계획을 세우는 작업도 중요하게 다루어질 필요가 있다. 45세 이상에서 60대까지의 중고령자를 채용하려는 기업체를 대상으로 한 조사(박윤희, 2010)를 보면, 대상 기업은 월보수 101~150만 원(46.8%), 100만 원 이하(19.8%), 150만 원 이상(22.8%)으로 임금수준이 높지 않았으며, 중고령자를 채용하려는 이유도 경력자 채용을 통한 네트워크 확보(20.8%)나 지식, 기술을 전수받기 위해서(18.8%)보다는 이직률이 낮을 것에 대한 기대(27.8%)가 높았다. 따라서 55세 이상의 후기 경력자들이 은퇴를 하고 새로운 경력개발 계획을 수립하는 경우, 이러한 현실적인 부분을 감안해서 경력개발 계획을 세우도록 돕는 것이 중요한 과제가 된다.

(4) 경력개발 장애요인

진로장벽은 여성의 진로발달과 관련해 주로 연구되어 온 개념으로, 흔히 "직업이나 진로계획에 있어서 자신의 진로목표를 방해하거나 가로막는 내적·외적 요인들"로 정의된다(손은령, 김계현, 2002; Crites, 1969). 진로장벽에는 진로포부를 실행하는 데 있어 낮은 자기효능감, 가정-일에서의 다중 역할로 인한 갈등, 사회가 여성에게 갖는 고정된 성역할 인식, 직장의 고용과 승진에서 여성에게 가해지는 차별 등이 포함된다.

진로장벽은 여성뿐만 아니라 남성을 포함한 전체 성인으로 확대하여 적용할 수 있는데, 권성욱과 탁진국(2002)은 일반 직장인의 경력개발 과정에서 개인이 경험하는 장애요인이 있다고 보고 이를 '경력개발 장애요인'으로 분류하였다. 성인 직장인들이 경력개발에 장애가 된다고 여기는 요인으로는 업무 적합성 부족, 자신의 배경문제, 경력개발 계획의 부족, 성차별, 상사와의 문제, 업무 과다, 경력제도의 부족, 연령, 가족문제 등이 있었다. 업무 적합성 부족 요인은 담당 업무가 자신의 적성, 성격, 흥미와 맞지 않거나 비전이 없다고 여기는 경우다. 배경문제는 학력, 인맥, 지연, 혈연 등으로 인해 승진이나 성공 기회가 적다고 인식하는 것이다. 경력개발 계획의 부족 문제에는 경력목표의 부재, 경력개발 방법을 모르는 경우, 업무의 연속성이나 전문성이 부족한 경우 등이 포함된다.

특정한 장애요인으로 인해 경력목표 설정이나 경력개발이 어렵다고 느낄 때 직업 만족도가 떨어질 수 있다. 따라서 직업적응상담에서는 부적응의 원인을 파악할 때 경력개발 장애요인을 함께 파악해 활용할 필요가 있다. 상담자는 인터뷰나 경력개발 장애요인 척도를 이용해 내담자가 장애요인으로 지각하는 것을 확인하고, 현실 검증 및 문제의 해결을 도와줄 수 있다.

(5) 경력개발 지원방법

직장인들의 경력개발을 지원하는 방법은 개인상담, 개인의 특성에 맞는 집단 프로그램, 개인의 역량개발을 위한 다양한 학습 프로그램, 상사나 관리자와의 멘토링 프로그램, 온라인 상담 및 교육 프로그램 등으로 다양하다. 기업에서 진행되는 전형적인 멘토링에서 멘토는 조직의 임무와 목표에 대한 정보 제공, 조직 내의 효과적인 행동에 대한 정보 제공과 피드백, 경력개발에 도움이 되는 활동들을 코칭하는 등의 역할을 통해 멘티의 경력개발을 지원할 수 있다(Murray, 2001). 우리나라 기업에서는 학습 프로그램을 통한 경력개발이 많이 진행되는 것으로 나타나는데, 업무의 전문성을 높이기 위한 교육, 다양한 종류의 외부교육, IT 교육, 외국어 교육 순으로 역량개발을 위한 프로그램을 실시하는 것으로 나타났다(최병권, 2005).

(6) 경력개발을 위한 상담

경력개발을 위한 상담은 직장 내에서 진행될 수도 있고, 직장 외의 전문적인 상담기관에서 이루어질 수도 있다. 상담에서는 경력목표 설정-자신에 대한 평가-경력개발 계획의 수립 및 수행-계획의 진행과정 평가 등의 과정을 거칠 수 있다. 경력목표 설정은 수퍼의 이론에 따라 개인이 가진 여러 가지 역할—직업인, 가족 구성원, 학생, 사회 구성원 등—을 고려해서 자신이 원하는 삶의 방식을 찾고 이에 따라 이루어지는 것이 바람직하다. 경력개발과 수행수준을 높이기 위해 상담자가 도움을 줄 수 있는 구체적인 몇 가지 영역은 다음과 같다(Russell, 2005).

- 경력목표의 설정: 장단기 경력목표를 설정하고 이를 위해 할 수 있는 단기목표들을 설정하도록 돕는다. 목표를 설정한 후에는 주기적으로 목표를 얼마나 달성해 나가고 있는지를 꾸준히 평가해 나가는 과정이 필요하다.
- 개인의 역량개발: 경력목표와 관련한 역량을 꾸준히 개발해서 자신의 고용가능성을 높이는 쪽으로 관리한다.

- 네트워크 형성과 활용능력 키우기: 다양한 네트워크를 형성하도록 돕고, 이를 통해 좋은 평판을 유지할 수 있도록 돕는다. 직장 내외의 대인관계에서 서로 도움을 줄 수 있는 관계를 형성하도록 돕는 것이 필요하다. 직장 내의 다양한 사교 모임, 동아리, 직장 외의 종교, 사회적 모임이 활용될 수 있다.
- 변화에 대한 적응능력 키우기: 빠르게 변화하는 직업세계에 맞추어 나가기 위해서는 더 유연해지고 자신을 변화시킬 필요가 있다.

4. 스트레스 관리

스트레스는 환경에서의 특정한 자극(stressor), 자극에 대한 개인의 반응, 혹은 자극과 반응의 상호작용으로 정의된다. 가족 갈등, 경제적인 어려움, 직장에서의 문제, 별거나 이혼 등 환경적인 문제는 흔히 스트레스원으로 작용한다. 특히 배우자의 죽음, 이혼이나 별거, 퇴직이나 해고, 심각한 부상이나 질병, 전직 등은 스트레스 수준이 높은 생활상의 사건으로 알려져 있다. 환경적인 자극이 동일하더라도 개인의 특성에 따라서 스트레스를 지각하는 정도가 달라지는데, A형 성격, 부정적인 인지양식 등은 더 높은 스트레스 수준과 관련된다.

직장에서는 업무상 책임의 변화, 상사와의 불화, 업무시간이나 업무조건의 변화 등이 개인이 경험하는 스트레스와 관련된다. 직장에서의 스트레스 중 특히 직무 스트레스는 구성원의 직무 만족과 직무 몰입에 영향을 주어 결국 직업 성과에 영향을 준다. 직무 스트레스는 역할 모호성, 역할 과다, 역할 갈등, 역할 과소 등의 조직 관련 요소, 대인관계 등의 관계적 요소, 개인의 특성과 성격, 능력, 경력개발 등의 개인적 요소와도 관련되는 것으로 나타난다.

지속적으로 스트레스를 경험하면 다양한 신체 증상(예: 두통, 소화장애, 근육 긴장, 피로감), 정서적 증상(우울, 불안, 짜증, 분노감 등), 인지적 증상(집중력의 저하, 의사결정의 어려움 등), 행동적 증상(비난, 폭음, 과식, 흡연 등) 등이 나타난다. 공무원들의 스트레스를 측정한 연구(김영희, 김종현, 라휘문, 2010)에서는 정부 부처

통합 이후 통합된 부서의 공무원들이, 여성이 남성에 비해, 하위 직급 공무원들이 상위 직급에 비해 더 스트레스를 많이 지각하며, 구성원의 직무 스트레스 수준은 조직 몰입 정도를 떨어뜨리는 것으로 나타났다.

1) 스트레스 관리전략

스트레스 관리는 불안, 우울, 불면, 무기력감 등 다양한 스트레스 증상에 대한 개인의 대처능력을 높여 스트레스를 효과적으로 다루도록 돕는 것이다. 스트레스 관리에는 다양한 전략이 사용되는데, 대표적으로 근육 이완법, 바이오피드백, 인지행동 기법 등을 들 수 있다.

근육 이완법은 스트레스로 인한 긴장 상태와 근육이 이완된 상태가 동시에 존재할 수 없다는 신체적인 조건에 근거해서, 개인이 자신의 신체를 이완하는 방법을 배워 필요할 때 신체를 의지적으로 이완시켜 긴장을 풀도록 도와주는 방법이다. 근육 이완법을 사용하기 위해서는 훈련이 필요한데, 개인은 근육의 긴장 상태를 알고 긴장과 이완을 반복해서 경험하면서 신체의 긴장 정도를 파악하는 법을 익힌다. 이후 신체의 여러 근육을 이완할 수 있도록 훈련을 하여 신체적 긴장 정도를 조절할 수 있도록 하는 것이다.

바이오피드백은 컴퓨터 화면을 보면서 신체의 여러 스트레스 지수들에 대한 즉각적인 피드백을 받고 이를 통해 긴장을 포함한 신체변화를 평가하고 조절하는 것이다.

스트레스에 대한 인지행동 기법은 스트레스에 대한 개인의 평가를 수정하고 대처행동을 바꾸어 주는 기법이다. 대표적으로 마이켄바움(Meichenbaum, 1985)의 스트레스 면역훈련(stress inoculation training)을 들 수 있다. 스트레스 면역훈련은 교육-연습-적용의 과정을 거쳐 실시되는데, 자신의 스트레스 대처방식을 파악하고, 스트레스에 효과적으로 대처하는 방식(이완요법, 비합리적인 신념의 수정 등)을 배우고 연습하며, 학습한 스트레스 대처방법을 실제 생활에 적용하는 과정을 거치게 된다.

우종민(2005)은 직장인들의 경우 '나는 모든 방면에서 뛰어나야 한다.' '나는 모든 동료와 잘 지내야 한다.' '나는 상사와 충돌해서는 안 된다.' '나는 후배들에게 존경받아야 한다.'라는 등의 비합리적 신념을 가질 수 있으며, 자신의 역할에 대한 비합리적인 목표나 기대는 스트레스와 관련된다고 보았다. 따라서 직장생활과 관련된 비합리적 신념을 파악하고, 이를 보다 합리적인 신념으로 수정할 때 그로 인한 기분 변화와 행동 변화를 경험하면서 스트레스 수준을 변화시킬 수 있다.

2) 스트레스 관리 프로그램

많은 직장인이 스트레스를 경험하며 스트레스 수준이 낮더라도 예방교육 차원에서 스트레스 관리교육이 이루어질 수 있기 때문에 흔히 집단을 대상으로 한 프로그램이 진행된다. 일반적인 스트레스 관리 프로그램에는 스트레스의 평가, 인지적 재구성, 문제해결 능력 강화, 이완훈련, 사회적 기술훈련, 사회적 지지 체계의 구축, 자기 자신을 보살피기 등의 내용이 주로 포함된다. 그런데 일반적인 스트레스 관리 프로그램처럼 스트레스와 관련한 모든 요소를 포함시켜 교육하면 오랜 시간과 비용이 소요되고, 참여자들이 자신과 관련이 적은 요소를 배울 때에는 교육과정을 지루해할 수 있다. 따라서 이보다는 특정한 상황에서 집단원들이 경험하는 구체적인 스트레스원을 정하고 그에 대처하는 특징적인 대처방법들을 집중적으로 교육하고 연습하는 것이 효과적이라는 주장이 있다. 예를 들어, 기능직 직장인들을 대상으로 이완훈련, 비합리적 사고의 교정, 주장훈련 등을 집중적으로 훈련하는 스트레스 관리 집단 프로그램의 실시 결과, 그들이 경험하는 전반적인 스트레스 수준과 직무 스트레스 수준이 모두 감소한 것으로 나타났다(윤경원, 2003).

직장인들은 상담이 가능한 시간이 한정되어 있고, 기업 내에 상담실이 있다고 하더라도 원하는 시간에 정기적으로 상담을 받기가 어렵다. 이러한 상황에서 고려할 수 있는 것이 스트레스 관리능력을 키우기 위한 온라인 프로그램이다. 이상희와 김계현(2007)은 직장인들의 환경적 특성에 주목하여 웹 기반 스트레스 관리 프로그램을 개발하고 그 효과를 검증한 바 있다. 웹 기반 스트레스 관리능력 향상 프로그램을 실시한 결과, 프로그램 참여자들은 긴장, 공격성, 신체화 증상, 분노, 우울, 피로감, 좌절 등의 스트레스 증상이 전반적으로 줄어들고 자신감과 자기조절 효능감 등 스트레스 대처능력이 향상된 것으로 나타났다. 웹 기반 스트레스 관리 프로그램의 전반적인 구성은 〈표 12-2〉와 같다. 웹 기반 프로그램의 경우에도 전체적인 구성은 신체 · 인지 · 정서 · 행동 영역에서 스트레스의 증상들을 인식하고, 영역별 대처방식을 학습해 일상생활에 적용해 보는 과정을 거치도록 되어 있음을 확인할 수 있다.

ㅇㅇㅇ **표 12-2** 스트레스 관리능력 향상을 위한 웹 기반 상담 프로그램의 예

회기	영역	내용
1	일반 개념	• 스트레스의 개념, 스트레스 증상, 스트레스 관리의 개념
2	신체 영역	• 스트레스가 신체에 미치는 영향, 신체증상의 인식 • 호흡조절법, 긴장 이완훈련
3	인지 영역	• 부정적 사고방식의 확인 • 긍정적이고 합리적으로 사고하기
4	정서 영역	• 스트레스 관련 정서와 좌절된 욕구 알기 • 마음 다스리기
5	행동 및 생활 관리	• 스트레스 대처방식 점검 • 사회적 지지망 구축 등
6	변화 점검 및 적용	• 변화의 확인 • 지속적인 실천방안 확인

출처: 이상희, 김계현(2007).

5. 직업적응상담

직업적응상담에서 상담자는 다양한 직업 및 직무와 관련된 지식뿐만 아니라

이로 인한 정서적인 문제를 상담할 수 있는 능력을 두루 갖추어야 한다. 블루스 타인과 스펭글러(Blustein & Spengler, 1995)는 진로상담의 이론에서 이 두 가지가 통합적으로 다루어지고 있으며, 직업적응 문제의 상담에서는 많은 경우에 진로상담과 심리상담의 문제가 함께 나타난다고 보았다. 따라서 직업적응 문제의 평가 및 진단, 개입에서는 경력개발의 문제와 심리적인 문제를 함께 다루어 나갈 필요가 있다. 여기에서는 직업적응이론의 상담전략을 사용하여 상담방법을 기술한다.

1) 주 호소문제의 파악과 평가

직업적응이론에서는 내담자의 가치에 따른 욕구를 직업이 제공해 줄 수 있을 때, 또 직업에서 요구하는 업무를 수행할 수 있는 능력을 개인이 가지고 있을 때 개인의 만족과 기업의 요구 충족이 이루어질 수 있고, 이에 따른 직업적응이 이루어질 수 있다고 보았다. 내담자의 직업적응 문제는 다음의 몇 가지 원인으로 인해 일어날 수 있다.

- 직무를 수행하기 위해 요구되는 능력을 개인이 갖고 있지 않을 때(또는 역으로 직업에서 요구하는 능력이 너무 낮아 개인의 능력을 충분히 발휘하지 못할 때)
- 개인의 욕구를 직업이 충족시켜 주지 못해 개인의 만족감이 떨어질 때(예: 개인이 친밀한 대인관계를 유지하면서 팀으로 작업하는 것을 좋아하는 데 다른 구성원과의 접촉이 거의 없는 경우)
- 가족이나 연인관계, 친구관계 등의 문제로 인해 직장 내의 수행에 영향을 받을 때

이러한 문제에 따라 다양한 영역에서의 평가가 이루어질 수 있는데, 몇 가지 평가의 영역은 다음과 같다.

- 내담자의 가치, 능력 등 내담자 특성의 평가
- 내담자가 속한 직장과 직무를 중심으로 직업에서 요구하는 업무능력, 직업이 제공해 주는 강화인(보상)의 평가
- 내담자의 가치, 능력과 직업의 요구나 보상이 불일치할 때 내담자가 대처하는 방식의 평가(적극적 대처, 반응적 대처, 인내 등)
- 내담자가 지각한 경력개발 장애요인의 평가
- 내담자의 직장적응에 영향을 주는 가족, 친구, 중요한 타인과의 관계 평가
- 이 외 다양한 스트레스원과 스트레스 대처방식의 평가

직업적응이론에서는 내담자의 문제를 평가하고 진단할 때 인터뷰를 통한 주관적인 평가를 먼저 실시할 것을 제안한다(Lofquist & Dawis, 1991). 검사를 통해 내담자의 특성과 직업의 특성을 평가하고 그 결과도 상담에서 사용하지만, 내담자가 중요하게 여기는 욕구에 대한 보상이 직업에서 주어지는지, 직업의 요구를 수행해 낼 수 있는 능력을 자신이 가지고 있다고 보는지 등 내담자의 주관적인 평가가 중요하다는 것이다. 이 과정에서 내담자의 주관적인 평가가 왜곡되거나 현실성이 떨어진다면 객관적인 검사나 자료를 함께 사용할 수 있다. 내담자가 직장에서 경험하는 다양한 스트레스는 직업적응에 직접 영향을 주게 되므로 스트레스원과 대처방식에 대한 평가도 중요하게 다루어져야 한다.

2) 변화를 위한 개입

내담자에 대한 평가와 진단이 이루어진 후에는 그에 대한 개입이 진행될 수 있다. 개입은 내담자가 자신과 직업 간의 부조화에 대해 어떻게 대처하고 있는지, 즉 대처양식에 대한 파악을 기반으로 하여 이루어진다.

내담자의 능력과 관련한 부조화에는 내담자의 능력이 부족한 경우, 업무에서 요구하는 능력이 너무 단순해서 내담자가 능력을 제대로 발휘하지 못하는 경우, 업무량의 과다로 인한 스트레스 등이 포함된다. 내담자가 업무를 수행하기

에 능력이 부족하다고 느낀다면 학습을 통해 능력을 키우는 자기변화 전략을 취할 수 있다. 내담자가 자신의 능력을 충분히 발휘하고 있지 못한다고 느끼는 경우에는 주어진 조직문화에서 가능하다면 자신에게 더 적합한 부서로 이동을 요청하는 등의 적극적인 대처방식을 생각해 볼 수 있다. 내담자가 현재 직무에서 충분히 능력을 발휘하고 있지 못한다고 느끼는 경우는 자신의 능력에 맞는 직무를 찾지 못했거나, 구직의 어려움 때문에 자신의 능력과 맞지 않다고 느끼면서도 현 직장에 취업을 했거나, 일에 대한 비현실적인 기대가 있는 등 다양한 원인과 관련될 수 있다. 현 직장에서 부서 조정이나 업무 조정이 가능하지 않은 경우라면 장기적으로 이직 등을 포함하는 경력개발 계획을 세워 볼 수 있다.

내담자의 중요한 욕구에 대해 직업에서 보상이 주어지지 않는다면 이러한 측면도 내담자의 만족을 떨어뜨리게 된다. 직업적응이론에 기반해서 개발된 미네소타 중요도질문지(Minnesota Importance Questionnaire: MIQ)에서는 개인의 욕구를 크게 성취(achievement), 편안함(comfort), 지위(status), 이타성(altruism), 안정성(safety), 자율성(autonomy)의 6개 요인으로 구분한다. 상담에서는 개인이 어떤 욕구를 중요하게 생각하는지를 평가하고, 중요한 욕구들에 대한 보상이 잘 이루어지는지를 평가해 볼 수 있다. 개인이 중요하게 생각하는 욕구에 대해 주어진 직업에서 보상이 있다면, 다른 욕구에 대해서는 보상이 적더라도 그러한 차이를 견디는 방향으로 적응이 이루어질 수 있다. 능력과 직업의 요구 사이의 불일치, 개인의 욕구와 직업의 보상 간의 불일치가 있을 때 불일치를 줄이려고 노력하거나, 여의치 않은 경우 불일치를 견디는 과정에서 다양한 스트레스를 경험하게 된다. 이때 앞에서 다루어진 스트레스 관리전략이 활용될 수 있다.

직업적응을 위한 상담이 기업 내에 설치된 상담실의 상담자에 의해 이루어지면 다양한 이점을 가지고 진행될 수 있다. 기업 내 상담자는 기업의 문화적 분위기와 기업의 다양한 업무에 익숙해지기 때문에, 이런 면에서 보다 효과적으로 내담자의 적응을 도와줄 수 있다. 또한 내담자가 변화하도록 하는 반응적 대처뿐만 아니라 내담자의 환경이 변화하도록 도움을 줄 수도 있다. 예를 들어, 부서가 통합되어 서로 다른 부서에서 온 구성원 간에 의사소통이나 업무 조정의 어려움이 있다고 할 때, 한 내담자만 상담하는 것이 아니라 두 부서의 구성원을 대상으로 집단상담이나 교육 프로그램을 제공하는 등의 방식으로 환경의 변화를 꾀할 수 있다.

기업문화의 어떤 면이 구성원들에게 지속적으로 어려움을 일으킨다면 가능한 범위 내에서 기업문화의 변화를 위한 제안을 할 수도 있다. 그리핀과 헤스케스(2005)는 조직이 다음의 방법을 통해 구성원의 적응을 도와줄 수 있다고 하였다. 즉, 다양한 교육 프로그램을 구성원이 편한 시간에 들을 수 있도록 하고 경비를 지원하는 등 학습 분위기를 조성하거나, 구성원들의 자율성을 증진시키는 방향으로 조직이나 과업을 재조정하거나, 구성원들이 자신의 능력을 최대한 발휘할 수 있도록 업무시간을 탄력적으로 운영하는 등의 조처를 취하는 것이다.

기업 내 상담자가 갖는 이러한 이점에 반해서, 상담자가 기업 내에 상주하는 것에는 몇 가지 어려움도 따른다. 예를 들어, 기업 내 상담자는 구내식당 등에서 내담자를 상담 외 시간에도 접하게 되고, 내담자가 어려움을 경험하는 대상자(상사나 직장 동료)와도 상담관계를 형성하거나 다른 개인적인 관계가 있을 수 있기 때문에 상담자-내담자의 경계 유지나 비밀 유지에 있어 어려움을 가질 수 있다. 이와 달리 상담자가 특정 기업에 속하지 않은 상태에서 직업적응상담을 하는 경우, 효율적인 상담을 위해서는 내담자의 직무, 내담자의 소속 기업문화에 대한 이해가 필수적이다. 직업적응과 관련된 다음의 사례를 보자(실제 사례를 몇 가지 면에서 가공한 것이다).

20대 중반의 여자 내담자인 A는 대학을 졸업하고 대기업에 입사한 지 3년 정도 되는 초기 경력자다. A의 회사는 최근 대규모 명예퇴직을 진행하여 같은 부서의 직원들 중 회사를 그만두는 사람들이 생겼고, 일하는 사람들이 줄었는데도 업무량은 그대로여서 A는 과다한 업무로 인한 스트레스를 경험하고 있다. 또한 회사가 대규모 인원감축을 하여, 자신은 물론 함께 일하는 사람들이 직업의 안정성에 대한 불안감에 시달렸고, 자신은 실직하지는 않았지만 늘 실직할까 봐 불안하다고 하였다. 같은 부서의 직원들이 이전에는 단결도 잘되고 관계도 좋았지만, 현재는 서로 스트레스를 받으면서 관계가 멀어져 직장에서도 늘 혼자인 것 같고 대인관계가 어렵다고 호소하였다.

이 사례에서 A의 경우 과다한 업무로 인한 어려움과 함께 정서적인 불안감, 대인관계의 어려움 등을 함께 보고하고 있다. 상담자는 내담자의 능력과 직업 요구 간 조화의 평가에서 내담자가 업무에서 느끼는 어려움이 회사의 구조조정으로 인한 일시적인 것인지 혹은 비교적 지속적으로 업무의 어려움을 경험했는지 평가할 필요가 있다. 일시적인 것이라면 내담자는 ① 일에 대한 헌신 정도를 일시적으로 높여 과다한 업무를 감당하면서 이로 인한 스트레스를 관리하는 방법을 배우거나, ② 부서 내에서 자신에게만 업무가 과도하게 주어지는 것으로 판단될 때는 상사에게 가능한 범위 내에서 업무를 조정해 줄 것을 요청하는 등의 방법을 사용할 수 있다. 한편, 개인의 욕구와 기업의 보상 간 조화 정도를 평가한 결과, A는 편안함(comfort)과 안정(safety)을 가장 중요한 욕구로 평가하였다. 현재 직장은 보수가 좋기는 하지만 인원감축 전에도 지나치게 경쟁적이었으며, 승진한 여자 상사가 드물어서 여자인 자신이 언제까지 직장생활을 할지 몰라 불안했다고 하였다. 대인관계 문제에 대한 탐색 결과, A는 다른 대인관계는 비교적 잘 맺고 있으나 직장 내에서는 남자 중심의 문화에서 그다지 존중받지 못한다고 느끼면서 어려움을 경험하였고, 이는 편안함을 중요하게 생각하는 A의 특성으로 인해 더 크게 지각되었다. A는 현재 경험하는 과도한 업무는 일시적인 것이라 견딜 수 있지만, 자신의 핵심적인 욕구가 현 직장에서 만족되기 어렵다는 것을 인식하였다. 결국 A는 보수는 적더라도 편안함과 안정의 욕구가 좀 더 충족될 수 있는 직업으로의 이직을 결심하였으며, 현 직장에 1년 정도 더 다니면서 새로운 직업을 알아보고 준비하겠다고 하였다. 상담이 지속된다면 현 직장에서의 업무량 조정 및 스트레스 관리, 새로운 직업의 탐색 및 계획이 다루어질 수 있다.

제13장
진로전환상담

| 이제경 |

이 장에서는 성인의 진로전환상담을 다루고자 한다. 진로전환을 어떻게 이해하고 여기에 효과적으로 개입하는가는 급변하는 21세기 진로상담의 영역에서 매우 주요한 부분이라 할 수 있다. 먼저 진로전환의 정의를 바탕으로 진로전환의 특징을 살펴보고, 진로전환의 분류기준을 소개한다. 또한 슐로스버그(Schlossberg)가 제시한 4S, 굿맨, 슐로스버그와 앤더슨(Goodman, Schlossberg, & Anderson, 2006)이 제시한 진로전환의 4단계도 살펴봄으로써 성인 진로전환의 체계적 이해를 돕고자 한다. 그리고 진로전환 사례를 중심으로 4S에 기초한 개인상담 기법과 관련 검사, 다양한 집단 프로그램, 전직지원을 위한 서비스에 대해 살펴본다.

1. 진로전환의 정의 및 분류

개인이 겪는 직업적 변화는 삶에 매우 중요하게 작용할 수 있다. 수퍼(Super,

1990)는 이러한 변화가 모두 계획된 것은 아니며, 어떤 직업변경은 갑작스럽게 일어나기도 한다고 보았다. 개인 사정이나 회사 사정으로 인해서 실직할 수도 있고, 이로 인해 지위가 불안정해지고, 신체적·정서적으로도 많은 변화를 겪는다(Peterson & Gonsalez, 2000).

특히 경제환경이 불확실해지고 기술변화와 일에 대한 새로운 태도가 형성되면서 직업 및 진로변경이 점점 더 일반화되고 있다. 피터슨(Peterson, 1995)은 "오늘날 직장에 다니는 대부분의 사람은 3~5개의 경력을 가지게 되며 8~10개의 직장을 갖게 될 것이다."라고 보았고, 이러한 전환—진로를 바꾸는 것—은 중년기 발달단계와 좀 더 밀접히 관련되어 있다. 하지만 이러한 변화가 연령에만 국한되는 것이 아니며, 사실 최근의 많은 연구에서는 전환이 나이를 기준으로 하는 발달모델이라기보다는 개별적으로 서로 다른 단계로 이동하는 것이라고 보고 있다. 또한 현재 우세한 모델들이 과연 여성이나 문화적으로 다른 집단에도 적용될 수 있는가에 대한 의문이 제기되고 있다(Kerka, 1991).

우리나라의 경우 역시 IMF 경제 위기 이후 고용불안정으로 인해 진로변경이 잦아지고 재직기간도 매우 짧아졌다. 대졸자 직업 이동 경로 조사를 보면 취업 후 1년 미만 이직자가 46.3%, 1~2년 이내 이직자가 28.1%로 75.4%가 첫 직장 취업 후 2년 내에 직장을 이탈하는 것으로 나타났다(전현영, 2013; 한국고용정보원, 2007a).

우선 여기에서는 진로전환의 정의 및 특징을 알아보고, 진로전환의 종류와 분류에 대해 살펴보고자 한다.

1) 진로전환의 정의 및 특징

(1) 진로전환의 정의

슐로스버그(1994: 5)는 전환의 정의를 다음과 같이 매우 포괄적으로 제안하였다. "삶의 전환은 어떤 사건이나 비사건으로 인해 자기 자신과 세계관에 변화가 생기고 자신의 행동과 관계 측면에서 그에 상응하는 변화가 요구될 때 발생한다." 전환은 예측할 수 있거나 예측할 수 없으며, 긍정적이거나 부정적으로, 자발적이거나 비자발적으로 혹은 점진적이거나 갑자기 일어날 수 있다. 일반적으로 전환은 스트레스를 수반하며, 스트레스는 조절될 수 있다. 전환은 개인에게 각기 다르게 영향을 주며, 각 개인은 같은 유형의 전환에 다르게 반응하고 또 발생 시점에 따라 서로 다르다(Schlossberg, 1995). 또한 슐로스버그(1981)는 그의 직업전환과 적응 모델에서 전환에 대한 정의를 다음과 같이 내린 바 있다. 즉, 전환은 고등학교 졸업이나 취업, 결혼, 첫아이의 출생 등과 같이 분명한 삶의 변화에서부터 진로포부의 상실, 예상했던 사건들이 일어나지 않는 것(예: 기대했던 승진이 이루어지지 않는 것 등)과 같은 미묘한 경우도 해당될 수 있다.

(2) 진로전환의 이유

사람들이 진로를 변경하는 이유는 처음부터 자기가 선택한 진로가 아니었거나 혹은 초기의 포부가 충족되지 않아서, 삶의 다른 역할을 위한 시간이 부족해서 혹은 현재 진로가 변화된 가치나 흥미와 맞지 않아서일 수 있다. 또한 길어진 기대수명과 은퇴에 대한 시각의 변화, 경제적 필요 등이 다른 요인이 될 수 있다(Kerka, 1991). '진로전환'은 어떻게 규정하느냐에 따라 다르지만, 미국의 경우 1년에 인구의 5~10% 정도가 직업전환을 하고 있다. 그중 50%는 30대 이상이다. 전환의 주요 이유들은 다음과 같다. 즉, 초기 직업적 요구와 자신의 흥미, 적성, 가치관의 불일치, 이상과 현실의 차이, 적정 생활수준 유지를 위한 물질적 필요와 요구, 고용 관행, 작업환경 문제, 일의 다양성 부족, 지나친 스트레스 및 육체노동, 여가시간 부족, 정체감, 권태감 등 예기치 못한 사건들이 될 수 있다(Herr & Cramer, 1996).

특히 마이어(Meir, 1988)는 직업적 흥미와 적합한 직업 사이의 일치성 부족으로 중년의 주요한 진로전환이 일어나는 것으로 보았다. 또한 페로사와 페로사(Perosa & Perosa, 1983)도 진로전환자, 진로과정자, 미전환자 등을 비교 연구하였는데, 홀랜드(Holland) 코드의 불일치 시 진로전환이 발생한다고 보았고, 이때 좌절, 정체, 자기의심, 우울, 의미 상실, 자기존중감, 회복 욕구 등 자기 위협적 요인들로 인해서 진로전환이 일어나며, 전환자와 미전환자 구별요인은 위기 상황을 다루려는 당사자의 의지 및 역량과 관련된다고 보았다. 아울러 사회적 지위, 진로발달(예: 승진 등), 보상에 대한 불만족도 진로변경으로 나타나게 되는데, 부적절한 급여수준이나 도전 자극 및 성장기회의 부족, 승진기회 부족, 과부화된 업무 등 전환 촉진요인은 가족이나 배우자 등의 지지, 재정적 지원, 자신감 등과 관련이 높다(Herr & Cramer, 1996).

(3) 진로전환의 특징: 개인차, 양가적 성격, 맥락의 중요성

첫째, 슐로스버그 모형에서 가장 중요한 것은 개인적인 차이를 부각시켰다는 점이다. 성인들에게 있어서 진로재평가와 전환과정을 거칠 수 있는 능력에 개인차가 존재한다는 것은 분명한 사실이다. 어떤 사람은 자신이 현재 있는 위치에서 원하는 위치로 진로전환을 수월하게 이루어 내는 데 비해, 어떤 사람들은 끊임없이 시도하지만 결코 성공하지 못할 수도 있다(Gysbers, Heppner, & Johnsosn, 2003a). 또한 진로변화에 대해 어떤 사람은 어느 정도 예상할 수 있지만, 어떤 사람은 그 예상이 쉽지 않을 수 있다.

둘째, 전환의 특성은 양가적이다. 즉, 전환은 '심리적으로 성장할 수 있는 기회'와 '심리적으로 퇴화할 수 있는 기회' 모두가 될 수 있다(Moos & Tsu, 1976). 전환의 결과가 항상 긍정적이지는 않으며, 그렇다고 늘 부정적인 것도 아니다. 따라서 전환의 양가적 특성은 매우 신중하게 다루어질 필요가 있다. 전환은 변화의 문제라기보다는 변화에 대해 한 개인이 변화를 어떻게 지각하느냐의 문제다(Schlossberg, 1981). 또한 전환은 트라우마나 상실감 같은 부정적 사건 때문에 연구되지만, 결혼이나 출산, 취업과 같은 긍정적인 삶의 사건들 역시 심리적 붕괴를 일으킬 가능성이 많다. 즉, 전환은 개인의 성장에 방해가 될 수도 있지만 오히려 좋은 기회로 작용할 수도 있다(Williams, 1999).

셋째, 전환을 결정하는 사건의 맥락 역시 중요하다. 한 개인에게 일어난 전환이 다른 개인에게도 일어나는가? 전환은 개인적인가 혹은 사람과 사람 사이에 발생하는가? 이에 따라 전환이 개인에게 어떻게 영향을 미치는지 살펴야 한다. 때로 전환은 여러 갈래로 일어난다. 즉, 한 개인이 하나의 전환을 경험하는 동안 다른 전환들이 동시에 발생하기도 한다. 슐로스버그, 워터스와 굿맨 (Schlossberg, Waters, & Goodman, 1995)은 전환이 복잡하고 역동적인 요소들을 포함하고 있으며, 전환의 성공적 극복 여부는 내담자의 특성과 전환이 일어난 전후 맥락에 달려 있다고 보았다. 때때로 전환은 만족스러운 해결책 없이 실패로 끝나기도 한다.

(4) 전환의 증진요인과 억제요인

윌리엄스(Williams, 1999)는 전환에 미치는 영향에 따라 전환을 억제하느냐 혹은 증진하느냐로 구분하였다. 즉, 전환의 증진요인과 억제요인을 나누어 살펴보고자 한다.

다음과 같은 상황에서는 내담자가 진로를 쉽게 전환할 수 있다. 즉, 전환의 증진요인은 다음과 같다.

- 경제적 안정: 재산적 여유, 빚이 없음, 안정된 수입, 주택 소유 여부, 풍부한 수입원
- 정서적 안정: 배우자의 지지, 자녀의 정서적 안정성, 지지적 네트워크, 정서적·정신적 건강문제에 대한 개방성
- 건강: 신체적 건강, 생활방식, 여가생활을 위한 시간
- 전환 기술: 이전에 직업전환을 잘한 경험, 분명한 목표
- 지지적 직업환경: 높은 존경, 낮은 통제 문화, 좋은 팀 분위기, 명확한 역할 구분, 일과 삶의 구분에 대한 존중
- 전환에 대한 지지: 실제적 지지, 생애진로계획, 인내심, 존엄성, 과거에 대한 가치 부여, 새로운 생각에 대한 인지, 믿을 만한 상담

그리고 직업전환의 억제요인은 다음과 같다.

- 재정적 불안정: 낮은 수입, 채무, 실직에 대한 공포, 임시적 혹은 모호한 계약 조건
- 정서적 불안정: 배우자 또는 친구가 없음, 의존적 친척, 혼자만 아는 슬픔, 죄의식, 미해결 문제, 후회감, 복합적 전환, 정신적 질환에 대한 염려
- 건강: 만성적 문제가 있거나 진단받지 않은 상태, 나쁜 건강 상황, 피로감, 생활양식
- 적대적 업무환경: 과중한 업무, 비현실적 요구, 불충분한 자원, 일과 직장의 경계가 없음, 존중하지 않고 통제가 많은 문화, 병결 이외의 휴가가 없는 경우, 팀의 약자를 희생양으로 삼기, 공격적이거나 스트레스를 많이 주는 매니저, 상사가 바뀌는 경우, 경직된 어젠다
- 전환 관리를 잘 못하는 경우: 지지가 없음, 변화에 대한 준비가 전혀 안 되어 있음, 위기 이전의 주요 문제에 대한 검토가 이루어지지 않음, 새로운 통찰을 할 기회가 없음, 과거 성과가 무시당하거나 사장된 경우

2) 진로전환의 분류기준

(1) 예상 여부 및 발생 여부에 따른 분류

진로의사결정은 연속적으로 전생애에 걸쳐 이루어지는 일련의 선택이라고 할 수 있다. 따라서 커리어를 통해 생애 모든 역할이 우리 삶의 연속선에서 나타난다. 이때 발생하는 진로전환은 예상 여부 및 발생 여부에 따라 세 가지로 분류할 수 있다. 즉, 결혼, 빈 둥지 증후군과 같이 우리가 흔히 '예상할 수 있는 일들(expected)'에서부터 질병, 이혼, 해고와 같이 '예상치 못한 사건들(unexpected)' 그리고 결혼이나 승진과 같이 '기대했지만 일어나지 않은 일들(nonevents)'로 나누어 볼 수 있다(Leibowitz & Lea, 1985).

(2) 자발성 여부에 따른 분류

자발성 여부에 따라 진로전환을 분류하자면 자발적 진로전환(voluntary

changers, 'questers'), 비자발적 전환(nonchangers, 'traditionalists')의 두 가지로 분류할 수 있다. 이때 자발적으로 이루어지는 진로전환은 오히려 긍정적으로 볼 필요가 있음에도, 대부분 자발적 진로전환자에 대해서 이들은 괴짜라거나 성격에 문제가 있다거나 혹은 부적응자, 불평불만자 등과 같이 부정적 편견을 갖는 편이다. 그러나 전환자, 미전환자 간의 정서적 적응 정도에는 차이가 없으며, 자발적 전환자라고 해서 병리적 행동 양상이 꼭 나타나는 것은 아니다. 물론 전혀 문제가 없음을 의미하지도 않는다(Herr & Cramer, 1996).

500명의 성인을 인터뷰한 연구에서 자발적 전환과 비자발적 전환 간의 차이가 밝혀졌다. 주로 자발적 전환자들은 직업과 커리어를 자신을 표현하는 수단이자 성장의 수단으로 본다. 즉, 그들은 입문, 마스터, 퇴직의 사이클을 거치는데, 퇴직 단계에서는 자기평가 결과로 그 직업이 더 이상 만족스런 내적 보상이 없기 때문에 다시 변화를 시도하게 된다. 반대로 비자발적 전환자는 주로 자신이 진로결정을 할 때 외적 보상(지위, 힘, 돈, 안정성)에 가치를 높이 둔다. 그들은 자발적 전환자보다는 위험 부담에 대해서 덜 자기 성찰적이며 덜 개방적이다(Kerka, 1991).

2. 진로전환의 이해

1) 성인 진로전환과 4S

(1) 4S의 이해

굿맨, 슐로스버그와 앤더슨(2006)은 개인의 전환에 영향을 주는 네 가지 요소로 상황(situation), 자아(self), 지원(support), 전략(strategies)을 제시하고 있다. 각각의 의미를 살펴보면 다음과 같다.

• Situation(상황): 전환을 구분하는 특징은 무엇인가? 다음과 같은 면에서 살

퍼볼 수 있다. 촉발요인(전환 촉발요인은 무엇인가?), 발생 시점(전환은 사회
적 상황과 관련이 있는가?), 자원(통제력이 있는가?), 지속성(일시적인가 또는 영
구적인가?), 이전의 유사한 전환 경험, 동시에 발생하는 스트레스 등이다.

- Self(자아): 내담자가 이용 가능한 대처 자원을 이해하기 위해서 내담자 개인
  상황과 심리적 자원을 확인할 필요가 있다. 고려해야 할 내담자의 개인적
  이며 인구통계학적인 변수들은 사회경제적 지원, 문화/인종/민족적 배경,
  성역할, 나이, 생애 단계와 건강 상태 등이다. 내담자의 심리적 자원들은
  자아발달, 인성, 인생관 그리고 수행능력과 가치관에 관련된 변수들을 포
  함한다.
- Support(지원): 상담자는 내담자가 가진 사회적 지원(가까운 친인척, 가족, 친
  구, 연락망, 단체들), 이용 가능한 조력자들의 역할(감정, 긍정, 원조, 조언), 대
  안을 고려하는 것이 중요하다.
- Strategies(전략): 대처 반응들은 여러 가지 역할(상황 제어, 상황 제어의 의미,

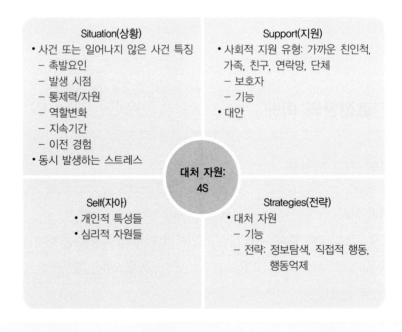

[그림 13-1] 대처 자원: 4S

관련된 스트레스)과 전략(정보탐색, 직접적 행동, 행동억제)으로 세분화될 수 있다.

(2) 4S의 분석 및 고려해야 할 사항

이 네 가지를 구성하는 각 세부 내용을 자세히 살펴보면 다음과 같다.

① Situation 관련 주제분석

- **촉발요인**: 사람들은 직업전환 시점에서 특히 전혀 예상했던 일이 아니었을 때 위기감을 안고 상담에 오게 된다. 상담자는 내담자에게 처음 진로결정을 할 때처럼 자신의 가치, 흥미, 기질에 대해 생각해 보게 할 수도 있지만, 내담자들은 지금 당장의 '안전'에 대한 욕구 이외에는 다른 것을 생각 못할 수도 있다. 또한 내담자들은 진로계획 세우기와 같은 활동을 싫어할 수도 있다. 자신이 바라는 것보다 복잡하기 때문이다. 즉, 간단한 답변을 바라는 것이 일반적이다. 많은 근로자는 회사가 폐업하거나 인력감축에 들어가서 해고와 같은 원치 않는 전환을 겪게 된다. 어떤 사람은 더 높은 책임감이나 더 나은 보수를 원해서 전환하려고 할 수도 있을 것이다. 즉, 이렇게 촉발요인은 다를 수 있기 때문에 이에 대한 탐색이 필요하다.
- **시기와 스트레스**: 언제 전환이 일어났는지뿐 아니라, 경제 상태가 어떤지 살펴봐야 한다. 경제 상황이 좋아지면 나쁠 때보다는 훨씬 직업전환에 대처하기가 쉬울 것이다. 완전고용이 이뤄진다면 구직이 쉽겠지만, 불경기 상황이라면 고숙련자들조차 새로운 일자리를 찾느라 애를 먹을 것이다. 또한 지역에 따른 채용 상황도 다를 수 있기 때문에 주의해야 한다.
- **통제력과 자원**: 두 가지를 할 수 있는 사람은 한 가지만 할 수 있는 사람보다 새 일자리를 찾기가 쉬울 것이다. 또한 세 가지를 할 수 있는 사람은 두 가지를 할 수 있는 사람보다 새 일자리를 찾기가 쉬울 것이다. 진로전환 상황에서 진로적응력이 높다면 상황에 대해서 좀 더 통제력을 가질 것이다. 마찬가지로 교육경력이 많다거나 네트워크가 좋고 건강하다면 좀 더 유리

할 수 있다. 많은 진로상담자는 내담자들에게 '플랜 B'를 가지라고 권한다 (Schlossberg & Robinson, 1996). 왜냐하면 변화에 미리 대비하는 것이 현명하다고 보기 때문이다. 직업전환을 하는 상황에서 이러한 충고를 받아들인 내담자는 준비하지 않은 내담자보다 더 유리할 것이다.

- 이전의 비슷한 전환 경험: 한 직장에서 평생을 일하다가 인수합병으로 실직하게 된 60세 노인을 생각해 보자. 그리고 현재 상황은 같지만 그동안 여섯 번 진로전환을 겪은(마지막 세 번은 회사 사정으로 실직하게 됨) 다른 60세 노인을 생각해 보자. 그가 세 번씩이나 전직하게 된 것을 불행하다고 볼 수는 있지만, 그는 분명히 직업전환에 대해서는 숙련되어 있을 것이다. 분명히 그가 첫 번째 사람보다는 변화능력에 대해서 더 확신이 클 것이다.

② Self 관련 주제분석

- 현저성(salience)과 균형(balance): 일은 성인의 삶에서 중요한 요소다. 그러나 분명한 것은 전부는 아니다. 즉, 일과, 사랑, 놀이가 상호작용하는 '균형'을 이루도록 하는 것이 더 중요하다. 수퍼(1980)는 이 아이디어를 그림으로 나타내기 위해서 생애진로무지개를 개발하였다. 무지개는 아동, 학생, 여가인, 시민, 배우자, 전업주부, 부모, 근로자 등의 역할을 나타낸다. 그는 내담자의 생애구조 속에서 일이나 다른 주요 생애역할의 상대적 중요성을 확인할 수 있다고 보았다.

  상담자는 진로전환에 놓인 내담자들과 상담할 때, 어떤 사람에게는 일이 주요한 삶의 역할이 될 수 있지만 다른 사람에게는 가정이나 가족, 여가 등과 같은 다른 역할이 주요할 수 있다는 점을 명심해야 한다. 수퍼와 네빌 (Super & Nevill, 1984)은 일 현저성이 진로적응력의 중요한 결정요인이라고 밝혔다. 내담자들이 자신의 상황이나 직면한 결정에 대해서 이야기할 때는 가치에 대한 설명을 잘 들어야 한다. 전환은 내담자의 가치를 새롭게 볼 수 있거나 혹은 현재 가치가 더 잘 옮겨질 수 있는 방법을 생각하는 기회가 될 수도 있다.

- **회복탄력성(resilience) 혹은 적응성(adaptability):** 다시 돌아갈 수 있는 능력을 '회복탄력성'이라고 하는데, 수퍼와 네이즐(Super & Knasel, 1981)은 '진로 회복탄력성(career resilience)'이라는 새로운 개념을 제안했다. 이 용어는 일과 개인의 환경, 변화하는 세상에 반응하는 능력 간에서 개인이 추구하는 균형에 초점을 둔 것으로, 성인이 한 많은 진로결정—자발적이든 강제적이든—에 대한 반응을 말한다.

- **자기효능감(self efficacy):** 반두라(Bandura, 1982)는 장애물을 만났을 때 계속하거나 혹은 계속하지 않는 것과 같은 어떤 행동을 설명하기 위한 구인으로 자기효능감을 제시하였는데, 이는 자신의 행동이 환경에 영향을 줄 것이라는 믿음이다. 성공이나 실패에 대한 기대는 동기를 결정하는 데 중요하다. 목표를 달성할 수 있다고 생각한다면 노력할 이유가 많겠지만, 그렇지 않다면 노력할 이유가 거의 없다. 상담자는 내담자들이 자신이 세상에서 차이를 만들어 내는 능력에 대해서 어떻게 지각하고 있는지를 듣고 질문할 수 있다. 구체적인 질문은 다음과 같다. "과거의 전환 경험이나 전환 상황을 어떻게 처리했는지 말해 주세요." "자신이 즐길 수 있는 일을 성공적으로 찾기 위해서 어떻게 상황을 평가하시나요?"

- **의미 부여하기(meaning making):** 의미나 목표 같은 개념은 중년기 성인의 주요 관심사다. 그들은 사람이 유한한 존재라는 점과 죽음이나 시간적 한계와 싸우면서 자신 내면의 가치와 영적인 자아에 대해 깊이 깨닫게 된다. 삶에서 의미는 복합적인 원천을 통해서 나오고, 많은 사람에게 의미의 주요 원천은 영성과 관련된다.

③ Support 관련 주제분석

굿맨과 호핀(Goodman & Hoppin, 1990)은 특히 직업전환과 관련해서 필요한 지원에 대해서 다음과 같이 밝혔다.

- 자신에 대해서 긍정적인 느낌 갖기(당신을 좋아하고 당신이 무엇을 할 수 있는

지 아는 사람들을 통해서)
- 격려(당신이 성공할 수 있기를 기대하고, 당신에게 긍정적인 방향과 낙관적인 전망을 줄 수 있는 사람들을 통해서)
- 정보(구직기술이나 직업 또는 고용주에 대해 정보를 주는 사람, 책, 자원을 통해서)
- 의뢰체계(해고당한 사람이나 실업자들이 이용 가능한 건강 관리나 재정적 지원과 같은 도움을 알고 있는 사람이나 기관을 통해서)
- 기회를 줄 수 있는 사람(당신과 기꺼이 연락을 계속적으로 하는 사람들을 통해서)
- 실제적 도움(아기를 봐 주거나, 돈을 빌려주거나, 교통편을 제공하거나, 편지나 이력서를 타이핑해 줄 수 있는 사람들을 통해서)

보통 내담자는 지원이라고 하면 자신에게 도움을 줄 만한 사람(개인)에 국한해서 생각한다. 이때 상담자는 내담자에게 도움을 줄 수 있는 개인은 물론 훈련 기관이나 공공기관 등의 서비스를 소개할 필요가 있으며, 자신이 어떤 생각을 갖는지와 같은 믿음 그리고 심지어는 애완동물도 때로는 도움이 될 수 있다는 점을 알려 주고 격려할 수 있다.

④ Strategies 관련 주제분석

상담자는 내담자가 협상과 같은 문제해결을 통해서 상황을 어떻게 바꾸고 어떻게 개선할지에 대한 전략이 다를 수 있다. 재평가를 통해서 상황의 의미를 바꾸려고 할 수도 있을 것이며, 운동을 통해서 스트레스에 대한 반응을 조절하려는 전략을 쓸 수도 있다.

2) 진로전환 과정의 4단계

굿맨 등(2006)은 진로전환 과정을 4단계로 나누어 제시하고 있다. 이는 상담자가 전환과정에 놓인 내담자가 어떤 경험을 하는지 듣고 이해하는 데 있어서 도움이 될 수 있다. 새로 입직한 경우는 입직(moving in) 단계로 말할 수 있고, 승진 궤도에 있거나 정체되어 있는 경우는 승진(moving through) 단계로, 해고 혹은 은퇴, 자발적 커리어 전환을 한 경우는 퇴사(moving out) 단계로 분류할 수 있다. 그리고 실업 상태에 있는 경우는 재취업을 위한 노력 단계로 분류 가능하다.

따라서 상담자는 내담자의 진로 고민을 들을 때 다음에 중점을 둘 필요가 있다. 즉, 진로 고민의 초점이 어디에 있는가 하는 것이다. '어떻게 직장이나 학교에 들어가야 하는지 알고자 하는가?' '현재 상황에서 버티면서 요구에 부응하기 위해 경쟁하면서 노력하고 있는가?' 혹은 '직장, 학교, 직업 전선에서 벗어나고자 하는가?' 다시 말해, 내담자가 현재 어디에 관심이 있는지가 중요하다.

각 단계별 특징을 상세히 살펴보면 다음과 같다.

(1) 입직 단계

내담자가 새로운 직업을 얻게 되었을 때 또 다른 전환이 일어나게 된다. 많은 고용주는 새 일에 대해서 제대로 된 오리엔테이션을 제공하기 어렵다. 이는 새로 취업한 사람들의 50~60%가 첫 7개월 이내에 직장을 그만두기 때문이다 (Leibowitz, Schlossberg, & Shore, 1991).

(2) 승진 단계

지난 몇 십 년 동안 이 단계에서 정말 많은 변화가 일어났다. 즉, 전에는 예견할 수 있었던 일련의 단계(수퍼의 이론, 확립, 유지, 쇠퇴의 단계)가 더 이상 예상할 수 없는 과정이 되어 버렸기 때문이다.

(3) 퇴사 단계

브리지스(Bridges, 1980)는 전환의 특성이 매우 다양하기는 하지만 다음의 과정은 모두 공통적이라고 보았다. 즉, ① 끝내기, ② 혼란과 좌절로 이어짐, ③ 새로운 시작의 과정을 겪는다. 직업전환에 있어서 '끝내기'는 그것이 자발적이든 비자발적이든 보통 직장을 떠나는 것을 의미한다. 상담자는 처음부터 내담자가 퇴사 단계에서 겪는 슬픔에 대해 듣게 된다. 비록 자발적인 전환이라 할지라도,

이전의 방식을 그리워하는 과정이 있게 마련이다. 상실감을 인정하기 어렵게 하는 양가적 마음도 있을 수 있다. 전환이 자발적인 것이 아니었을 때, 예컨대 해고를 당했거나 강제로 은퇴를 했을 때는 그 고통이 더 클 수 있다. 이때 퀴블러-로스(Kübler-Ross, 1969)가 설명한 애도 단계와 마찬가지의 과정을 따른다.

슐로스버그와 라이보위츠(Schlossberg & Leibowitz, 1980)는 직장을 잃은 남자들을 대상으로 한 연구에서 전환이 성장 혹은 그 반대의 기회가 될 수도 있다고 보았다. 시간이 지나면서 나타나는 5단계의 반응—불신, 배신감, 혼란, 분노, 화해—은 전환으로 인한 불균형을 새로운 평형으로 이어 가는 전환과정에서의 변화의 특징이기도 하다. 즉, 강제 인원삭감(Reduction In Force: RIF)이 처음 발표되었을 때, 사람들은 무감각하거나 혹은 믿지 않는다(예: '왜 나야?'). 보통은 자신이 상사의 사무실로 불려갔을 때, 일을 지시받거나 혹은 그 밖의 새로운 어려운 업무를 맡게 될 것으로 예상한다. 그러다 강제 인원삭감 소식을 듣고 충격을 받게 되고, 몇몇은 실직을 받아들이지 않거나 협조하지 않는다. 대신에 비현실적 희망(예: '사실이 아닐 거야.')을 갖게 된다.

(4) 재취업을 위한 노력 단계

실업자의 가족들은 실직에 대처하기 위해서 유용한 전략들을 짜낸다. 예컨대, 남편이 18개월 동안 미취업 상태에 있던 경우, 부인은 세 가지 주요 대처전략을 사용했다고 한다. 우선은 가족이 지속적이고 체계적인 구직활동을 함으로써 상황을 바꾸려고 계속 노력했다. 전화요금이 한 달에 400달러가 넘게 나왔고, 이는 남편이 계속 네트워킹하고 관계를 지속하도록 한 것을 의미한다. 둘째, 문제의 의미를 잘 다루려고 노력했다. 그들은 같은 문제를 겪고 있는 사람들의 지지집단에 등록했고, 실업의 문제를 구직전략뿐 아니라 경제구조적 측면에 중점을 두고 다루었다. 또는 아버지가 아이들과 함께할 수 있다는 상황의 긍정적인 측면을 위주로 볼 수도 있다. 셋째, 계속적으로 운동이나 정원 꾸미기 등을 하면서 바쁘게 보내게 해서 스트레스를 조절할 수 있도록 하기도 하였다.

굿맨 등(2006)이 제시한 진로전환 과정을 정리하면 〈표 13-1〉과 같다.

ooo **표 13-1** 생애진로전환 모델

구분	진로전환	관련 이슈
입직	신입직원	'일의 요령 배우기' • 일(job), 문화에 관한 기대 • 명시적 · 암묵적 규준 • 주변인의 느낌
승진	고속 승진 정체 중간에 끼인 듯한	'견디기' • 외로움과 경쟁 • 지루함, 막힌 듯한 • 요구에 부응하기 위한 경쟁
퇴사	RIF 은퇴 직업변경	'떠나기, 애도하기, 노력하기' • 목표상실과 재형성 • 양가감정의 표현
재취업을 위한 노력	실업 상태	'소외감' • 좌절 • 절망

출처: Goodman et al. (2006).

3. 진로전환상담의 방법

진로상담은 정보탐색기술을 제공하는 것 이상이어야 한다. 직무요건이 바뀌고 인력감축이 되면서 실직을 당하게 된 성인진로상담에서도 이제는 그동안 진로상담에서 다루지 않았던 요소들, 즉 내담자의 가치, 욕구, 목표, 기술 등과 같은 진로상담의 구성요소를 다루는 것이 중요하다. 여기서 쟁점이 되는 것은 사람들이 새롭고 다른 기술들이 필요하게 된 것이 무엇 때문인지 그리고 미래의 직업에 관해 평생학습적 접근이 필요하게 된 이유가 무엇인지를 재평가하도록 도와야 한다.

캔터(Kanter, 1989: 299)가 말했듯이, "경력 계단을 오르는 것은 직무에서 직무로 건너뛰는 것으로 대체되고 있다." 미래의 직업에 대해 확실하고 명확한 방향이 없기 때문에 이는 많은 개인에게 딜레마가 되었다. 기업의 인력감축과 기술

변화로 스스로 진로를 바꿀 수밖에 없게 된 성인들에게, 우리는 지속적으로 변화하는 일터에서 내담자가 진로 방향을 설정할 수 있도록 하는 데 초점을 두어야 한다(Zunker, 2005). 또한 굿맨(1994)은 '치과모델'을 제시하면서, 내담자에게 '정기 점검'을 위한 계획을 세우고 보다 정기적으로 적응력을 배워 유지하도록 하였다. 성인은 진로 생애전환을 여러 차례 겪게 되기 때문에 그 과정을 배우고 적응력을 배우는 것이 지속적인 고용에 있어서 핵심적이다. 따라서 실무자들은 내담자에게 필요한 정보와 어떤 동기, 어떤 적응 훈련이 필요한지를 결정할 수 있어야 한다. 물론 훈련 프로그램을 실시하는 방법에 대해서도 알 필요가 있다(Peterson & Gonzalez, 2000).

여기서는 진로전환을 이해하는 데 가장 기본이 될 수 있는 4S(situation, self, support, strategies)에 기초하여 구체적으로 상담이 어떻게 진행될 수 있는지를 살펴보고자 한다.

1) 4S에 기초한 개인상담 기법

여기서는 40세 기계수리공인 조 존스의 사례를 중심으로 진로전환상담의 과정과 방법을 살펴보고자 한다. 우선 조 존스가 진로상담자에게 말한 내용을 살펴보자.

| 40세 기계수리공 조 존스의 사례 |

저는 18세 때부터 기계수리공으로 일해 왔어요. 군대에서 무역을 배웠고 전역할 때까지 무역 쪽에 있었죠. 결코 정말 내가 선택한 게 아니었어요. 군대에서 저한테 훈련을 시켰는데 제가 잘 해냈고, 그래서 계속하게 됐죠. 손으로 하는 일을 잘하는 것 같아요. 아직은 기계수리공으로서 잘 살 수는 있어요. 하지만 신기술의 발전으로 일도 바뀌고 있잖아요. 제가 훈련을 더 받거나 학교를 다녀야 한다면 기계수리공 일을 할지 말지는 모르겠어요. 상사가 저에게 야간학교 훈련비를

지원해 주겠다고 했고, 아내도 그래야 한다고 하네요. 두 사람 모두 제게 근처에 있는 대학에 등록하라고 하고 있는데, 저는 아직 최종 결정을 하지는 않았어요. 저는 뭘 하고 싶은지 모르겠어요.

저는 고등학교 때 공부하는 것보다는 친구들하고 시간 보내는 것에 더 관심이 있었어요. 졸업 후 저는 바로 군대에 갔죠. 그다지 학생답지는 않았어요. 다시 학교를 다닐 수 있을까 싶어요. 제대 후 바로 결혼했는데, 이젠 아이들도 곧 대학에 가야 하고요. 큰애가 가을에 시작하거든요. 아이들은 쉽게 하는 걸 제가 힘들게 하는 모습을 보이고 싶지 않아요. 그리고 학교 다니면 시간도 많이 할애해야 하잖아요. 젊어서는 일을 많이 해서 아이들을 볼 시간도 없었고 재밌게 함께한 시간이 거의 없었어요. 지금은 아무래도 회사에서 상당히 연장자인 편이죠. 그래서 가족이나 저 자신을 위한 시간을 포기하고 싶지 않아요. 저는 소프트볼 팀에 있고, 정원에서 일하는 걸 좋아합니다. 아이들은 거의 다 자랐고 이번이 아이들과 많은 시간을 보낼 수 있는 마지막 기회인 것 같아요. 그걸 포기하고 싶지가 않아요.

정말로 제가 하고 싶은 건 제 사업을 시작하는 거예요. 형이 근처에서 술집을 운영하는 데, 제가 와서 일하기를 바라거든요. 형이 아직 많이 벌지는 못하지만, 제가 함께하면 둘이서 잘 해낼 것 같거든요. 저는 항상 사람들이랑 잘 지냈으니까요. 그리고 기계수리공은 이제 그만하고 싶은 것 같기도 해요. 외롭다고나 할까. 제가 정말 재능이 있나 그런 생각도 해 봐요. 그냥 저는 기계수리공을 하게 된 거예요. 군대에서 검사를 받은 적이 있었는데 그리고 기계수리공 훈련을 받게 한 거거든요.

제 아내는 아이들이 어렸을 때는 집에 있었는데 몇 년 전부터 간호사가 되려고 학교를 다시 다녔어요. 최근에 전일제 일을 시작했고, 아직은 낮은 지위라 최악의 근무 교대를 하고 급여도 그렇게 많지는 않지만요. 아내는 제가 직장에 계속 다니면서 아이들 등록금을 충당하길 바라요. 아내는 제가 돈도 잘 번다고 해요. 그건 맞지만 저는 행복하지가 않아요. 제가 이제 마흔이니, 조만간 다시 변화를 시도하기에는 너무 늦어 버릴 것 같아요. 저는 일생 동안 같은 일만 해 왔고, 바꾸기에는 너무 나이가 들었을지도 모르죠. 살면서 크게 중요한 변화를 한 적이 없었어요. 처형은 내내 직장을 바꿨어요. 그녀는 잘 해냈지만, 저도 그럴 수 있을지는 모르겠어요. 만약 잘 안 되면 어쩌죠? 제가 잘 해낼 수 있을까요? 저는 암튼 모르겠어요. 그저 결정을 내리지 못할 것 같아요. 저는 제가 옳은 일을 했다는 확신을 갖고 싶어요. 제가 어떻게 하면 좋을까요?

출처: Goodman et al. (2006: 149-150).

조 존스는 진로전환을 겪는 성인으로서 대표적인 사례이다. 그는 자신의 삶에서 '무슨 일을 하는가'뿐 아니라 '어느 직장에서 일하는가'에 대한 문제를 가지고 있다. 그는 더 이상 젊었을 때처럼 일이 삶의 중심에 있거나 중요한 문제는 아니라고 한다. 기계기술자가 되는 것에 대해서는 숙련된-지배적 느낌 혹은 자기효능감을 갖고 있다. 하지만 자신이 직업을 바꾸게 되면 어떻게 될지 확신이 없다. 그는 변화를 감수할 만큼의 회복탄력성에 대해서도, 자신이 어떻게 해야 하는지에 대해서도 확신이 없다. 그는 일과 가족과의 균형에 대해서도 걱정이다. 그는 수년간 가족 중심으로 변화해 왔고, 이 균형이 깨지기를 원치 않는다.

여기서 조 존스의 전환 상황을 잘 이해하기 위해서는 촉발요인과 시기, 통제력, 스트레스, 이전의 유사한 전환 경험 등을 살펴보는 것이 중요하다. 전환모델을 이용해서 조의 주요 '자아'와 관련된 이슈를 분석하는데, 이때는 현저성, 균형, 회복탄력성, 자기효능감, 의미 부여하기 등을 중요하게 고려해야 한다. 조의 지지체계는 아내와 아이들, 형제, 직장 상사가 될 수 있다. 동료나 후배들에 대한 얘기는 없고, 분명히 조는 자신의 일을 자기가 혼자 하는 일로 생각하는 것 같다. 조가 사용한 전략은 대안을 찾아보고 상담자에게 도움을 요청한 것이다.

(1) Situation 관련 주제분석

- 촉발요인: 직장의 변화와 직무능력을 향상시켜 보라는 상사의 '제안'이 조의 전환을 촉발시켰다. 그는 기술자로서 약 20년 전에 훈련을 받았고, 20년 동안 기술은 극적으로 변했다. 그는 변화를 따라잡지 못해 왔다. 상담자는 그가 재훈련을 받을지 혹은 그만둘지에 대해서 어떻게 보고 있는지 들어야 한다. 그의 상사는 수업료를 지원하겠다고 했지만, 메시지는 분명하다. 그가 현재 일을 계속하기 위해서는 기술을 보완해야 한다는 것이다.
- 시기와 스트레스: 두 가지 시기와 관련된 측면이 있다. 경제 상황과 시기 문제다. 조는 다른 것들이 순조로워지면 자신의 기술을 향상하고 직업도 바꾸려고 생각하고 있다. 하지만 그에게 필요한 것은 지속적인 수입이다. 대

학 등록금을 기억하라! 그는 또한 미래의 욕구도 생각하고 있다. 해고와 같은 당장의 위기 상황보다도 좀 더 높은 수준의 기술이나 보다 의미 있는 직업에 대해 생각하고 있다.

- **이전의 비슷한 전환 경험**: 조는 자신의 직업전환과 관련된 이전 경험에 대해서는 말하지 않았다. 그가 군 제대를 하고 그 이후에 개인 회사에 취업한 것 외에는. 질문을 통해서 상담자는 그가 다른 몇몇의 경험이 있음을 찾아낼 수도 있다. 그렇지 않다면 그가 변화하기는 훨씬 힘들 수 있다.

(2) Self 관련 주제분석

- **현저성과 균형**: 휴즈와 그레이엄(Hughes & Graham, 1990)은 성인이 여섯 가지 생애역할, 즉, 자신, 일, 친구, 지역사회, 부모 그리고 가족들과의 관계 속에서 시작, 적응, 재평가, 화합의 단계를 겪는다고 보았다. 조가 현재 삶에 불만족스러운 것은 그가 주로 자신의 일 역할에 만족하지 못하기 때문이다. 그의 다른 삶의 역할을 살펴보고 그가 현재 주요하게 생각하는 부분과 각각에 대해 편하게 생각하는 정도를 검토하고, 그가 휴즈와 그레이엄(1990)의 사이클에서 어디에 있는지를 생각해 보는 것이 중요하다. 그는 지역사회에서 자신의 위치를 재평가하는 과정에 있는가? 그는 자신과의 관계에서 시작 단계에 있는가?

  조는 기계공으로서의 일이 점점 덜 중요해지면서 삶의 중심에서도 벗어나게 되었다. 그러나 전반적으로 일은 여전히 중요하다. 그는 수입이 필요하고 자신이 사장이 되고 사람들과 함께하면서 만족감을 갖고 싶어 한다.

- **회복탄력성 혹은 적응성**: 조의 직업전환은 내적 세계와 외적 세계 모두가 변화하면서 촉발되었다. 하지만 그는 자신의 회복탄력성에 대해 걱정했다. 그는 이전에 일의 변화에 대해 생각해 본 적이 거의 없고, 자신이 잘 해낼 수 있을지에 대해서도 모른다. 우리는 그가 다른 전환을 예상하는지 그렇지 않은지 모른다. 이는 아마도 상담자가 탐색해야 할 가장 중요한 부분이 아닌가 싶다.

- 의미 부여하기: 조의 사례에서 알 수 있듯이, 보다 자신에게 의미 있는 직업을 가지라는 내면의 느낌이 있었다. 즉, 좀 더 자율성이 높고 개인적으로 관여도가 높은 일에 대한 그의 욕구를 충족시키는 것이다. 중년기의 남자들은 사람들과 보다 관계 지향적이 되고, 중년기의 여자들은 성취하는 데 더 흥미를 느끼게 된다. 조에게 있어 의미 추구와 영성은 그의 직업전환과 직접적으로 관련되었는지도 모른다. 최근의 문헌들을 보면 작업장에서의 영성에 대한 관심이 점점 높아지고 있기 때문이다(Ashmos & Duchon, 2000; Looby & Sandhu, 2002).

(3) Support 관련 주제분석

조와 마찬가지로, 직장을 잃은 사람들은 주로 도움받을 곳이 매우 제한적이라는 이야기를 한다. 직장을 잃게 되면 동시에 지지체계를 잃어버린 것처럼 느끼게 된다. "내 친구들은 대부분 직장에 있었어요." "그들은 나를 도울 수 없어요. 그들도 실직자예요." 이런 표현이 일반적이다. 앞에서도 언급한 바와 같이, 내담자들이 어디서 도움을 받을 수 있을지에 대해 폭넓게 생각할 수 있도록 도와야 한다. 즉, 아는 사람에게 국한하지 말고 훈련기관이나 공공기관 등은 물론 자신에게 지지될 만한 생각을 하면 적극적으로 지지원들을 확보할 필요가 있다.

(4) Strategies 관련 주제분석

조의 대처전략은 무엇인가? 조는 잠정적으로 대안을 찾기 시작했다. 분명히 추가적인 탐색과 지원이 필요하다. 상담자는 내담자가 가진 현재의 전략은 물론 과거의 대처전략에 대해서도 들어보고 싶을 것이다. 조는 상담자에게 도움을 청하기로 했다. 하지만 상담자는 내담자가 이미 실행한 전략들이 무엇인지 잘 알지 못한다. 따라서 〈표 13-2〉는 내담자의 가능한 대처전략과 앞으로 노력해야 할 부분을 파악하는 데 유용할 것이다.

○○○ **표 13-2** 가능한 대처전략

가능한 대처전략 목록	현재 사용 중	앞으로 노력
문제해결을 통해 상황을 바꾸거나 수정하기 협상하기 긍정적 행동 취하기 조언 구하기 자신을 주장하기 새로운 계획을 위한 브레인스토밍 (필요시) 법적 대응 취하기		
재평가를 통해서 상황의 의미를 바꾸기 전환과정에 지식을 적용하기 예행연습하기 의식을 개발하기 긍정적 비교하기 재명명하기 혹은 재구성하기 선택적으로 무시하기 부정하기 유머를 사용하기 신앙을 갖기		
스트레스에 대한 반응 조절하기 놀이하기 이완, 명상, 기도하기 감정을 표현하기 신체 활동하기 상담, 치료, 지지집단에 참여하기 독서하기		
그 밖의 다른 전략		

출처: Goodman et al. (2006: 146).

2) 성인진로전환검사의 활용

여기에서는 성인이 진로를 전환할 때 발생하는 심리적 자원과 장벽을 측정하기 위해 고안된 도구 성인진로전환검사(Career Transition Inventory: CTI)를 소개하고자 한다.

(1) CTI의 개요

CTI는 진로전환에 놓인 성인을 대상으로 헤프너(Heppner, 1991)가 개발한 검사다. 특히 진로전환 과정에서 겪게 되는 내적·역동적인 심리적 과정을 측정하기 위해서 개발되었다. 준비도, 자신감, 지각된 지지, 통제, 의사결정 독립성의 다섯 가지의 주요 요인으로 구성되어 있다(Peterson & Gonzalez, 2000).

CTI는 개인의 진로전환 과정에서 자원이나 장벽이 될 수 있는 개인의 내적 과정 변인들을 측정하도록 고안된 40문항의 리커트식 측정도구로서, 문항 반응의 범위는 1(강하게 긍정)부터 6(강하게 부정)까지다. 요인분석 결과, CTI는 다음의 다섯 가지 주요 요인으로 구성되어 있다. 진로 동기(준비도, readiness), 자기효능감(자신감, confidence), 지각된 지지(지지, support), 내적/외적 통제(통제, control), 자기중심 대 관계중심(독립-상호의존성, independence interdependence). 높은 점수는 긍정적 반응으로서 개인이 스스로 그 분야에서 잘하고 있다고 지각하는 것을 나타내며, 낮은 점수는 장벽을 나타낸다.

헤프너, 멀튼과 존스턴(Heppner, Multon, & Johnston, 1994)이 각각의 요인과 CTI의 총점 간의 상관계수를 계산한 결과, 준비도 요인 .87, 자신감 요인 .83, 지각된 지지 요인 .66, 통제 요인 .69, 의사결정 독립성 요인 .83이었다. CTI는 연령, 결혼 유무, 전환과정에서의 시간, 다섯 가지의 일반적 대처 평정(즉, 진로전환 과정에서 스트레스의 지각된 수준)과 의미 있는 정적 상관관계를 보였다.

(2) CTI 점수의 해석과 활용

CTI의 활용에 관한 자세한 내용은 가이스버스, 헤프너와 존스턴(Gysbers, Heppner, & Johnston, 2003a)의 12장을 참조하라. 여기에서는 CTI를 상담에서 어떻게 활용할 것인지에 대해서만 간단히 제시하고자 한다. CTI를 내담자 탐색에 다음과 같이 활용할 수 있을 것이다.

- 탐색을 위한 잠정적인 해석도구로 이용하라.
- 점수를 규준화하고 비난을 삼가라.

- 척도들은 특질이 아닌 상태를 나타낸다.
- 전환의 어떤 측면이 통제 가능하고 통제 불가능한지를 구분하라.
- 높은 점수가 항상 좋은 것은 아님을 이해하라(독립성 대 상호의존성 차원).
- 각 개인에 대한 척도의 중요성을 탐색하라.
- 강점을 부각하라.
- CTI를 심리문제와 진로문제를 통합하는 도구로 이용하라.
- CTI 점수의 의미를 탐색하는 데 창의성을 발휘하라.

3) 기타

(1) 진로전환 의식평가(Williams, 1999)

진로전환의식은 1987년 이래로 진로상담과 전직지원 프로그램의 핵심적 모듈이 되어 왔다. 다음의 네 가지 목적을 제공한다.

- 현재 진로 위기에 처한 내담자들의 기저에 놓인 이슈를 확인하고, 대응전략과 회복할 수 있는 새로운 희망을 찾도록 하기
- 이전에 받았던 교육 경험과 내담자의 현재 자신감을 약화시킨 생애진로 위기를 정리해 보도록 하기
- 내담자들로 하여금 미래 생애나 진로 변화에 대해 준비하도록 하기(현재 그들의 가족이나 동료들에게 미칠 영향 포함)
- 내담자들을 대신하여 고용주들에게 결근, 수행, 관계문제 등과 관련된 전환에 대해서 설명하고, 직원이나 조직 변화를 위한 전환관리 기술을 개발하도록 하기

(2) 스트레스와 변화 측정(Williams, 1999)

- 24항목의 스트레스 체크리스트: 건강과 삶의 질, 개인적 환경, 최근 생애 사건에 관한 질문들을 담고 있으며, 내담자의 잠재적 스트레스나 변화, 관련된

이슈 등을 확인하기 위해 초기에 사용할 수 있는 선별도구다.

- 직업스트레스지표: 내담자의 정신적 · 신체적 건강, 직장에서 힘들어하는 원인, 추후 분석 여부, 의뢰 혹은 스트레스 코칭 회기와 같은 활동을 할 것인지 등과 같은 특정의 이슈를 확인하기 위해 모니터링할 수 있는 도구다.
- 생애곡선: 내담자들의 자서전적 리뷰(1~4시간)를 위한 활동으로, 내담자는 주요 사건들을 반추해 보고 좋았던 때와 힘들었던 때를 회상해 도표화한다. 이는 교육 경험이나 일 경력에 대해 이야기하는 데 사용되기도 하고, 또한 내담자로 하여금 이전의 일 경험이나 생애전환 경험을 떠올려 보게 함으로써 내담자가 변화에 어떻게 대처해 왔는지를 정리해 볼 수도 있다. [그림 13-2]는 생애곡선으로서 외상 경험과 변화에 대처하지 못한 문제 상황을 보여 준다.

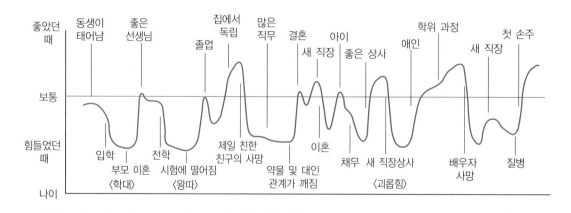

[그림 13-2] 생애곡선: 트라우마, 성공적이지 못한 이직과 회복 시점의 이해

출처: Williams (1999).

4. 진로전환 사례와 서비스 프로그램

여기에서는 간략히 진로전환의 한 사례를 살펴보고, 내담자를 도울 수 있는 다양한 서비스 프로그램 및 개입방법을 살펴보고자 한다.

다음에 제시된 벤의 사례는 진로의 기로에 선 많은 성인의 전형적인 모습이다. 하지만 실제로 성인용 진로상담 프로그램이 없으며, 성인들은 일반적으로 진로 변화를 만족스럽게 할 수 있는 방법을 잘 모르고 있다. 게다가 많은 성인은 의사결정과 같은 진로탐색기술이 없으며 직무기술, 직무요건 등과 같은 것을 제공해 주는 곳에 대해서도 잘 모른다(Brown & Minor, 1989). 기본적으로 많은 성인은 미래의 방향과 어디서 도움을 구할지 혼란스러워하고 있다(Hoyt & Lester, 1995).

| 다시 직업을 바꾸려는 벤의 사례 |

벤은 고등학교를 졸업하면서 직업교육 학생으로 위탁되었다. 그의 학교생활은 목공일과 자동차 수리였다. 벤은 항상 손으로 직접 만드는 것을 좋아했고, 솜씨 좋은 가구제작원이 되었다. 그는 처음으로 지역 목수에게 고용되었지만 몇 달 뒤 그만두었다. 그는 건축과 관련한 여러 가지 직업을 거쳤다. 또한 몇몇 제조회사에서 일했고, 여러 주에서 생활했다. 41세가 되었을 때, 벤은 몇몇 다른 고용인과 함께 현재의 직무에서 해고당했다. 그와 동료들은 회사가 노동력을 감축하는 중이라는 것을 들었다.

고향으로 돌아왔을 때, 벤은 친구에게 여기저기 옮겨 다니는 '유랑'에 지쳤고 정착하고 싶다고 말했다. 하지만 직업의 세계는 빠르게 변화하고 있고 많은 기업이 규모를 줄이고 직무요건을 재구성하고 있다. 여러 직업환경에서 다양한 기술을 익힌 벤인데도 직업을 찾기가 어려웠다.

벤은 지역의 커리어 상담센터가 있는 것을 몰랐고, 그래서 조언을 듣기 위해 친구를 찾아왔다. 하지만 그들은 거의 도움을 줄 수 없었는데, 대부분은 일자리를 그만두었거나 자신의 직업을 유지하는 것에만 관심이 있었기 때문이다. 생애 처음으로 벤은 심각하게 미래의 취업문제에 대해서 고민했다. 그는 직무를 찾을 전략들을 생각하기 시작했다. 그는 일터의 변화하는 환경에 대해 자신이 알고 있는 것을 적어 보기 시작했다. (중략)

벤은 그 자신만의 사업을 시작할 수 있을지 탐색하기 시작하였다. 그는 몇몇 회사의 경우 제품 생산을 위해 노동력을 고용하기보다는 제품 조립을 위해 수주하고 있다는 것을 알아냈다. 벤은 특히 전 세계 곳곳에서 부분적으로 조립된 상품들로 운영되던 의류기업에서의 자신의 직업 경험들을 회상하기 시작하였다. 그는 지역에서 제조할 수 있는 생산품으로 생각이 미쳤다. 그러면서 의류나 밀짚모자 같은 상품들을 만들 수 있는 외국의 값싼 노동력과 경쟁할 수 없다는 것을 알게 되었다. 그는 어떤 밀짚모자의 경우 만들기는 인도에서 만들고 부착된 끈은 태국에서 만들며 필리핀에서 모양을 잡아 선적한다는 것을 들었던 기억이 났다.

며칠 동안 지역 기업의 요구를 조사해 봤지만 벤은 아무런 선례도 발견해 내지 못했다. 벤이 사업가가 되려는 생각을 포기할 무렵에 놀랄 만한 것을 발견했다. 쇼핑을 하다가 그는 한 대형 백화점 체인들이 일부 가구와 목재 장식장을 외주로 계약 생산한다는 것을 알게 되었다. 벤은 자신이 그곳에서 보았던 가구들보다 더 나은 제품을 만들 수 있다는 것을 알게 되었다. 그러나 많은 고려요인이 있었는데, 원료비, 임대료, 재정적 지원 등의 것이다. 그러나 그는 쉽게 포기하는 것이 별로 가치 있는 일이 아니라는 것을 알고 있었다.

출처: Zunker (2005: 543).

1) 진로전환 집단 프로그램의 특징(Goodman et al., 2006; Peterson & Gonzalez, 2000)

전환이 일어나게 된 맥락은 집단 경험의 유형에 가장 큰 영향을 미친다. 예를 들어, 해고 또는 강제 조기 은퇴로 화가 나 있는 사람들과 집단을 운영할 때에는 내담자의 화난 감정에 우선 집중해야 한다. 진로 프로그램에 대한 내담자들의 반응은 시간이 흐르면서 차츰 변화하게 되는데, 이틀간의 워크숍 마지막 날 성인 여자 내담자는 집단 경험에서 정서적인 측면이 가장 중요했다고 얘기했다. 특히 얄롬(Yalom, 1985)의 보편성, 카타르시스, 응집력의 치료적 요인이 가장 중요했는데, 2주 후의 추수 프로그램에서 참가자들은 여전히 워크숍의 정서적인 측면을 중요하게 평가했고, 자원이나 직업에 대한 정보, 자기이해와 같은 인지적 요인은 집단에서 가장 도움이 되었다고 보고하였다(Mawson & Kahn, 1993).

진로전환 시기에는 지지에 대한 요구가 크다. 진로전환을 겪는 성인은 같은 처지에 놓인 사람이거나 혹은 앞으로 그 과정에 있을 다른 사람에게 말할 기회를 갖고자 하면서도 보통 친구나 동료들에게 도움받기는 꺼린다. 따라서 진로상담 집단원들의 지지는 특히 중요하고, 사람들로 하여금 다른 사람에게 지지를 구하도록 격려하는 모델이 될 수 있다. 집단에서는 의사결정을 하거나 구직, 직업 유지, 은퇴 계획을 세우는 데 있어서 성공적인 대처전략을 가르쳐 주거나 연습할 수 있다. 예를 들어, 구성원들은 목표를 세우고 목표 달성을 위한 행동계획을 만들 수 있다. 집단은 활동계획을 실천하도록 하는 데 특히 도움이 된다.

2) 기타 프로그램 및 기법(Goodman et al, 2006: 238)

성인을 위한 진로집단상담은 주로 학교나 대학, 직장, 지역사회에서 제공된다. 다양한 세팅에서 제공될 수 있는 프로그램의 예는 다음과 같다.

(1) 퀼트

퀼트(quilts)는 여성이 자신의 삶과 일 속에서 일어난 여러 사건과 그 의미를 보다 효과적으로 보도록 일종의 은유로서 사용된다. 퀼트를 통해 내담자는 자신의 커리어를 새로운 방식으로 보게 됨으로써 자신의 약점들을 극복하게 된다(Sagaria, 1989). 상담자는 집단원에게 자신의 퀼트를 묘사하도록 하고, "어떻게 이 퀼트가 당신과 같죠? 혹은 당신이 퀼트에 대해서 우리에게 말해 준 것이 자신의 진로목표에 대해 얘기해 준 것과 어떻게 맞아떨어지죠?"와 같은 질문에 기초해 각각 다른 피드백을 해 준다. 퀼트는 관계의 중요성을 생각하게 해 주고, 구성원들로 하여금 공통성에 대해 알게 해 준다.

(2) 스토리텔링

스토리텔링(storytelling)은 진로상담에서 아주 강력한 기능이 있다. 스토리텔링은 말하는 사람과 청중 모두를 이해시키기 때문이다. 스토리는 '역경(trouble)' 혹은 '드라마'로 만들어지는데, 이는 집단원의 진로결정이나 진로문제를 나누는 흥미로운 방식이다. "청중(상담자, 동료, 집단원들)은 이야기의 몇몇 측면을 구상하도록 돕고…… 상담자의 특별한 기술이 진로 이야기를 완전히 털어놓게 하는 데 결정적이다."(Jepsen, 1992)

(3) 집단구직 프로그램

직업전환에 놓인 많은 성인은 이미 그들이 무엇을 원하는지 혹은 무엇이 되고자 하는지 알지만 행동계획을 짜는 데는 도움이 필요하다. 집단구직(job search groups) 프로그램은 참여자들에게 자신의 강점, 능력을 이해하고, 고용주의 요구를 분석하고, 적합한 것을 찾도록 한다. 굿맨과 호핀(1990)은 널리 사용되고 있는 역량 기반 프로그램(competence-based program)을 개발하였다. 여기에는 자기평가, 의사결정, 구직 캠페인 계획 세우기, 고용주와 의사소통하기, 인터뷰하기, 직업 유지하기, 다른 직업을 준비하기 등을 위한 유용한 전략들이 있다.

(4) 주관적 직업정체감 모델

페레고이와 슐리브너(Peregoy & Schliebner, 1990)는 주관적 직업정체감 모델(Personal Employment Identity Model: PEIM)을 개발해, 내담자들이 보이는 네 가지 직업적 자아정체감에 따른 네 유형에 따라 실무자들이 적절한 개입을 할 수 있도록 하였다. 첫째, 정체감 자체가 일에 묶여 있는 사람과 현재 자아감을 상실한 사람이다. 이런 사람들은 수입이 없거나 정서적 관여 대상을 상실하면서 정서적으로 매우 큰 영향을 받을 수 있다. 둘째, 정체감에 있어서 직업적 도전을 중요하게 생각하는 사람이다. 이러한 사람들은 보통 실패나 지위 상실, 자신을 거절하는 경험, 불만족, 무기력감에 대해 매우 예민하다. 셋째, 강제적으로 실업을 맞게 되어 정체감을 상실한 사람이다. 이러한 사람들은 슬픔, 좌절, 무감각을 경험한다. 넷째, 자신의 일에 거의 투자를 하지 않았던 사람이다. 이러한 사람들은 자신의 경제적 상황이나 새로운 직업을 찾을 가망이 없다고 생각한다. 또는 종종 거절당한 경험을 개인화하거나 아무런 대안이 없이 자신이 어떤 기술이 있는지 혼란스러워하고, 구직과정에서 거의 동기가 없거나 소진됨으로써 무기력한 증상들을 보인다.

직업적 자아정체감에 따른 유형을 파악함으로써 실무자들은 내담자들에게 적절한 질문을 하고 과거의 일 관련 경험들 속에서 필요한 정보들을 얻음으로써 그들이 재취업하도록 효과적으로 도울 수 있을 것이다.

3) 전직지원서비스

회사 규모가 작아지거나 재조직되면서 많은 회사는 직원들에게 구직 프로그램을 제공한다. 회사는 일개 팀을 고용해서 직원들에게 서비스를 제공하고, 직원들이 프로그램에 참여하도록 격려하고 시간을 내준다(Kirk, 1994). 『뉴스워크』에 의하면, 전직지원 상담자는 1990년대의 가장 '주목받는 직업' 중의 하나였다. 해고당한 노동자들에게 구직 알선을 해 주고, 직원들이 다시 자리 잡는 데 필요한 모든 도움을 준다. 진로계획 또는 이력서 작성, 포트폴리오 준비 등과 같은 부수적인 도움도 제공한다. 회사가 이러한 서비스를 제공하는 데에는 많은 이유가 있다. 즉, 회사의 긍정적인 이미지를 유지하기 위해서, 남은 사람들의 사기진작을 위해서 혹은 법적 대응 가능성을 최대한 줄이기 위해서다.

커크(Kirk, 1994)의 통합적 전직지원 모델(holistic outplacement model)은 세 가지 기능요소를 포함하고 있다. 첫째는 평형감을 회복하도록 하고, 실직에 따른 슬픔, 수입 상실, 자기효능감과 스트레스 등을 다루도록 한다. 이를 통해 두 가지 방향의 미래에 대한 오리엔테이션을 갖게 되는데, 이는 다음 두 가지 요소에 의해 움직인다. 하나는 진로발달로 자기평가, 진로탐색, 의사결정, 행동하기 등에 관한 것들이다. 다른 하나는 네트워킹, 영향을 미치고 협상하기 등과 같은 구직에 초점을 둔다.

국내에서는 워크넷(http://www.work.go.kr)과 한국고용정보원(http://www.keis.or.kr)을 통해서 중장년을 위한 생애경력설계 및 전직지원 서비스에 대한 정보를 얻을 수 있다.

우선 워크넷에서는 2017년 4월부터 워크넷 장년 섹션(http://www.work.go.kr/senior)을 마련하고, 만 40세 이상 중장년 분들의 생애경력설계부터 재취업을 위한 전직지원 일대일 상담, 교육 등 중장년층에 특화된 근로단계별 서비스를 무료로 제공하고 있다. 여기서는 다양한 채용정보는 물론, 준·고령자를 위한 직업선호도검사를 받아 볼 수 있으며, 전직지원서비스만을 위한 다양한 교육(중장년스마트워크, 제2의 다양한 일자리, 직업가치관 탐색 및 자기이해 등)에 대한 안내와 기관 소개도 이루어지고 있다. 특히, 전직지원서비스를 위한 체계적 프로그램으로 40세 이상 재직·퇴직 근로자를 위한 생애경력설계 서비스, 퇴직 예정 근로자를 위한 전직스쿨 프로그램, 40세 이상 퇴직 근로자를 위한 재도약 프로그램이 소개되어 있으며, 사이트 접속을 통해 교육안내와 신청을 바로 하도록 되어 있다.

한국고용정보원에서는 취업·진로길라잡이 서비스를 제공한다. 즉, 청소년, 청년, 중장년, 여성을 대상별로 구분하고 이에 따른 길라잡이 형식으로 세부 프로그램을 제공하고 있다. 중장년의 경우, 직업전환검사를 포함한 다양한 적성검사를 제공하고 있으며, 새로운 일자리 찾기(중장년층 취업지원 동영상)와 퇴직 준비를 위한 각종 프로그램(성실중장년층 프로그램, 정년 나침반 생애설계 프로그램 등)을 제공하고 있다.

제14장
특수대상 상담

| 임은미 |

이 장에서는 진로상담을 실시할 때 특별한 관심을 기울여야 할 필요가 있는 내담자들에 대하여 논의한다. 이 내담자들은 그들이 속한 집단 속에서 성장하면서 독특한 문화적 배경을 지니게 되었고, 의도적으로 특별한 관심을 기울이지 않으면 여러 가지 특권이나 혜택을 받기 어려운 위치에 놓인 집단에 속한 사람들이다. 다문화 상담연구자들은 상담에서 문화적 배려를 해야 할 집단에 종교적 소수민, 사회/경제적 소수민, 여성, 성 소수자, 인종/민족적 소수민, 연령 소수민, 트라우마를 겪은 집단, 가족구조상의 소수민, 장애인, 지역적 소수민 등을 다양하게 포함시키고 있다(D'Andrea & Daniels, 2001; Hays, 2010). 이 장에서 논의하는 소수문화집단은 인종/민족적 소수민, 장애인, 연령 소수민 그리고 여성이다. 지면 관계상 모든 집단을 논의하지 못하고, 상담실에서 만날 가능성이 높은 집단을 선택하였다.

결혼이민여성 가정으로 대표되는 다문화 내담자들은 문화적 · 언어적 · 교육적 배경의 차이로 인해 우리나라 사람들의 진로발달이나 직업세계의 특징에 익숙하지 않다. 장애인들은 신체적 · 심리적 장애로 인하여 직업시장에서 자신의 능력이나 직업적 욕구를 존중받기 어렵다. 준·고령자들은 평균수명의 연장과 조기퇴직의 사회 분위기 속에서 자신의 주요 경력이 반영된 직장과 분리된 채 재취업을 하거나 직업전환을 하면서 생활해야 한다. 양성평등 분위기가 만연한 현대 사회에서도 여성은 여전히 성역할 고정관념으로 인한 직업세계에서의 차별과 사회적 분위기와 출산 및 육아로 인한 경력 단절로 인해 진로발달에 어려움을 겪고 있다.

1. 다문화 진로상담

우리나라에 거주하는 대표적인 다문화 인구는 결혼이민여성, 북한이탈주민, 외국인 근로자, 유학생들이다. 이 중에서도 결혼이민여성과 그 자녀, 북한이탈주민과 그 자녀는 우리 사회에서 오랜 삶을 함께 살아갈 사람들이다. 다문화 상담에서는 평등과 사회정의의 이슈가 주요 주제이다. 보다 구체적으로는 상담자에게 문화적 다양성, 차별, 억압을 인식하는 능력, 소수민을 위한 옹호 등을 요구한다.

1) 다문화 소수민의 진로문제

(1) 교육에서의 불평등

부모 중 한 명(특히 어머니)이 외국인인 다문화 학생과 탈북학생들의 재학인원 및 재학률은 꾸준히 높아지고 있다. 탈북학생들을 위한 지원은 학생의 적응역량 강화 및 성장 지원, 교사의 지도역량 강화, 학부모의 교육지원 역량 강화 등의 내용이 포함되어 있고, 학교 안 자원과 학교 밖 자원 간의 연계 활성화 방안을 마련한 데 이어, 2014년에는 맞춤형 멘토링 확대, 탈북학생 표준교재 개발·보급, 탈북학생 진로·직업교육 강화방안도 마련되었다(교육부, 2014). 교육부는 이와 더불어 결혼이민여성 자녀들을 위하여도 다문화가정 학생 맞춤형 교육

지원, 교사의 다문화교육 전문성 제고, 다문화가정 학부모 지원, 다문화가정 유아교육 지원, 다문화교육 기반 및 지원 체제 강화방안을 마련하였다. 2015년에는 다문화 학생을 위한 맞춤형 교육 및 일반학생과 교원의 다문화 이해교육 강화, 다문화가정 미취학 아동을 위한 '다문화' 유치원 30개교 시범사업 등이 발표되었고, 이러한 정책들 대부분은 현장에서 실행되고 있다(교육부, 2015). 주요 대학에 탈북주민 전형이 별도로 있고, 결혼이민여성 자녀가 불편 없이 교육받을 수 있도록 경제적 지원이 이루어지고 있다. 이와 같은 여러 가지 지원방안에 힘입어 다문화가정 자녀, 탈북주민 자녀의 재학률은 꾸준히 높아지고 있으며, 중도탈락률은 감소하고 있는 효과를 보고 있다. 고용노동부는 결혼이민여성, 장애인, 고령자를 위한 직업교육 및 취업지원 정책을 꾸준히 펼치고 있다(http://www.moel.go.kr).

그러나 상담현장의 분위기는 아직 제도적인 성과에 미치지 못하고 있다. 진로선택에서 불평등을 해소하기 위해서는 상담현장에서 직업 자기개념의 형성까지 배려한 개입이 이루어져야 할 것이다. 다문화가정 청소년이 학교현장에서 어릴 때부터 자국인 청소년들과 동등한 교육과정, 교육내용, 대인관계를 경험할 수 있도록 다문화가정 학생들의 주관적인 삶의 세계를 이해하고 이들의 포부를 실현시키기 위한 적극적인 상담이 이루어져야 한다. 한국어 습득, 기초학력 보장, 학교활동에의 참여기회 부여, 학부모가 갖는 문화적·언어적 차이에 대한 배려 등을 통해 다문화가정 학생들의 진로의식을 고취하는 일부터 적극적으로 이루어져야 한다.

(2) 진로선택에서의 불평등

결혼이민여성 가정 자녀나 북한이탈주민의 자녀가 일반가정 자녀보다 낮은 진로포부를 가지고 있다든지, 알고 있는 진로정보가 제한적이어서 선택지가 좁아진다든지 한다면, 진로선택에서의 불평등이 있다고 볼 수 있다. 결혼이민여성이나 탈북주민이 우리나라에 이주해 오기 전의 학력과 능력을 배려받지 못하고 단순 노무직이나 일용직에 주로 취업하게 된다면 이 또한 진로선택에서의 불평등이라고 볼 수 있다. 이로 인해, 결혼이민여성과 탈북주민의 진로특성에 대한 연구, 다문화가정 자녀와 일반가정 자녀의 각종 진로특성 지표들에 대한 비교 연구가 활발하게 이루어져야 하며, 객관적 자료를 근거로 한 다양한 불평등 해소 방안이 마련되어야 한다.

고학력 결혼이민여성을 출신국가 이주여성들의 적응을 돕는 전문상담자로 고용하거나 공무원으로 임용하는 지방자치단체도 있는데, 이는 단순 노무직에 국한되던 이주여성의 진로선택 불평등을 해소해 나가는 매우 의미 있는 전환점이라고 볼 수 있다. 새터민의 취업지원 교육 요구에 대한 연구(노경란, 2008), 여성 새터민의 진로의사결정 연구(박정란, 2006), 결혼이주여성의 직업적응 프로그램 개발 연구(김병숙, 안윤정, 송혜령, 2010), 다문화가정과 일반가정 초등학생의 진로발달연구(조붕환, 2010), 남한에서 대학을 졸업한 탈북 청년의 취업성공 요인에 대한 사례 연구(노은희, 오인수, 2016), 다문화 청소년을 위한 진로집단상담 프로그램 개발 연구(김현영, 장석진, 2017) 등을 비롯하여 새로운 연구들도 수행되고 있다. 또한 정책의 세부사항에는 해마다 차이가 있지만, 다문화 내담자를 위한 진로지원 정책들이 지속적으로 수립되고 실행되고 있다.

(3) 정체성 혼란

소수민 내담자는 자신의 정체성에 혼란을 느낀다. 소수민의 정착과정에서 정체성의 발달은 순응, 부조화, 저항과 몰입, 자기성찰의 순서로 이루어진다(Atkinson, Morten, & Sue, 1993). 순응의 단계(conformity stage)에서 개인은 자기비난을 하고 주류 문화의 가치를 동일시하고자 한다. 부조화의 단계(dissonance stage)에서 개인은 주류 체제에 대해 갈등을 느끼고 문화적 혼돈상태에 직면한다. 저항과 몰입의 단계(resistance & immersion stage)에서는 자신의 가치를 주류사회의 가치보다 더 인정하고 주류사회를 거부한다. 자기성찰의 단계(introspection stage)에서는 주류사회에 대한 자신의 태도를 주의 깊게 성찰한다.

결혼이민여성은 결혼을 통해 자신의 꿈을 이루고자 우리나라에 와서 여러 가지 좌절과 외로움 속에서 정체성 혼란을 경험하고 발달시켜 나간다. 개인마다 정체성 발달의 속도와 경험 내용이 달라질 것이며, 이 과정에서 진로발달을 이루어야 하는 이중고를 안고 있다. 결혼이민여성의 자녀들은 태어나면서 우리나라 국민이지만 외모나 어머니의 모국이 다르다는 이유로 자신을 한국인으로 보아야 할지, 어머니 출신 국가의 국민으로 보아야 할지의 정체감 혼란을 느낄 수 있다. 북한이탈주민은 같은 민족이면서도 다른 체제 속에서 성장해 왔기 때문에 진로인식, 직업에 대한 태도 등에서 차이를 느끼고, 자신의 욕구와 능력을 살려 남한의 직업시장에 진출하는 데 어려움을 겪고 있다. 이들의 자녀 또한 자기탐색과 직업의식이 성장하는 시기를 익숙하지 않은 남한의 학교에서 보내면서 이질감, 부적절감 그리고 소외감을 느낀다.

(4) 사회적인 지지체계 부족

소수민 내담자들은 사회적인 지지체계가 부족하다. 결혼이민여성의 경우 일가친척, 학연, 지연으로 연결된 지지체계가 없다. 친정 가족들 또한 너무 멀리 있다. 이주여성의 자녀도 사회적인 지지체계가 상대적으로 부족하다. 일상생활에서 외가 친척들의 심리적 지지나 실제적인 도움을 받을 수가 없기 때문이다. 북한이탈주민도 남한으로 넘어오는 과정에서 지금까지의 지지체계와 단절될 수밖에 없다. 이들의 자녀들도 자신의 인적 지지체계로부터 단절되어 남한 사회에 새롭게 적응해야 한다. 정서적·현실적으로 어려움을 겪을 때 이들은 도움을 요청할 곳이 마땅치 않다. 다문화 내담자를 돕기 위한 여러 정책과 기관, 탈북주민을 돕기 위한 정책과 기관들이 마련되어 있지만, 남한 사회에서 도움을 요청하는 적절한 방법을 아직 학습하지 못했고 어떻게 하면 조력 정책과 기관들에 접근할 수 있는지 알기 어려우며 한국어 또한 서툴다.

이런 점에서 이들 스스로 자조모임을 만들고 활동하며, 각종 지원 단체들을 활용하는 것은 우리 사회에서 삶의 기반을 마련하려는 노력으로 보여 환영할 만한 일이다. 자국민이면 당연하게 형성할 수 있는 친인척, 학연, 지연 등의 사회적인 지지체계가 거의 없는 이들을 위해 여러 가지 대안적 지지체계를 만들어 주려는 노력이 필요하다.

(5) 빈곤과 소외

모든 다문화가정이 저소득이나 소외문제로 어려움을 겪는 것은 아니지만 다문화가정에서 저소득과 소외계층 가정의 비율이 높은 것은 사실이다. 결혼이민여성 가정의 경우 남편이 한국인 여성과 결혼하기 어려운 경제적·사회적·심리적 여건에서 차선책으로 국제결혼을 선택한 경우가 대부분이어서 이들 가정의 사회경제적 수준이나 사회적응 상황은 취약한 경우가 많다. 탈북주민 가정의 경우에도 이들에게 지급되는 정착금이 줄어들면서 남한에 와서 굶주림은 면했다 할지라도 차상위계층에 속하는 경우가 대부분이다.

다문화 내담자들에게는 가난과 소외의 이슈가 함께 있다. 이들이 겪는 갈등에는 문화적 차이로 인한 갈등에 더하여 가난에서 오는 스트레스, 사회적 취약계층으로서 겪는 소외감, 불안정한 가정 상황 등으로 인한 고충이 더 있다. 그래서 다문화가정의 내담자는 소외계층 내담자의 특성도 함께 지니게 될 가능성이 크다. 한편 학습부진, 교우관계 곤란, 사회적 기술 부족, 낮은 자존감 등의 문제들은 우리 사회에 다문화 현상이 일어나기 전에도 존재했었다. 상당 부분 그 원인이 이 장에서 논하는 문화적 차이가 아니라 개인의 성격과 계층적 차이에서 비롯된 경우가 많다. 이는 소수민 내담자를 상담할 때, 문화차이에 대한 개입만으로 충분하지 않음을 나타낸다. 인종, 민족, 문화차이로 인한 문제뿐 아니라 개인차로 인한 문제들이 남아 있음을 고려해야 한다.

(6) 진로장벽

소수민 내담자들은 자국인 내담자들보다 진로발달과 선택 및 적응을 저해하는 많은 진로장벽에 직면한다. 이 장벽들 중 많은 것은 외적인 것이나 환경적인 것이며, 인종적 학대와 차별, 더 나아가 단지 소수민이라는 이유도 포함된다. 낮은 경제적 수준, 한국 사회의 직업구조나 계층에 대한 이해 부족, 가난, 멘토나 역할모델의 부족, 지지의 부족, 낮은 자기효능감과 결과기대 등도 진로장벽이 될 수 있다.

이들에게 불리한 여건으로 인해 다문화가정 자녀들이 미래에 대한 꿈이나 포부를 갖지 못한다면, 다문화가정의 진로장벽은 대물림되어 차세대의 진로발달에도 저해요인으로 작용하게 될 것이다. 자국인들이 인식하지 못하는 다문화 내담자들의 진로상의 고충을 민감하게 인식해야 한다.

2) 다문화 진로상담의 주요 주제

다문화 내담자의 여러 가지 특성으로 인해, 이들에게 진로상담을 제공할 때는 일반 내담자들과 진로상담을 할 때보다 다음과 같은 노력들을 좀 더 기울여야 한다(임은미, 2010).

(1) 상담관계 형성

상담자는 내담자나 상담자의 인종적·민족적 배경을 두루 고려하여 유대관계를 강력하게 확보해야 한다. 상담과정에 대한 각 내담자의 고유한 기대를 충분히 이해하며, 내담자의 문화와 개인적 욕구에 맞는 목표와 과제를 설정하고 수행해야 한다. 문화마다 상담자에 대하여 거는 기대는 다르다. 동남아시아 내담자들은 상담자가 전문가로서 자신들의 행동에 직접적인 지침을 제공해 주기를 원하는 특징이 있어서 서구 상담이론의 비지시적 태도를 그대로 적용하는 것이 효과적이지 않을 수 있다. 그러면서도 다문화 내담자들은 본국 문화에 대하여 이해받고 존중받고 싶은 욕구가 강하기 때문에, 내담자 본국의 문화를 존중하는 태도를 잃지 않아야 한다.

(2) 강점 강화

전체적인 경향으로 볼 때는 다문화 내담자들이 문화차이로 인한 생소함이나 이질감 등으로 인해 사회 적응에 어려움을 겪는 것은 사실이다. 그러나 결핍 모형에 의해 이들의 부적응 행동을 고치는 데 집중하다 보면, 이들만이 가지고 있는 고유의 장점과 개성을 살리기 어렵다. 다문화 내담자들은 일반 내담자들이 갖지 못한 강점들도 많이 가지고 있다. 예를 들어, 결혼이민여성 자녀의 경우 부모나라 모두에 친숙할 수 있으며, 양국의 생활습관이나 문화에 익숙해질 수 있고, 이중 언어에 능통해질 수 있다. 북한이탈주민의 경우 자유와 인권 및 꿈을 이루기 위해 목숨도 걸 수 있는 용기 등이 있다. 이들이 가진 강점들을 찾아내고 계발하는 상담 접근이 필요하다. 인간중심 상담 접근이나 사회구성주의적 철학을 배경으로 하는 해결중심 단기상담과 이야기 치료 접근에서는 개인의 주관적 세상을 존중하고, 개인이 가진 강점과 역량을 강화하는 기법들을 제시하고 있어서, 다문화 내담자를 상담할 때 좋은 참고가 될 것이다.

(3) 문화적 특성을 고려한 진단

다문화 내담자를 진단할 때는 창조적 불확실성의 자세를 유지해야 한다. 내담자의 문화적 배경과 그로 인한 곤란 및 독특한 욕구에 대하여 확실히 알지 못하면서, 기존의 상담이론과 기법을 섣불리 적용하지 않도록 유의해야 한다. 특히 소수민 내담자에게 표준화 진로검사를 사용할 때는 특별한 주의가 필요하다. 거의 모든 표준화 검사도구들은 주류 문화 출신의 개인들을 대상으로 개발되고 규준이 만들어졌기 때문이다. 소수민 내담자들에 대한 진단은 상담자가 내담자의 복잡한 문화를 이해하여 개인의 반응들을 적절히 해석할 수 있을 때 실시해야 한다. 검사를 선택할 때는 측정되는 구인이 문화적으로 다른 개인들에게 동일한 의미를 갖느냐를 검토해야 한다. 평가도구를 선택하기에 앞서 진로상담자는 특정 측정치가 내담자의 의사결정 과정에 유용한지를 판단하기 위해 내담자의 문화적 맥락에 대하여 충분히 조사해야 한다. 평가 결과는 내담자에게 반드시 해석해 주어야 하고 평가 결과에 대한 내담자의 생각과 평가 결과가 내담자에게 미친 영향을 알아보아야 한다.

(4) 사회적 네트워크와 역할모델 발견 및 활용

사회적 네트워크와 역할모델은 다문화 내담자의 자기효능감을 증진시키는 데에 매우 중요하다. 자신과 유사하다고 여겨지는 역할모델을 발견하는 것은 자기효능감 신념을 바꾸게 하는 강력한 동기유발제가 된다. 진로상담은 내담자가 사회적 네트워크를 형성하고 사용하며, 자신과 유사한 역할모델을 찾아내고 모방하며 활용하도록 도움으로써 크게 효과를 볼 수 있다. 예를 들어, 최근 대학 입학전형에 북한이탈주민 자녀를 위한 특별전형이 마련되고, 지방자치단체에서 여성 결혼이민자를 공무원으로 채용하였다. 이러한 기회를 활용하여 성공적으로 살아가는 소수민들의 사례는 다문화 내담자들에게 긍정적인 역할모델이 되어 내담자의 자기효능감 신념을 바꾸게 하는 동기유발제로 작용할 수 있다.

(5) 상담과정에 대한 명확한 설명

다문화 내담자에게는 자신과 다른 문화 출신의 상담자 앞에 앉아서 예측하기 어려운 상담과정을 견뎌 내며 자신의 내면세계를 탐색하는 작업이 매우 부담스러울 수 있다. 이것을 개인적인 저항이라고 간주하기에 앞서, 자신에 대해 탐색하고 표현하는 것을 권하지 않는 문화권에서 성장한 내담자에게는 자연스러운 일일 수 있음을 수용하고, 상담과정에 대한 명확한 설명과 구조화된 기법을 사용하는 것도 권할 만한 일이다.

(6) 진로상담 과정에 가족 포함

소수민족 출신의 내담자들은 보다 집단적인 세계관을 가지고 있다. 이러한 내담자들에게 가족의 결정은 개인의 결정보다 더 중요하게 여겨질 수 있다. 경우에 따라 확대가족을 상담에 초대하여 의사결정 과정에 참여할 수 있게 하는 방안을 적극적으로 고려할 필요가 있다. 가족을 상담과정에 포함시키면 내담자의 세계관, 문화화 수준, 인종 정체성, 내담자의 진로에 대한 가족의 기대 등 내담자의 진로발달을 암시하거나 진로선택에 영향을 미치는 요인들을 깊이 있게 탐색할 가능성이 높아질 수 있다.

(7) 사회적인 지지체계 구축

진로상담을 위해 사회적인 지지체계가 필요한 것은 일반 내담자들에게도 마찬가지이지만 다문화 내담자들에게는 더욱 중요하다. 이들은 성장배경이 달라서 우리나라의 진로 시장에 대하여 많이 모르는 데다 궁금함이 생길 때 스스럼 없이 질문할 수 있는 일가친척이 절대적으로 부족하다.

다문화가정과 자녀를 돕기 위한 노력은 여러 부처에서 행해지고 있기 때문에 가용한 정보자원을 알아보고 연결해 주는 것은 다문화 내담자를 위한 진로상담에서 매우 중요한 일이다. 예를 들어, 교육부는 위기 청소년의 학교적응을 돕기 위해 위 프로젝트(Wee project)를 수행할 뿐 아니라 중앙다문화교육센터(http://www.nime.or.kr)를 설치하여 다문화 학생을 지원하기 위한 다양한 교육 자료를 개발하고 무상으로 보급하고 있으며, 보건복지부는 전국에 지역별로 다문화가족지원센터(http://www.liveinkorea.kr)를 설치하여 운영하고 있고, 여성가족부(http://www.mogef.go.kr)는 다문화가정 자녀의 교육을 지원하기 위해 방문교사제도를 실시하고 있으며, 지방자치단체와 협조하여 이주여성긴급지원센터도 운영하고 있다. 다문화 내담자의 진로발달과 취업에 직접적인 도움을 받기 위해서는 고용노동부의 프로그램들도 눈여겨볼 필요가 있다. 고용노동부는 취업성공패키기 사업을 실시하고 있는데, 취업성공패키지를 통해 북한이탈주민과 결혼이민자들은 다양한 직업훈련과 상담 및 취업알선에서 1차적인 도움의 대상이 된다. 이러한 프로그램들 중에는 한시적으로 이루어지는 것들도 있기 때문에, 내담자에게 직접 적용하기 위해서는 해당 시점에 그 프로그램이 진행되고 있는지, 또 새롭게 개발된 프로그램은 없는지를 살펴서 내담자에게 실제 사용될 수 있는 정보를 주어야 한다.

상담자 한 명의 힘으로는 다문화 내담자의 진로발달에 필요한 도움을 충분히 주기 어렵다. 이들 지원 체계에 도움을 요청하여, 다문화 내담자를 위한 통합적이고 체계적인 도움을 받을 수 있다. 그러나 다문화 내담자는 우리 사회의 시스템에 대한 이해부족과 정보소외로 인해 사회 참여기회를 얻기 어렵고, 또한 어느 정도 정보를 알고 있어도 연결해 주는 조력자의 부족으로 실제적 접근과 도움을 얻지 못하고 있는 경우가 많다.

아울러 다문화가정 학생의 지도를 위해 학교 전체가 효율적인 상담체계로 기능하려면 다문화가정 학생에 대한 정보를 공유하고, 일관성 있는 상담지도를 해 나가도록 교사들 간에 활발한 의사소통과 긴밀한 협력체계를 구성하고 운영하는 것이 필요하다. 무엇보다 학교행정을 담당하고 있는 교장, 교감의 협력과 지원이 대단히 중요하다. 또한 전문상담교사를 배치하고 전문상담교사의 역할과 담임(일반)교사 및 교과 담당교사의 역할을 규정하고 업무를 분담하며 효과적으로 협력하는 방안을 마련하는 것이 매우 필요하다. 또한 이중 언어 지도교사, 멘토링, 자원봉사 인력의 활용, 또래상담 제도 운영 등을 통해 학내 협력체계를 구축해 나갈 필요가 있다(성상환, 김광수, 임은미, 2009).

(8) 추수상담 실시

상담이 종결된 뒤에도 상담자를 다시 찾아와서 목표를 재조정하거나 실행방안을 수정하고 보완할 수 있음을 알린다. 이러한 작업은 직업 시장에서 인종적 편견이나 차별을 받을 우려가 있는 소수민족 내담자에게 특히 중요하다. 진로상담자는 내담자에게 상담이 끝난 이후라도 내담자가 어려움을 겪을 때 다시 찾아올 수 있음을 분명히 알려야 한다. 이렇게 하면 내담자는 보다 안전감을 느끼면서 진로계획을 진행해 나갈 것이다.

2. 장애인 진로상담

장애인이란 신체 또는 정신상의 장애로 장기간에 걸쳐 직업생활에 상당한 제약을 받는 자로서 대통령령으로 정하는 기준에 해당하는 자를 말한다(「장애인고용촉진 및 직업재활법」, 2017). 장애인이 자신의 적성, 흥미, 성격, 가치에 맞는 적절한 진로를 선택하고, 그에 적응하며 독립적인 삶 속에서 자아를 실현하기 위해서는 진로발달과 구직의 과정에서 차별을 받지 말아야 한다. 장애인이 그 능력에 맞는 직업생활을 통하여 인간다운 생활을 할 수 있도록 장애인의 고용촉진 및 직업재활을 꾀하는 것을 목적으로 「장애인고용촉진 및 직업재활법」이 제정되기도 하고 장애인의 고용 지원을 위한 각종 혜택들도 부여되고 있다. 그러나 장애인의 진로발달을 더 적극적으로 돕기 위해서는 어린 시절부터 지속적으로 진로인식, 자기이해, 직업의 이해 그리고 의사결정에 이르는 진로교육과 상담을 충분히 받을 수 있어야 하며, 자신의 적성을 발견할 수 있는 기회에 노출되어야 한다. 이런 점에서 장애인 진로상담에서는 성인의 진로개발뿐 아니라 아동이나 청소년을 대상으로 하는 진로교육과 상담에도 역점을 두어야 한다. 1996년에는 장애인 당사자들의 조직인 한국장애인단체총연합회(http://www.kofod.or.kr)가 장애인 당사자의 주권주의를 제창하며 장애인이 인간으로서의 존엄과 가치를 지닌 국민의 일원으로 완전한 참여와 평등을 실현하는 데 제약이 되는 모든 편견과 차별을 철폐하고, 장애인과 비장애인의 사회통합에 기여함을 목적으로 설립되었다. 이 기관은 '장애인과 함께 일하는 행복한 직장 만들기' 사업 등 장애인의 고용증진을 위한 사업들을 적극 추진하고 있다

1) 장애인의 진로문제

장애에는 종류가 매우 많아서 장애인의 진로문제를 요약하기는 쉽지 않다. 노화 자체가 '진행성 장애'의 시작이라는 말이 있는 만큼 고령화되는 우리 사회에서 장애인의 문제는 '남의 일'로 치부할 수 없는 공동의 문제라고 볼 수 있다. 보건복지부 홈페이지(http://www.mohw.go.kr)에 게시된 자료에 따르면 우리나라에 등록된 장애인의 숫자는 2016년 12월 기준 2,511,051명이다. 장애의 유형은 지체, 시각, 청각, 언어, 지적, 뇌병변, 자폐성, 정신, 신장, 심장, 호흡기, 간, 안면, 장루·요루, 뇌전증으로 구성된다. 장애인을 위한 개선된 취업지원 대책들이 등장하고 있지만, 여전히 장애인은 취업 현장에서 해당 분야의 직무수행능력과 무관한 차별을 겪는다.

(1) 고용상의 차별

2017년에 장애인고용공단에서 발표한 장애인 구인·구직 및 취업 동향(한국장애인고용공단, 2017)에 따르면, 전년 대비 장애인 구직자 수 및 취업자 수는 모

든 연령대에서 증가하였다. 구직자 수의 증가는 19세 이하에서 가장 크게 증가하였고, 취업자 수는 60세 이상이 가장 많이 증가하였다. 200만 원 이상 급여를 받는 취업자 수의 증가가 91.9%에 이르는 데 비해, 50만 원 미만은 감소하여, 장애인 고용의 지표는 여러 면에서 다소 호조되는 듯하다. 그러나 취업자 수의 증가는 대학원 이상과 대학 졸업 학력자들에게 많아서, 호조되는 장애인 취업지표는 고등교육을 감당할 만한 정도의 경중 장애 또는 중증 장애를 보상할 만한 능력을 지닌 장애인에게 편중된다는 한계를 보인다.

정부는 매년 장애인 고용장려금을 업체들에게 지원하고 있지만 장애인 근로자들 대부분이 최저임금에 모자라는 급여를 받고, 취업자 수가 감소하는 등 장애인들은 열악한 취업상황에 놓여 있다. 청년층 장애인의 실업률은 전체 인구의 청년층 실업률에 비해 두 배가량 높으며, 장애정도가 심할수록 취업률이 줄어들고 있었고, 장애 인구의 비임금근로자 비중이 상대적으로 높았다. 이들 중 농업, 임업, 어업 및 광업 종사자는 전체 인구의 취업자 비율보다 높은 반면, 교육서비스업종은 3분의 1 수준에 머물렀다. 장애인 근로자의 비정규직 비율은 64.0%로서 비장애인 근로자의 비정규직 비중인 33.1%보다 두 배가량 높았다(임미화, 양수정, 김호진, 김언아, 2010).

「장애인고용촉진 및 직업재활법」 제15조는 장애인 취업알선에 대하여 다루고 있다. 법안에 따르면 고용노동부장관은 고용정보를 바탕으로 장애인의 희망적성, 능력과 직종 등을 고려하여 장애인에게 적합한 직업을 알선하여야 한다. 또한 고용노동부장관은 장애인이 직업생활을 통하여 자립할 수 있도록 장애인의 고용촉진을 위한 시책을 강구하여야 한다. 이에 근거하여 한국장애인개발원(http://www.koddi.or.kr)은 장애인을 위한 일자리 창출과 중증 장애인 직업재활사업 등 장애인의 직업능력개발 훈련을 위한 기회들을 제공하고 있다. 만 18세 이상 등록 장애인에게는 업무수행 가능자에 한하여 복지 일자리와 행정도우미 일자리를 제공하고, 고등학교 3학년 특수교육기관 졸업예정자 및 재학생 중 참여를 원하는 자에게는 특수교육-복지 연계형 일자리를 제공하는 등 고용기회를 확대하기 위한 다양한 사업이 벌어지고 있다. 그러나 장애인 개인에게 이러한 사업들이 활발하게 연계되도록 하는 개인 맞춤형 서비스 전달 작업은 장애인 개개인의 욕구와 가치탐색을 기반으로 개별적으로 이루어져야 효과를 볼 수 있으며 그 작업은 상담자의 몫으로 남아 있다.

(2) 적합 직종의 제한

장애인을 고용하는 직종은 일부 직종에 편중된 경향이 있다. 장애로 인해 업무수행이 불가능한 영역에 대하여는 장애인의 진입을 막는 것이 어쩔 수 없지만 장애인이 접근할 수 있는 직종들은 장애유형을 넘어서서 과도하게 제한을 받는 경향이 있다. 향후 전개되는 직업세계는 단순히 육체적 노동을 강조하던 시기에서 탈피하여 점차 정신노동의 질을 중시하게 된다. 정신노동은 다양한 정보를 입수하는 과정, 입수된 정보에 대하여 판단ㆍ평가ㆍ분석ㆍ예측하는 과정 그리고 이에 따르는 정보의 산출과정 등으로 구분된다. 예컨대, 시각장애인은 정보의 입수와 관련하여 비장애인보다 다소 느릴 수 있지만 정보에 대한 판단, 평가, 분석, 예측에 있어서는 오히려 정보에 대한 고도의 집중을 통해 수준 높은 정신노동에 임할 수 있다(이계존, 1999). 장애인의 능력은 비장애인이나 고용주가 예측하는 것보다 덜 제한적일 수 있기 때문에, 개개인의 특징과 능력을 충분히 고려하여 업무를 배치해야 한다.

(3) 직업 관련 자기탐색 기회의 부족

「장애인고용촉진 및 직업재활법」 제10조는 장애인을 위한 직업지도에 관하여 언급하고 있다. 이 법에 따르면 고용노동부장관과 보건복지부장관은 장애인이 그 능력에 맞는 직업에 취업할 수 있도록 하기 위하여 장애인에 대한 직업상담, 직업적성 검사 및 직업능력 평가 등을 실시하고, 고용정보를 제공하는 등 직업지도를 해야 한다. 또 장애인이 그 능력에 맞는 직업생활을 할 수 있도록 장애인에게 적합한 직종을 개발하기 위해 노력하여야 한다. 고용노동부장관과 보건복지부장관이 제1항에 따른 직업지도를 할 때에 특별히 전문적 지식과 기술이 필요하다고 인정하면 이를 재활실시기관 등 관계 전문기관에 의뢰하고 그 비용을 지급할 수 있다.

한국장애인개발원에서는 장애인 직업지도를 위하여 개별상담, 직업평가, 개별화된 계획 작성 등의 서비스를 제공하여 장애인이 능력과 적성에 맞는 직업을 선택하고 고용을 유지하도록 도움을 주는 프로그램을 직업재활센터, 장애인단체, 직업평가센터를 통해 실시하고 있다. 이러한 시도는 매우 바람직한 일이지만 움직임이 부자유스러운 장애인들이 심리검사나 개인상담을 실제로 받을 수 있기 위해서는 이동수단까지 원활하게 제공해야 한다.

(4) 직업능력개발 및 적응 훈련 기회의 부족

「장애인고용촉진 및 직업재활법」 제11조는 장애인을 위한 직업적응 훈련 기회에 대하여 다루고 있다. 고용노동부장관과 보건복지부장관은 장애인이 그 희망·적성·능력에 맞는 직업생활을 하는 데 필요하다고 인정하면 직업환경에 적응시키기 위한 직업적응 훈련을 실시할 수 있다. 고용노동부장관과 보건복지부장관은 제1항에 따른 직업적응 훈련을 효율적으로 실시하기 위하여 필요하다고 인정하면 그 훈련 기준 등을 따로 정할 수 있다. 고용노동부장관과 보건복지부장관은 직업적응 훈련시설에서 직업적응 훈련을 받는 장애인에게 훈련수당을 지원할 수 있다.

이러한 법에 근거하여 한국장애인개발원은 노동시장에서 필요로 하는 기술이 부족한 장애인에게 다양한 경험을 제공함으로써 직업세계에 대한 이해, 대인관계 기술 등을 개발하기 위해 일상생활 훈련, 사회적응 훈련, 직업환경 적응 및 직무능력 향상 훈련을 실시하고 수업수행 기관에 경비를 제공하고 있다. 그럼에도 불구하고 장애유형에 따라서는 각종 훈련 프로그램이 이루어지는 장소에 혼자 힘으로는 갈 수 없어서 혜택을 받지 못하는 경우가 많다.

2) 장애인 진로상담

장애인들에게도 어린 시절 또는 장애 발생 시부터 가급적 빠른 시간 안에 진로교육을 실시하여 자신과 타인을 이해하고 존중하는 긍정적인 자기개념을 기르도록 해야 한다. 긍정적인 자기개념을 바탕으로 장애인들은 진로발달과 취업을 이뤄 갈 수 있으며, 한편으로는 이러한 성취를 바탕으로 긍정적인 자기개념을 공고히 할 수 있을 것이다. 아울러 장애인 진로상담에서는 앞서 언급한 법적·제도적 혜택들이 장애인 개인에게 실질적인 도움이 되도록 적극적으로 활용하는 방안을 내담자와 함께 모색하는 작업이 필수적이다.

장애인의 진로발달을 돕기 위한 프로그램을 종합적으로 제시하는 개념은 전환교육(transitional education)이다. 전환교육은 중등교육 이후 교육·직업·훈련 통합 교육지원을 포함하며, 계속적인 성인교육 서비스지원을 포함한다. 독립생활이나 지역사회 참여를 포함하여 학교에서 졸업 이후의 활동으로 이동을 촉진하는 결과 중심 과정 내에서 고안된 장애학생을 위한 일련의 통합된 활동이다(조인수, 2005). 그러나 아직은 전환과 평가에 대한 교사의 인식부족, 표준화된 교육과정 미흡, 교과내용의 불충분성, 시설·기자재 사용 미흡 등으로 장애아를 위한 전환교육이 충분히 실시되지 않는 것으로 드러났다(배명자, 2011).

미국 「IDEA(Individual with Disabilities Education improvement Act)」(2004)의 정의에 따르면 전환 서비스에는 세 영역이 있다. 첫째, 결과 중심의 과정으로 장애학생의 졸업 이후 진로를 촉진하기 위해 학업적·기능적 성취(academic and functional achievement)에 중점을 두는 서비스이다. 이 서비스는 고등교육·직업교육·통합고용지원 고용, 평생교육·성인 서비스·독립생활 그리고 지역사회 참여를 포함한다. 둘째, 학생의 강점과 선호도, 흥미 등을 고려한 학생 중심의 서비스이다. 셋째, 수업 관련 서비스·지역사회 경험, 직업개발 그리고 학교졸업 후 성인생활에 필요한 기술들을 포함하며 적합하다고 생각되면 일상생활 기술과 직업평가 등을 포함한다(최동선, 윤형한, 전종호, 노선옥, 2010). 장애인 고용서비스를 활성화하기 위해서는 물리적인 시설과 장비의 확충, 약속된 서비스를 신뢰할 수 있게 수행해 나가는 신뢰성의 확보, 장애인 개개인에 대한 배려와 관심을 나타내는 서비스가 필요하다(박혜전, 2014). 장애인 진로상담의 주요 주제들을 정리하면 다음과 같다.

(1) 장애인의 진로발달을 위한 지도와 상담 실시

장애인 진로발달을 위한 진로상담의 역할은 전환교육 코디네이터의 구체적인 역할을 살펴봄으로써 시사받을 수 있다(최동선 외, 2010).

- 안내와 상담: 상담자는 학생들에게 장애가 고용에 어떠한 영향을 미치는지에 대한 지식과 정보를 제공하고, 장애학생과 함께 학생의 장단점, 직업능력을 파악하고, 고용을 위한 개별화 계획(individualized plan for employment)을 함께 세운다. 학생과 상담자는 계획이 잘 진행되고 있는지 수시로 만나서 지속적으로 상담한다. 또한 학교에서 전환교육을 위해 작성하고 있는 개별화된 전환계획(individualized transition plan)에 조언을 주거나 함께 참여한다.
- 직업탐색과 직업유지: 상담자는 장애학생이 원하는 직업을 탐색하는 데 가능한 모든 자원을 활용하여 도움을 주며, 필요하다면 외부의 다른 기관에 위탁하기도 한다. 장애학생이 직업을 찾게 되면, 추수관리 차원으로 학생과 고용주와 주기적인 만남을 통해 직업이 유지될 수 있도록 필요한 지원을 제공해 준다.
- 직업훈련: 만약 학생이 목표로 하고 있는 직업에서 필요로 하는 기술을 가지고 있지 않다면 직업재활 상담자는 해당 직업훈련을 제공한다. 우선, 가까운 지역사회에서 직업기술을 가르칠 기관을 확인한다. 기술에 따라서 필요 직업기술의 훈련을 학교에서 담당할 수도 있고 실제 직업현장에서 담당할 수도 있다. 상담자는 학생과 함께 어떠한 프로그램들이 가능한지 확인하고 학생과 연결해 주는 역할을 한다.
- 보조공학: 상담자는 직업재활 서비스 대상자가 직업생활을 하기 위해 필요로 하는 보조공학의 필요 여부를 평가하고 필요한 보조공학 기기를 확인하며 사용방법을 훈련시킨다. 또한 개별 장애인의 독특한 요구에 맞게 보조공학 기기들을 조정하는 일을 담당한다.

(2) 장애인 진로상담을 위한 인프라 구축

- 장애인 진로·직업상담 홈페이지 구축 및 운영: 장애유형 및 장애수준에 따른 장애인 진로·직업상담에 대한 정보를 제공하고 장애인 진로·직업상담 포털을 통한 특수교사 및 유관기관 전문가 간 정보공유와 연계 확대를 통해 장애인 진로·직업상담을 내실화하기 위한 것이다. 또한 장애인 진로·직업상담에 대한 최신 정보에 실시간으로 접근하여 공유함으로써 특수교사 및 특수상담지원센터 등의 전문가와 장애학생 학부모, 장애학생의 특수교육 요구에 대한 만족도를 향상하기 위한 것이다. 장애인 진로·직업상담 포털 운영전담팀을 구성하여 시스템을 구축하고, 사업자를 선정하고, 장애인 진로·직업상담 연구회를 조직하여 운영할 수 있다.

- 장애인 진로·직업상담 체험관 운영: 특수교사와 장애학생 및 학부모에게 장애학생의 직업을 실제 체험하여 탐색할 수 있는 기회를 제공하고, 장애유형과 수준에 적합한 직무들을 선정하고 평가한다. 직업상담 실습을 통해 특수교사, 장애학생 학부모의 진로·직업상담에 대한 관심을 높이고 실제를 개선하는 목적을 지닌다. 장애인 진로·직업상담과 직무평가 체험관 설립 및 운영, 다양한 직종의 직업체험관 설립 및 운영, 장애유형 및 수준에 따른 다양한 직업상담 체험관 설립 및 운영 등이 이루어진다.

- 장애인 진로·직업상담 워크숍 운영: 특수교사와 특수교육지원센터의 진로·직업상담 전문성을 향상하고, 진로·직업상담 연수를 통한 현장 진로·직업상담 전문가를 양성한다. 장애유형 및 수준에 적합한 직종과 관련된 직업상담 전문가와 연계하여 직업상담 워크숍을 제공함으로써 실제 지도능력을 배양하고 효과를 극대화한다. 또한 사회변화에 따른 장애인의 유형 및 특성에 적합한 직종개발, 현장 중심 및 실습 위주의 직업상담 실시에 따른 장애학생의 취업 및 유지를 지원한다. 운영방법으로는 특수학교 교육과정의 직업전문가를 통한 진로·직업상담 훈련, 안내, 워크숍 제공, 장애학생이 취업 가능한 직종의 일반직업 전문가를 통한 직업상담 워크숍 제공, 현장 중심의 직업상담 사례 발굴을 통한 현장 전문가의 직업상담 워크숍

제공, 직접 기술의 보급 및 적용 등이 있다.

- 장애인 진로 · 직업상담 정책에 대한 현장 지원: 장애인 진로 · 직업상담 정책이 현장에 쉽게 적용될 수 있도록 지원하고, 국가 차원의 유관기관 간 연계 및 협력을 통해 장애인의 진로 · 직업상담에 체계적이고 종합적으로 접근하는 것을 목적으로 한다. 운영방법으로는 유관기관과의 협력체계 구축 및 운영, 국가 차원에서의 장애인 진로 · 직업상담 정책분석 및 확인, 정책이 현장에 쉽게 적용되고 효과를 거둘 수 있도록 지원방안 마련, 교육부 · 시도교육청 · 장애인고용공단 · 직업능력개발원 등의 보고서들에서 장애인 진로 · 직업상담에 적용 가능한 정책을 분석하고 확인하는 것 등을 할 수 있다(강경숙 외, 2010).

(3) 찾아가는 상담 실시

주로 중등학교에서 장애학생들을 위한 전환교육 프로그램을 기획하고 실행하는 역할을 하는 전환교육 코디네이터가 필요하다. 전환교육 코디네이터들이 배정되지 않은 학교에 장애학생들이 있다면, 순회교사와 같은 형식으로 몇몇 학교를 담당하여 전환 서비스를 제공할 수 있다. 미국에서 전환교육 코디네이터는 단위학교별로 고용되며, 교사, 가족, 부모와 함께 학생을 위한 전환교육 프로그램을 실시하도록 학교의 체계를 구축하는 학교 내 업무, 학교와 정부의 직업재활국을 연결하면서 가능한 전환교육이 이뤄지도록 하는 전환교육 계획업무, 장애학생들의 직업능력을 평가하고 필요한 진로가이드를 만드는 평가업무, 장애학생들의 직업훈련과 현장적응 능력을 길러 주기 위한 고용업무, 학교에서 직장으로의 전환을 원활하게 하기 위한 유관기관 및 사업장과의 연계 업무 등을 수행한다. 이들의 직위는 대부분 특수교사와 동급이다. 이들을 고용하기 위한 재정도 각 주별로 조금씩 다르지만 크게는 「IDEA」 실행을 위한 연방 정부의 지원과 직업재활국에서 지원하는 재정 그리고 다른 장애 관련 사설단체에서 지원하는 보조금 등을 조합하여 임금의 대부분을 충당하고 있으며 이러한 재원들은 해당 교육구에 취합되어 단위학교로 배부되고 있다(최동선 외, 2010).

3. 준·고령자 진로상담

「고용상 연령차별금지 및 고령자고용촉진에 관한 법률 시행령」(2017)에서는 55세 이상을 고령자, 50세부터 55세 이하를 준·고령자라고 정의한다. 현재 우리나라의 경우, 50세 이상 인구는 총인구 대비 35.9%에 가까운 비율에 이르며, 2016년에는 65세 이상 고령인구가 14세 이하의 유소년인구를 추월하였다(통계청, 2017). 준·고령 시기는 대부분의 개인에게 직업인으로서 가장 정점에 이르렀다가, 급격한 후퇴에 직면하는 시기이다. 부모 역할에서는 자녀가 대학생이거나 결혼을 준비하는 등 경제적으로 큰 도움을 필요로 하며, 아직 노부모는 생존해 있을 확률이 높아서 부모와 자녀를 동시에 부양해야 한다. 반면에 자녀세대에서는 부모에 대한 부양 부담을 지기 어려운 경제구조가 형성되고 있어서, 현대의 준·고령자는 부모와 자녀를 부양은 하지만 자녀에게 의지하기는 어려운 일명 '낀 세대'를 형성하고 있다. 게다가 전체 인구 중 고령자 비율이 급속하게 늘고 있어서, 준·고령자에게도 남은 생애 동안 자립적 경제생활과 자아실현의 주제를 달성할 수 있는 기회를 가질 수 있도록 돕기 위한 준·고령자 진로상담이 새롭고 비중 있는 분야로 등장하고 있다.

1) 준·고령자의 진로현안

우리나라 고령자 진로상담에서의 주요 주제는 실직과 은퇴, 재취업과 전직, 정서조절과 가족 내에서의 역할 재조정으로 정리할 수 있다.

(1) 실직과 은퇴

직업과 관련된 스트레스 원인 중 가장 큰 것은 무엇보다 실직과 은퇴이다. 고령기의 실직은 상당히 높은 지위에 있던 사람들이 그에 상응하는 새 직장을 구할 기회가 적을 뿐 아니라 은퇴할 준비도 되어 있지 않기 때문에 보다 더 심각한 영향을 미친다. 특히 우리나라는 연금제도의 적용이 고령자 전원에게 일반화되지 않았으며, 공무원연금을 비롯한 연금 자원의 고갈로 인한 연금축소가 진행되고 있다. 자녀들의 결혼연령이 늦어지고, 학업종료 시점이 연장되고 있어서, 고령 실직자는 실직으로 인한 경제적인 타격도 매우 심각하다. 실직은 불안, 우울, 공허감, 신체적 건강쇠퇴, 알코올 중독, 자살에 이르기까지 생활 전체에 심각한 영향을 미친다(Brenner, 1976; Jinlert, 1997).

실직에 대한 심리적 반응에는 단계가 있다(Powell & Driscoll, 1973). 첫 번째 단계는 이완(relaxation and relief) 단계로 실직당했을 때의 충격, 분노, 좌절에서 벗어나 직장을 다시 구할 수 있다는 자신감을 갖고 가족과 함께 시간을 보내고 집안일을 돌보며 즐거움을 갖는 단계이다. 두 번째 단계는 조화(concerted effort) 단계로 새 직장을 구하기 위해 새로운 시도를 하면서 낙관적이고 긍정적으로 생각하려고 노력하는 단계이다. 세 번째 단계는 동요(vacillation and doubt) 단계로 직장을 구하는 것이 쉽지 않아 자신의 능력을 의심하게 되고 감정의 기복도 심해져 불안 증세까지 보이게 되는 시기이며, 네 번째 단계는 냉소(malaise and cynicism) 단계로 실직상태가 계속됨에 따라 모든 일에 자신감이 없어지고 불안하고 냉소적인 태도로 변하게 되는 단계이다.

(2) 재취업과 전직

실직과 은퇴 이후에 많은 고령자가 재취업을 시도한다. 그러나 직업시장의 상황은 녹록치 않다. 국제 기준으로 볼 때 한국 고령자의 취업의지는 높은 편이다. 그러나 한국 고령자의 경우 일정 기간 동안 한 직장에서 근무하는 고용유지 비율이 고령기에 들어서 급격히 하락하고 비정규직 일자리를 전전하는 경향이 있다. 기업의 경우에도 고령인구 고용 능력은 매우 저조한 편이다. 「고용상 연령차별금지 및 고령자고용촉진에 관한 법률」은 고령자와 준·고령자 모두의 고용촉진을 위해 이들을 채용하는 사업체에 대한 세제지원을 적시하고(제14조), 고용노동부장관이 이들을 위한 우선고용직종을 선정 고시할 것을 의무화하였으며(제15조), 우선고용직종에 우선적으로 고용하도록 노력할 것을 명시하였다

(제17조). 그럼에도 불구하고 준·고령자와 고령자들은 빨라진 정년퇴직이나 명예퇴직 등으로 인한 실직 후에 자영업을 택하는 비율이 매우 높다. 최근 들어, 50대 이상과 60대 이상의 고용율은 높아지는 추세이지만(한국고용정보원, 2016), 고용의 질은 높지 않다. 준·고령자들은 자신의 경력을 살리고, 능력 범위 안에서 필요한 지식과 기술을 지속적으로 익히며, 구직활동과 직장적응에 성공할 수 있도록 준비해야 한다.

(3) 정서위기와 가족 내 역할 재조정

준·고령기에는 더 이상 승진 가능성이 적고, 새롭게 변화하는 직업세계는 끊임없는 직무수행 능력 개발을 요청하는 데 비해, 변화에 요청할 에너지가 감소되었다는 지각과 은퇴에 대한 생각 등으로 직업만족도는 감소한다. 개인이 최고의 연봉을 받을 수 있는 연령은 대략 45세에서 54세이다(Whitebourne, 2003). 임금피크제를 도입한 조직에서는 대개 고령기에 접어드는 54세부터 연봉수준이 낮아져서 점차 20~30대의 수준과 비슷해진다. 임금피크제로 인해 감소된 연봉을 선택하여 고용을 유지하거나 실직을 하게 되면 경제적 충격에 놓이게 되며, 실직을 하지 않고 최고 연봉을 받고 있다 할지라도 앞으로 닥칠 수입 감소에 대한 예기불안으로 인해 정서적인 위기를 겪게 되기 쉽다.

실직, 재취업과 직업전환, 영구적인 은퇴의 과정에서 준·고령자들은 급격한 생애 전환을 맞이하게 되며, 심리적인 스트레스에 직면하게 된다. 길어진 평균 수명으로 인한 생존기간을 버텨 줄 경제적 대책을 충분히 축적하는 것이 어려운 사람들은 은퇴와 관련한 스트레스를 더 심하게 겪는다. 실직과 은퇴 과정에서 준·고령자들이 스트레스를 받게 되면 그로 인해 경제적 곤란, 자기개념의 손상, 자존감 저하현상이 일어난다. 또한 고령자들은 이 시기에 실직하면 새로운 직업을 구할 기회가 없다는 두려움으로 인해 심리적인 부담을 많이 느끼기 때문에, 정서적 지원을 위한 상담도 필요하다.

은퇴에 어떻게 대응하느냐에 따라 이후의 삶은 달라지고 은퇴 후 심리적인 안녕감이 오히려 증진되기도 한다(Kim & Moan, 2002). 은퇴해도 친구관계의 질과 양이 위축되는 것은 아니며, 전반적으로 수동적이 되기보다는 오히려 무급작업이나 조력활동에 적극적으로 참여할 수 있기도 하다(Kim & Moan, 2002).

준·고령 실직자의 경제적·정서적 곤란은 이들의 가족 내 역할에도 영향을 미친다. 그동안 가장으로서의 역할을 충실하고 유능하게 수행해 왔지만 이제 그 역할을 가족 구성원들과 나누고 가족들이 관계를 재조정하면서 적응할 수 있어야 한다. 이러한 가족 내 역할 축소와 변화의 과정에 무난하게 대처하여 가장에게 의존하는 가족구조에서 상호 협력하고 돕는 가족구조로 변화해 가는 역할 조절 과정에 임할 수 있어야 한다.

2) 준·고령자 진로상담의 주요 주제

준·고령자의 재취업과 전직을 돕기 위해서는 몇 가지 특징적으로 고려해야할 사항이 있다. 첫째, 기존의 경력을 고려하여야 한다. 젊은 시절 쌓아 온 경력은 이들에게 커다란 자산이고 노하우이다. 준·고령자는 이직률이 낮고 회사에 대한 충성도가 높아 이들에게 맡긴 일에서는 기업의 기술유지가 가능할 뿐아니라 오랜 경륜에 의한 고객과의 커뮤니케이션 기술도 뛰어난 인적자원이다(최숙희, 강우란, 홍순영, 2008). 둘째, 현재 시점의 직업시장에서 요구하는 기술과 준·고령자가 경력을 통해 쌓아 온 기술에는 차이가 있을 수 있음을 고려하되 경력과 전혀 다른 직업을 선택하기보다는 유사성을 가진 직업을 선택하고 둘사이에 기술적인 격차가 발생할 경우 이에 대한 직업훈련 기회를 제공하는 것이 효과적이다(박상철, 김명소, 2008). 셋째, 단기적인 취업알선이나 생계수단 마련은 평균수명이 길어지는 현대 사회의 준·고령자를 위한 적절한 처방이 아니다. 현재의 고용가능성을 높일 뿐 아니라 고용 이후의 유지가능성도 높일 수 있도록 해야 한다(임은미, 박가열, 황매향, 여태철, 2009). 이와 같은 유의사항을 기반으로 준·고령자 진로상담의 주요 주제를 정리하면 다음과 같다.

(1) 직무수행 능력 증진

직무수행과 연령과의 관계는 일의 종류에 따라 다르다. 즉, 연령이 증가하면서 어떤 종류의 일에서는 기술이 숙련되고, 어떤 종류의 일에서는 연령과 관련한 직무수행 능력이 감소한다. 특히 속도와 관련된 직무에서는 연령이 높아지면서 상당한 직무수행 능력의 감소가 있다(Salthouse, 1996). 예를 들어, 젊은 성인과 비교하여 중년이나 노년은 새로운 컴퓨터 시스템의 사용과 같은 새로운 과제를 학습하거나 다양한 훈련 프로그램에 적응하는 데에 어려움을 경험한다.

중년기 또는 노년기에 높은 생산성 및 높은 직무수행 능력을 유지하는 것이 가능하다는 의견도 있다(Baltes & Baltes, 1990). 50대나 60대에서 선택-최적화-보상전략을 많이 사용할 수 있도록 직무수행 능력이 높아졌다는 연구결과가 이를 뒷받침한다(Abraham & Hanson, 1995). 즉, 가장 자신 있게 능력을 발휘할 수 있는 업무를 선택하여 집중하고(선택), 자신의 직업활동 범위를 축소하는 대신 축소된 활동 범위 내에서는 자신이 가지고 있는 기술을 최대한 유지할 수 있도록 중요한 능력을 단련하며(최적화), 자신이 선택한 분야에서는 최대한의 능률을 올림으로써 여러 활동에 분산되었던 에너지를 거두어들인 것에 대한 보상을 하는 것이다(보상). 고령기 직업에서의 성공을 예측할 수 있는 중요한 요인으로는 지적 능력, 대인관계 기술, 성취 욕구 등을 꼽을 수 있다. 이는 준·고령자가 직업에서 성공하기 위해서는 능력뿐 아니라 성격 특성도 중요하다는 것을 말해 준다(Howard & Bray, 1988).

(2) 전직 및 재취업 지원

직업을 바꾸려는 성인을 위한 직업상담은 첫 직업선택을 위한 상담과 많은 공통 요소가 있다. 그러나 전직과정에는 첫 취업과 다른 독특한 요인들이 있어서 직업변화를 고려하는 성인을 위한 직업상담을 구분할 필요가 있다(Zunker, 2005).

① 이전 경험 파악

전직 및 재취업 상담의 과정에서 이전 경험을 파악하는 이유는 새로운 직업에 활용할 수 있는 능력과 연결되는 과거의 경험을 탐색하기 위해서이다. 성인들은 그동안의 직업생활을 통해 여러 가지 직무수행 능력에 숙달되어 있다. 이전 경험을 파악하기 위해 상담자가 가장 많이 사용하는 기법은 면접이다. 면접의 주요 목적은 구직자가 자신의 직업선택과 관련해서 자신의 직업과 레저경험, 훈련 그리고 교육을 평가하도록 돕는 것이다. 면접은 특정 직업경험, 교육/훈련경험, 레저경험과 선호, 이전 직무에 대한 구체적 선호, 특정한 인식 등에 초점을 두어야 한다. 일반적으로 면접은 상담에서 다음 단계를 결정하는 토대를 제공하는 것이어야 한다. 고령자 상담에서 이전 경험을 파악하기 위해서는 고령자가 이미 제출한 구직표를 면밀히 살펴보거나 구직표에 누락된 정보들을 중심으로 면접을 진행하는 것이 효과적이다. 구직표에는 결혼 상태와 가족 수, 과거직업들과 직책, 교육정도, 이수한 훈련, 군복무 경험, 수상경험, 선호하는 레저, 취미와 기타 관련된 정보 등 재취업이나 직업전환에 참고해야 할 요소들이 포괄적으로 나타나 있다. 또한 이전 직업과 다른 경험들에 대해 자유롭게 응답할 수 있도록 개방형 질문지를 만들어 줄 수도 있다(Bolles, 1993).

② 능력 및 기술의 파악

직장경험, 취미생활, 사회활동, 지역사회봉사, 다른 레저경험을 통해 습득한 능력과 기술을 밝혀내는 것이다. 일반적으로 사람들은 자신이 습득한 능력과 기술을 잘 인식하지 못하고 또한 그것을 새로 갖게 될 직업과 어떻게 관련시킬 수 있는지를 모르고 있기 때문에 이 과정의 중요성이 더욱 커지게 되었다.

홀랜드(Holland, 1997)는 능력에 대한 자기추정을 통해서 습득한 기술을 밝혀내는 기법을 제안했다. 더불어 기술과 적성에 대한 전통적인 심리검사도 사용할 수 있다. 홀랜드(1997)가 제안한 능력에 대한 자기분석은 이전 경험들을 파악하면서 직업 및 레저경험을 분석하여 수행할 수 있다. 예를 들어, 이 과정에서 개인에게 개발되어 있는 기술을 밝혀내어 목록화하는 양식이 만들어질 수 있다. 직업 및 레저분석 양식으로 기술을 밝혀내려면 특정 직업 과제 리스트, 각 직업과제에 대한 기능적 · 적응적 · 기술적 능력 밝혀내기, 각 기능적 · 적응적·기술적 능력을 홀랜드의 여섯 가지 개인 유형 중 하나 이상에 연결시키기 등 3단계를 거쳐야 한다. 홀랜드의 여섯 가지 개인 유형은 실재형, 탐구형, 예술형, 사회형, 설득형, 관습형으로 구분된다. 그리고 자신의 능력과 기술에 대한 자기추정은 기능적·적응적·기술적 기능들 각각에 대해 스스로 잘함, 평균, 못함으로 평정하는 것이다. 이러한 순위 매기기는 홀랜드의 개인 유형과 해당 직업환경 모형이라는 틀 속에서 기술에 대한 자기추정치를 제공한다. 보다 전통적인 기술 평가기법은 표준화된 심리검사를 이용하는 것이다. 현재 사용되고 있는 다양한 적성검사는 모두 규준 자료를 토대로 능력 및 기술을 평가하고 있어 보다 객관적인 정보를 제공해 준다는 장점이 있다.

③ 인성 특성 파악

홍미와 가치 등의 인성 특성을 파악한다. 홍미는 직업상담에서 직무만족을 예언하는 데 주로 사용되었다. 직업을 바꾸려는 성인을 돕기 위해 홍미와 잠재적 직업과 어떤 관계가 있는지를 고려해야 한다. 어떤 사람들은 어떤 일이 자신에게 홍미롭지 않다는 것은 알면서도, 자신이 무엇에 홍미를 가지고 있는지는 모르고 있다. 이런 사람들에게 홍미 파악은 필수적이다.

직업가치는 성인을 위한 직업상담에서 고려해야 할 가치체계의 한 부분이다. 가족에 관한 자신의 목표와 욕구를 충족시키지 못하거나 명료화하지 못하는 사람들은 직업환경 자체 때문이 아니라 가족과의 문제 때문에 직업 관련 일에 불만족을 나타낼 수도 있다. 이런 맥락에서 생활양식과 관련된 가치와 욕구의 전체 체계를 생각해야 한다. 개인이 발달시킨 개인적 가치와 욕구들은 생애에 대한 만족을 결정하는 하나의 통합체계로 간주할 수 있다.

④ 교육과 훈련 정보 제공

교육 및 훈련 정보는 직업을 바꾸려는 성인들에게 최우선적 관심대상이다 (Burton & Wedemeyer, 1991). 따라서 전직상담이나 재취업 상담에서는 교육/훈련 정보의 출처를 알아내고 이를 가장 효과적으로 사용할 수 있도록 지원해야 한다. 직업훈련학교, 전문대학, 4년제 대학 등 여러 교육기관이 교육 프로그램을 제공하고 있어서, 성인들도 자신의 직업기술을 향상시킬 기회를 가질 수 있다. 우리나라의 준 · 고령자 직업상담 전문기관으로는 중장년 일자리희망센터가 있다. 중장년 일자리희망센터는 노사발전재단 전직지원센터와 중견전문 인력고용지원센터를 개편하여 2013년 1월에 설립되었다. 40대 이상의 재직자를 대상으로 생애설계 서비스를 지원하며, 퇴직 예정자에게는 전직지원 서비스를 제공한다. 퇴직자에게는 심층상담, 취업동아리 활동 지원, 재취업알선, 취업 및 창업교육, 중소기업 현장 방문, 개인별 맞춤형 취업활동계획 수립, 각종 정부 중장년 일자리지원사업 연계 서비스를 제공한다. 서울의 6개소를 비롯하여 지역별로 여러 기관에서 중장년 일자리희망센터를 운영한다.

ooo **표 14-1** 중장년 일자리희망센터 지역별 현황

지역	기관명
서울(6)	노사발전재단 서울센터, 노사발전재단 서울서부센터, 한국무역협회, 전국경제인연합회, 대한은퇴자협회, 대한상공회의소
경기(6)	노사발전재단 인천센터, 노사발전재단 경기센터, 평택상공회의소, 고양상공회의소, 안산상공회의소, 파주상공회의소
강원(1)	노사발전재단 강원센터
충청(4)	노사발전재단 충청센터, 대전충남경영자총협회, 충남북부상공회의소, 충북경영자총협회
영남(8)	노사발전재단 부산센터, 부산경영자총협회, 노사발전재단 울산센터, 경남경영자총협회, 울산양산경영자총협회, 노사발전재단 대구센터, 경북경영자총협회, 경북(동부)경영자총협회
호남(5)	노사발전재단 광주센터, 노사발전재단 전주센터, 광주경영자총협회, 목포상공회의소, 전남경영자총협회
제주(1)	노사발전재단 제주센터

출처: 김은석, 박가열, 정명진, 조아름(2016: 43).

⑤ 직업계획 수립

직업계획은 개인과 정보의 상호작용을 고려하여 수립해야 한다. 직업계획에

서는 교육/훈련 요건을 고려하지 않을 수 없기 때문에, 이 두 가지 요소는 동시에 고려할 필요가 있다. 직업계획을 위한 직업정보 제공은 특정 직무에 대한 정보 이상의 것이다. 직업계획에 사용할 직업정보를 제공할 때는 개인들로 하여금 그들의 생활양식에 영향을 줄 수 있는 다양한 변인을 평가할 수 있게 해야 한다. 예를 들어, 개인적 목표, 가족의 의견, 재정 그리고 기술의 사용, 가치의 충족 등 여러 변인을 종합적으로 고려해야 한다.

⑥ 평생학습계획 개발

평생학습은 기술적인 변화에 부합하고, 폭발적으로 생성되는 정보들을 습득하며, 기술을 향상시키고, 시대에 뒤떨어질 우려를 줄이기 위해 필수적이다. 또한 개인의 욕구가 변화함에 따라 목표가 재설정되고, 재설정된 목표를 달성하기 위한 효과적인 계획에 대한 수요가 발생한다. 따라서 여기에서는 직업의 변화, 작업과 레저 및 생활양식과 관련된 개인욕구의 변화 두 가지 모두에 부합하기 위한 의사결정 기법을 향상시킨다. 이러한 기법들은 단지 현재의 계획을 위한 기술뿐 아니라 미래의 연속적인 평생학습계획을 위한 기술도 제공한다(임은미 외, 2009).

(3) 동기 부여

고령자에게 전직과 재취업 요구가 보편화되고 있지만, 누구나 성공할 수 있는 것은 아니다. 고령자가 전직에 성공하기 위해서는 일정 수준 이상의 능력뿐 아니라 전직 준비도가 갖추어져 있어야 한다. 전직 준비도는 전직에 필요한 심리적 요소를 일컫는다. 필요한 경우 이미 개발된 고령자용 전직 준비도검사(황매향, 여태철, 2009)를 활용할 수도 있다. 이와 아울러 상담자는 전직과 재취업을 필요로 하는 고령자가 준비과정에서 동기를 유지할 수 있도록 도와야 하며, 이를 위해 앞서 언급한 상담활동과 함께 다음의 태도를 일관되게 유지해야 한다.

첫째, 비판단적이고 수용적인 태도이며 이를 위해 적극적 경청이 필요하다. 고령자들에게는 살아온 날들이 살아갈 날보다 많다. 지난 시간들의 문제점을 찾아서 교정하려는 시도보다는 자신의 한계를 수용하는 가운데 가능한 범위의 변화를 시도하도록 도와야 한다. 지나간 과거는 그 자체로 어쩔 수 없었다는 것을 받아들이고 수용하며 경청해 주는 태도가 요구된다. 이러한 태도를 통해서 고령자와 신뢰성 있는 관계를 형성할 수 있다.

둘째, 고령자 자신의 자기결정 능력을 최대한으로 활용하도록 격려해 주어야 한다. 고령자와의 상담이나 고령자문제에 대한 개입은 고령자 자신의 입장에서 삶의 질을 최대한 향상시키기 위한 것이기 때문에 자기결정의 원리는 최대한 지켜져야 할 것이다(최선화, 2001).

셋째, 고령자와의 상담에서는 격려와 지지가 심리적 안정에 큰 힘이 된다. 격려와 지지를 통해서 고령자의 자유의사를 존중하고 고령자가 지니고 있는 능력과 특성 및 장점을 최대한 활용할 수 있도록 돕는다.

이 외에도 고령자들은 논의되는 주제에 맞춰 이야기를 전개해 나가기보다는 현재와 과거를 수시로 넘나들며 장황하게 말을 하는 경우가 많기 때문에 인내가 요구된다(최선화, 2001). 문제의 핵심을 파악해 내기 위해서는 명료화 기법을 사용하는 작업이 요구된다. 고령자들은 지적 능력이 약화되어 망각하기 쉬우며 기억력에 장애가 있는 경우가 흔하기 때문에 확인을 해야 할 사항이나 중요한 결정에 대해서는 요점 반복과 반복적 인지 및 확인 작업이 필요하다.

4. 여성 진로상담

「남녀고용평등과 일·가정 양립 지원에 관한 법률」이 제정된 지 30년이 되었고, 여성고용에 지속적인 개선이 이뤄지고 있음에도 불구하고 여성고용률, 비정규직 여성 비율, 저임금 여성 비율, 성별 임금 격차, 유리천장 등 우리나라 노동시장에서 성차별이 사라지지 않고 있다(박선영, 김태환, 권혜자, 김정혜, 김명아, 2017). 우리나라의 성평등지수는 개선되고 있지만, 아직 갈 길은 멀다. 1인당 추정소득과 기대 교육연수 등의 차이를 고려한 성개발지수에서 188개국 중 104위

(2015년)였다. 경제참여와 기회, 교육적 성취, 건강과 생존, 정치적 권한부여 등을 측정하는 성격차지수는 144개국 중 116위(2016년)였고, 그중 경제참여와 기회 부분이 123위로 가장 낮았다. 완전 성평등 수준을 100으로 가정했을 때, 성평등지수 중 교육과 직업훈련 분야에서는 93.4점이었으나 경제활동 분야에서는 71.5에 머물러서, 교육을 평등하게 받고도 경제활동에서는 불평등이 심한 경향을 보였다(여성가족부, 2017). 2015년에 공포된 「양성평등기본법」은 모든 영역에서 여성과 남성의 동등한 권리와 책임, 참여 기회를 보장하여 실질적인 성평등 사회 실현을 추구하기 위한 것이다. 여성의 사회 참여와 더불어 국가와 지방자치단체가 일과 가정의 양립이 가능하도록 보육지원, 출산·육아휴직 보장과 대체인력 활용, 가족친화 사회환경 조성을 추진하도록 함으로써 국민들이 균형 잡힌 삶을 영위할 수 있는 방안을 제시하고 있다(여성가족부, 2017).

1) 여성 진로발달의 특징

진로심리학자들은 오늘날의 여성들이 여성 운동 이래로 전통적인 여성 직업 역할에서 벗어나기 시작하였지만 본질적으로는 모든 수준의 노동력, 즉 관리자 및 전문가에서 육체노동자에 이르기까지 직업세계에서 여성의 역할에 대한 사회의 구속은 아직도 계속되고 있다는 인식을 공유하고 있다(하정, 2007; Astin, 1984; Gottfreson, 2003).

(1) 성역할 고정관념

성역할은 개인이 속해 있는 문화 내에서 남성과 여성을 특징짓는 규정된 태도와 행동양식, 인성 특성으로서 남녀를 구분하는 특정화된 개념이다(곽삼근, 조혜선, 윤혜경, 2005). 유아의 성에 대한 정체성은 대개 2~3세에 시작되는데 이는 자기의 성에 대한 명칭 붙이기에서 비롯된다. 직업, 가정에서의 역할, 놀이감 등과 관련한 성 유형화에 관심을 가지게 된다. 아동기에는 자기 성이 변하지 않는다는 것을 확실히 알게 되므로 자신의 성에 적절한 역할이 어떤 것인지 알려고 더욱 애쓰게 된다. 그러나 성에 대한 유형화에는 개인차가 있어서 남자가 보통 더 엄격하고 인습적인 고정관념을 갖는 대신 어머니가 집 밖에서 직장을 갖는 경우 남자와 여자 어린이 모두 성 고정관념이 적고 특히 부모가 같은 종류의 일을 하고 있는 자녀의 경우 남자와 여자의 역할이 동등하다는 의식을 갖게 되기 쉽다. 청년기의 남성과 여성들은 자신들의 성역할에 대해 스스로 새로운 정의를 내리고 그에 대한 관념을 구체적으로 형성한다(허혜경, 김혜수, 2002). 학교교육은 남녀 학생들에게 불평등한 교육을 실시하여 더 공고해지는 경향이 있다고 지적받아 왔다.

우리나라는 전통적인 가부장적 편견 때문에 여성의 경제활동에 차별적 대우가 존재하고 성에 대한 편견이 고착되면서 출산과 육아 등으로 여성의 경력이 단절되어 왔다. 이에 따라 여성의 인적자본 확충 기회는 축소되고, 여성 노동유형이 고착화되면서, 성별 임금 격차가 지속되는 경향이 나타나고 있다(안병철, 박추환, 박정희, 강기천, 2010).

(2) 자기효능감

자기효능감은 목표를 이루기 위해 필요한 행동을 계획하고 수행할 수 있는 능력에 대한 신념이다. 진로 자기효능감은 진로발달 과정에서 부딪치게 되는 장애와 대비되어 설명되기도 한다. 진로장벽(career barrier)은 "개인의 진로과정을 어렵게 만드는 사람 혹은 개인의 환경 안에 존재하고 있는 사건이나 조건"이다(Swanson & Woitke, 1997). 낮은 자기효능감은 높은 진로장벽으로 인한 것이기도 하지만 자기효능감이 낮은 것도 진로장벽 중 하나가 되면서 자기효능감과 진로장벽은 상호작용적인 영향을 미친다.

성별과 진로의사결정 효능감의 관계에 대한 연구결과는 다양하다. 진로에서의 자기효능감은 여성이 남성보다 낮다는 결과도 있지만(이기학, 이학주, 2000; 이현주, 2000), 차이가 없다는 결과도 있으며(한수민, 2013), 진로결정 자기효능감 중 진로탐색 요인에서만 여성이 남성보다 낮다는 결과도 있다(조성연, 홍지영, 2010). 여성이 낮은 진로자기효능감을 보이는 경우는 남성 중심 직업에 대하여 더 심한 것으로 나타났다. 남미숙(1998)의 연구에서는 남성의 직업이라고 여겨지는 직업에 대하여는 남학생이, 여성의 직업이라고 여겨지는 직업에 대하여는 여학생이 더 높은 진로자기효능감을 보였다. 신동미(1999)는 여학생의 컴퓨터 자기효능감이 남학생의 컴퓨터 자기효능감보다 유의하게 낮음을 보고하였다. 딕스와 사비카스(Dix & Savickas, 1995)도 고교생을 대상으로 직업에 대한 태도와 진로자기효능감과의 관계를 연구한 결과, 여성들이 남성보다 남성 중심 직업에 대해 낮은 진로 자기효능감을 가지고 있는 것으로 보고하고 있다. 마츠이, 마츠이와 오이니시(Matsui, Matsui, & Ohinishi, 1990)는 일본 대학생들을 대상으로 진로 자기효능감 검사를 실시한 결과, 남성 지배적인 직업에 대해서 여성들은 낮은 진로 자기효능감을 보인다는 결과를 지지하고 있다고 보고하였다.

(3) 경력 단절

여성은 결혼과 육아로 인해 경력 단절의 위협에 놓인다. 최근 우리나라에서 여성들의 진로의식이 높아짐에 따라 이러한 경력 단절의 위협에 저항하려고 노력하는 여성들이 많이 있다. 그러나 경력을 쌓는 과정에서 요구되는 업무강도가 점점 높아지고, 성취를 위한 경쟁풍조가 육아에까지 번져 자신의 자녀를 비교우위에 놓아야 하는 현실이다. 그러다 보니 육아에 드는 비용과 시간 그리고 에너지 소모가 매우 크기 때문에 둘 중 하나를 포기할 수밖에 없는 여성들이 여전히 많이 있다. 그리고 일단 경력 단절이 일어나면, 이전의 진로 경로나 지위보다 낮아진 불리한 위치에서 취업을 재개하는 여성이 대부분이다. 이에 대하여 여성들이 스스로 경력 단절 여성을 위한 네트워크를 구축하는 등 점차 적극적으로 대응하고 있고, 국가적으로도 유능한 여성인구를 생산인력으로 활용하기 위해 여성 평등 고용기회 관련 법이나 정책을 시행하고 있다.

그러나 아직도 경력 단절 여성이 자신의 능력이나 경향에 맞는 진로를 탐색하고 진입하기에는 제약이 많이 있다. 단절 기간 동안 뒤처진 업무능력, 변화된 조직풍토에 대한 대응력 저하, 게다가 아직 끝나지 않은 육아와 결혼생활로 인한 부담 등은 여전히 여성들에게 비자발적 퇴직을 요구하고 있으며 이는 고학력

관리직 여성에게도 마찬가지였고, 재취업을 시도하거나 직장에 적응하기 어렵게 만드는 장애요인이 되고 있으며 삶의 만족도 또한 낮았다(김미영, 2005; 이승현, 박영일, 2017; 최정원, 2005).

(4) 승진 차별과 직장 내 성희롱 · 성폭력

남성 위주의 직장에는 여성의 승진을 합법적 절차를 따라 막으려는 교묘한 태도와 업무의 흐름이 있다. 예를 들어, 기업의 최상위 수준의 직무에서 여성을 배제하는 하나의 방법은 고급 간부들의 경우 오랜 기간의 직무경험이 있어야 한다고 주장하면서, 여성이 직장을 유지하여 요구기간을 채우기에는 매우 어려운 긴 시간으로 산정하는 것이다. 또 여성에게는 상급 지위로 갈 수 있는 경로를 위한 훈련을 시키지 않고 낮은 수준의 직위에 맞는 훈련을 시키는 것이다(Zunker, 2005). 이뿐 아니라 중요한 업무 회의를 가정생활을 병행하는 여성이 참여하기 어려운 퇴근 후나 휴일로 잡고, 회의 내용을 공개하지 않은 채 참석자들만이 알고 있음으로써 점차 중요 정보로부터 여성을 소외시키는 암묵적이고도 뿌리 깊은 관행들이 겉으로 보기에는 양성평등을 이룬 듯이 보이는 조직 내에서도 성행하고 있다.

조직에서 약자로서의 여성이 직면하는 또 하나의 곤란한 문제는 성희롱 · 성폭력의 경험이다. 직장 내 성희롱의 근절을 위한 교육 프로그램이 의무화되고 있으며, 여성들의 지위가 상승되고 자기표현력이 증진되는 것처럼 보이지만 아직도 직장 내에서 성희롱 피해는 여전히 발생하고(오한나, 원영순, 2017), 성희롱 상담건수는 오히려 증가하고 있다(김평식, 신현주, 2017). 직장 내 성희롱 · 성폭력의 희생자가 되는 경험은 여성들의 직장적응에 매우 좋지 않은 영향을 미친다. 종종 성희롱 피해가 외적으로 드러나서 명시적으로 다뤄지기도 하지만, 실제적으로 피해를 당하는 여성은 드러나는 것보다 훨씬 높은 수치이다. 이러한 경향은 외국의 경우에도 마찬가지인 것으로 나타났다(Zunker, 2005).

이에 대응하기 위하여 여성 진로상담에서는 여성을 대상으로 하는 성희롱 · 성폭력 예방과 사후 대응 방법, 성희롱 · 성폭력으로 인한 신체적 · 심리적 피해로부터 회복하는 방법 등을 비중 있게 다뤄야 한다. 불행한 일에 연루되더라도 직장생활과 진로발달을 스스로 포기하거나 타의에 의해 좌절되지 않도록 돕기 위해 여성을 대상으로 하는 진로의식 제고 및 생애설계 프로그램들도 활발히 수행해야 한다.

2) 여성 진로상담의 방안

여성 실업 요인을 설명하는 이론에는 노동시장 이중구조론과 인적자본론이 있다. 노동시장 이중구조론은 사회제도 조직 등 구조적인 측면의 문제를 지적하고, 인적자본론은 여성의 인식과 능력 등 여성 자신에게 문제가 있다고 지적한다(곽삼근, 조혜선, 윤혜경, 2005). 여성을 위한 진로상담을 할 때는 사회환경적 요인들과 개인적 요인들을 충분히 고려해야 한다. 이를 위해 상담자는 「남녀고용평등과 일 · 가정 양립 지원에 관한 법률」「양성평등기본법」「성폭력방지 및 피해자보호 등에 관한 법률」 등 여성 고용 촉진과 경제활동 활성화를 위한 법과 제도들을 인지하고 있어야 한다.

한편, 내담자 자신의 변화를 촉진하기 위해 여성 진로에 대한 사회적 차별을 감소시키는 데는 여성 당사자가 어느 정도의 통제권을 가지고 있음도 받아들여야 한다. 「남녀고용평등과 일 · 가정 양립 지원에 관한 법률」을 바탕으로 최근에는 재직 여성들의 경력유지 · 개발 지원, 경력 단절 여성의 경제활동 강화를 위한 육아지원, 여성 취업지원 서비스 강화, 여대생 커리어 개발을 위한 대학 내 프로그램 개설 지원, 여성 취업준비 지원 서비스 강화, 여성 전문인 육성, 성평등한 고용환경 조성을 위한 지원 정책들이 꾸준히 실시되고 있다(여성가족부, 2017).

(1) 직무태도 개선

여성 진로발달상의 취약점의 저변에는 사회적인 불평등 구조가 많이 있다. 그러나 상담자들이 한편으로는 사회적 인식개선을 위한 참여의 기회를 활용하면서도, 여성 내담자와 상담을 할 때는 개인적 차원의 해결책을 모색하는 데 많은 시간을 보내야 하는 것이 현실이다. 이런 점에서 웬틀링(Wentling, 1992)이 직장에서 성공하려는 여성들이 취해야 할 고난에 가까운 직무태도와 관련하여 제시한 조언들을 내담자와 함께 적절한 시점에 고려해 보는 것도 필요하다. 웬틀링(1992)은 여성이 고위직에 오르려면, MBA나 그 이상의 학력을 취득하고, 사무실에서 한 주 54시간 동안 일을 하며 일을 가정으로 가져갈 것이고, 가장 유능한 후견인을 찾아내서 교류하고, 사람을 관리하는 능력을 기를 것이며, 남성에 비해 더 철저하게 평가되고 선별된다는 점에 대비하고, 혁신적이 되도록 노력하며 프로젝트를 주도하라고 권고하고 있다. 그러나 이러한 충고를 개별 여성 내담자와 함께 검토할 때는 내담자의 삶을 종합적으로 고려해야 한다.

(2) 장기적인 진로설계 격려

우리나라 여성 근로자들 중에는 고연령, 저학력 미숙련의 중장년 실직여성, 빈곤 여성 자영업주가 늘고 있으며, 고학력 기혼여성의 경우 경력 단절을 거치며 실업에 접어들고 있다. 이들은 노동시장의 성차별적 특징과 더불어 자신의 안이한 사고, 가사와 직장의 이중노동부담, 보육지원 체제의 미비로 출산 이후 노동시장에의 재진입 가능성이 현저하게 줄어들면서 실업상태에 놓이게 된다 (주은희, 2005).

따라서 여성들에 대하여는 생애 전체에 대한 진로설계 지원이 더 강화되어야 한다. 이를 위해 수퍼(Super)가 전생애에 걸친 다중적인 역할을 형상화한 생애 진로무지개를 활용하는 것도 하나의 방법이다. 예컨대, 초등학교 때부터 자신이 현재와 미래에 감당해야 할 생애역할들을 생각해 보게 하고, 각 연령대별로 각각의 역할들을 어떻게 수행할지를 예측해 보게 한다. 이때 탐색기 후반과 안정기 전반에 결혼과 육아로 인한 경력 단절의 위기가 올 수 있음을 미리 생각해 보도록 한다.

(3) 직장 여성의 위치에 대한 현실적 이해

여성들을 대상으로 하는 진로상담 과정에서 직업탐색 기술을 증진시키고자 할 때는 일반적인 진로상담에서보다 특히 유의하여 탐색할 점들이 있다(Zunker, 2005). 여성 내담자들은 관심 직업이 가지고 있는 성불평등적인 요소들을 미리 파악하여 이에 효과적으로 대응할 수 있는 태세를 갖추는 것이 중요하다. 예를 들어, 잠재적인 차별적 고용관행, 남자 동료나 상사와의 관계에서 여성 근로자들이 겪는 고충, 유리천장의 이슈, 가정과 직장을 양립하는 이중 커리어가 생활 전반에 미치는 역동, 작업환경 · 가족 · 개인의 욕구가 상충됨으로써 생길 수 있는 갈등들에 대하여 명료화해야 한다. 상담에서는 이러한 불편한 이슈들을 명시적으로 드러내어 문제화하고 그것들을 다루는 현실적인 대응방법들을 모색하면서 여성 내담자의 현실적 진로의식을 더 높여 줄 수 있을 것이다.

(4) 자기표현 능력 증진

직장에서 부딪히는 성불평등적 요소에 대하여 효과적으로 자기표현을 할 수 있는 능력은 매우 중요하다. 직장 내에서의 대인관계에 파괴적인 영향을 끼치지 않는 방법으로 자기주장을 해야 하며, 이러한 자기주장이 여성 자신의 진로의식과 조직마인드 부족, 자기중심적인 직장생활을 하려는 동기에 의한 것이 아님을 효과적으로 드러낼 수 있어야 한다.

특히 우리 문화에서는 직장에서 깊은 정서적인 이야기나 갈등을 표출한 후 이를 해결하는 데 여러 가지 난관이 따른다. 너무 무겁지 않은 분위기에서 부정적인 정서가 심화되기 전에 문제해결적인 용어를 사용하여 자신의 의견을 표현하는 능력을 기르는 것이 중요하다. 만일 성희롱이나 성폭력 등에 연루되었을 때는 개인적으로 대응하기보다 전문상담자와 의논하면서 뜻을 함께하는 동료나 단체와 함께 공동 대응하도록 안내하는 것이 바람직하다.

(5) 스트레스 관리능력 증진

프리드만과 로젠만(Friedman & Rosenman, 1974)은 남성들이 직장 상황에서 과도하게 성취적인 나머지, 이완하는 동안에는 죄책감까지 느끼는 성격 유형을 A 타입이라고 칭한 바 있다. 브레이커(Braiker, 1986)는 과도한 스트레스 상황에서 일하는 여성의 경우에는 A타입 남성과 구별하여 E타입 성격 유형으로 보는 것이 적절하다고 제안하였다. 성취 지향적인 여성은 진로뿐 아니라 개인적 생활에서도 스트레스 상황을 경험하기 때문이다. E타입의 여성은 일도 완벽하게 하고, 남을 즐겁게 하기 위해서도 과도하게 신경 쓰며, 모든 사람으로부터 자기의 존재를 입증받으려 하고, 사람들로 하여금 그들을 필요로 하게끔 만들고자 하기 때문에 쉴 수 없다. E타입 여성은 '슈퍼우먼 증후군'을 앓고 있는 것으로 보인다. 이들은 직장에서도 가정에서도 자신이 정해 놓은 완벽한 성취수준을 맞출 수 없기 때문에, 낮은 자존감과 낮은 만족감에 허덕이기도 한다.

이들이 극도의 스트레스 상황에 몰려 상담자를 찾았을 때 상담자는 인지적 재구조화를 시도할 수 있다. 비현실적인 기대가 자신에게 어떤 영향을 미치는지 보여 주고, 불안을 유발하는 상황을 확인하여 행동을 수정하도록 도울 수 있다. 이완훈련, 자존감을 높이고 분노를 줄이기 위한 건설적인 혼잣말, 역할 재규정 등의 작업 등이 이에 해당된다(Braiker, 1986; Doyle, 1998; Schafer, 2000; Zunker, 2005).

참고문헌

강경숙, 정광조, 육주혜, 박근호, 김호연, 김태준(2010). 장애인 진로・직업교육 지원 센터 운영에 대한 특수교육관계자의 인식 및 운영방안 탐색 연구. 장애와 고용, 20(4), 379-400.

강혜영(2011). 이공계 대학생의 흥미-전공일치도, 자기효능감과 전공적응도의 간의 관계. 상담학연구, 12(1), 115-127.

강혜영, 김계현(2004). 상담기법으로서 숙제부여 방법 활용 실태. 상담학연구, 5(3), 519-532.

강혜영, 김계현(2006). 상담숙제 부여방법에 따른 숙제순응도의 차이. 상담학연구, 7(3), 731-743.

강혜영, 선혜연(2009). 진로상담기법. 한국기술교육대학교 테크노인력개발전문대학원 교재.

강혜영, 송영희, 정해영(2009). 민간고용지원서비스기관의 직업상담자 교육 수요 조사. 한국기술교육대학교 연구보고서.

강혜영, 최명운, 박진영, 김복현(2010). 고교생의 대학학과(전공) 선택을 위한 상담전략. 한국기술교육대학교 능력개발교육원 2010학년도 HRD연수교재.

경기도교육정보연구원(1992). 진로교육 프로그램.

경기도교육청(2017). 초중등 진로전담교사 배치 및 운영 지침.

고용노동부(2010). 사이버 진로・직업 상담노트: 사례와 가이드. 서울: 한국고용정보원.

고용노동부(2017a). 2017 한권으로 통하는 대한민국 청년지원 프로그램 가이드북. 세종: 고용노동부.

고용노동부(2017b). 2017년판 고용노동백서. 서울: 진한엠앤비.

고향자(1993). 한국 대학생의 의사결정유형과 진로결정수준의 분석 및 진로결정상담의 효과. 숙명여자대학교 대학원 박사학위논문.

고홍월(2007). 한국 대학생의 진로결정 성숙수준 분석. 서울대학교 대학원 박사학위논문.

곽삼근, 조혜선, 윤혜경(2005). 생애주기별 성역할 발달 및 갈등. 한국여성학, 2(2), 147-179.

교육과학기술부(2012). 학교생활기록부 기재 길라잡이.

교육부(2014). 2014년 탈북학생 교육지원 계획 발표.

교육부(2015). 2015년 다문화 학생 교육지원 계획 발표.

교육부(2017). 2017학년도 학교생활기록부 기재요령: 중·고등학교.

교육부, 한국교육개발원(2017). 2017 간추린 교육통계.

교육부, 한국직업능력개발원(2015). 진로선택기 중학교 3학년 학생의 학교진로상담(지도) 유형 진단을 위한 진로길잡이.

교육부, 한국직업능력개발원(2017). 2016년도 진로교육현황조사.

권성욱, 탁진국(2002). 경력장애척도 개발 및 타당도 분석. 한국심리학회지: 산업 및 조직, 15(1), 1-18.

금명자, 주영아, 이자영, 김태성, 김상수, 신현수(2008). 학교밖청소년의 진로적응 척도 개발. 한국심리학회지: 상담 및 심리치료, 20(3), 635-655.

금재호(1997). 직업 정보의 수집과 제공을 위한 연계 체제 구축 방안. 진로교육연구, 8, 93-113.

김계현(1995). 상담심리학. 서울: 학지사.

김계현, 황매향, 선혜연, 김영빈(2004). 상담과 심리검사. 서울: 학지사.

김동일(2012). Big 5 성격검사 전문가지침서. 서울: 학지사.

김동일, 강혜영(2002). 대학생 진로집단상담프로그램 내용분석: 진로탐색 및 취업면접 훈련 프로그램을 중심으로. 상담학연구, 3(1), 139-156.

김명소, 김원형, 민병모, 박동건, 박영석, 유태용, 탁진국(2000). 직업심리 및 상담. 서울: 학지사.

김미영(2005). 여성실직자들이 지각하는 진로장벽과 진로결정 자기효능감 및 직업포부 수준과의 관계. 한국기술교육대학교 대학원 석사학위논문.

김미희(2002). 대학생의 진로계획과 진로신념에 관한 연구. 동아대학교 대학원 석사학위논문.

김병숙(2007). 직업정보론. 서울: 시그마프레스.

김병숙, 김봉환(1994). 고용촉진을 위한 직업정보의 활용방안. 충남: 한국기술교육대학교 산업기술인력연구소.

김병숙, 안윤정, 송혜령(2010). 결혼이주여성의 직업적응 프로그램 개발 및 효과. 한국심리학회지: 여성, 15(2), 235-258.

김봉환(1997). 대학생의 진로결정 수준 및 진로준비행동의 발달 및 이차원적 유형화. 서울대학교 대학원 박사학위논문.

김봉환(2004). 교육훈련교사를 위한 진로지도 및 상담. 한국기술교육대학교 능력개발교육원 이러닝 콘텐츠.

김봉환(2007). 진로상담의 실제. 서울: 학지사.

김봉환(2011). 직업카드: 중·고·대학생용. 서울: 학지사심리검사연구소.

김봉환, 김계현(1997). 대학생의 진로결정수준과 진로준비행동의 발달 및 이차원적 유형화. 한국심리학회지: 상담과 심리치료, 9, 311-333.

김봉환, 김은희, 김효원, 문승태, 방혜진, 이지연, 조붕환, 허은영(2017). 진로교육개론. 경기: 사회평론.

김봉환, 이제경, 유현실, 황매향, 공윤정, 손진희, 강혜영, 김지현, 유정이, 임은미, 손은령(2010). 진로상담이론: 한국 내담자에 대한 적용. 서울: 학지사.

김봉환, 정철영, 김병석(2006). 학교진로상담. 서울: 학지사.

김봉환, 조유미(2003). 효과적인 진로지도를 위한 직업카드 활용프로그램(초등학생용). 서울: 학지사.

김봉환, 최명운(2003). 효과적인 진로지도를 위한 직업카드 활용프로그램(중·고·대학생용). 서울: 학지사.

김선우(2009). 성역할정체감과 진로결정자기효능감 및 역기능적 진로사고의 관계. 상담평가연구, 2(1), 69-85.

김승택(2008). 민간고용서비스(서치펌, 무료소개업, 국외소개사업)의 현황과 정책과제. 노동리뷰, 41, 19-32.

김승택, 노상헌, 신현구(2006). 민간고용서비스 활성화 방안연구. 정책연구 2006-02. 한국노동연구원.

김연중(2011). 이차원적 진로유형에 따른 대학생의 학습행동. 충남대학교 대학원 박사학위논문.

김영빈, 김동규, 김소현, 박가열, 오민홍, 장현진, 정윤경(2017). 직업세계와 직업정보 탐색지도. 경기: 사회평론.

김영희, 김종형, 라휘문(2010). 환경변화에 따른 구성원 직무스트레스와 조직몰입간 관계에 대한 LMX 조절효과분석: 통합조직과 비통합조직의 비교를 중심으로. 한국인

사행정학회보, 8(1), 137-162.

김은석, 박가열, 정명진, 조아름(2016). 중장년층 구직자 역량 진단과 고용서비스 연계 방안: 기본연구 2016-28. 충북: 한국고용정보원.

김인기, 이향정(2011). 실전 성공취업전략. 경기: 양서원.

김재은, 유기섭(1979). 심리검사의 활용. 서울: 중앙적성출판사.

김정택, 김명준, 심혜숙(2001). 스트롱 직업흥미검사. 서울: 한국심리검사연구소.

김정택, 김명준, 심혜숙(2002a). STRONG 직업흥미검사 매뉴얼. 서울: 한국심리검사연구소.

김정택, 김명준, 심혜숙(2002b). STRONG 직업흥미검사 활용가이드. 서울: 한국심리검사연구소.

김정택, 심혜숙(1989). 성격유형검사. 서울: 한국심리검사연구소.

김정택, 심혜숙(1995). MMTIC과 어린이 및 청소년의 이해. 서울: 한국심리검사연구소.

김지경(2002). 기혼여성의 출산 후 경력 단절 및 노동시장복귀에 관한 분석. 중앙대학교 대학원 박사학위논문.

김창대, 민경화, 윤숙경, 공은혜(2008). 직장에서의 대인 역량에 대한 직장인들의 인식: 대인 역량 교육 및 개발을 위한 기초 조사. 아시아교육연구, 9(1), 133-148.

김충기(1996a). 진로교육과 진로지도. 서울: 배영사.

김충기(1996b). 진로교육에서의 진로정보활동에 관한 연구. 교육논집, 20, 33-167.

김충기(2000). 진로교육과 진로상담. 서울: 동문사.

김충기, 김현옥(1993). 진로교육과 진로상담. 서울: 건국대학교출판부.

김충기, 김희수(2003). 진로상담의 기술. 서울: 시그마프레스.

김충기, 황인호, 장성화, 김순자, 윤향숙(2011). 진로상담과 진로교육. 서울: 동문사.

김평식, 신현주(2017). 조직적 요인이 직장 내 성희롱에 미치는 영향에 관한 연구. 한국범죄심리연구, 13(3), 25-40.

김현영, 장석진(2017). 다문화 청소년을 위한 진로집단상담 프로그램 개발연구. 청소년시설환경, 15(4), 85-100.

김호권(1964). Strong식 직업흥미측정에 관한 연구(Ⅱ). 학생연구, 3, 1-6.

김효창(2010). TPI 종합성격검사 전문가지침서. 서울: 학지사.

김희수(2011). 여성용 직업카드: 대학생 및 성인용. 서울: 학지사심리검사연구소.

김희수, 이윤우(2011). 여성용 직업카드: 중·고등학생용. 서울: 학지사심리검사연구소.

나정, 최운실(1984). 청소년의 자아개념 및 가치관 확립 프로그램 개발연구(RR84-11). 서울: 한국교육개발원.

남미숙(1998). 초등학생의 진로 자아효능감과 관련 변인과의 관계 연구. 건국대학교 대학원 박사학위논문.

노경란(2008). 입국 초기 새터민의 취업지원교육요구 진단과 연령에 따른 차이 분석. 한국교육학연구, 14(2), 61-83.

노경란, 전연숙(2009). 입국 초기 새터민의 진로개발을 위한 직업카드분류법의 적용 연구. 직업교육연구, 28(1), 135-156.

노동부(1999). 한국 노동관련 외신기사모음집.

노동부(2000). 청소년 취업후견인제도 시범운영계획.

노동부 중앙고용정보관리소(1999). 한국직업전망서.

노성호(2006). 초등학생 진로집단상담프로그램 연구 개관 및 실태분석. 아주대학교 대학원 석사학위논문.

노안영(2011). 집단상담: 이론과 실제. 서울: 학지사.

노은희, 오인수(2016). 남한에서 대학을 졸업한 탈북 청년의 취업 성공요인에 대한 사례연구. 한국교육문제연구, 34(4), 235-264.

문은미, 이주희(2016). 사회초년생이 직업적응과정에서 경험하는 어려움: 중소기업에 취업한 대학졸업자를 중심으로. 한국심리학회지: 상담 및 심리치료, 28(3), 743-775.

민병모, 이경임, 정재창(1997). NEO 인성검사(NEO PI-RS). 서울: PSI컨설팅.

박가열, 강혜영, 임은미(2007). 2007 취업희망프로그램 진행자 매뉴얼. 서울: 한국고용정보원.

박가열, 임은미(2010). 2010 취업희망프로그램 진행자 매뉴얼. 서울: 한국고용정보원.

박도순(2007). 교육평가: 이해와 적용. 경기: 교육과학사.

박상철, 김명소(2008). 직업 유사성에 의한 직업 군집화와 직업이동에 관한 연구. 한국심리학회지: 산업 및 조직, 21(2), 339-366.

박선영, 김태환, 권혜자, 김정혜, 김명아(2017). 여성ㆍ가족 관련 법제의 실효성 제고를 위한 연구(V): 남녀고용평등법 제정 30년의 성과와 과제. 한국여성정책연구원.

박성수(1992). 생활지도. 서울: 정민사.

박윤희(2010). 중고령자의 고용 및 직업능력개발 요구분석. HRD연구, 12(3), 83-111.

박정란(2006). 여성 새터민의 진로의사결정 연구. 한국사회학회 사회학대회 논문집.

박혜전(2014). 장애인 취업활성화를 위한 직업적응훈련 서비스에 관한 연구. 복지상담교육연구, 3(1), 1-28.

배명자(2011). 중등 특수교육기관의 전환교육 실태 및 개선 방안 연구-전남 지역을 중심으로. 한국교원대학교 대학원 석사학위논문.

부산종합고용지원센터(2009). 희망을 나누는 사람들: 부산청 심층상담사례집. 부산지방노동청 부산종합고용지원센터.

부재율(2003). 초등교실을 위한 교육평가. 서울: 문음사.

서울고용지원센터(2009). 똑!똑!똑! 심층상담. 서울지방노동청 서울고용지원센터.

서울특별시교육연구원(1998). 진로교육의 이론과 실제. 서울: 서울시 교육연구원.

서유정(2016). 진로교육법 체제에서 진로교육 추진 현황과 과제. 충북: 한국직업능력개발원.

서정희(2002). 한국의 청년실업 대책에 관한 연구. 숙명여자대학교 대학원 석사학위논문.

석수룡(1988). 진로정보활동의 탐색. 학생생활연구, 21(1), 27-40.

선혜연(2008). 청소년기 진로의사결정에서의 부모의 관여방식. 서울대학교 대학원 박사학위논문.

선혜연, 이명희, 박광택, 엄성혁(2009). 초등학생 진로집단상담 프로그램의 활동내용 분석. 아시아교육연구, 10(4), 1-30.

성상환, 김광수, 임은미(2009). 다문화가정 학생 지도교사를 위한 상담메뉴얼 개발연구. 중앙다문화교육센터.

손승남(2002). 자서전의 교육적 가치. 서울: 교육철학.

손은령(2010). 진로선택과정에서 우연 혹은 기회의 역할고찰. 상담학연구, 10(1), 385-397.

손은령(2017). 우연과 계획의 조우: 진로 상담의 새로운 담론. 서울: 학지사.

손은령, 김계현(2002). 여자대학생이 지각한 진로장벽요인에 관한 연구. 한국심리학회지: 상담 및 심리치료, 14(1), 121-139.

손은령, 문승태, 임경희, 김희수, 손진희, 임효진, 여태철, 최지영, 손민호, 고홍월, 공윤정, 허창수(2017). 진로진학상담교육론. 경기: 사회평론.

신동미(1999). 대학생의 진로자아효능감에 대한 성별 비교: 컴퓨터 자아효능감을 중심으로. 서울대학교 대학원 석사학위논문.

신붕섭(1997). 대학선택과정에서의 영향요인에 관한 연구. 충남대학교 대학원 박사학위논문.

신을진(2010). 다문화가정 청소년 학습문제 개입 프로그램 요인탐색 연구. 복지상담학연구, 4(1), 21-37.

안병철, 박추환, 박정희, 강기천(2010). 일자리 사업에 대한 성별영향평가. 서울: 여성가족부.

안서원(2002). 판단과 의사결정 심리학. 서울: 시그마프레스.

안창규(1995). 진로 및 적성탐색 검사의 해석과 활용. 서울: 한국가이던스.

안창규(1996). 홀랜드 진로탐색검사. 서울: 한국가이던스.

안창규(1997). 홀랜드 적성탐색검사. 서울: 한국가이던스.

안창규, 안현의(2003). Holland 진로 및 적성탐색 검사의 해석과 활용. 서울: 한국가이던스.

안창일, 이만영, 최광현(1989). 한국판 Kuder 흥미검사(KKPR)의 타당화 연구. 한국심리학회지: 산업 및 조직, 2(1), 101-113.

안현의, 안창규(2010). NEO 인성검사 검사요강. 서울: 한국가이던스.

안후남, 이제경(2017). 중년 전환기 기혼직장여성의 진로구성에 관한 연구. 학습자중심교과교육연구, 17(8), 363-389.

어수봉(1996). 한국의 장애인 노동시장 분석. 한국노동연구원 장애인고용정책에 관한 대토론회 자료집.

어윤경, 시기자, 박가열, 변정현, 박효희(2008). 직업선호도검사 개정 연구보고서(1차년도). 충북: 한국고용정보원.

엄동욱(2008). 대졸 신입사원의 조기퇴사 실태와 원인: 기업 인적자원관리(HRM)에의 시사점을 중심으로. 직업능력개발연구, 11(2), 237-260.

여광응, 전영길, 정종진, 조인수(1992). 교사를 위한 교육심리학. 경기: 양서원.

여성가족부(2017). 2016년도 성평등 정책 연차보고서. 서울: 여성가족부 여성정책과.

오한나, 원영순(2017). 치과위생사의 직장 내 성희롱 인식과 경험의 실태조사. 한국치위생학회지, 17(3), 419-429.

우정호, 신철식(2010). 진로와 직업. 서울: 한국교과서주식회사.

우종민(2005). 직장인 스트레스 관리기법의 효과에 대한 고찰. 인지행동치료, 5(1), 43-52.

윤경원(2003). 스트레스 대응훈련이 기능직 직장인의 스트레스 감소에 미치는 효과. 상담학연구, 4(3), 463-478.

윤정향, 류만희(2005). 비정규 노동자를 위한 사회권 확립방안에 관한 소고. 비판과 대안을 위한 사회복지학회 학술대회 발표논문집.

이경희(2001). 진로신념검사의 번안과 문항분석. 서울대학교 대학원 석사학위논문.

이계존(1999). 시각장애인 고용활성화를 위한 적합 직종의 개발. 조사연구, 3, 1-83.

이기학, 이학주(2000). 대학생의 진로태도 성숙 정도에 대한 예언 변인으로서의 자기효능감 효과 검증에 대한 연구. 한국심리학회지 상담 및 심리치료, 12(1), 127-136.

이덕재, 박희열(2011). 민간고용서비스 시장변화와 인증제의 정책과제. 충북: 한국고용정보원.

이만기, 서현주, 임은미, 조재희(2012). 북한이탈주민을 위한 취업지원 매뉴얼. 충북: 한국고용정보원.

이명숙(2003). 대학생의 진로자기효능감과 진로장애지각 및 진로준비행동간의 관계 분석. 전주대학교 대학원 석사학위논문.

이상노, 변창진(1972). 직업흥미검사요강. 서울: 중앙적성연구소.

이상노, 변창진(1980). 직업흥미검사 실시요강. 서울: 중앙적성출판사.

이상민(2008). 고등학생의 진로발달을 증진하는 진학상담모형 개발. 고려대학교 연구보고서.

이상호, 장욱희, 진대선(2009). 대학 취업지원기능 확충사업 효과성 분석. 세종: 고용노동부.

이상희, 김계현(2007). 직장인의 스트레스관리능력 향상을 위한 웹기반 상담프로그램의 효과분석. 상담학연구, 8(1), 131-146.

이승현, 박영일(2017). 고학력 30대 여성들의 퇴직과 경력 단절에 대한 연구. 유라시아연구, 14(3), 45-68.

이영덕, 정원식(1984). 생활지도의 원리와 실제. 서울: 교육과학사.

이영주(2009). 다문화가족 청소년의 심리사회적 적응에 영향을 미치는 위험요인에 관한 연구. 한국가족복지학, 14(2), 103-119.

이요행(2002). 개인과 환경의 상응이 직무만족, 수행 및 이직 가능성에 미치는 영향. 중앙대학교 대학원 박사학위논문.

이우곤(2006). 취업특강. 경기: 청년정신.

이윤우(2010). 여자대학생의 진로탐색활동을 위한 직업카드개발. 건국대학교 대학원 박사학위논문.

이윤주, 신동미, 선혜연, 김영빈(2000). 집단상담기법. 서울: 학지사.

이은경(2001). 자기효능감이 진로발달에 미치는 영향. 이화여자대학교 대학원 박사학위논문.

이은실(2000). 고등학생의 계열선택에 영향을 미치는 심리적 요인분석 연구: 성별 차이를 중심으로. 교육심리연구, 13(4), 227-246.

이은철(2006). 튀는 인재의 구직 매뉴얼. 서울: 새로운사람들.

이재창(1997). 한국 청소년 진로상담의 문제점과 개선방안. 청소년 진로상담모형 기본구상 (pp. 1-28). 서울: 청소년대화의광장.

이재창, 최인화, 박미진(2008). CTI진로사고검사 검사요강. 서울: 한국가이던스.

이정근(1988). 진로지도의 실제. 서울: 성원사.

이제경, 선혜연(2010). 대학취업지업 프로그램 평가 및 개선방안. 한국기술교육대학교 HRD 연구센터.

이종승(2001). 중앙 진로탐색검사 실시요강(중학생용, 고등학생용). 서울: 중앙교육진흥연구소.

이종승(2009). 진로탐색검사(CET) 전문가 지침서. 서울: 학지사.

이창호(2009). 국제결혼가정 청소년의 생활상태 및 지원방안 연구. 한국청소년시설환경학회지, 6(1), 3-15.

이현림(2007). 진로상담. 경기: 양서원.

이현림, 김봉환, 김병숙, 최웅용(2003). 현대진로상담. 서울: 학지사.

이현림, 김봉환, 송재홍, 천성문(2000). 진로지도와 상담. 대구: 영남대학교출판부.

이현주(2000). 여중생의 진로태도와 진로포부에 영향을 미치는 변인분석: 모녀의 심리, 배경요인과 관계 요인을 중심으로. 교육학연구, 37(3), 279-321.

이효남, 서현주, 정명진, 박효의(2007). 청소년 직업흥미검사 개정 연구. 서울: 한국고용정보원.

이효자(1995). 미래사회에 대비한 장애인의 진로교육 방향. 현장특수교육, 2(4), 8-20.

이희정, 김금미(2010). 경력 단절여성의 진로장벽지각이 진로준비행동에 미치는 영향: 진로결정 자기효능감의 매개효과를 중심으로. 상담학연구, 11(2), 623-640.

임미화, 양수정, 김호진, 김언아(2010). 2010년 장애인 경제활동 실태조사. 경기: 한국장애인고용공단 고용개발원.

임언, 정윤경, 상경아(2001). 진로성숙도검사 개발 보고서. 세종: 한국직업능력개발원.

임언, 최동선, 강혜영(2006). 대학취업지원기능 확충사업 효과분석 및 개선방안 연구. 한국직업능력개발원 수탁연구, 2006-35.

임은미(1999). 사이버상담 운영 보고서. 부산: 한국청소년상담원.

임은미(2010). 다문화가정 학생 상담지도. 최충옥, 모경환, 김연권, 박성혁, 오은순, 임은미, 한용택, 임정수, 이수미 공저. 다문화교육의 이해(Chap. 12, 311-337). 경기: 양서원.

임은미, 박가열, 황매향, 여태철(2009). 준·고령자 전직요구 진단 및 심층상담 맵 개발. 울산: 한국산업인력공단.

장대운, 김충기, 박경애, 김진희(1996). 청소년진로상담. 서울: 청소년대화의광장.

장미경, 임은미, 황매향, 김동일(2011). 청소년학업상담. 2급 청소년상담사 국가자격연수교재. 부산: 한국청소년상담원.

장서영, 고재성(2010). 대학 취업지원인력의 역할 변화에 따른 교육요구 분석. 진로교육연구, 23(3), 65-85.

장석민, 임두순, 송병국(1991). 중·고등학생용 진로성숙도검사 표준화 연구. 서울: 한국교육개발원.

장철현(2001). 행정의사결정론. 서울: 다산출판사.

장현진(2013). 진로탐색 관점의 자유학기제 성공요인. 충북: 한국직업능력개발원.

전진수, 김완석(2000). 직업상담을 위한 심리검사. 서울: 학지사.

전현영(2013). 8인8색 진로전환이야기. 충남대학교 대학원 박사학위논문.

정범모(1958). 흥미검사-검사요강. 서울: 코리아테스팅센터.

정범모(1961). 적성흥미검사 검사요강. 서울: 코리안테스팅센터.

정영공(2007). 일반계 고등학교 3학년 진학상담 모형 구안. 한국교원대학교 대학원 석사학위논문.

정영현(2013). 한국의 민간고용서비스 기관의 운영실태 및 전망. 고용이슈, 6(1).

정윤경, 김나라(2012). 커리어넷 직업흥미검사 활용 안내서. 서울: 한국직업능력개발원.

정혜진(2007). 자서전 쓰기 교육 방법 연구. 신라대학교 대학원 석사학위논문.

조붕환(2010). 다문화가정과 일반가정 초등학생의 자아개념과 진로발달. 초등상담연구, 3(2), 235-249.

조성연, 홍지영(2010). 성인학습자의 인구학적 변인, 진로결정자기효능감, 진로적응성의 관계 연구. 상담학연구, 11(3), 1099-1115.

조순점(2010). 고령자 구직활동 실태 및 취업결정 요인에 관한 연구. 한영신학대학교 대학원 박사학위논문.

조인수(2005). 장애인의 삶의 질 향상을 위한 전환교육. 대구: 대구대학교출판부.

조혜영, 서덕희, 권순희(2008). 다문화가정 자녀의 학업수행에 관한 문화기술적 연구. 교육사회학연구, 18(2), 105-134.

주은희(2005). 저성장시대의 대졸 여성을 위한 진로교육의 방향. 동덕여성연구, 10, 27-50.

중앙적성연구소(1968). GATB 진학 직업적성검사 실시요강. 서울: 중앙적성출판사.

지용근, 김옥희, 양종국(2005). 진로상담의 이해. 서울: 동문사.

진위교(1979). 직업흥미검사 실시요강. 서울: 사립중고등학교장회.

청소년대화의광장(1998). 청소년 문제유형 분류 체계 연구.

최낙환(2002). 판단과 의사결정 심리학. 서울: 대경.

최동선, 김나라(2005). 미래의 직업세계 인프라 구축: 대학 재학생 희망직업 조사. 서울: 한국직업능력개발원.

최동선, 윤형한, 전종호, 노선옥(2010). 장애학생의 진로·직업교육 활성화를 위한 유관기관간 협력방안. 서울: 한국직업능력개발원.

최문성, 김순자(2009). 다문화가정 자녀의 자아정체성 확립을 위한 도덕 교육의 과제. 윤리교육연구, 19(19), 91-118.

최병권(2005). 경력개발제도의 설계 및 운영방안. 임금연구, 13(3), 63-79.

최선화(2001). 노인상담의 특성. 사회과학연구총서, 6(1), 302-319.

최숙희, 강우란, 홍순영(2008). 중고령자의 근로관(Work Orientations)에 관한 국제비교. 삼성경제연구소 Issue Paper(2008. 9. 11.).

최윤정, 김지연, 김하나, 최정아, 이은숙, 이재선, 윤병배, 임효신, 이미지(2014). 진로상담과 연구를 위한 진로상담척도 핸드북. 서울: 학지사.

최정원(2005). 경력 단절 여성의 진로장벽지각에 관한 연구. 한국기술교육대학교 대학원 석사학위논문.

최충옥, 모경환, 김연권, 박성혁, 오은순, 한용택, 임은미, 우희숙, 이수미, 임정수(2010). 다문화교육의 이해. 경기: 양서원.

커리어넷(2016). 학과자료실 미래의 교육세계.

통계청(2017). 2016 인구주택 총조사-등록센서스 방식 집계결과: 2017년 8월 30일 배포 보도자료. 통계청 조사관리국 인구총조사과.

하정(2007). 학업우수 여자고등학생의 직업결정과정. 이화여자대학교 대학원 박사학위논문.

학지사심리검사연구소(2011). 심리검사 목록. 서울: 학지사.

한국가이던스(2003). 심리검사 가이드. 서울: 한국가이던스.

한국경영자총협회(2016). 2016년 신입사원 채용실태 조사 결과. 서울: 한국경영자총협회.

한국고용정보원(1999). 구직욕구검사 실시요람(개정판). 서울: 한국고용정보원.

한국고용정보원(2000). 성인용 직업적성검사 실시요람. 서울: 한국고용정보원.

한국고용정보원(2001a). 직업선호도검사. 서울: 한국고용정보원.

한국고용정보원(2001b). 구직준비도검사. 서울: 한국고용정보원.

한국고용정보원(2001c). 직업전환검사. 서울: 한국고용정보원.

한국고용정보원(2001d). 창업진단검사. 서울: 한국고용정보원.

한국고용정보원(2002a). 청소년 적성검사. 서울: 한국고용정보원.

한국고용정보원(2002b). 청소년용직업적성검사. 서울: 한국고용정보원.

한국고용정보원(2003). 청소년 적성검사(고등학생용). 서울: 한국고용정보원.

한국고용정보원(2004). 성인용직업적성검사. 서울: 한국고용정보원.

한국고용정보원(2005). 성인용 직업적성검사(개정판). 서울: 한국고용정보원.

한국고용정보원(2006). 청소년용 직업적성검사(중학생용). 서울: 한국고용정보원.

한국고용정보원(2007a). 대졸자 직업이동 경로조사.

한국고용정보원(2007b). 직업정보 활용을 위한 가이드: 고마와요 직업정보. 서울: 한국고용정보원 직업연구센터.

한국고용정보원(2008). 직업선호도검사. 서울: 한국고용정보원.

한국고용정보원(2011a). 직업선호도검사(개정판). 서울: 한국고용정보원.

한국고용정보원(2011b). 구직준비도검사(개정판). 서울: 한국고용정보원.

한국고용정보원(2016). 2016 워크넷통계연보.

한국고용정보원(2017). 직업심리검사 가이드. 충북: 한국고용정보원.

한국교육개발원(1982). 진로교육자료.

한국교육개발원(1992). 진로성숙도검사 표준화 연구.

한국교육과정평가원(2017). 2018학년도 대학수학능력시험 시행기본계획.

한국산업인력공단(2002). 청소년용 직업흥미검사 사용자가이드.

한국상담학회(2016). 한국상담학회 윤리강령.

한국심리학회(2016). 한국심리학회 윤리규정.

한국장애인고용공단(2017). 장애인 구인·구직 및 취업 동향: 장애인고용업무시스템 정보 분석.

한국장애인단체총연합회(2011). 장애인차별금지법 시행 성과 및 평가 3주년 토론회.

한국진로교육학회(1999). 진로교육의 이론과 실제. 경기: 교육과학사.

한수민(2013). 성별에 따른 고등학생의 진로자기효능감 및 부모지지가 진로성숙도에 미치는 영향. 이화여자대학교 대학원 석사학위논문.

허혜경, 김혜수(2002). 청년발달심리학. 서울: 학지사.

현경실(2000). 한국음악적성검사 전문가 지침서. 서울: 학지사.

황매향(2004). 대학생의 진로선택을 중심으로 한 Holland 이론의 문화간 타당화연구. 한국심리학회지: 상담 및 심리치료, 16(4), 635-666.

황매향, 김연진, 이승주, 전방연(2011). 진로탐색과 생애 설계. 서울: 학지사.

황매향, 여태철(2009). 준·고령자 전직 진단검사. 임은미, 박가열, 황매향, 여태철 공저. 준·고령자 전직준비도검사-준·고령자 전직요구진단 및 심층상담 맵 개발 (pp. 83-117).

황애영, 탁진국(2011). 주도성이 주관적 경력성공에 미치는 영향: 프로틴 경력지향을 매개변인으로. 한국심리학회지: 산업 및 조직, 24(2), 409-428.

황응연, 이경혜(1986). 개인가치관검사. 서울: 코리안테스팅센터.

Abraham, J. D., & Hanson, R. O. (1995). Successful aging at work: An applied study of selection, optimization, optimization, and compensation through impression management. *Journal of Gerontology: Psychological Sciences, 50B,* 94-103.

Adler, A. (1979). *Superiority and social interest.* New York: Norton & Company.

Alexander, J. M., Johnson, K. E., Leibham, M. E., & Kelley, K. (2008). The development of conceptual interests in young children. *Cognitive Development, 23,* 324-334.

Amatea, E. S. (1984). Contribution from theories. In H. M. Burck & R. C. Reardon (Eds.), *Career development interventions.* Springfield, IL: Charles C Thomas.

Amundson, N. E., & Borgen, W. A. (2000). Mandated clients in career or employment counseling. *Journal of Employment Counseling, 37,* 204-215.

Ashmos, D., & Duchon, D. (2000). Spirituality at work: A conceptualization and measure. *Journal of Management Inquiry, 9*(2), 134-145.

Astin, H. S. (1984). The meaning of work in women's lives: A psychological model of career choice and work behavior. *The Counseling Psychologist, 12*(4), 117-

126.

Atkinson, D. R., Morten, G., & Sue, D. W. (1993). *Counseling american minorities: A cross-cultural perspective* (5th ed.). Dubuque, IA: McGraw-Hill.

Baltes, P. B., & Baltes, M. M. (1990). Psychological perspectives on successful aging: The model of selective optimization with compensation. In P. B. Baltes, & M. M. Baltes (Eds.), *Successful aging*. Cambridge, England: Cambridge University.

Bandura, A. (1969). *Principles of behavior modification*. New York: Holt, Rinehart & Winston.

Bandura, A. (1982). Self-efficacy: Mechanism in human agency. *American Psychologist, 37*(2), 122-147.

Bandura, A. (1986). *Social foundations of thought and action*. Englewood Cliffs, NJ: Prentice Hall.

Basow, S. A., & Howe, K. G. (1979). Model influences on career choice of college student. *Vocational Guidance Quarterly, 27*(3), 239-243.

Bates, M., Johnson, C. D., & Blaker, K. E. (1982). *Group leadership: A manual for group counseling leaders* (2nd ed.). Denver, CO: Love.

Bennett, G. K., Seashore, H. G., & Wesman, A. G. (1947). *The differential aptitude tests*. New York: Psychological Corporation.

Betz, N. E., & Fitzgerald, L. F. (1987). *The career psychology of women*. Orlando, FL: Academic Press.

Blau, P. M. (1956). Occupational choice: A conceptual framework. *Industrial Labor Relations Review, 9,* 531-543.

Blocher, D. H. (1980). Some implications of recent in social and developmental psychology for counseling practice. *The Personal and Guidance Journal, 58*(5), 34-36.

Bluestein, D. L. (2006). *The psychology of working: A new perspective for career development, counseling, and public policy*. Mahwah, NJ: Lawrence Erlbaum.

Blustein, D. L., & Spengler, P. M. (1995). Personal adjustment: Career counseling and psychotherapy. In W. B. Walsh, & S. H. Osipow (Eds.), *Handbook of vocational psychology: Theory, research, and practice* (2nd ed., pp. 295-329). Hillsdale, NJ: Erlbaum.

Bolles, R. N. (1993). *A practical manual for job-hunters and career changers: What color of your parachute?* (9th ed.). Berkeley, CA: Ten Speed.

Bordin, E. S. (1946). Diagnosis in counseling and psychotherapy. *Educational & Psychological Measurement, 6,* 169-184.

Bordin, E. S. (1983). A Working alliance based model of supervision. *The Counseling Psychologist, 11*(1), 35-42.

Braiker, H. (1986). *The type E woman.* New York: Dodd, Mead.

Brems, C. (2001). *Basic skills in psychotherapy and counseling.* Belmont, CA: Wadsworth/Thomson Learning.

Brenner, M. H. (1976). *Estimating the social costs of national economic policy: Implication for mental and physical health and criminal violence.* New York: Raven Press.

Brennfleck, K., & Brennfleck, K. M. (2005). *Live your calling.* San Francisco, CA: Jossey-Bass.

Bridges, W. (1980). *Transitions: Making sense of life's changes.* New York: Addison-Wesley.

Bronfenbrenner, U. (1979). *The ecology of human development.* Cambridge, MA: Harvard University Press.

Brown, D., & Brooks, L. (1990). *Career choice and development: Applying contemporary theories to practice.* New York: Jossey-Bass.

Brown, D., & Brooks, L. (2003). 진로상담의 기술(*Career counseling techniques*). 김충기, 김희수 공역. 서울: 시그마프레스. (원저는 1991년에 출판)

Brown, D., & Minor, C. W. (1989). *Working in America: A status report on planning and problems.* Alexandria, VA: National Career Development Association.

Brown, S. D., & Lent, R. W. (1996). A social cognitive framework for career choice counseling. *The Career Development Quarterly, 44,* 354-366.

Brown, S. D., Lent, R. W., Telandera, K., & Tramaynea, S. (2011). Social cognitive career theory, conscientiousness, and work performance: A meta-analytic path analysis. *Journal of Vocational Behavior, 79,* 81-90.

Brown, S. D., Tramayne, S., Hoxha, D., Telander, K., Fan, X., & Lent, R. W. (2008). Social cognitive predictors of college students' academic performance and persistence: A meta-analytic path analysis. *Journal of Vocational Behavior, 72,* 298-308.

Burton, M., & Wedemeyer, R. (1991). *In transition.* New York: Harper.

Campbell, D. P., & Borgen, F. H. (1999). Holland's theory and the development of interest inventories. *Journal of Vocational Behavior, 55*, 86-101.

Carroll, M. (2010). 기업상담(*Workplace counselling*). 전종국, 왕은자, 심윤정 공역. 서울: 학지사. (원저는 1996년에 출판)

Cavanagh, M. E. (1982). *The counseling experience: A theoretical and practical approach*. Belmont, CA: Brooks/Cole.

Chapman, C. W. (1981). A model of student college choice. *Journal of Higher Education, 52*(5), 490-505.

Chapman, R. C., & Jackson, R. (1987). *College choice of no-need financial aid and other factors*. Research Monograph, 10. New York: The College Board.

Choi, B. Y., Park, H., Yang, E., Lee, S. K., Lee, Y., & Lee, S. M. (2012). Understanding career decision self-efficacy: A meta-analytic approach. *Journal of Career Development, 39*, 443-460.

Christopher, E. H., & Richard, T. K. (1998). Homework in counseling. *Journal of Mental Health Counseling, 20*(2), 122-132.

Cochran, L. (1997). *Career counseling: A narrative approach*. Thousand Oaks, CA: Sage.

Corey, G., & Corey, M. S. (2000). 집단상담: 과정과 실제(*Groups: Process and practice*). 김명권, 김창대, 박애선, 전종국, 천성문 공역. 서울: 시그마프레스. (원저는 1997년에 출판)

Corey, M. S., Corey, G., & Corey, C. (2010). *Groups: Process and practice* (8th ed.). Belmont, CA: Brooks/Cole.

Cormier, S., & Nurius, P. S. (2003). *Interviewing and helping strategies for helpers* (5th ed.). Pacific Grove, CA: Brooks/Cole Thomson Learning.

Cormier, W. J., & Comier, L. S. (1985). *Interviewing strategies for helpers*. Monterey, CA: Brooks/Cole.

Costa, P. T., & McCrae, R. (1992). *NEO-PI-R professional manual*. Odessa, FL: Psychological Assessment Resources.

Creason, F., & Schilson, D. L. (1970). Occupational concerns of sixth-grade children. *Vocational Guidance Quarterly, 18*, 219-224.

Crites, J. O. (1969). *Vocational psychology*. New York: McGraw-Hill.

Crites, J. O. (1973). *Career maturity inventory: Theory and research handbook* (2nd ed.). Monterey, CA: CTB/MacGraw-Hill.

Crites, J. O. (1978). *Career maturity inventory: Administration and use manual*. Monterey, CA: CTB/MacGraw-Hill.

Crites, J. O. (1981). *Career counseling: Models, methods and materials*. Monterey, CA: McGraw-Hill.

Crites, J. O. (1993). *Career maturity inventory sourcebook*. Boulder, CO: Crites Career Consultants.

D'Andrea, M., & Daniels, J. (2001). RESPECTFUL counseling: An integrative multi-dimensional model for counselors. In D. B. Pope-Davis, & H. L. K. Coleman (Eds.), *The intersection of race, class, and gender in multicultural counseling* (pp. 417-466). Thousand Oaks, CA: Sage.

Dagley, J. (1984). *A vocational genogram* (mimeograph). Athens, GA: University of Georgia.

Dawis, R. V. (2002). Person-environment-correspondence theory. In D. Brown (Ed.), *Career choice and development* (4th ed., pp. 427-464). San Francisco, CA: Jossey-Bass.

Dawis, R. V., & Lofquist, L. H. (1984). *A psychological theory of work adjustment*. Minneapolis, MN: University of Minnesota Press.

Dinkmeyer, D. C., Pew, W. L., & Dinkmeyer, D. C. (1979). *Adlerian counseling and psychotherapy*. Monterey, CA: Books/Cole.

Dix, J. E., & Savickas, M. L. (1995). Establishing a career: Developmental tasks and coping responses. *Journal of Vocational Behavior, 47*, 93-107.

Doyle, R. E. (1998). *Essential skills & strategies in the helping process* (3rd ed.). Pacific Grove, CA: Brooks/Cole.

Drier, H. N. (1980). Career information for youth in transition: The need, systems, and models. *The Vocational Guidance Quarterly, 29*, 135-143.

Drier, H. N., & Pfister, L. A. (1980). *Career and labor market information: Key to improved individual decision making*. Washington, D.C.: Employment and Training Administration.

Ellis, A. (1977). *How to live with and without anger*. Pleasantville, NY: Readers Digest Press.

Fitzgerald, L. F., & Crites, J. O. (1980). Toward a career psychology of women: What we know and what we need to know? *Journal of Counseling Psychology, 27*, 44-62.

Fouad, N. A. (1988). The construct of career maturity in the United States and Israel. *Journal of Counseling Psychology, 43,* 510-526.

Friedman, M., & Rosenman, R. (1974). *Type A behavior and your heart.* Greewich, CT: Fawcett.

Fritzsche, B. A., & Parrish, T. J. (2005). Theories and research on job satisfaction. In S. D. Brown, & R. W. Lent (Eds.), *Career development and counseling: Putting theory and research to work* (pp. 180-202). Hoboken, NJ: Wiley & Sons.

Gelatt, H. B. (1962). Decision making: A conceptual frame of reference for counseling. *Journal of Counseling Psychology, 9,* 240-245.

Ghiselli, E. E. (1977). The validity of aptitude tests in personnel selection. *Personnel Psychology, 26,* 461-477.

Gibson, J. J. (1979). *The ecological approach to visual perception.* Boston, MA: Houghton-Mifflin.

Ginzberg, E. (1984). Career development. In D. Brown, L. Brooks, & Associates (Eds.), *Career choice and development* (pp. 169-191). San Francisco, CA: Jossey-Bass.

Gold, J. M., & Scanlon, C. R. (1993). Psychological distress and counseling duration of carer and noncareer clients. *Career Development Quarterly, 42,* 186-191.

Goldstein, K. (1939). *The organism.* New York: American Book Company.

Goodman, J. (1994). Career adaptability in adults: A construct whose time has come. *Career Development Quarterly, 43,* 74-84.

Goodman, J., & Hoppin, J. M. (1990). *Opening doors: A practical guide to job hunting* (2nd ed.). Rochester, MI: Continuum Center, Oakland University.

Goodman, J., Schlossberg, N. K., & Anderson, M. L. (2006). *Counseling adults in transition.* New York: Springer Publishing Company.

Gordon, D. (1978). *Therapeutic metaphors.* Cupertino, CA: Meta Publications.

Gore, S., Kadish, S., & Aseltine, R. H. (2003). Career centered high school education and post-high school career adaptation. *American Journal of Community Psychology, 32,* 77-88.

Gottfredson, L. S. (1981). Circumscription and compromise: A developmental theory of occupational aspiration. *Journal of Counseling Psychology, 28*(6), 545-579.

Gottfredson, L. S. (2003). Gottfredson's theory of circumscription, compromise, and self-creation. In D. Brown (Ed.), *Career choice and development* (4th ed., pp. 85-148). San Francisco, CA: Jossey-Bass.

Griffin, B., & Hesketh, B. (2003). Adaptable behaviours for successful work and career adjustment. *Australian Journal of Psychology, 55,* 65-73.

Griffin, B., & Hesketh, B. (2005). Counseling for work adjustment. In S. D. Brown, & R. W. Lent (Eds.), *Career development and counseling: Putting theory and research to work* (pp. 483-505). Hoboken, NJ: Wiley & Sons.

Gysbers, N. C., & Moore, E. J. (1987). *Career counseling: Skills and techniques for practitioners.* Englewood Cliffs, NJ: Prentice Hall.

Gysbers, N. C., & Moore, E. J. (2005). 진로상담: 기술과 기법(*Career couseling: Skill and techniques for practitioners*). 김충기, 김병숙 공역. 서울: 한국학술정보. (원저는 1987년에 출판)

Gysbers, N. C., Heppner, M. J., & Johnston, J. A. (1998). *Career counseling: Process, issues, and technigues* (1st ed.). Boston, MA: Allyn & Bacon.

Gysbers, N. C., Heppner, M. J., & Johnston, J. A. (2003a). 진로상담의 실제(*Career counseling: Process, issues and techniques*). 김봉환 역. 서울: 학지사. (원저는 1998년에 출판)

Gysbers, N. C., Heppner, M. J., & Johnston, J. A. (2003b). *Career counseling: Process, issues, and techniques* (2nd ed.). Boston, MA: Allyn & Bacon.

Hackett, G., Lent, R. W., & Greenhaus, J. H. (1991). Advances in vocational theory and research: A 20-year retrospective. *Journal of Vocational Behavior, 38,* 3-38.

Hackett, N. E., & Betz, N. (1981). A self-efficacy approach to the career development of women. *Journal of Vocational Behavior, 18,* 326-339.

Hall, D. T. (1992). Career indecision research: Conceptual and methodological problems. *Journal of Vocational Behavior, 41,* 245-250.

Hall, D. T. (1996). Protean careers of the 21st century. *Academy of Management Executive, 10*(4), 8-16.

Harmon, L. W., Hansen, J. C., Borgen, F. H., & Hammer, A. L. (1994). *Strong interest inventory applications and technical guide.* Stanford, CA: Stanford University.

Harren, V. A. (1979). A model of career decision making for college students. *Journal of Vocational Behavior, 14,* 119-133.

Hartung, P. J. (2010). Practice and research in career counseling and development-

2009. *The Career Development Quarterly, 59,* 98-142.

Haverkamp, B. E., & Moore, D. (1993). The career-personal dichotomy: Perceptual reality, practical illusion, and workplace integration. *Career Development Quarterly, 42,* 154-160.

Havighurst, R. J. (1953). *Human development and education.* Oxford, England: Longman.

Hays, P. A. (2010). 문화적 다양성과 소통하기: 다문화상담의 이해(*Addressing cultural complexities in practice*). 방기연 역. 부산: 한울아카데미. (원저는 2008년에 출판)

Heppner, M. J. (1991). The Career Transitions Inventory(Available from Mary J. Heppner, Ph. D., 305 Noyes Hall, University of Missouri, Columbia M065211).

Heppner, M. J., Multon, R. D., & Johnston, J. A. (1994). Assessing psychological resources during career change: Development of the Career Transitions Inventory. *Journal of Vocational Behavior, 44,* 55-74.

Herr, E. L. (1989). Career development and mental health. *Journal of Career Development, 16*(1), 5-18.

Herr, E. L., & Cramer, S. H. (1996). *Career guidance and counseling through the life span.* New York: Harper Collins College Publishers.

Hirsh, S. K., & McEvoy, E. V. (1986). *Using the strong in organizations.* Palo Alto, CA: Consulting Psychologists Press.

Hirschi, A. (2005). Career adaptability development in adolescence: Multiple predictors and effect on sense of power and life satisfaction. *Journal of Vocational Behavior, 74,* 145-155.

Holland, J. L. (1985a). *Making vocational choices: A theory of vocational personalities and work environments.* Englewood Cliffs, NJ: Prentice-Hall.

Holland, J. L. (1985b). *Self-directed search.* Odessa, FL: Psychological Assessment Resources, Inc.

Holland, J. L. (1985c). *The vocational preference inventory.* Odessa, FL: Psychological Assessment Resources.

Holland, J. L. (1992). *Making vocational choices: A theory of vocational personalities and work environments* (2nd ed.). Odessa, FL: Psychological Assessment Resources.

Holland, J. L. (1997). *Making vocational choices: A theory of vocational personalities and work environments* (3rd ed.). Odessa, FL: Psychological

Assessment Resources.

Holland, J. L., Daiger, D. C., & Power, P. G. (1980). *My vocational situation.* Palo Alto, CA: Consulting Psychologists Press.

Holland, J. L., & Gottfredson, G. D. (1994). *CASI: Career attitudes and strategies inventory.* Odessa, FL: Psychological Assessment Resources.

Holland, J. L., & Holland, J. E. (1977). Vocational indecision: More evidence and speculation. *Journal of Counseling Psychology, 24,* 404-414.

Holland, J. L., Powell, A. B., & Fritzshe, B. A. (1994). *Self-directed search: Professional user's guides.* Odessa, FL: Psychological Assessment Resources.

Hollander, J. W. (1972). Differential parental influence on vocational interest development in adolescent males. *Journal of Vocational Behavior, 2,* 67-76.

Howard, A., & Bray, D. W. (1988). *Managerial lives in transition: Advancing age and changing time.* New York: Guilford Press.

Hoyt, K. B., & Lester, J. N. (1995). *Learning to work: The NCDA callup survey.* Alexandria, VA: National Career Development Association.

Hughes, A., & Smith, B. (1985). Career development and the ethnic minority. In Z. Leibowitz, & D. Lea (Eds.), *Adult career development* (pp. 163-170). Alexandria, VA: National Career Development Association.

Hughes, J., & Graham, S. (1990). Adult life roles. *Journal of Continuing Higher Education, 38*(2), 2-8.

Isaacson, L. E., & Brown, D. (1997). *Career information, career counsiling and career development* (5th ed.). Boston, MA: Allyn and Bacon.

Janis, I. L., & Mann, L. (1977). *Decision making.* New York: Free Press.

Jepsen, D. A. (1992). *Career as narratives.* Baltimore, MD: Paper presented at the annual meeting of the American Counseling Association.

Jinlert, U. (1997). Unemployment as a disease and disease of the unemployment on health. *Scandinavian Journal of Work, Environment & Health, 23*(3), 79-83.

Kanchier, C., & Unruh, W. (1988). Career cycle meets the life cycle. *The Career Development Quarterly, 37*(2), 127-137.

Kanter, R. M. (1989). *When giants learn to dance.* New York: Pergamon.

Kerka, S. (1991). *Adults in career transition.* Columbus, OH: ERIC Clearinghouse on Adult Career and Vocational Education.

Kim, J. E., & Moan, P. (2001). Is retirement good or bad for subjective well-being Current Directions. *Psychological Science, 10,* 83-86.

Kim, J. E., & Moan, P. (2002). Retirement transitions, gender, and psychological well-being: A life-course, ecological models. *The Journals of Gerontology: Series B, 57*(3), 212-222.

Kirk, J. J. (1994). Putting outplacement in its place. *Journal of Employment counseling, 31,* 10-18.

Klein, K. L., & Wiener, Y. (1977). Interest congruency as a moderator of the relationship between job tenure and job satisfaction and mental health. *Journal of Vocational Behavior, 10,* 91-98.

Krumboltz, J. D. (1966). Behavioral goals for counseling. *Journal of Counseling Psychology, 13*(2), 153-159.

Krumboltz, J. D. (1975). A social learning theory of career decision making. In A. M. Mitchell, G. B. Jones, & J. D. Krumboltz (Eds.), *A social learning theory of career decision making* (pp. 13-39). Palo Alto, CA: American Institutes for Research.

Krumboltz, J. D. (1991). *Manual for the Career Beliefs Inventory.* Palo Alto, CA: Consulting Psychologists Press.

Krumboltz, J. D. (1993). Integrating career and personal counseling. *Career Development Quarterly, 42,* 154-160.

Krumboltz, J. D. (1994). The career beliefs inventory. *Journal of Counseling & Development, 72,* 424-428.

Krumboltz, J. D. (1996). A learning theory of career counseling. In M. L. Savickas, & W. B. Walsh (Eds.), *Handbook of career counselling theory and practice* (pp. 55-80). Palo Alto, CA: Davies-Black.

Krumboltz, J. D. (2009). The happenstance learning theory. *Journal of Career Assessment, 17,* 135-154.

Krumboltz, J. D., Foley, P. F., & Cotter, E. W. (2013). Applying the happenstance learning theory to involuntary career transitions. *The Career Development Quarterly, 61*(1), 15-26.

Krumboltz, J. D., & Henderson, S. (2002). A learning theory for career counselors. In S. G. Niles (Ed.), *Adult career development: Concepts, issues and practices* (3rd ed., pp. 41-57). Tulsa, OK: National Career Development Association.

Krumboltz, J. D., & Jackson, M. A. (1993). Career assessment as a learning tool. *Journal of Career Assessment, 1,* 393-409.

Krumboltz, J. D., & Levin, A. S. (2004). *Luck is no accident: Making the most of happenstance.* Ataseadero, CA: Impact.

Kübler-Ross, E. (1969). *On death and dying.* New York, NY: Macmilan.

Kuder, G. F., & Diamond, E. E. (1979). *Kuder DD occupational interest survey general manual.* Chicago, IL: Science Research Associates.

Lasuita, A. (1987, May). *A life-phase approach to adult career counseling.* Toronto: Canadian Guidance and Counselling Association Conference.

Leach, J. L., & Chakiris, B. J. (1988). Future of jobs, work, and careers. *Training and Development Journal, 42*(4), 48-54.

Leibowitz, Z. B., & Lea, H. D. (1985). *Adult career development.* Alexandria, VA: National Career Development Association.

Leibowitz, Z. B., Schlossberg, N. K., & Shore, J. E. (1991). Stopping the revolving door. *Training and Development Journal, 45*(2), 43-50.

Lent, R. W., & Brown, S. D. (2008). Social cognitive career theory and subjective well-being in the context of work. *Journal of Career Assessment, 16*(1), 6-21.

Lent, R. W., & Brown, S. D. (2013). Social cognitive model of career self-management: Toward a unifying view of adaptive career behavior across the life span. *Journal of Counseling Psychology, 60*(4), 557-568.

Lent, R. W., Brown, S. D., & Hackett, G. (1994). Toward a unifying social cognitive theory of career and academic interest, choice, and performance. *Journal of Vocational Behavior, 45,* 79-122.

Lent, R. W., Brown, S. D., & Larkin, K. C. (1986). Self-efficacy in the prediction of academic performance and perceived career options. In D. Brown, & L. Brooks (Eds.), *Career choice and development: Applying contemporary theories to practice* (3rd ed., pp. 373-421). San Francisco, CA: Jossey-Bass.

Leong, F. T. L. (1991). Career development attributes and occupational values of Asian-American and European-American college students. *Career Development Quarterly, 39,* 221-230.

Lewin, K. (1936). *Principles of topological psychology.* New York: McGraw-Hill.

Lewis, R. A., & Gilhousen, M. R. (1981). Myths of career development: A cognitive approach to vocational counseling. *The Personnel and Guidance Journal,*

59(5), 296-299.

Linn, R. L., & Gronlund, N. E. (1995). *Measurement and assessment in teaching* (7th ed.). New Jersey: Prentice Hall.

Lipsett, L. (1962). Social factors in vacational development. *Personnel and Guidance Journal, 40,* 432-437.

Lofquist, L. H., & Dawis, R. V. (1969). *Adjustment to work.* New York: Appleton-Century-Crofts.

Lofquist, L. H., & Dawis, R. V. (1991). *Essentials of person-environment-correspondence counseling.* Minneapolis, MN: University of Minnesota Press.

Looby, E., & Sandhu, D. (2002). Spirituality in the workplace: An overview. In D. Sandhu (Ed.), *Counseling employees: A Multifaceted approach.* Alexandria, VA: American Counseling Association.

Luzzo, D. A. (1992). Ethnic group and social class differences in college students' career development. *Career Development Quarterly, 41,* 161-173.

Maccoby, E., & Jacklin, C. (1987). *The psychology of sex difference.* Stanford, CA: Stanford University Press.

Magnusson, D. (1998). The logic and implications of a person-oriented approach. In R. B. Cairns, L. R. Bergman, & J. Kagan (Eds.), *Methods and models for studying the individual* (pp. 33-64). Thousand Oaks, CA: Sage Publications.

Markus, H. R., & Kitayama, S. (1991). Culture and the self: Implications for cognitive, emotion, motication. *Psychological Review, 98,* 224-253.

Matsui, T., Matsui, K., & Ohinishi, R. (1990). Mechani sms underlying math self-efficacy learning of college students. *Journal of Vocational Behavior, 37,* 225-238.

Matthews, E., & Tiedeman, D. V. (1964). Attitudes toward career and marriage and development of lifestyle in young women. *Journal of Counseling Psychology, 11,* 374-383.

Matthews, G., Zeidner, M., & Roberts, R. D. (2010). 정서지능: 그 오해와 진실(*Emotional intelligence: Science and myth*). 문용린, 곽윤정, 강민수, 최경아 공역. 서울: 학지사. (원저는 2002년에 출판)

Mawson, D. L., & Kahn, S. E. (1993). Group process in a women's career intervention. *Career Development Quarterly, 41,* 238-245.

McCloy, R., Campbell, J., Oswald, F. L., Lewis, P., & Rivkin, D. (1999). *Linking* *client assessment profiles to O*NET occupational profiles.* Raleigh, NC: National Center for O*NET Development.

MacKay, W. R., & Miller, C. A. (1982). Relations of socioeconomic status and sex variables to complexity of worker functions in the occupational choices elementary school children. *Journal of Vocational Behavior, 20,* 31-39.

Meichenbaum, D. H. (1985). *Stress inoculation training.* New York: Pergamon Press.

Meir, E. I. (1988). The need for congruence between within-occupation interests and specialty in mid-career. *The Career Development Quarterly, 37,* 63-69.

Miller, C. H. (1965). *Guidance services: An introduction.* New York: Harper & Row.

Miller, D. C., & Form, W. H. (1951). *Industrial sociology.* New York: Harper & Row.

Mitchell, K. E., Levin, A. S., & Krumboltz, J. D. (1999). Planned happenstance: Construction unexpected career opportunities. *Journal of Counseling and Development, 77,* 115-124.

Mitchell, L. K., & Krumboltz, J. D. (1984a). Social learning approach to career decision making: Krumboltz's theory. In D. Brown, & L. Brooks (Eds.), *Career choice and development: Applying contemporary theories to practice* (pp. 235-280). San Francisco, CA: Jossey-Bass.

Mitchell, L. K., & Krumboltz, J. D. (1984b). Research on human decision making: Implications for career decision making. In S. D. Brown, & R. W. Lent (Eds.), *Handbook of counseling psychology* (pp. 238-280). New York: Wiley.

Mitchell, L. K., & Krumboltz, J. D. (1990). Social learning approach to career decision making: Krumboltz's theory. In D. Brown, & L. Brooks (Eds.), *Career choice and development: Applying contemporary theories to practice* (2nd ed., pp. 145-196). San Francisco, CA: Jossey-Bass.

Mitchell, L. K., & Krumboltz, J. D. (1996). Krumboltz's learning theory of career choice and counseling. In D. Brown, & L. Brooks (Eds.), *Career choice and development* (3rd ed., pp. 233-280). San Francisco, CA: Jossey-Bass.

Moos, R. H., & Tsu, V. (1976). Human competence and coping: An overview. In R. H. Moose (Ed.), *Human adaptation: Coping with life crises.* Lexington, MA: Heath.

Murray, M. (2001). *Beyond the myths and magic of mentoring: How to facilitate an effective mentoring process* (new and revised ed.). San Francisco, CA: John Wiley & Sons.

Myers, I. B., & McCaulley, M. H. (1985). *Manual: A guide to the development and use of the Myers-Briggs type indicator.* Palo Alto, CA: Consulting Psychologists Press.

Nagel, E. (1957). Determinisam and development. In D. B. Harris (Ed.), *The concept of development.* Minneapolis, MN: University of Minnesota Press.

National Career Development Association. (1991). *The professional practice of career counseling and consultation: A resource document.* Alexandria, VA: National Career Development Association.

National Career Development Association. (1997). *Career counseling competencies.* Columbus, OH: National Career Development Association.

Nauta, M. M. (2001). Interpersonal influences on students' academic and career decisions: The impact of sexual orientation. *The Career Development Quarterly, 49*(4), 352-362.

Nevill, D. D., & Super, D. E. (1989). *The value scales: Theory, applications, and research.* Palo Alto, CA: Consulting Psychologists Press.

Niles, S. G. (2001). Using Super's career development assessment and counselling(C-DAC) model to link theory to practice. *International Journal for Educational and Vocational Guidance, 1,* 131-139.

Niles, S. G., & Harris-Bowlsbey, J. (2005). *Career development interventions in the 21st century* (2nd ed.). Upper Saddle River, NJ: Pearson Prentice Hall.

Norris, L., Shatkin, L., & Katz, M. (1991). SIGI PLUS and Project LEARN. *Journal of Career Development, 18*(1), 61-72.

NVGA (1985). Vocational and career counseling competencies. *The Vocational Guidance Quarterly, 34,* 131-134.

Ohio State University (1980). National Center for Research in Vocational Education(U. S.). Columbus, Ohio: Ohio State Univercity; Washington, D.C.: Department of Labor, Employment and Training Administration, Division of Labor Market Information.

Okiishi, R. W. (1987). The genogram as a tool in career counseling. *Journal of Counseling and Development, 66*(3), 139-143.

Osipow, S. H. (1983). *Theories of career development* (3rd ed.). Englewood Cliffs,

NJ: Prentice-Hall.

Osipow, S. H. (1987). *Career Decision Scale Manual*. Odessa, FL: Psychological Assessment Resources.

Osipow, S. H., Carney, C. G., Winer, J., Yanico, B., & Koschier, M. (1980). *The Career Decision Scale* (3rd rev.). Columbus, OH: Marsthon Consulting and Press.

Osipow, S. H., & Fitzgerald, L. F. (1996). *Theories of career development* (4th ed.). Needham, MA: Allyn & Bacon.

Parsons, F. (1909). *Choosing a vocation*. Boston, MA: Houghton Mifflin.

Peregoy, J. J., & Schliebner, C. T. (1990). Long-term unemployment: Effects and counseling interventions. *International Journal for the Advancement of Counselling, 13*, 193-204.

Perosa, S. L., & Perosa, L. M. (1983). *Perspectives on adult education*. Athabasca, Alberta: Athabasca University.

Peterson, L. (1995). *Starting out, starting over*. Palo Alto, CA: Davies-Black.

Peterson, N., & Gonzalez, R. C. (2000). *The role of work in people's lives*. Career counseling for adults: Career transition (pp. 326-365). Pacific Grove, CA: Brooks & Cole.

Phillips, S. D. (1982). Career exploration in adulthood. *Journal of Vocational Behavior, 20*, 129-140.

Phillips, S. D. (1992). Career counseling: Choice and implementation. In S. D. Brown, & R. W. Lent (Eds.), *Handbook of counseling psychology* (pp. 51-548). New York: Wiley.

Phillips, S. D., Friedlander, M. L., Kost, P. P., Specterman, R. V., & Robbins, E. S. (1988). Personal versus vocational focus in career counseling: A retrospective outcome study. *Journal of Counseling and Development, 6*(7), 169-173.

Phillips, S. D., & Pazienza, N. J. (1988). History and theory of the assessment of career development and decision making. In W. B. Walsh, & S. H. Osipow (Eds.), *Career decision making* (pp. 1-31). Hillsdale, NJ: Erlbaum.

Powell, D. H., & Driscoll, R. F. (1973). Middle class professionals face unemployment. *Society, 12*, 24-36.

Pulakos, E. D., Arad, S., Donovan, M. A., & Plamondon, K. E. (2000). Adaptability in the workplace: Developnment of a texanomy of adaptive performance.

Journal of Applied Psychology, 85(4), 612-624.

Reardon, R. C., & Lenz, J. G. (1999). Holland's theory and career assessment. *Journal of Vocational Behavior, 55,* 102-113.

Roe, A., & Lunneborg, P. W. (1990). Personality development and career choice. In D. Brown, & L. Brooks (Eds.), *Career choice and development.* San Francisco: Jossey-Bass Publishers.

Rogers, C. R. (1942). *Counseling and psychotherapy.* Boston, MA: Houghton Mifflin.

Rosenberg, H. G., & Smith, S. S. (1985). Six strategies for career counseling. *Journal of College Placement, 45*(3), 42-46.

Rothney, J. W. M. (1972). *Adaptive counseling in schools.* Englewood Cliffs, NJ: Prentice Hall.

Rottinghaus, P. J., Larson, L. M., & Borgen, F. H. (2003). The relation of self-efficacy and interests: A meta-analysis of 60 samples. *Journal of Vocational Behavior, 62,* 221-236.

Rounds, J. B., Dawis, R. V., & Lofquist, L. H. (1987). Measurement of person-environment fit and prediction of satisfaction in the theory of adjustment. *Journal of Vocational Behavior, 31,* 297-318.

Rounds, J. B. Jr., Hanly, G. A., Dawis, R. V., Lofquist, L. H., & Weiss, D. J. (1981). *Manual for the Minnesota importance questionnaire: A measure of vocational needs and values.* Minneapolis, MN: University of Minnesota, Department of Psychology.

Russell, J. E. L. (2005). Work performance and careers. In S. D. Brown, & R. W. Lent (Eds.), *Career development and counseling: Putting theory and research to work* (pp. 203-224). Hoboken, NJ: Wiley & Sons.

Sagaria, M. A. (1989). Toward a woman-centered perspective of careers: The quilt metaphor. *Journal of Employment Counseling, 26,* 11-15.

Salomone, P. R. (1996). Tracing Super's theory of vocational development: A 40-year retrospective. *Journal of Career Development, 22,* 167-184.

Salthouse, T. A. (1996). Constraints on theories of cognitive aging. *Psychononmic Bulletin & Review, 3,* 287-299.

Sampson, J. P. Jr., Peterson, G. W., Lenz, J. G., & Reardon, R. C. (1992). A cognitive approach to career services: Translating concepts into practice. *The Career Development Quarterly, 41*(1), 67-74.

Sampson, J. P. Jr., Peterson, G. W., Lenz, J. G., Reardon, R. C., & Saunders, D. E. (1999). *The use and development of the career thought inventory.* Lutz, FL: Psychological Assessment Resources.

Sargent, A. G., & Schlossberg, N. K. (1988). Managing adult transitions. *Training and Development Journal, 41,* 58-60.

Savickas, M. L. (1989). Career-style assessment and counseling. In T. Sweeney (Ed.), *Adlerian counseling: A practical approach for a new decade* (3rd ed., pp. 289-320). Muncie, IN: Accelerated Development Press.

Savickas, M. L. (1997). Career adaptability: An integrative construct for life-span, life-space theory. *Career Development Quarterly, 45,* 247-259.

Savickas, M. L. (2002). Career construction: A developmental theory of vocational behavior. In D. Brown (Ed.), *Career choice and development* (4th ed., pp. 149-205). San Francisco, CA: Jossey-Bass.

Savickas, M. L. (2005). The theory and practice of career construction. In S. D. Brown, & R. W. Lent (Eds.), *Career development and counseling: Putting theory and research to work* (pp. 42-70). Hoboken, NJ: Wiley & Sons.

Savickas, M. L. (2009). Pioneers of the vocational guidance movement: A centennial celebration. *The Career Development Quarterly, 57,* 195-198.

Savickas, M. L. (2011). *Career counseling.* Washington, D.C.: American Psychological Association.

Savickas, M. L. (2012). Life design: A paradigm for career intervention in the 21st century. *Journal of Counseling & Development, 90*(1), 13-19.

Savickas, M. L., Nota, L., Rossier, J., Dauwalder, J.-P., Duarte, M. E., Guichard, J., Soresi, S., Esbroeck, R. V., & van Vianen, A. E. M. (2009). Life designing: A paradigm for career construction in the 21st century. *Journal of Vocational Behavior, 75,* 239-250.

Schafer, W. (2000). *Stress management for wellness.* Belmont, CA: Wadsworth/ Thomson Learning.

Schlossberg, N. K. (1981). A model for analyzing human adaptation to transition. *The Counseling Psychologist, 9*(2), 2-18.

Schlossberg, N. K. (1984). *Counseling adults in transition.* New York: Springer Publishing Company.

Schlossberg, N. K. (1994). *Overwhelmed: Coping with life's ups and downs.*

Lexington, KY: New Lexington Press.

Schlossberg, N K., & Leibowitz, Z. B. (1980). Organizational support systems as buffers to job loss. *Journal of Vocational Behavior, 18*, 204-217.

Schlossberg, N. K., Lynch, A. Q., & Chickering, A. W. (1989). *Improving higher education environments for adults.* San Francisco, CA: Jossey-Bass.

Schlossberg, N. K., & Robinson, S. P. (1996). *Going to plan B.* New York: Simon & Schuster.

Schlossberg, N. K., Waters, E. B., & Goodman, J. (1995). *Counseling adults in transition* (2nd ed.). New York: Springer Publishing Company.

Scott, S. G., & Bruce, R. A. (1995). Decision-making style: The development and assessment of a new measure. *Educational and Psychological Measurement, 55*(5), 818-831.

Sharf, R. S. (2013). Advances in theories of career development. In W. B. Walsh, M. L. Savickas, & P. Hartung (Eds.), *Handbook of vocational psychology: Theory, research, and practice* (4th ed., pp. 3-32). New York: Routledge.

Sheu, H. B., Miller, M., Lent, R. W., Brown, S. D., Hennessy, K., & Duffy, R. (2010). Testing the choice model of social cognitive career theory across Holland themes: A meta-analytic path analysis. *Journal of Vocational Behavior, 76*, 252-264.

Skorikov, V. (2007). Continuity in adolescent career preparation and its effects on adjustment. *Journal of Vocational Behavior, 70*, 8-24.

Spokane, A. R. (1985). A review of research on person-environment congruence in Holland's theory of careers. *Journal of Vocational Behavior, 26*, 306-343.

Spokane, A. R. (1991). *Career intervention.* Englewood Cliffs, NJ: Prentice Hall.

Stevens, S. S. (1946). On the theory of scales of measurement. *Science, 103*(2684), 677-680.

Super, D. E. (1951). Vocational adjustment: Implementing a self-concept. *Occupations, 30*, 88-92.

Super, D. E. (1955). Dimensions and measurement of vocational maturity. *Teachers College Record, 57*, 151-163.

Super, D. E. (1957). *The psychology of careers: An introduction to vocational development.* New York: Harper & Row.

Super, D. E. (1965). The preliminary appraisal in vocational counseling. *The*

Personnel and Guidance Journal, 36, 154-161.

Super, D. E. (1970). *Manual for the work value inventory.* Boston, MA: Houghton-Mifflin.

Super, D. E. (1980). A life-span, life-space approach to career development. *Journal of Vocational Behavior, 16,* 282-298.

Super, D. E. (1983). Assessment in career guidance: Towards truly developmental counseling. *Personnel and Guidance Journal, 61,* 555-562.

Super, D. E. (1990). A life-span, life-space approach to career development. In D. Brown, & L. Brooks (Eds.), *Career choice and development: Applying contemporary theories to practice* (2nd ed., pp. 197-261). San Francisco, CA: Jossey-Bass.

Super, D. E., & Knasel, E. G. (1979). *Development of a model, specifications, and sample items for measuring career adaptability(vocational maturity) in young blue collar workers.* Cambridge, England: National Institute for Careers Education and Counseling; Ottara, Canada: Canada Employment and Immigration.

Super, D. E., & Knasel, E. G. (1981). Career development in adulthood: Some theoretical problems and a possible solution. *British Journal of Guidance and Counseling, 9,* 194-201.

Super, D. E., & Nevill, D. D. (1984). Work role salience as a determinant of career maturity in high school students. *Journal of Vocational Behavior, 25,* 30-44.

Super, D. E., & Overstreet, P. L. (1960). *The vocational maturity of ninth grade boys.* Oxford, England: Teachers College Press.

Super, D. E., Thompson, A. S., & Lindeman, R. H. (1988). *Adult career concerns inventory: Manual for research and exploratory use in counseling.* Palo Alto, CA: Consulting Psychologists Press.

Sussman, S. (Ed.) (2001). *Handbook of program development for health behavior research and practice.* Thousand Oaks, CA: Sage Publications.

Swanson, J. L. (1995). The process and outcome of career counseling. In W. B. Walsh, & S. H. Osipow (Eds.), *Handbook of vocational psychology* (2nd ed., pp. 217-259). NJ: Lawrence Erlbaum Associates.

Swanson, J. L., & Fouad, N. A. (2005). 사례로 배우는 진로 및 직업상담(*Career theory and practice*). 황매향 역. 서울: 학지사. (원저는 1999년에 출판)

Swanson, J. L., & Tokar, D. M. (1991). Development and initial validation of the career barriers inventory. *Journal of Vocational Behavior, 39,* 344-361.

Swanson, J. L., & Woitke, M. B. (1997). Theory into practice in career assessment for women: Assessment and interventions regarding perceived career barriers. *Journal of Career Assessment, 5,* 443-462.

Taber, B. J., Hartung, P. J., Briddick, H., Briddick, W. C., & Rehfuss, M. C. (2011). Career style interview: A contextualized approach to career counseling. *The Career Development Quarterly, 59,* 274-287.

Tang, M., Fouad, N. A., & Smith, P. L. (1999). Asian Americans' career choices: A path model to examine factors influencing their career choices. *Journal of Vocational Behavior, 54,* 142-157.

Thompson, A. S., Lindeman, R. H., Super, D. E., Jordaan, J. P., & Myers, R. A. (1981). *Career Development Inventory* (Vol.1). Palo Alto, CA: Consulting Psychologists Press.

Thompson, A. S., Lindeman, R. H., Super, D. E., Jordaan, J. P., & Myers, R. A. (1982). *Career development inventory: College and university form.* Supplement to user's manual. Palo Alto, CA: Consulting Psychologists Press.

Tolbert, E. L. (1980). *Counseling for career development.* Boston, MA: Houghton Mifflin Company.

Tyler, L. E. (1961a). *The work of counselor* (2nd ed.). New York: Appleton Century Crofts.

Tyler, L. E. (1961b). Research explorations in the relam of choice. *Journal of Counseling Psychology, 8*(3), 195-201.

Vondracek, F. W., & Porfeli, E. (2002). Integrating person-and function-centered approaches in career development theory and research. *Journal of Vocational Behavior, 61,* 386-397.

Vroom, V. H. (1964). *Work and motivation.* Oxford, UK: Wiley.

Walborn, F. S. (1996). *Process variables: Four common elements of counseling and psychotherapy.* Pacific Grove, CA: Brooks/Cole.

Weinrach, S. G. (1980). A rational-emotional approach to occupational mental health. *The Vocational Guidance Quarterly, 28*(3), 208-213.

Welch, D. A. (2004). 의사결정 불변의 법칙(*Decisions, Decisions*). 권춘오 역. 서울: 청년정신. (원저는 2001년에 출판)

Wentling, R. M. (1992). Women in middle management: Their career development and aspirations. *Business Horizons, 35*(1), 47-54.

Werts, C. E. (1968). Paternal influence on career choice. *Journal of Counseling Psychology, 15,* 48-52.

Westwood, M., Amundson, N., & Borgen, W. (1994). *Starting points: Finding your route to employment.* Ottawa, ON: Human Resources Development Canada.

Whitebourne, S. K. (2003). *Adult development and aging: Biopsychosocial perspectives* (2nd ed.). NY: Johan Wiley & Sons.

Williams, D. (1999). *Life events and career change: Transition psychology in practice.* British Psychological Society's Occupational Psychology Conference.

Williamson, E. G. (1939). *How to counsel students.* New York: McGraw-Hill.

Yalom, I. D. (1985). *The Theory and practice of group psychotherapy* (4th ed.). New York: Basic Books.

Yost, E. B., & Corbishley, M. A. (1987). *Career counseling: A psychological approach.* San Francisco: Jossey-Bass.

Zunker, V. G. (1994). *Career counseling: Applied concepts of life planning.* Pacific Grove, CA: Brooks/Cole.

Zunker, V. G. (2005). *Career counseling: A Holistic approach* (7th ed.). Toronto, ON: Thomson.

Zunker, V. G. (2005). 커리어상담(*Career counseling,* 6th ed.). 김완석, 김선희 공역. 서울: 시그마프레스. (원저는 2004년에 출판)

Zytowsky, D. G., & Warman, R. E. (1982). The changing use of tests in counseling. *Measurement and Evaluation in Guidance, 15,* 147-152.

〈참고 사이트〉
고용노동부(http://www.moel.go.kr)
고용복지플러스센터(http://www.work.go.kr/jobcenter)
고입정보포털(http://www.hischool.go.kr)
교육방송(http://www.ebs.co.kr)
교육부(http://www.moe.go.kr)
국가법령정보센터(http://www.law.go.kr)
국가평생교육진흥원(http://www.nile.or.kr)
꿈날개(https://www.dream.go.kr)

꿈드림(http://www.kdream.or.kr)

내꿈터(http://www.cenets.net)

다문화가족지원센터(https://www.liveinkorea.kr)

대입정보포털(http://www.adiga.kr)

대학수학능력시험(http://www.suneung.re.kr)

대학알리미(http://www.academyinfo.go.kr)

보건복지부(http://www.mohw.go.kr)

서울진학진로정보센터(http://www.jinhak.or.kr)

여성가족부(http://www.mogef.go.kr)

여성새로일하기센터(https://saeil.mogef.go.kr)

여성인재 아카데미 온라인 교육(http://www.kwla-online.kr)

여성인재 아카데미(http://kwla.kigepe.or.kr)

영삼성(https://www.youngsamsung.com)

워크넷(http://www.work.go.kr)

월드잡플러스(https://www.worldjob.or.kr)

이화여자대학교 경력개발센터(http://www.job.ewha.ac.kr)

일경험 프로그램(http://www.work.go.kr/experi)

장년워크넷(http://www.work.go.kr/senior)

중소기업현황정보시스템(http://sminfo.mss.go.kr)

중앙다문화교육센터(http://www.nime.or.kr)

창의적 체험활동 에듀팟(http://www.edupot.go.kr)

청년내일채움공제(http://www.work.go.kr/youngtomorrow)

청년워크넷(http://www.work.go.kr/jobyoung)

취업성공패키지(http://www.work.go.kr/pkg)

커리어넷(http://www.career.go.kr)

큐넷(http://www.q-net.or.kr)

학교알리미(http://www.schoolinfo.go.kr)

한국고용정보원(http://www.keis.or.kr)

한국대학교육협의회 대학입학상담센터(http://univ.kcue.or.kr)

한국대학교육협의회 입학사정관제(http://uao.kcue.or.kr)

한국산업인력공단(http://www.hrdkorea.or.kr)

한국장애인개발원(https://www.koddi.or.kr)

한국장애인단체총연합회(http://www.kofod.or.kr)

한국직업능력개발원(http://www.krivet.re.kr)

한국직업정보시스템(http://www.work.go.kr/jobMain.do)

한국청소년상담복지개발원(http://www.kyci.or.kr)

HRD-Net(http://www.hrd.go.kr)

NCDA(https://www.ncda.org)

[찾아보기]

인명

내용

[저자 소개]

김봉환
서울대학교 대학원 교육학박사(교육상담 전공)
현 숙명여자대학교 교육학부 교수

강은희
영남대학교 대학원 교육학박사(상담심리 전공)
현 한동대학교 상담대학원 외래교수

강혜영
서울대학교 대학원 교육학박사(교육상담 전공)
현 한국기술교육대학교 HRD전문대학원 진로 및 직업상담전공 교수

공윤정
미국 퍼듀대학교 대학원 철학박사(상담심리학 전공)
현 경인교육대학교 교육학과 교수

김영빈
서울대학교 대학원 교육학박사(교육상담 전공)
현 한국방송통신대학교 교육학과 부교수

김희수
건국대학교 대학원 교육학박사(교육심리학 전공)
현 한세대학교 대학원 상담학과 교수

선혜연

서울대학교 대학원 교육학박사(교육상담 전공)

현 한국교원대학교 교육학과 부교수

손은령

서울대학교 대학원 교육학박사(교육상담 전공)

현 충남대학교 교육학과 교수

송재홍

전북대학교 대학원 교육학박사(교육상담 및 심리 전공)

현 제주대학교 초등교육과 교수

유현실

서울대학교 대학원 교육학박사(교육상담 전공)

현 단국대학교 상담학과 부교수

이제경

서울대학교 대학원 교육학박사(교육상담 전공)

현 한국기술교육대학교 HRD전문대학원 진로 및 직업상담전공 교수

임은미

서울대학교 대학원 교육학박사(교육상담 전공)

현 전북대학교 교육학과 교수

황매향

서울대학교 대학원 교육학박사(교육상담 전공)

현 경인교육대학교 교육학과 교수

KCA 한국상담학회 상담학 총서 06

진로상담(2판)
Career Counselling (2nd ed.)

2013년 2월 20일 1판   1쇄 발행
2018년 3월 15일 1판 10쇄 발행
2018년 9월 20일 2판   1쇄 발행
2023년 1월 20일 2판   7쇄 발행

지은이 • 김봉환 · 강은희 · 강혜영 · 공윤정 · 김영빈
　　　　김희수 · 선혜연 · 손은령 · 송재홍 · 유현실
　　　　이제경 · 임은미 · 황매향
펴낸이 • 김진환
펴낸곳 • (주) 학지사
　　　　04031 서울특별시 마포구 양화로 15길 20 마인드월드빌딩
대표전화 • 02)330-5114　　　팩스 • 02)324-2345
등록번호 • 제313-2006-000265호

홈페이지 • http://www.hakjisa.co.kr
페이스북 • https://www.facebook.com/hakjisabook

ISBN 978-89-997-1614-0 93180

정가 22,000원

이 도서의 국립중앙도서관 출판시도서목록(CIP)은 서지정보유통지
원시스템 홈페이지(http://seoji.nl.go.kr)와 국가자료공동목록시스템
(http://www.nl.go.kr/kolisnet)에서 이용하실 수 있습니다.
(CIP 제어번호: CIP2018024772)

출판미디어기업 학지사

간호보건의학출판 학지사메디컬 www.hakjisamd.co.kr
심리검사연구소 인싸이트 www.inpsyt.co.kr
학술논문서비스 뉴논문 www.newnonmun.com
교육연수원 카운피아 www.counpia.com